KB030554

특수아동의 이해와 교육

-예비교사를 위한 개론서-

| 박순길 · 박현옥 · 조정연 공저 |

학지사

머리말

우리는 스마트 시대, 다변화 시대, 예측불허의 시대에 살면서 불안과 안정 사이에서 갈등을 겪고 있다. 변화의 시대에 경쟁력은 '교육이 힘'이라는 것을 믿는 것이다. 우리나라도 다문화 시대에 접어들면서 이 시대에 살아가는 모든 사람의 다양성, 독특성을 인정해야 한다. 특히 장애인 등을 포함한 사회적 약자에 대한 배려심은 교육에서 그 밑바탕이 이루어져야 한다. '교육의 질은 교사의 질을 넘지 못한다.'는 말의 진리는 이미 오래전부터 교육계에 전해져 온 말이다. 즉, '아는 만큼 행하듯' 실천적 의지가 우리 교육을 탄탄하게 할 수 있게 하고, 경쟁력 있는 사람으로 기를 수 있을 것이다.

교육 현장에는 다양한 욕구를 가진 특수교육 대상자가 있다. 특수교육 교사가 이들의 독특한 교육적 요구를 위해 개별화교육계획으로 특수교육 대상자의 욕구를 충족시켜 주고 있다. 그러나 대부분의 특수교육 대상자는 일반학교에서 통합교육을 통해 질적인 교육에 접근하고 있다. 일반학교 특수학급에 배치된 특수교육 대상자는 통합 반에서의 학업도 병행해야 하기 때문에 일반교육교사의 역할도 중요하다고 할 수 있다. 왜냐하면 생활 연령이 같고, 같은 교육과정을 배우더라도 학력의 차이가 나듯이, 특수교육 대상자라도 장애 유형이나 장애 정도에 따라 이해하는 정도가 다르기 때문에 특수교육의 일반적인 특성에 대한 지식은 필요하다.

그런 의미에서 2009년부터 대학에 입학하는 모든 교직 이수자는 필수

과목으로 '특수교육학개론' 을 수강하도록 의무화하였다. 이러한 변화는 교육 패러다임의 변화를 반영한 것으로 해석할 수 있다. 즉, 특수교육 대상자 개인의 교육적 욕구와 더불어 학교생활 전반에서 참여와 교육에 대한 의무, 권리를 통해 질적인 교육 서비스를 요구하고 있다. 이러한 요구에 부응하기 위한 방안으로 일반교육교사에게도 장애 아동에 대한 이해가 요구되고, 교사양성기관에서도 필수이수과목 지정으로 교직자들의 교직관에 특수교육 대상자에 대한 이해의 폭을 넓히고, 다양한 교수적 수정을 통해 적합한 교육과정 적용에 도움이 되도록 하였다.

교육과정 적용에서 특수교육 대상자를 위한 교육과정 재설계를 하는 것은 쉬운 일이 아니다. 왜냐하면 교수적 수정을 하기 위해서는 장애 유형과 정도에 따른 기본적인 이해뿐만 아니라 특수교육에 대한 전반적인 이해, 기본 교육과정, 공통 교육과정, 생활환경 등 아동에 대한 전반적 이해가 있어야 가능하기 때문이다. 더불어 아동의 강점, 약점, 자신만의 자원 등 고려해야 할 사항이 많고, 적절한 교육적 전환도 고려할 때 교육적 변화가 일어날 수 있다.

이 책은 현장에서 필요로 하는 교사가 되기를 노력하는 예비 교사들에게 특수교육 개론서로서 지침서가 되기를 희망하며, 이 개론서가 아동의 변화를 이끌어 내는 데 조금이나마 보탬이 되었으면 한다. 또한 저자들이 각고의 노력으로 집필한 책이지만, 미흡하고 보완해야 할 내용도 많을 것으로 생각된다. 미흡한 책이지만 특수교육 대상자들의 이해에 조금이나마 도움이 되었으면 하는 바람이다.

마지막으로 이 책이 나오기까지 많은 도움을 주신 학지사 김진환 사장님, 영업부 정승철 이사님, 편집부 김연재 선생님의 노고에 감사를 드린다.

2014년 9월

저자 일동

차 례

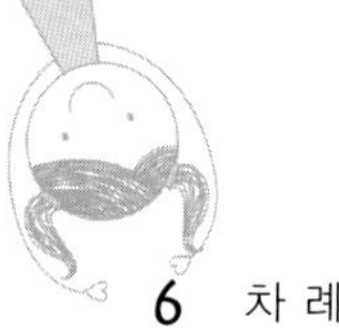

제12장 건강장애 289

제13장 발달지체 315

제1장
특수교육의 이해

특수교육의 이해

1. 정 의

모든 아동은 신체적 · 인지적 · 정의적으로 모두 서로 다른 '독특한 개성'을 가진 학습자이지만, 일반교육과 특수교육이 추구하는 교육목표는 궁극적으로 서로 같다. 학생이 가진 '독특한 개성'을 일종의 '특수성'이라고 본다면, 모든 아동을 특수아동으로 볼 수도 있을 것이다.

그러나 일반적인 의미에서의 '특수교육(special education)'이라 함은 신체적 · 인지적 · 정의적 특성이 정상 또는 규준과 현저하게 차이가 나는 특수아동(exceptional children)의 요구에 맞춘 개별화되고 수정된 교육내용(교육과정)을 말하며, 특수교육교원이 특수한 교수방법을 활용하여 교수하는 것을 의미한다. 즉, 특수교육은 교육의 대상, 내용, 방법, 교수자 등의 여러 측면이 일반교육과 다르다.

학문적 혹은 사회적인 측면에서 특수교육을 다양하게 정의할 수 있지만, 우선 우리나라 법제에서는 특수교육을 어떻게 정의하고 있는지 알아

볼 필요가 있다. 현재 우리나라 특수교육의 근간이 되는 법은 「장애인 등에 대한 특수교육법」이라 할 수 있다. 이 법 제2조 제1호(2012년 3월 21일 개정)에 명시되어 있는 특수교육의 정의는 다음과 같다.

> 「장애인 등에 대한 특수교육법」 제2조
>
> 제1호 "특수교육"이란 특수교육 대상자의 교육적 요구를 충족시키기 위하여 특성에 적합한 교육과정 및 제2호에 따른 특수교육 관련 서비스 제공을 통하여 이루어지는 교육을 말한다.

이 법의 내용을 종합하면, 특수교육은 일반적인 교육과정과 교육방법으로는 교육적 요구를 충족시키지 못하는 특수교육 대상자의 특성을 고려하여 수정된 교육과정 및 특수교육 관련 서비스라 할 수 있다.

서두에 소개한 것처럼, 특수교육은 여러 가지 측면이 독특하다. 따라서 특수교육을 정확하게 이해하기 위해서는 특수교육의 대상, 특별한 교육적 요구, 특수아동의 범주 및 출현율, 특수교육교원, 특수교육 교육과정, 특수교육의 방법, 특수교육기관 등에 대해 이해하고 있어야 한다.

1) 특수교육의 대상

많은 사람들이 특수교육을 '장애아를 대상으로 하는 교육' 정도로 이해하고 있다. 그러나 엄밀하게 말해 장애를 가진 아동이 모두 특수교육 대상아동은 아니기 때문에 특수교육의 대상을 분명히 밝힐 필요가 있다. 국내외를 막론하고 특수교육 전문가들이 '특수교육의 대상'을 결정할 때 공통적으로 강조하는 기준이 '이 학생에게 장애가 있는가?'가 아니라 '이 학생에게 특수교육 및 특수교육 관련 서비스에 대한 요구가 있는가?'이기 때문이다.

즉, 특별한 교육적 요구(Special Educational Needs: SEN)가 있는 학생이 특수교육의 대상이 되는 것이다. 팔이나 다리의 일부가 없거나 기능에 장애가 있는 지체장애학생이 일반교육을 통해 충분한 교육권을 보장받을 수 있다면, '지체장애'라는 장애 상태는 특수교육을 받기 위한 필요충분조건이 될 수 없다. 반대로 지체장애를 가진 학생이 그 장애로 인해 특별한 교육과정이나 보조공학적 서비스를 필요로 한다면, 그 학생은 특수교육에 대한 요구가 있는 학생이기 때문에 특수교육의 대상이 되는 것이다.

따라서 특수교육의 대상에 대해 정의하기 위해서는 장애와 관련하여 혼용 또는 오용되고 있는 손상, 장애, 불리의 개념에 대해 명확하게 이해할 필요가 있다. [그림 1-1]에 손상, 장애, 불리의 예가 도식화되어 있다.

- 손상(impairment): 심리적 · 생리적 · 해부학적 구조와 기능의 일시적 · 영구적 손실 또는 비정상을 의미한다. 즉, 손상은 주로 병리학

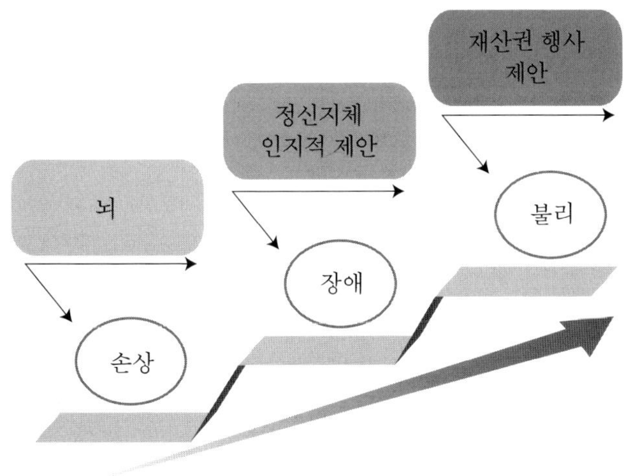

[그림 1-1] 손상, 장애, 불리의 예

적 상태가 외면적으로 나타나는 것을 말하는데(발달장애용어사전, 2002), 뇌손상, 모반, 사지기형 등이 그 예다.

- 장애(disability): 손상의 직접적인 결과로서 또는 신체적 · 감각적 등의 손상에 대한 개인의 반응(특히 심리적)으로서 발생할 수 있다. 즉, 장애란 신체적 · 감각적 손상에 의해 보통 사람들이 통상적으로 할 수 있는 활동을 수행하기 위한 능력이 제한되거나 결핍된 것을 말한다. 사지기형이 있는 지체장애인이 높은 곳에 위치한 물건을 혼자 힘으로 내릴 수 없는 것, 휠체어를 사용하는 지체장애인이 계단이 있는 건물에 들어갈 수 없는 것 등이 예다.
- 불리(handicap): 손상이나 장애가 없었다면 정상적으로 할 수 있는 역할 수행이 그 손상이나 장애로 인해서 제한되거나 방해받음으로써 개인에게 오는 불이익을 의미한다. 불리는 장애와 비슷한 표현으로 사용되고 있지만, 사실 이 두 개념은 서로 다르기 때문에 사용에 주의해야 한다. 금치산자나 한정치산자로 판정받은 정신지체인은 재산권 행사에 제한이 있다는 법 규정은 '불리'의 예가 될 수 있다.

특수교육 대상은 손상에 의해 장애를 가지고 있는 아동 중 특수교육에 대한 요구가 있는 아동이다. 같은 장애 영역의 학생이라 하더라도 손상과 장애의 정도에 따라 특수교육에 대한 요구는 서로 다를 수 있다. 따라서 특수교육교원은 아동의 교육적 요구를 정확하게 평가할 수 있어야 한다.

그러나 아직까지 우리나라나 미국의 사례들을 보면, 특수교육에 대한 요구보다는 '장애를 가진 것으로 진단 · 평가되는 것'을 실질적인 기준으로 활용하고 있다. 우리나라의 「장애인 등에 대한 특수교육법」에도 11가지 장애 범주를 제시하고 있으며, 이들 장애 범주에 해당되지 않으면 특수교육을 받을 수 있는 적격성을 가지지 못한 것으로 판단하고 있다([그림 1-2] 참조).

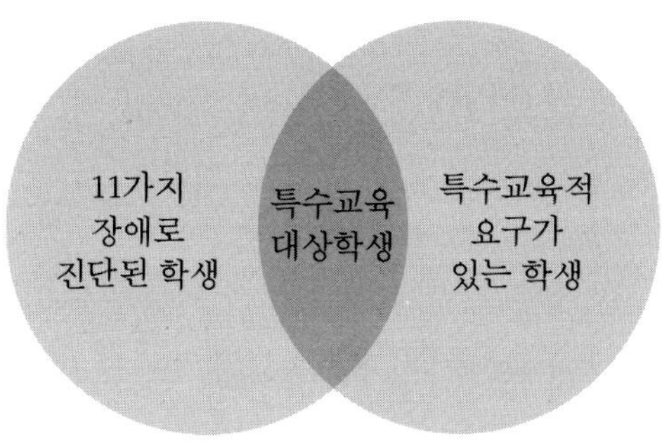

[그림 1-2] **현행 특수교육 대상학생 선정 기준**

이와 같이 현행법에서는 특수교육적 요구가 있더라도 「장애인 등에 대한 특수교육법」에서 규정하고 있는 장애에 대한 진단이 없으면 특수교육 및 특수교육 관련 서비스를 받을 법적 근거가 없는 셈이다. 이러한 상황에서는 고위험(at-risk) 유아, 학습부진아, 다문화가족의 자녀 등에 대한 특수교육 및 특수교육 관련 서비스의 지원이 불가능하므로 관련 법을 정비하고 이를 융통성 있게 해석할 필요가 있다.

우리나라에서 특수교육 대상학생의 유치원 · 초등학교 · 중학교 및 고등학교 과정의 교육은 의무교육이며, 전공과와 만 3세 미만의 장애영아 교육은 무상으로 하고 있다.

2) 특수아동의 범주

앞서 특수아동은 신체적 · 인지적 · 정의적 특성이 정상 규준과 현저하게 차이가 나는 아동이라고 정의하였다. 이를 기준으로 한다면 특수아동은 학습장애아, 정서장애아, 지체장애아, 감각장애아, 발달지체아, 자폐아, 영재아 등이 모두 특수아동에 포함될 수 있다. 그러나 우리나라에서는 인지적 측면이 정상 규준에서 현저하게 벗어난(훨씬 우수한) 아동인 영재아는 특수아동의 범주 안에 포함시키지 않고 있다.

우리나라 「장애인 등에 대한 특수교육법」 제3장 제15조에서는 특수교육 대상자 선정 기준을 다음과 같이 정하고 있다.

「장애인 등에 대한 특수교육법」 제3장 제15조

제15조 (특수교육 대상자의 선정) ① 교육장 또는 교육감은 다음 각 호의 어느 하나에 해당하는 사람 중 특수교육을 필요로 하는 사람으로 진단 · 평가된 사람을 특수교육 대상자로 선정한다.

1. 시각장애
2. 청각장애
3. 정신지체
4. 지체장애
5. 정서 · 행동 장애
6. 자폐성장애(이와 관련된 장애를 포함한다.)
7. 의사소통장애
8. 학습장애
9. 건강장애
10. 발달지체
11. 그밖에 대통령령으로 정하는 장애

우리나라 「장애인 등에 대한 특수교육법」 제15조에 따르면, 11가지 장애 영역에 해당하면서 특수교육을 필요로 하는 사람으로 진단 · 평가된 사람이 특수교육 대상자가 된다. 즉, 장애에 대한 진단과 특수교육적 요구라는 두 가지 축을 특수교육 대상 선정의 주요 근거로 삼고 있다.

이 책에서는 '11. 그밖에 대통령령으로 정하는 장애'를 제외한 10가지

장애 영역을 구체적으로 다루고 있으므로 상세한 장애별 진단 기준은 각 장에서 소개할 것이다.

3) 특수교육 대상학생의 출현율

(1) 출현율과 발생률의 개념

출현율은 특정 지역이나 시기에 인구 중 나타나는 사례의 총수를 의미한다. 예를 들어, 정신지체아의 출현율은 다음과 같은 방법으로 산출된다.

$$\text{정신지체아의 출현율} = \frac{\text{정신지체아로 판별된 수}}{\text{전체 인구수}} \times 100$$

출현율은 특수학급 증설이나 특수교육교원 수급계획 등과 같은 정책 수립에 참고자료로 활용되고 있다.

반면 발생률은 특정 기간에 모집단에서 새롭게 발생한 특정 조건을 만족시키는 사례 수를 말한다. 연구자들은 발생률 조사(예: '2007년 40세 이상의 산모에게서 태어난 정신지체아의 발생률 조사' 등)를 통해 장애와 여러 변인 간의 인과관계를 밝히고 있다. 일례로 발생률 연구를 통해 35세 이상의 산모가 다운증후군 아동을 출산할 가능성이 많다는 사실이 밝혀졌다.

(2) 출현율(특수교육이 필요한 학생의 수)

특수교육이 필요한 학생이란, 현재 특수교육 대상자로 선정되어 특수교육을 받고 있는 학생과 특수교육 및 관련 서비스를 필요로 하지만 여

표 1-1 **장애 영역별 출현율**

(단위: 명)

	시각장애	청각장애	정신지체	지체장애	정서장애	언어장애	학습장애	건강장애	합 계
특수학교	1,518	1,550	14,010	3,061	3,074	221	8	46	23,488
특수학급	252	752	16,850	2,512	4,943	447	6,164	621	32,541
일반학급	141	542	2,441	1,393	1,019	403	561	374	6,874
전체	1,911	2,844	33,301	6,966	9,036	1,071	6,733	1,041	62,903
비율(%)	3.03	4.52	52.94	11.07	14.36	1.70	10.70	1.65	100

러 가지 사유로 인하여 현재 특수교육을 받고 있지 않는 학생을 말한다. 2011년 특수교육실태조사(국립특수교육원, 2011)에 따르면, 우리나라에서 특수교육이 필요한 학생은 총 91,413명에 이른다. 이는 전체 학령기 인구(8,553,772명)의 0.95%에 해당하며, 이 중 특수교육 대상자로 선정되어 특수교육을 받고 있는 학생이 전체의 90.4%에 해당하는 82,665명이었다.

조사 방식과 연도에 차이가 있기는 하지만, 2006년 12월 국립특수교육원이 발표한 특수교육 요구학생 실태조사에 따르면, 우리나라의 특수교육 대상학생은 총 6만 2,903명이다. 장애 영역별로는 정신지체(3만 3,301명, 52.94%), 정서장애(9,036명, 14.36%), 지체장애(6,966명, 11.07%), 학습장애(6,733명, 10.70%), 청각장애(2,844명, 4.52%), 시각장애(1,911명, 3.03%), 언어장애(1,071명, 1.70%), 건강장애(1,041명, 1.65%) 등의 순으로 조사되었다(〈표 1-1〉 참조). 특수교육 대상학생의 성비는 〈표 1-2〉와 같다.

표 1-2 **성비**

(단위: 명)

	남학생	여학생
특수학교	15,451	8,037
특수학급	21,849	10,692
일반학급	4,379	2,495
전체	41,679	21,224
비율(%)	66.26	33.74

표 1-3 **학교과정** (단위: 명)

	유치부	초등부	중학부	고등부(전공과)
특수학교	1,151	8,147	6,287	6,558(1,345)
특수학급	542	21,795	6,542	3,662
일반학급	1,632	2,355	1,138	1,749
전체	3,325	32,297	13,967	13,314
비율(%)	5.29	51.34	22.20	21.17

표 1-4 **특수교육 대상학생의 장애 정도** (단위: 명)

	중 도	경 도	미분류
특수학교	10,273	6,805	6,410
특수학급	5,523	12,331	14,687
일반학급	637	2,487	3,750
전체	16,433	21,623	24,847
비율(%)	26.12	34.38	39.50

표 1-5 **장애 발생시기** (단위: 명)

	선천성 장애	후천성 장애
특수학교	20,868	2,620
특수학급	24,364	8,177
일반학급	5,342	1,532
전체	50,574	12,329
비율(%)	80.40	19.60

우리나라에서는 유치부, 초등부, 중학부, 고등부 과정에서 특수교육을 실시하고 있으며, 고등부 졸업 이후 과정으로 특수학교에 전공과를 설치 · 운영하기도 한다(〈표 1-3〉 참조).

〈표 1-4〉의 미분류는 지체부자유, 정서장애, 언어장애, 학습장애, 건

강장애 등 장애 정도를 분류할 수 없는 기타 장애학생을 의미한다. 현재 우리나라의 특수학교에는 중도장애학생이, 특수학급에는 경도장애학생이 많은 것을 알 수 있다.

장애의 발생시기는 〈표 1-5〉와 같이 선천성 장애와 후천성 장애의 비율이 약 4:1이다.

4) 교육하는 사람(특수교육교원)

「장애인 등에 대한 특수교육법」 제1장 제2조에 따르면, '특수교육교원'이란 「초 · 중등교육법」 제2조 제5호에 따른 특수학교 교원자격증을 가진 자로서 특수교육 대상자의 교육을 담당하는 교원을 말한다.

특수교육의 주체인 특수교육교원은 일반교육의 철학과 교육방법 위에 특수교육의 여러 가지 특수성을 균형 있게 고려 · 적용해야 하는 위치에 있다. 특수교육을 교육 현장에서 직접 실천해야 하는 특수교육교원은 일반아동을 지도하는 교사보다 상대적으로 더 많은 전문성, 기술, 윤리적 태도 및 책무성을 가져야 한다(김정권, 한현민, 1996). 또한 특수교육이 이루어지는 장소가 각급 학교에 그치는 것이 아니라 의료기관, 가정 또는 복지시설(장애인복지시설, 아동복지시설 등) 등으로 다양화되었으므로 특수교육교원은 현장 상황과 특수교육 대상학생의 교육적 요구에 적절하게 대처할 수 있는 준비가 되어 있어야 한다.

5) 특수교육의 내용

특수교육의 내용은 특수교육의 실행을 위한 교육과정을 말한다. 현재 특수학교 및 특수학급에서는 2011년 특수교육 교육과정을 운영하고 있다. 이 교육과정은 2011년 개정 특수교육 교육과정과 2012년 부분 개정 특수교육 교육과정을 모두 포함하고 있다.

2011년 특수교육 교육과정은 만 3~5세를 대상으로 하는 '유치원 교육과정'과 초등학교 1학년부터 고등학교 3학년까지를 대상으로 하는 '기본 교육과정', 초등학교 1학년부터 중학교 3학년까지를 대상으로 하는 '공통 교육과정', 고등학교 1학년부터 고등학교 3학년까지를 대상으로 하는 '선택 교육과정'으로 구성되어 있다.

2011년 특수교육 교육과정은 다음 〈표 1-6〉에 제시되어 있으며, 교육과정의 학년(군)별 적용 연도는 〈표 1-7〉에 제시하였다.

이 중 기본 교육과정은 특수교육 대상자의 장애 종별 및 정도를 고려하여 공통 교육과정이나 선택 교육과정을 적용하기 어려운 학생을 대상으로 하며, 대상자의 능력에 따라 학년의 구분 없이 교과 수준을 다르게

표 1-6 **2011년 특수교육 교육과정의 틀**

특수교육 교육과정		
유형	성격	대상
유치원 교육과정	일반 유치원 교육과정(누리과정)을 근간으로 하는 교육과정	만 3~5세
기본 교육과정	공통 교육과정 및 선택 교육과정에 참여하기 어려운 특수교육 대상학생을 지원하기 위하여 그 내용을 대체한 대안교육과정	초 1~고 3학년
공통 교육과정	일반교육의 보편성을 근간으로 편성·운영되는 교육과정으로, 장애 영역별 특성을 고려하여 일부 교과(국어, 영어, 체육)를 보완한 교육과정	초 1~중 3학년
선택 교육과정	고등학교 1~3학년 과정에서 일반교육의 보편성을 근간으로 편성·운영되는 교육과정으로, 장애학생들을 고려하여 일부 보통 교과 및 전문(직업·의료) 교과를 추가로 편제한 교육과정	고 1~3학년

※ 집중이수제 개선: 체육, 예술(음악/미술) 교과는 학기당 8과목 이내 편성에서 제외

표 1-7 **2011년 특수교육 교육과정 학년(군)별 적용 연도**

연도	적용 학년	기타	학교스포츠 클럽	중도 · 중복 장애 학생 관련 지침	집중이수제 개선	특수교육 전문교과
2013년	유치원, 초 1, 2, 중 1	고 1 영어	중 1~3	초 1~고 3	중 1~고 3	–
2014년	초 3, 4, 중 2, 고 1	고 2 영어	–	–	–	–
2015년	초 5, 6, 중 3, 고 2	고 3 영어	–	–	–	–
2016년	고 3	–	–	–	–	고 1~3
총론 적용 문서: 2012년 개정 특수교육 교육과정(최종 고시문)						

적용할 수 있도록 편성된 과정이다. 국어, 사회, 수학, 과학, 실과, 체육, 음악, 미술 및 교육과학기술부 장관이 필요하다고 인정하는 교과와 특수교육 대상자의 진로 및 직업에 관한 교과가 여기에 해당된다.

기본적으로 2011년 특수교육 교육과정은 통합교육 지향, 학습자 중심, 보편성과 특수성의 조화, 교육 배치에 따른 열린 교육과정, 학습자의 선택권 강조, 단위학교 교육과정의 자율성 확대, 질적 교육과정 운영 등과 같은 제7차 특수학교 교육과정 및 개정 7차 특수학교 교육과정의 주요 철학을 유지하고 있다. 또한 기존의 특수학교 교육과정을 적용하면서 문제점으로 대두되었던 중도 · 중복 장애 아동에 대한 교육과정 운영 지침이 신설되고, 기본 교육과정 중학교에 '선택' 교과 편제 및 시간 배당이 적정화되었으며, 기본 교육과정 고등학교에 '중점 학교' 운영 지침이 보완되는 등 교육과정의 운영이 보다 현실적으로 이루어질 수 있게 되었다.

6) 특수교육의 방법

교육의 내용을 어떻게 전달하는가는 교육의 방법적인 측면이다. 특수교육의 기본 정신이 '장애아동의 독특한 교육적 요구를 만족시키는 특별히 설계된 수업'임을 생각한다면, 원칙적으로 특수교육은 특수교육 대상아동 개개인이 가진 독특한 교육적 요구에 맞게 수업 역시 개별화해야 한다(한현민, 2000). 우리나라도 1994년에 「특수교육진흥법」을 전면 개정할 때부터 교사의 책무성 강화 차원에서 개별화교육을 법제화하였다(김원경, 한현민, 2007).

아직까지도 많은 사람들이 '개별화교육'을 한 사람의 특수교육교원이 특수교육 대상아동 한 명을 교육하는 것, 즉 1:1 수업으로 오인하고 있다. 그러나 이는 사실과 다르다. 개별화교육은 학생의 교육적 요구에 맞도록 수정 및 보완된 교육과정 및 교수 매체를 활용하여 학생 개개인의 능력을 최대한 발휘할 수 있도록 교육의 방법적 측면을 개별화하는 것이다.

개별화교육을 위해 교사는 학생의 장애 특성 및 교육적 성취 수준에 적합한 교육매체와 교육공학을 선택하고 활용할 수 있는 전문 능력을 갖추어야 한다. 특히 통합교육 상황에서는 일반교육 교사가 장애학생의 학습양식과 수업내용에 따라 교수활동, 교수전략, 교수자료를 수정 · 적용할 수 있어야 하므로, 특수교육의 방법적인 측면에서 특수교육 교사와 일반교육 교사의 유기적인 협력이 더욱 중요하게 되었다.

7) 특수교육기관

특수교육기관이란 특수교육 대상자에게 유치원 · 초등학교 · 중학교 또는 고등학교(전공과 포함)의 과정을 교육하는 특수학교 및 특수학급을 말한다(「장애인 등에 대한 특수교육법」 제2조 제10항). 즉, 특수교육기관은

특수교육이 실제로 이루어지는 장소다. 우리나라의 특수교육은 대부분 특수학급(시간제, 전일제)과 특수학교(통학제, 기숙제)에서 행해지며, 엄밀하게 따져서 특수교육기관으로 보기는 어렵지만 순회교육을 통해서도 특수교육이 이루어지고 있다.

「장애인 등에 대한 특수교육법」 제3장 제17조에서는 특수교육 대상자로 선정된 자를 해당 특수교육운영위원회의 심사를 거쳐 일반학교의 일반학급, 일반학교의 특수학급, 특수학교 중 하나에 배치하여 교육해야 한다고 규정하고 있다. 배치할 때는 특수교육 대상자의 장애 정도와 능력, 보호자의 의견 등을 종합적으로 판단하여 거주지에서 가장 가까운 곳에 배치하는 것이 원칙이다.

그러나 여러 원인으로 이러한 형태의 배치가 불가능한 경우에는 순회교육을 받을 수 있다. 순회교육은 특수교육교원 및 특수교육 관련 서비스 담당인력이 각급 학교나 의료기관, 가정 또는 복지시설(장애인복지시설, 아동복지시설 등) 등에 있는 특수교육 대상자를 직접 방문하여 실시하는 교육이다. 이는 특수교육 대상학생들의 교육수권을 보장하기 위한 장치다.

2. 특수교육의 학문적 성격과 패러다임 이동

1) 특수교육의 학문적 위치

우리나라의 특수교육은 기본적으로 통합교육을 추구하고 있지만, 사실상 분리교육에 더 가까운 체제다. 현재 대다수를 차지하고 있는 특수학급은 분리교육의 한 형태로 볼 수 있으며, 특수학교 역시 중증장애학생을 위한 분리교육 체제의 대표적인 사례이기 때문이다. 만약 특수교육을 분리교육으로 본다면, 일반교육과 대비되는 또 하나의 교육체제 혹은 일반교육에 종속하는 하위 교육체제로 인식될 수 있다.

그러나 앞서 언급한 것과 같이 특수교육의 기본 가치는 통합교육이므로 특수교육은 일반교육과 대비되거나 종속하는 교육체제가 아니라고 할 수 있다. 특수교육의 전문성이 너무나 뚜렷하고, 특수성 역시 다양하기 때문이다.

일반적으로 특수교육학의 학문적 성격은 사회과학의 네 가지 패러다임 속에서 설명될 수 있는데(Skrtic, 1991), 전통적인 관점에서 특수교육학은 객관적 · 미시적 관점을 반영하는 기능주의의 최극단에 그 학문적 위상이 있었다([그림 1-3] 참조).

특수교육은 단순히 장애를 가진 개인의 기능성을 교정하는 학문이 아니다. 또한 특정 관점에 의한 이론이나 접근방법으로는 특수교육의 전문성을 살리기 어려우므로, 특정 이론적 · 방법적 관점을 토대로 합치되기보다는 사회과학의 다중 패러다임적 성격을 모두 지니는 것이 이상적이다(김병하, 1998).

따라서 김병하(1998)는 미래의 특수교육학의 위상 정립을 위해 [그림 1-4]와 같은 대안적 모델을 제시하였다. 그림에서 가운데 원이 특수교육학이 정립해야 할 위상이며, 가운데 원의 중심부는 특수교육학의 독자적

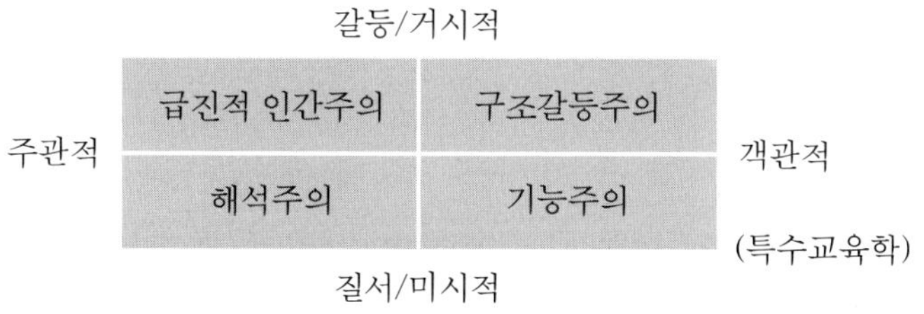

[그림 1-3] **사회과학 패러다임과 특수교육의 위상**

출처: 김병하(1998). 특수교육학의 학문적 성격 정립과 그 과제. 특수교육학연구, 33(1), 5-27.

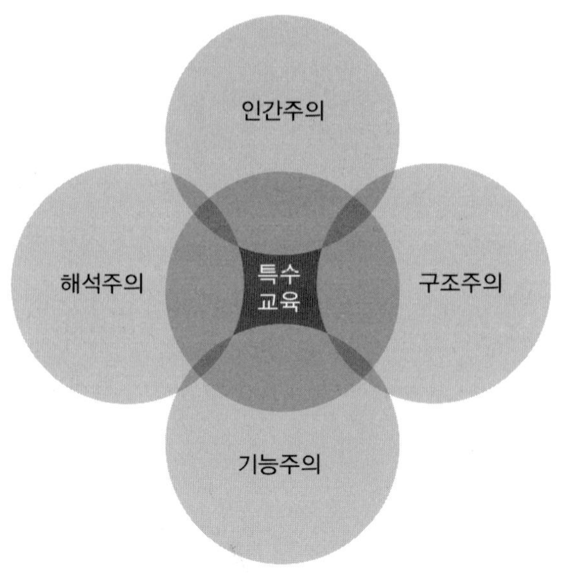

[그림 1-4] 미래 특수교육학 정립을 위한 대안적 모델

출처: 김병하(1998). 특수교육학의 학문적 성격 정립과 그 과제. 특수교육학연구, 33(1), 5-27.

패러다임이다.

현재 특수교육학은 네 가지 사회과학적 패러다임이 공존하는 가운데 상호 의존하는 형태 속에서 그 전문성과 독자성을 확보해 가야 할 과제에 직면해 있다.

2) 특수교육의 패러다임 이동

특수교육의 패러다임 이동은 특수교육에 대한 이론과 실제의 진보가 축적됨에 따른 시대적 변화에 의한 것이다. 여기서 특수교육의 패러다임 이동이라 함은 전통적인 기능주의의 극복과 분리교육에서 통합교육으로의 전환을 의미한다.

앞서 '특수교육의 학문적 위치' 부분에서 기능주의의 극복에 대해 다루었으므로, 여기에서는 분리교육에서 통합교육을 지향하면서 나타난 여러 용어의 의미에 대해서만 간단하게 소개할 것이다.

정상화(normalization)는 1960년대 네덜란드와 덴마크 등 스칸디나비아 국가들이 장애인의 정상화와 완전통합을 슬로건으로 내걸면서 주목받게 된 용어다. 정상화는 특수아동의 학습 및 사회 환경을 가능하면 정상적인 환경으로 만들어 주자는 의미다.

탈시설화(deinstitutionalization)는 가능한 한 많은 특수아동을 기숙제 수용시설에서 해방시켜 지역사회로 통합시키자는 것이다. 실제로 탈시설화운동으로 인해 1980년대까지 많은 시설수용 장애인들이 지역사회와 지역사회 학교로 돌아왔으며, 이는 통합교육에 대한 본격적인 논의를 가져오게 한 계기가 되었다.

주류화(mainstreaming)는 특수아동이 교육환경에서 매일 일반아동과 접촉할 수 있도록 해야 한다는 것을 강조한다. 즉, 주류화는 특수아동을 일반교육에 포함시키는 것을 의미하며, 특수아동이 일반아동과 학교생활 중 일부를 공유하는 데 의의를 둔다.

최소제한환경(Least Restrictive Environment: LRE)은 장애아동은 가급적 일반아동과 함께 교육받아야 한다는 것을 기본 가치로 두고 있다. LRE는 미국의 「전장애아교육법(The Education for All Handicapped Children Act: P.L. 94-142)」(1975)에 처음 사용되면서 쓰이기 시작했으며 통합교육 실천에 긍정적인 영향을 미쳤다. 「전장애아교육법」에서는 장애아동을 일반교육환경에서 특수학급, 특수학교, 기타 분리된 환경으로 분리시키는 것은 오직 아동의 장애 상태나 정도가 심각하여 일반교육의 환경에서 보조적 도구와 서비스를 받았음에도 불구하고 만족스러운 결과를 얻지 못할 경우에만 한정해야 한다고 명시되어 있다. 이는 아동에게 적절한 경우라면 가능한 한 정상적인 환경(일반학급)에서 교육받도록 해야 한다는 것을 의미한다.

일반교육주도(Regular Education Initiative: REI)는 특수교육환경에서 일반교육환경을 향해 나아가는 데는 한계가 있기 때문에, 통합교육을 성공적으로 이끌기 위해서는 일반교육이 주도하는 통합교육이 이루어져야 함을 의미한다. 우리나라에서도 일반교육 교사들을 대상으로 한 통합교육 관련 연수와 교육이 폭넓게 시도되고 있다.

통합교육(inclusive education)은 특수교육 대상자가 일반학교에서 장애유형 및 정도에 따라 차별을 받지 않고 또래와 함께 개개인의 교육적 요구에 적합한 교육을 받는 것을 의미한다(2007년 「장애인 등에 대한 특수교육법」). 우리나라에 최초로 특수학급이 설치된 것은 1971년이지만, 통합교육에 대한 본격적인 논의는 1980년대에 시작되었다. 그리고 1994년 「특수교육진흥법」에서 통합교육에 대해 다루면서 특수학급 설치가 양적으로 급성장하게 되었다.

최근에는 일반교육환경에 특수아동을 배치하고 필요한 부분에 대해서만 특수교육과 관련한 서비스를 지원하는 것이 바람직하다는 완전통합교육(full inclusion)의 개념이 도입되고 있다.

[그림 1-5]에는 특수교육 서비스 전달 연속성 체제에 따른 통합교육 모형이 제시되어 있다.

현재 우리는 통합교육의 필요성과 당위에 대한 논쟁을 넘어서 통합교육을 어떻게 이행할 것인가라는 과제에 직면해 있다. 그러나 통합교육을 지향한다고 하면서도 여전히 분리교육을 조장하고 있는 현행 법령의 정비가 시급하다. 현재 우리나라의 통합교육 형태인 '특수학급' 교육은 엄연히 분리교육의 형태이기 때문이다.

그렇다면 장애를 가진 모든 학생을 일반학급에서 이루어지는 통합교육의 장으로 끌어들이고 특수학교와 특수학급을 없애야 하는가? 많은 특수교육 전문가와 학자들이 이에 대해서는 부정적인 시각을 가지고 있다. 통합교육이 성공적으로 이루어지고 있는 미국과 유럽 등지에서도 '특수

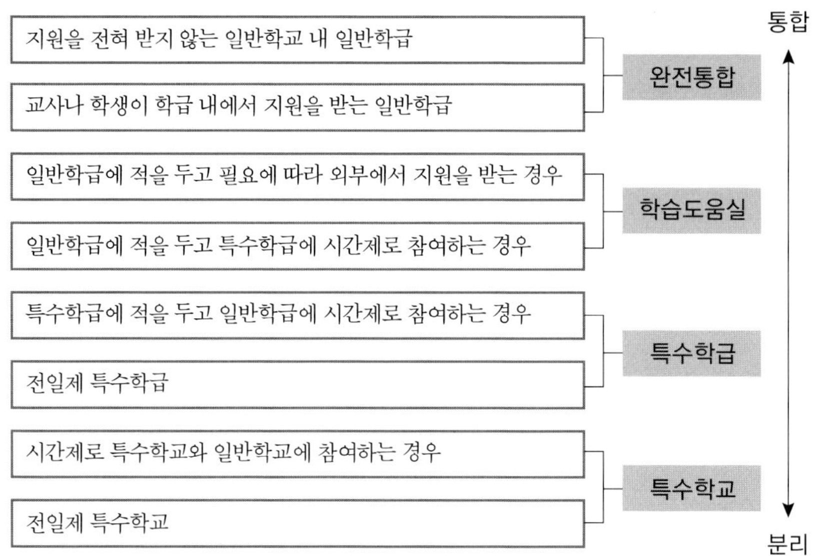

[그림 1-5] 특수교육 서비스 전달 연속성 체제에 따른 통합교육 모형

출처: 김윤옥 외 9인(2005). 특수아동 교육의 실제. 서울: 교육과학사.

학교'를 운영 중이며, 현재 우리나라의 경우처럼 통합교육을 대비한 준비가 부족한 실정에서는 중증장애학생들이 통합학급에서 제대로 된 교육을 받지 못할 것이기 때문이다.

통합교육을 통해 장애학생들이 교육받을 권리와 선택권을 보장받기 위해서는 법, 정책, 행정, 교육자, 장애학생의 부모가 상호 협력할 수 있는 체제를 구축해야 한다.

3. 특수교육 관련 서비스

우리나라 「장애인 등에 대한 특수교육법」 제2조 제2호에 명시되어 있는 특수교육 관련 서비스의 정의는 다음과 같다.

「장애인 등에 대한 특수교육법」 제2조

제2호: "특수교육 관련 서비스"란 특수교육 대상자의 교육을 효율적으로 실시하기 위하여 필요한 인적 · 물적 자원을 제공하는 서비스로서 상담지원 · 가족지원 · 치료지원 · 보조인력지원 · 보조공학기기지원 · 학습보조기기지원 · 통학지원 및 정보접근지원 등을 말한다.

특수교육 관련 서비스는 기본적으로 특수교육을 지원하기 위한 서비스다. 「장애인 등에 대한 특수교육법」에는 특수교육 관련 서비스를 상담, 가족, 치료, 보조인력, 보조공학, 학습보조기기, 통학, 정보접근 등의 지원으로 명시하고 있다.

기존의 「특수교육진흥법」에서는 '치료지원'을 '치료교육'이라는 형태로 제공하였으나, 「장애인 등에 대한 특수교육법」에서는 '특수교육 관련 서비스'의 형태로 수정되었다. 우리나라의 특수교육 관련 서비스는 미국에서 법적 용어로 사용되고 있는 '관련 서비스(related service)'의 개념을 도입하여 특수교육과 별개의 개념, 즉 특수교육의 효율성 제고를 위한 '인적 및 물적 자원의 제공'으로 재정립한 것이다.

제2장

특수교육방법

1. 개별화교육계획
2. 통합교육
3. 특수교육공학
4. 전환교육

특수교육방법

1. 개별화교육계획

개별화교육계획은 특수아동의 독특한 교육적 요구와 필요를 반영하기 위하여 특별히 설계된 교수-학습 활동 문서다. 즉, 특수교육을 받는 모든 대상자의 능력과 특성에 적합한 개별화교육 프로그램을 개발 · 적용해야 하는 법적 문서다.

1) 개별화교육 프로그램의 정의

개별화교육 프로그램(Individualized Educational Program: IEP)은 미국의 「장애인교육법(Indivisual with Disabilities Education Act: IDEA)」에서 명시하고 있는 법적 문서로 특수교육을 요구하는 장애아동에게 적절한 무상 공교육을 하기 위해 제정되었으며, 다학문적인 진단과 계획을 거쳐서 작성된 교육 프로그램이다.

2) 개별화교육 프로그램의 법적 근거

1975년 미국의 「전장애아교육법(P.L. 94-142)」에 진술되어 있는 내용은 다음과 같다.

> 이 법의 목적은 모든 특수아동들이…… 그들의 독특한 요구에 맞게 고안된 특수교육 관련 서비스를 적절하게 무료로 이용할 수 있고, 특수아동과 부모 또는 보호자의 권리를 보호해야 하며, 정부는 이를 지원하고 교육의 효율성을 확인하고 평가하여야 한다.

이러한 목적에 따라 「전장애아교육법」에서는 특수아동 교육에 대하여 다음의 여섯 가지 원리를 제시하고 있다.

- 완전수용(zero reject): 특수 종류나 정도에 상관없이 적절한 공교육을 받을 권리
- 차별 없는 판별 및 평가: 인종, 문화, 언어에 관련된 편견 없는 다양한 진단과 평가방법 사용
- 개별화된 적절한 공교육: 개별화교육 프로그램(Individuals Education Program: IEP) 제공
- 최소제한환경(Least Restrictive Environment: LRE): 통합교육 추진
- 적법한 절차(적법 절차에 의한 안전장치, due process safeguards): 부모의 동의, 정보 비밀보장, 부모에게 공개
- 의사결정에의 참여(shared decision making): 특수아동과 부모 참여, 교육환경 배치, 개별화교육 프로그램 목표 및 관련 서비스 제공

한편 미국의 경우와 마찬가지로 우리나라에서도 특수교육을 받는 모

든 아동들에 대해 개별화교육 프로그램을 작성하여야 한다.

「장애인 등에 대한 특수교육법」 제2조 제7항에 "'개별화교육'이라 함은 특수교육 대상자 개인의 능력을 최대한 계발하기 위하여 장애유형 및 장애 특성에 가장 적합한 교육목표, 교육방법, 교육내용, 특수교육 관련 서비스 등이 포함된 계획을 수립하여 실시하는 교육을 말한다."라고 명시하고 있다.

제22조(개별화교육)의 내용을 살펴보면 다음과 같다.

① 각급 학교의 장은 특수교육 대상자의 교육적 요구에 적합한 교육을 제공하기 위하여 보호자, 특수교육교원, 일반교육교원, 진로 및 직업 교육 담당 교원, 특수교육 관련 서비스 담당 인력 등으로 개별화교육 지원팀을 구성한다.
② 개별화교육 지원팀은 학기마다 특수교육 대상자에 대한 개별화교육 지원계획을 작성하여야 한다.
③ 특수교육 대상자가 다른 학교로 전학 갈 경우 또는 상급학교로 진학할 경우에는 전출학교는 전입학교에 개별화교육 지원계획을 14일 이내에 송부하여야 한다.
④ 특수교육교원은 제1항부터 제3항의 규정에 따른 업무를 원활히 수행하기 위하여 각 업무를 지원하고 조정해야 한다.
⑤ 제1항에 따른 개별화교육 지원팀의 구성, 제2항에 따른 개별화교육 계획의 수립 · 실시 등에 관하여 필요한 사항은 교육부령으로 정한다.

3) 개별화교육 프로그램의 기능

개별화교육 프로그램(IEP)은 장애아동에게 적절한 교육기회를 제공한

다는 인류 평등주의 원칙에 근거한 것으로서, 개별화교육 프로그램 기능은 행정가에게는 관리의 준거를, 교사들에게는 공식화된 계획을, 부모에게는 발언권을, 아동에게는 적절한 교육을 제공하려는 의도에서 만들어졌다고 할 수 있기 때문에 장애아동 교육에서 개별화교육 프로그램의 중요성을 간과할 수는 없을 것이다.

(1) 관리도구로서의 기능

개별화교육 프로그램은 부모, 교사 및 행정가가 장애아동에게 어떤 교육적 서비스와 관련 서비스가 시행되고 있는지를 파악할 수 있게 하는 것으로서, 각 학생마다 영역별 장·단기 교육목표, 교수 시 유의점, 제공되는 관련 서비스, 평가 절차 및 기준 등을 명시함으로써 아동에게 체계적인 교육이 이루어지도록 돕는다. 개인차와 교육적 필요가 매우 다양한 장애아동들에게는 이러한 체계적인 관리가 필수적이며, 특히 통합된 경우에는 교육환경의 중요한 변화가 생기므로 개별화교육 프로그램의 역할이 더욱 중요하다고 할 수 있다. 그러나 무엇보다 중요한 것은 각 장애아동을 위해 만들어진 개별화교육 프로그램을 잘 실행하는 것이다.

(2) 평가도구로서의 기능

개별화교육 프로그램은 학생의 진보상황을 알아보는 평가도구의 역할을 하여 장애아동 교육의 적절성을 평가하는 데 중요한 서류로 이용된다. 따라서 장애아동 교육에 필요한 모든 내용을 수록해 장애아동의 학습과 발달을 평가하는 자료로 활용, 장애아동의 구체적인 학습 진보의 상황을 알도록 한다. 장애아동에게는 획일화된 집단평가를 실시하기가 어렵고 실시하더라도 그러한 평가가 무의미한 경우가 많으므로, 각 학생의 개별화교육 프로그램에 명시된 목표와 평가 기준들에 따라 평가하도록 한다.

(3) 적절한 교육적 배치와 절차를 위한 도구로서의 기능

개별화교육 프로그램은 장애아동을 판별하여 특수교육 현장에 배치하고, 알맞은 교육 프로그램을 만들어 아동에게 제시하는 모든 절차에서 부모와 교사 간의 의사소통 기회를 제공하게 되며, 부모의 의견과 결정에 따른 합당한 절차를 가능하도록 한다. 또한 교사 간에도 일반교사와 특수교사 간의 중요한 협력매개가 된다.

4) 개별화교육 프로그램의 계획

P.L. 94-142에 제시되어 있는 개별화교육계획(IEP)은 아동의 현재 교육적 성취 수준, 연간목표, 연간목표에의 도달과정을 알아볼 수 있는 단기목표, 아동에게 제공되는 특별한 특수교육 관련 서비스, 정규교육 프로그램에 참여할 수 있는 시간, 서비스를 시작하는 날짜와 예상되는 기간, 아동의 성취 수준을 평가하는 방법과 절차 내용을 포함하고 있어야 한다.

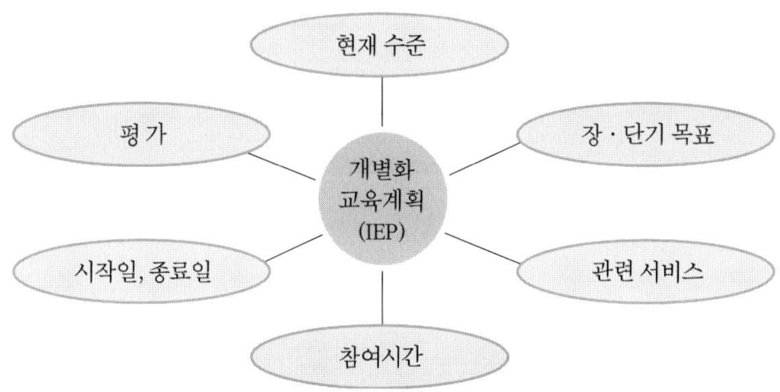

[그림 2-1] 개별화교육 프로그램의 포함 내용

(1) 현재 수준

아동에게 적절한 교육계획을 수립하기 위해서는 가장 먼저 아동의 현재 수준을 진단하여야 한다. 이는 교수목표 설정의 첫 단계로서 이후의 진보를 비교할 수 있는 기초선의 역할을 하며, 평가결과를 실제적인 교육계획을 위한 정보로 전환해서 기록하는 과정이다.

언어, 운동기능, 감각, 인지, 사회성, 자조기술, 놀이기술 등의 영역과 장애로 인해서 영향을 받게 되는 기타 영역을 진단한다. 특수아동의 일반교육과정 참여나 적절한 활동 참여에 미치는 영향, 지체된 영역의 특정 기술을 향상시키기 위해서 필요한 중재, 현행 수준 작성 요령 및 기준, 장애가 교육적 성취에 미치는 부정적인 영향에 대해서 정확하게 서술한다.

또한 IEP의 다른 요소들과 직접적인 관계가 있어야 하며, 결점뿐 아니라 강점을 보는 긍정적 관점에서 서술한다. 명확하고 간결하게 IEP를 작성하는 시점에서 현재의 능력을 기록한다.

(2) 장 · 단기 교수목표

장기 교육목표는 1년 동안 이루어야 할 연간 교수목표로서 아동의 과거 성취 정도, 현행 수준, 아동의 선호도, 교수목표의 실제적인 유용성, 아동의 필요에 대한 우선순위, 교수목표와 관련된 교수활동에 소요되는 시간 등의 요인을 고려한다. 각 교과 영역이나 발달 영역에서 포괄적인 문장으로 서술한다.

단기 교육목표는 연간 교수목표를 성취하기 위해서 교수해야 할 중간 단계들을 측정 가능한 문장으로 서술한 것이다. 이는 장기 교수목표를 체계적으로 분석하는 과제분석의 방법으로 작성한다.

교수목표는 발달상 적합한 기술로 아동의 나이와 발달에 적합하여야 하고, 기능적이어야 하며, 부모나 유아 주변의 중요한 사람들에 의해서 가치가 인정되어야 한다. 또 현실적이고 성취 가능하여야 하며, 아동의 학습단계에 따라 다양하게 설정되어야 한다.

포함해야 할 요소로는 관찰 가능하고 측정 가능한 행동, 행동이 발생하도록 기대되는 상황(학습상황, 사용되는 교재, 행동 발생 장소, 행동 대상자 등을 포함), 행동이 성취된 것으로 평가 내리기 위한 기준(빈도, 지속시간, 백분율, 숙달 정도, 형태, 강도 등)을 제시한다.

(3) 특수교육 및 관련/보충 서비스

특수교육은 일반학생들을 위한 방법과는 다르면서도 장애의 부정적인 영향을 방지하거나 감소시키기 위해서 필요한 특별히 고안된 교수다. 관련 서비스는 특수아동이 교육 경험을 통해서 최대한의 혜택을 받을 수 있도록 제공하는 추가적인 지원 서비스를 말한다. 예를 들면, 시각장애아동의 보행을 위해 이동 전문가로부터의 훈련, 전동휠체어, 운반해 줄 차량 등이 지원될 수 있다.

관련 서비스가 필요하다고 결정된 경우 관련 서비스의 유형, 제공 횟수 및 시간(예: 주 3회 30분간 언어치료), 제공 책임자를 개별화교육 프로그램에 명시하여야 한다. 보충 서비스는 교수목표 성취를 위해서 필요한 보충적인 도움 및 서비스를 의미한다. 구체적 내용에는 교수방법, 과제 및 시험, 개인적인 보조, 시간표 및 일과, 진단, 좌석 배치 등의 환경 조절, 행동 조절, 집단 구성하기, 보조공학, 협력, 상담이 포함된다.

(4) 일반교육에 참여하지 않는 정도

일반교육에 참여하지 못하는 경우 개별화교육계획(IEP)에 그 이유와 당위성에 대해 기술해야 하며, 일반교육 프로그램에 참여하기 위한 보충적인 도움 및 서비스를 제시하여야 한다.

(5) 진단을 위해서 필요한 수정

일반학생들이 참여하는 진단활동에 장애를 지닌 학생들이 참여할 때는 이들에게 필요한 지원이나 수정사항들을 명시해야 한다. 그리고 진단활동에 참여하는 것이 부적절하다고 판단되어 참여하지 않는 경우에는 부적절한 이유를 설명하고 그 대안을 제시해야 한다.

(6) 시작과 종료일

교육 시작부터 종료까지의 일반적인 기간은 1년이다.

(7) 전환

학교교육을 마치고 사회에 잘 적응하도록 하기 위하여 직업교육, 성인서비스, 주거생활 훈련, 지역사회 훈련 등의 여러 필요한 활동들을 적절히 제공한다. 특수유아교육에서의 전환(transition)은 특수교육 대상자인 특수유아 프로그램 간에 또는 서비스 간에 이동하는 것 모두를 의미한다.

(8) 평가계획

평가계획에서 특정 목표의 성취를 측정하기 위하여 사용될 측정 도구와 방법을 정해야 한다. 평가 기준은 특정 교수목표의 성취 여부를 가리기 위한 기준, 단기 교수목표에서 제시되어야 한다. 평가 일정은 얼마나 자주 평가를 할 것인가에 관한 것이다.

5) 개별화교육 프로그램의 개발 절차

(1) 팀 구성원의 선정

효율적인 개별화교육의 수행을 위하여 개별화교육 운영위원회를 설치・운영할 수 있다. IEP 팀에 참여해야 하는 최소한의 구성원은 학생의 부모나 보호자, 학생이 통합교육을 받고 있는 경우 최소한 1명의 일반 교사, 특별히 고안된 교수를 감독할 수 있는 학교교사들 중 1명(특수교사), 진단 결과를 해석할 수 있는 사람, 교육청과 연계할 수 있는 학교행정가, 가족이나 학생이 원하는 사람 그리고 학생(원하는 경우)이다.

(2) 팀 구성원의 역할 및 책임

팀 구성원은 지원적이고 비공식적인 관계를 제공하도록 형성되어야 한다. 더불어 상호 정보를 교환하여 특수아동의 성취를 촉진시키고 진도와 평가를 점검하며 옹호자의 역할을 할 수 있어야 한다.

(3) 프로그램의 문서화

개별화교육 프로그램의 문서작성 단계는 다음과 같다.

- 1단계: 아동의 배경 정보를 기록한다.
- 2단계: 아동의 현행 수준을 기록한다.
- 3단계: 연간 교수목표와 그에 따른 단기 교수목표들을 기록한다.
- 4단계: 교수목표 성취를 위해서 필요한 특수교육 및 관련/보충 서비스를 기록한다.
- 5단계: 일반교육과정에 참여하지 않는 정도와 그 이유를 기록한다.
- 6단계: 진단참여에 대해서 설명한다.
- 7단계: 아동의 부모에게 제공하는 정기적인 진도 보고방법을 설명한다.
- 8단계: IEP 팀의 구성원들과 부모가 서명하고 날짜를 기입한다.

(4) 개발과정 및 문서의 점검

시 · 도나 지역 교육청의 기관장과 담당교사로 점검팀을 구성하여 서비스나 자원의 부족함을 기록하고 보고함으로써 개선 방향을 제시한다.

6) 개별화교육 프로그램의 예

개별화교육위원회 승인							
학부모		보건교사		연구부장		교 장	
개별화		지원교사		교무부장		교 감	

학년반	부 학년 반	학생명		지도교사	(인)

현재 수행 능력 수준		
	1학기 학습목표	2학기 학습목표
국어		
사회		
수학		
과학		

	월	교 과	영 역	학습목표
	3			
단기목표	4			
	5			

2. 통합교육

1) 통합교육 개념

통합교육(inclusion)의 흐름을 살펴보면, 1960년대 분리교육에 대한 비판이 가해지면서 모든 아동은 또래와 같은 장소에서 교육받을 권리가 있고, 이는 공정하고 윤리적이며 평등한 것으로 법을 어기지 않는 사람을 학교나 지역사회의 삶에서 배제시키는 일은 비난받을 것이라는 주장이 대두되었다. 그리하여 특수아동이 그들의 또래와 같은 장소에서 교육을 받아야 한다는 통합교육이 주장되었다. 이로 인해 분리시설 문제를 해결하기 위하여 탈시설화(deinstitutionalization) 운동이 일어났으며 정상화(nomalization) 운동으로 이어졌다. 정상화는 특수아동을 위한 보호, 교육, 치료 서비스가 특수아동으로 하여금 사회 내에서 거의 정상에 이르는 정도로 기능하도록 하는 원리를 바탕으로 하며 특수인의 주거지, 교육, 고용, 사회적 및 여가 조건 등이 그들의 정상적인 동료와 가능한 한 가까워야 함을 강조한다.

1975년 미국의 「전장애아교육법(94-142)」이 최소제한환경(LRE), 즉 일반학급과 유사한 환경을 제공하는 곳에서 교육을 받아야 한다는 것을 명시함으로써 주류화(mainstream) 교육이 일어났다.

1980년대에는 점차 특수아동이 적절한 교육을 받기 위해 일반학교 체제의 개혁을 주장하는 일반교육주도(REI)로 변환되었다. 이렇게 특수아동을 일반학급에 완전히 통합시키자는 일반교육주도의 통합교육 운동이 일어났으나, 실제로는 소극적으로 특수아동을 일반학급 또는 일반학교의 특수학급에 물리적으로 배치하는 데 그치는 경우가 많았다.

1990년대 이후에는 장애 유무나 정도와 상관없이 모든 학생이 일반학급에 참여하는 것을 주장하는 완전통합(full inclusion)교육이 제안되고 있다. 완전통합교육은 일반학교의 특수아동에 대한 책임이며, 적절하다면 일반아동과 함께 교육하는 것을 의미한다. 즉, 모든 교사와 교육행정가가 일반아동의 교육과 마찬가지로 특수아동의 교육에도 책임감을 가져야 한다는 것이다.

우리나라에서 2007년 5월 25일 발표한 「장애인 등에 대한 특수교육법」에서는 통합교육을 "특수교육 대상자가 일반학교에서 장애 유형 및 정도에 따라 차별을 받지 않고 또래와 함께 개개인의 교육적 요구에 적합한 교육을 받는 것을 말한다."(제1장 제2조 제6항)고 명시하고 있다.

2) 통합교육의 필요성

모든 개인은 자신이 속한 집단에서 차별 없는 평등한 구성원으로 '포함' 되어야 한다. 이는 특수한 교육적 요구를 필요로 하는 사람은 누구든지 자신에 속한 일반적 환경에서 적절한 '지원'을 받을 수 있어야 하며, 장애의 정도에 관계없이 사회의 구성원으로서 사회에서 이루어지는 모든 활동에 참여할 수 있는 기회가 제공되어야 한다는 것을 의미한다.

3) 통합교육 실시 현황

모든 국민은 성별, 종교, 신념, 사회적 신분, 경제적 지위 또는 신체적 조건 등을 이유로 교육에 있어서 차별을 받지 아니한다(「교육기본법」 제4조). 국가 및 지방자치단체는 특수교육을 필요로 한 사람이 초등학교 · 중학교 및 고등학교와 이에 준하는 각종 학교에서 교육을 받으려 하는 경우에는 따로 입학 절차, 교육과정 등을 마련하는 등 통합교육을 하는데 필요한 시책을 강구하여야 한다(「초 · 중등교육법」 제59조).

일반학교에 배치되어 통합교육을 받는 특수교육 대상자의 비율은 2007년 65.2%에서 2013년 70.5%로 크게 증가하였다. 특수교육 대상자의 통합교육을 위해 일반학교 내에 설치하는 특수학급도 최근 5년간 연평균 598개 학급씩 지속적으로 증설되어 왔다. 하지만 아직도 통합교육 현장에서 특수교육 대상자의 교육권 보장을 위한 교육과정 조정, 학습보조기기 지원, 보조인력 지원, 교원의 장애 이해 등이 미흡하여 차별 사례가 발생하는 경우가 있다(2013년 특수교육연차보고서).

4) 통합환경의 조성

「장애인 등에 대한 특수교육법」 제21조의 통합교육에 관한 내용을 살펴보면, ① 각급 학교의 장은 교육에 관한 각종 시책을 시행함에 있어서 통합교육의 이념을 실현하기 위하여 노력하여야 한다. ② 제17조에 따라 특수교육 대상자를 배치받은 일반학교의 장은 교육과정의 조정, 보조인력의 지원, 학습보조기기의 지원, 교원연수 등을 포함한 통합교육계획을 수립 · 시행하여야 한다. ③ 일반학교의 장은 제2항에 따라 통합교육을 실시하는 경우 제27조의 기준에 따라 특수학급을 설치 · 운영하고, 대통령령으로 정하는 시설 설비 및 교재 · 교구를 갖추어야 한다.

특수아동에 대해서는 장애로 인해 생길 수 있는 증상과 주의산만의 문제를 일으킬 수 있는 환경 구성 등에 신경을 써야 한다.

(1) 교실 공간과 교구의 물리적 배치

일반적으로 물리적 환경의 배치는 아동들의 행동에 크게 영향을 미칠 수 있다. 책상, 자료 및 장식의 배열은 움직임, 의사소통의 빈도와 방향, 주의산만, 동기 등 다양한 행동과 태도에 영향을 미친다.

교실 배치는 아동의 나이, 기술, 관심에 맞는 활동 영역들이 적절하게 균형을 이루어야 한다. 교실은 규칙적인 일과에 맞도록 구성되어야 하는데, 예를 들어 현재 구조화된 학습을 많이 실시해야 한다면 책상과 의자가 놓인 몇 개의 활동 영역이 필요하다. 특히 아동의 자리 배치는 소집단일 때는 교사를 향한 반원형 대형으로 앉는 것이 적합하고, 대집단일 때는 모든 학생이 교사를 향해 줄을 맞춰서 둥글게 또는 편자(U형) 대형으로 앉는 것이 적합하다. 역할놀이나 협동작업 등 학생들이 집단으로 작업해야 할 때는 학생들끼리 얼굴을 마주하고 정보를 교환할 수 있도록 배치하여야 한다.

또한 교사는 통합된 아동들이 대화나 과제, 경청, 작업 등에 잘 참여할 수 있도록 그들 가까이에 앉는 것이 좋다. 교사가 아동과 가까이 앉아 있음으로 해서 전달 사인이나 비언어적 피드백 등으로 아동을 통제하기 쉽고, 이런 근접 통제는 아동의 행동관리를 수월하게 해 준다.

아동들에게 공간을 규정짓게 하는 방법으로 매트를 사용하는데, 개인 매트와 집단 매트에 따라 아동의 행동 양상이 크게 다르다. 아동이 한 명씩 앉을 수 있는 개인 매트는 아동의 개인적 공간을 규정짓는다. 각 매트가 분리되어 있으면 아동 간의 공간도 자연히 떨어지게 되어 서로 만지거나 팔꿈치로 쿡쿡 찌르는 등의 기회가 없어진다. 집단 매트를 사용할 때는 아동을 횡대로 앉게 지도함으로써 공간을 규정짓게 하는데, 아동이 공간 개념이 생기면 횡대열은 자연스럽게 없어진다.

(2) 집단의 크기 및 아동의 연령

아동의 집단 구성은 아동의 능력이나 교사 또는 보조교사의 수에 따라 다르게 구성되어야 한다. 특수아동은 일반아동이 노는 방법과 사회적으로 상호작용하는 것을 관찰학습을 통해 배운다. 이것은 일반아동의 사회적 놀이행동의 모방과 모델링을 통해서 가능하다. 이런 것이 일어날 수 있도록 교사는 2~3명 또는 4명의 소그룹으로 나눠 놀이할 수 있도록 한다.

일반화는 발달 수준에 더 가까울수록 성공적이다. 아동은 자신과 발달 수준이 비슷한 아동을 놀이친구로 찾는다. 따라서 특수아동은 그들보다 나이가 어린 아동과 통합되어야만 같은 발달 수준에 접근할 수 있고 능력과 흥미를 고려할 수 있다. 혼합 연령의 구성은 특수유아가 통합되어 있는 통합유치원에서도 같은 이유로 긍정적 측면으로 작용한다.

(3) 일과 교실규칙

일과 계획은 정규적이고 예견할 수 있는 순서에 따라서 작성되어야 한다. 특수아동뿐만 아니라 일반아동들도 규칙적 활동(routine)에서 벗어난 변화에 대해 잘 받아들이지 못하는 경향이 있으므로 다음에 수행할 것이 무엇인지 알 수 있도록 하는 것은 아동에게 심리적 안정을 줄 수 있다. 또한 계획 작성 시 동적 활동과 정적 활동의 균형을 맞추어 시간표를 짜는 것이 효과적이다.

아동을 관찰하면 교실규칙을 알 수 있다. 즉, 아동이 말하고자 할 때나 보조를 요청할 때 손을 드는지, 아동들은 어떤 활동 중에 친구와 이야기하고 교실을 돌아다니는지, 화장실이나 급수대에 가는 것이나 연필을 사용하는 것 등이 제한되어 있는지, 개인 소유를 사용하는지 혹은 공동 소유를 사용하는지 등을 알아볼 수 있다.

5) 통합교육의 조건

왕과 버치(Wang & Birch, 1984), 왕과 바커(Wang & Barker)가 통합 프로그램의 효과를 분석한 결과, 통합된 학급의 특수아동들이 분리된 학급의 아동과 비교하여 교과학습 영역에서 월등히 높은 수준의 성취를 이룬 것을 확인하였다.

통합교육의 긍정적 효과는 유아기일수록 그리고 경도장애일수록 분명하게 나타나고, 고학년으로 갈수록 그 효과는 불분명해진다. 그러나 교과학습을 위한 잘 조직된 프로그램과 사회적 적응을 위한 사전 훈련만 이루어진다면 고학년에서도 성공을 거둘 수 있는데, 교육 프로그램과 교수 전략 및 기술 그리고 특수아동의 특성에 적합한 설비와 자료의 제작이나 이용 기술이 포함되어야 한다. 또한 통합교육에 대한 수용적이고 긍정적인 태도와 교육의 효과에 대한 신념을 고취하는 내용도 포함되어야 한다.

또한 통합교육의 실현 가능성 여부는 특수교육 행정가와 행정당국의 지원 여부에 달려 있으며, 통합교육에 대한 학부모의 이해와 태도도 바뀌어야 한다. 흔히 교육의 성패는 가정과 학교 및 사회의 삼위일체적 관계라고 한다. 특수아동의 교육은 더욱 그러하다. 통합교육은 학교에서 그치는 것이 아니라 가정과 더 나아가 사회와 통합이 이루어져야 한다. 그렇지 않으면 비록 통합교육에 성공한 아동이라도 가정생활과 사회생활에서 정상적인 삶을 영위하기 어렵고 따라서 교육의 성과는 쓸모없는 것이 되어 버린다. 그러므로 통합교육이 성공하려면 앞에서 지적한 몇 가지 과제가 미리 해결되어야 한다.

(1) 특수아동의 통합교육을 위한 요건

우리나라의 경우 특수학급 입급 대상자는 정신발달의 지체 정도가 경도로서 정상적인 학업이 곤란한 자로 규정하고 있다. 경도 정신지체란 표준화된 지능검사에서 IQ 50~75, 적응행동은 사회성숙도 검사결과 SQ 85 이하인 경우를 말한다. 이는 통합교육을 실시하였을 때 효과를 기대할 수 있는 수준으로, 신변처리가 가능하며 또래집단과의 상호작용이 원활하게 이루어질 수 있다. 특수아동의 연령과 관련지어 볼 때, 경도 정신지체아동들은 연령이 어릴수록 인지기능, 언어기능, 적응행동, 대인관계, 사회 성숙도 등에서 일반아동과 발달 정도에서 차이가 적으므로 조기 통합교육의 효과를 기대할 수 있다.

김희규(2004)는 일반학급에서 일반아동과 함께 학습하고 생활하는 데 필요한 기본적인 기술을 습득하지 않고는 학급생활에 적응하지 못하고, 이 경우에는 오히려 통합 때문에 심한 어려움을 겪게 되므로 그들에게 통합에 대한 동기를 유발하고 자신감을 갖도록 하는 사전 적응훈련이 필요하다고 주장한다. 일반학급 통합에 필요한 기술로 교사들이 중요시하는 것은 학급 내에서 출석과 지시 따르기, 수업 시 주의집중, 학교에서 화장실과 식수대의 사용, 규칙의 준수와 같은 사회적 기술과 거짓말 않기, 위생관념, 차례 지키기와 같은 개인적 기술, 대인관계 및 의사소통 기술, 학습과 관계된 학문적 기술 등을 들고 있다. 물론 이와 같은 통합에 요구되는 준비가 되어 있는지의 여부를 결정할 때는 객관적인 준거와 판별팀이 필요하다.

(2) 교사의 자질과 교수적 요인

교사는 아동의 행동과 학습에 가장 강력한 영향을 주며, 아동은 교사의 행동, 기대, 태도에 영향을 받게 된다. 부정적인 태도를 갖는 교사는 아동을 보잘것없고 어리석고 믿을 수 없고 무책임한 존재로 생각하지만, 긍정적인 태도를 갖는 교사는 발달 가능하고 책임감 있는 아동으로 받아들일 것이다. 아동에 대한 교사의 태도는 상호작용과 성취에 영향을 주는 중요한 촉매로 작용하는데, 특히 통합된 특수아동의 지적, 사회적, 정서적 발달에 중요한 역할을 한다.

교수적 요인은 통합교육의 프로그래밍과 교수방법에서 중요하게 고려해야 할 원리로서 계획의 원리, 개별학습의 원리, 사회적 상호작용의 원리, 놀이활동의 원리, 강화의 원리, 또래학습의 원리 등이 있다.

(3) 부모의 태도

통합에 대한 부모의 태도와 행동은 통합교육의 성공에 중요한 영향을 미친다. 특수아동의 부모는 통합에 직접 참여하여 가정과 학교에서 조력자로서의 역할을 수행해야 하고, 일반아동의 부모는 자녀를 통해 간접적인 협력을 해야 한다. 특히 초기 단계에서 부모의 협력은 매우 중요하다.

교사와 마찬가지로 부모는 특수아동에 대한 이해와 특수교육과 통합에 대한 긍정적인 태도를 가지고 있어야 한다. 특수교육 전문가의 자문을 통해 통합교육과 관련하여 부모 또는 지역사회에서 야기될 수 있는 문제를 사전에 예견하고 극복하는 방법을 준비할 필요가 있다.

(4) 일반아동의 태도

특수아동에 대한 태도의 형성요인은 완전히 고정된 것이 아니라 새로운 경험과 정보를 습득함으로써 지속적으로 변화하는 것이므로 더 긍정적으로 수정이 가능하다. 또한 사람들의 차이에 대한 벽이 생기기 전에, 특수아동에 대한 태도가 고정되기 전에 특수인에 대한 현실적인 지각과 태도를 형성시켜 주는 것이 중요하다.

첫째, 특수아동과의 긍정적인 상호작용을 통해 특수아동에 대한 두려움을 감소시킬 수 있고, 사람 간의 차이점과 유사점을 이해하게 되면서 특수아동을 수용하는 것을 학습할 수 있다. 둘째, 사람들을 돕고 돌보는 것을 배울 수 있다. 셋째, 타인을 언제 어떻게 돕는가를 학습할 수 있다. 사람들은 보통 다른 사람들이 고통을 받을 때 동정심에서 부적절한 도움을 줄 수도 있다. 그런데 특수아동에게 도움을 줄 때는 특수아동이 가능한 한 독립적으로 성장하도록 보다 적절하게 도움을 주는 것이 필요하므로, 일반아동은 적절한 때 필요한 만큼의 도움을 주는 사회성 기술을 배울 수 있다.

통합의 성패를 좌우하는 관건이 특수아동에 대한 일반아동의 태도에 달려 있음에도 불구하고, 일반아동들은 대체로 특수아동들을 무시하거나 거부하는 등의 부정적인 태도를 가지고 있다. 통합을 성공시키기 위해서는 일반아동이 가지고 있는 부정적인 태도를 긍정적으로 변화시켜야 한다. 서먼과 리바이스(Thurman & Levis, 1979)는 '차이'에 대한 지각이 편견을 만든다고 보았다. 그렇다면 또래의 편견과 부정적인 태도를 변화시키는 방법은 '인간의 여러 측면에는 개인차가 존재한다는 것'을 인정 · 수용하고 오히려 존중하는 마음을 갖도록 이끌어 주는 것이다.

특수아동이 일반학급으로 통합되기 전에 특수학급 교사나 일반학급 교사는 개인차에 대한 정보 나눔의 시간과 서로 돕는 관계 및 친구관계의 중요성에 대한 교육의 시간을 필수적으로 마련하여야 한다. 기존의

학과목 시간의 수업내용(예: 사회, 도덕 등) 중 특수학급 학생에 대한 이해와 태도 증진에 도움이 될 수 있는 내용을 자연스럽게 활용하여 교수하는 것을 격려하여야 한다. 또한 실질적으로 수업시간이나 노는 시간에 특수학급 학생이 일반학급 학습활동에 활발히 참여하고 친구관계가 개발되고 유지될 수 있도록 일종의 '지원 네트워크(support network)'로서 '친구 동아리'를 활용해 볼 수 있다.

(5) 일반아동과 특수아동의 비율

통합교육에 포함될 특수아동 비율에 대한 정확한 정보는 마련되어 있지 않다. 교육의 일반적 관점에서 특수아동의 수가 적을수록 교육의 효과는 크게 기대할 수 있다고 볼 수 있다. 이는 많은 수의 일반아동들은 특수아동들에게 다양한 또래집단의 학습 효과를 가져다줄 수 있고 특수아동에 대한 배려가 보다 용이하기 때문이다.

특수아동의 비율은 교사의 수와 밀접한 관련이 있기 때문에 보조교사, 자문교사 등의 도움이 있지 않는 한 1명의 교사가 2명 이상의 특수아동을 지도하기는 어려울 것이다. 아무리 경도 장애아동이라고 하더라도, 1명의 교사가 2명 이상의 장애아동을 지도하는 것은 쉬운 일이 아니기 때문에 우리나라 유치원 정규학급에서의 경도 정신지체유아의 적정 인원은 1~2명이라고 할 것이다.

서봉연(1986)은 특수아동을 일반아동 집단에 통합시키는 방법을 제안하였다. 처음에는 1명의 특수아만을 통합시켜 그 특수아와 일반아 간의 상호 적응 상태를 평가해 가면서 차츰 특수아동 수를 늘려 가는 점진적 방법을 추천하고 있으며, 특수유아의 수가 1명 이상일 경우에는 일반유아 수와 특수유아 수의 비율이 3: 1인 것이 효과적이라고 하였다.

3. 특수교육공학

1) 특수교육공학의 개념

특수교육공학은 장애를 가진 학생들에게 적절한 교수방법 및 관련 공학 서비스를 제공하여 특수교육의 질적 효율을 제고할 수 있는 체계적이고 종합적인 서비스라고 정의할 수 있다. 또한 일상생활이나 학교생활에서 여러 제약을 받는 특수교육 대상아동들에게 필요한 기기나 관련 서비스를 제공하여 그들의 요구를 충족시켜 주고자 하는 목적을 가지고 있다. 특수교육공학은 크게 일반공학과 보조공학으로 나눌 수 있다. 일반공학은 교사가 교수-학습 활동을 위해 컴퓨터, 계산기, 비디오, 녹음기 등의 매체 및 그 자료를 활용하는 것이다. 보조공학은 장애학생들의 신체 및 감각 손상으로 발생하는 각기 다른 기능적 요구들을 지원하여 학교 및 가정생활을 용이하게 해 주는 공학적 접근으로, 전동휠체어나 보청기 등이 있다.

특수교육공학과 교육공학의 차이는 교육공학은 교육활동에 필요한 모든 인적 · 물적 요소를 교육목적에 맞추어 합리적으로 계획하고 집행하기 위한 조직적인 학문을 의미하지만, 특수교육공학은 교육공학에서 제시하는 요소와 더불어 보조공학, 교수공학, 의료공학, 정보통신공학까지 포함하는 개념이다.

특수교육공학은 특수아동들에게 다양한 기기 및 서비스를 통하여 자신의 능력을 펼칠 수 있는 기회를 제공하고, 신체 및 감각의 결손에 따른 여러 제한점들을 다른 매체를 통하여 지원하여 준다. 따라서 특수교육공학의 장점을 통해서 그 필요성을 제기한다(김영걸, 2004).

첫째, 특수아동들에게 개별화된 교수가 이루어져서 학습과 관련된 수행 능력을 향상시킬 수 있다. 둘째, 특수아동들에게 동기부여와 긍정적 학습 태도를 심어 줄 수 있다. 컴퓨터와 관련된 공학기기는 특수아동들에게 교수-학습 도구로써 흥미뿐만 아니라 동기유발, 긍정적인 학습성취 인식을 가지게 한다. 셋째, 특수아동의 장애에 따른 낮은 자존감을 향상시킬 수 있다. 그들에게 적절한 공학 서비스를 제공하면 이전에 하지 못했던 것들을 할 수 있거나 또래들과 공유하는 부분이 생기면서 자신감과 함께 긍정적인 자존감을 가지게 된다.

그러나 이러한 장점 외에도 고려해야 할 점이 있다. 우선 특수교육공학을 적용한다고 해서 장애가 치료되거나 생활이 당장 긍정적인 모습으로 변화하지 않는다. 또한 교수-학습 장면에서 공학의 활용이 반드시 필요한 것이 아닐 수 있으며, 경우에 따라서는 바람직하지 않을 수도 있으므로 그 적절성을 고려해야 한다.

2) 특수교육공학 유형

특수교육공학을 활용할 수 있는 유형으로는 보조공학, 교수공학, 의료공학, 정보통신공학 등이 있다.

보조공학(assistive technology)은 특수아동들의 기능적 요구와 환경을 고려하여 제공되는 각종 기기 및 서비스를 말한다. 보조공학은 특수아동들의 생활을 위한 기초적인 부분을 비롯하여 가정생활, 학교생활, 지역사회에 능동적으로 참여할 수 있게 해 준다. 지체장애 아동들의 자세를 지원하는 기기들은 책상이나 교실 바닥 등에서 수행하는 학습활동뿐만 아니라 일어서서 하는 활동에도 참여할 수 있게 해 준다. 전동휠체어와 같은 이동기기는 환경과 상호작용할 수 있는 기회와 여러 사람들을 만날 수 있는 장을 제공한다. 컴퓨터는 지체장애 아동들과 인지장애학생들에게 교수-학습 환경을 제공한다. 보완대체의사소통시스템(augmentative and alternative communication system)은 말하는 능력을 증가시켜 사회적 행동을 용이하게 해 준다.

교수공학(instructional technology)은 수업 및 학습에 사용되는 방법 및 전략으로, 멀티미디어 기반 컴퓨터보조수업, ICT 교육, 웹기반 원격교육 등에 활용되고 있다. 의료공학(medical technology)은 장애를 가지고 있는 이들이 원활한 학습 및 생활을 할 수 있도록 사용되는 각종 의료 기기 및 서비스이며, 보장 및 보철 기기, 인공와우 이식수술, 인공호흡장비, 인공 신장투석기, 혈당측정기 등 각종 의료장비가 포함된다. 정보통신공학(informational technology)은 컴퓨터 및 인터넷 관련 기기 및 서비스를 말한다. 즉, 특수아동들이 교육 및 전문 정보에 접근할 수 있도록 지원하는 것으로서 유무선 네트워크와 인터넷 발전을 주요 배경으로 한다. 정보통신공학은 생활 및 여가 등 그 활용 범위가 확대되고 있다. 특히 에듀넷, ERIC, CEC 데이터베이스의 인터넷 웹서비스는 특수아동들뿐만 아니라 교사, 교육 관련 전문가들에게 실제적인 도움을 주고 있다.

3) 보조공학 기기의 활용

보조공학 기기는 특수아동들의 기능적 능력을 증가, 유지, 개선하기 위해 사용되는 기기를 말하며, 보조공학 서비스는 특수아동을 지원하기 위해 사용하는 모든 서비스를 말한다.

보조공학 기기는 기능에 따라 하이테크(high-tech), 미디엄테크(medium-tech), 로우테크(low-tech), 노테크(no-tech)로 분류할 수 있다(〈표 2-1〉 참조).

또한 보조공학 기기는 기능에 따라 다양하게 활용된다(김영걸, 2004; 김용욱, 2003; 우이구, 2004). 기초생활을 위한 보조공학 기기는 특수아동들의 기본적인 생활을 위해 필요한 기능을 보완 · 지원해 주는 기기다. 뇌

표 2-1 **보조공학 기기의 범위**

수준	내용	예
하이테크 (high-tech)	컴퓨터와 같은 디지털 기반의 기기 혹은 정교하게 제작된 기기와 상호작용할 수 있는 멀티미디어 시스템	컴퓨터, 비디오, 오디오 등 IT기기(음성인식기)
미디엄테크 (medium-tech)	하이테크에 비해 정교함이나 복잡함이 덜한 기기	휠체어, 스위치 등
로우테크 (low-tech)	일반적인 도구나 기기에 약간의 수정이나 변화가 첨가된 기기	손잡이가 달린 숟가락, 특별히 고안된 컵, 약간 개조된 책상
노테크 (no-tech)	기기 혹은 도구의 사용에 대한 것이 아닌 체계적인 교수-학습 과정	물리치료, 작업치료와 같은 관련 서비스

출처: 김영걸(2004). p. 136.

성마비를 위해 특별히 고안된 수저 및 그릇과 같은 식사도구 등 스스로 신변처리를 할 수 있도록 도와주는 모든 것이 포함된다. 의사소통용 보조공학 기기는 의사소통에 어려움이 있는 아동이 상대방과 쉽게 의견을 주고받을 수 있도록 고안되었다. 보완대체의사소통판(Augmentative and Alternative Communication: AAC)이나 청각장애인을 위한 전화기 TDD (telecommunication devices for the deaf), 문자전화기 TTY(teletypewriter-printer 혹은 TT) 등이 있다.

신체 지지 및 자세유지를 위한 보조공학 기기는 뇌성마비아동들의 머리나 허리를 받쳐 주는 도구, 의자에 앉거나 화장실 좌변기를 사용할 때 신체를 지탱하도록 도와주는 도구들이 포함된다. 전동휠체어, 휜지팡이, 안내견, 의족 등은 이동과 움직임을 위한 보조공학 기기들이다. 자동문, 휠체어 슬로프, 휠체어 사용자를 위한 책상 등은 환경 적응을 위한 보조공학 기기다. 교수-학습을 위한 보조공학 기기로는 머리를 움직여 컴퓨터를 사용할 수 있는 헤드마스터와 화면 키보드(on-screen keyboard), 음성인식기 등이 있다. 또한 농구용 휠체어, 산악용 휠체어, 핸드바이크

(hand-bike), 시각장애인들이 게임을 즐길 수 있도록 점자가 찍힌 카드 등은 스포츠와 여가, 레저를 위한 보조공학 기기들이다.

이러한 보조공학의 장점을 살펴보면, 첫째 특수아동들의 교육적인 부분에 기여함으로써 학습과 독립적인 생활에 긍정적인 발전을 가져왔다. 둘째, 특수아동을 위한 관련 교육 서비스 및 훈련 프로그램 수행에 기여함으로써 물리치료, 언어치료, 작업치료 등의 수행을 원활히 할 수 있게 하였다. 셋째, 많은 보조공학 기기들이 기능적인 모델에 중점을 둠으로써 특수아동들의 일반적인 생활 향상에 기여하였다.

특수아동의 접근성이 고려된 보조공학 기기들은 보조공학 기기뿐만 아니라 건축이나 일상생활에서 사용되는 모든 부분에서 모든 사람이 사용하기에 편리한 보편적 설계(universal design) 개념이 도입되어야 한다. 특수교육공학적인 지원은 다양한 요구와 적절한 중재를 필요로 하는 특수아동들에게 적용되어야 하며, 장애 영역별 적용 및 활용 방안도 모색해야 한다.

4) 보조공학 기기의 유형

청각장애 아동을 위한 보조공학 기기로는 TDD, TTY(혹은 TT), TRS (telephone relay services), 캡션기, 골도전화기, 전화증폭기, 팩스, 메일, 비디오폰 등이 있다(김용욱, 2003).

[그림 2-2] **청각장애인용 전화기 TDD**

시각장애 아동을 위한 보조공학 기기에는 화면확대기, 음성합성기, 화면상에 나타난 문자 정보를 음성으로 변화시키는 TTS(text to speech), 인쇄물을 촉각적인 방법으로 변화시키는 가변점자기, 점자 전자노트, 옵

타콘(optical to tactile convert: Optacon)이 있으며, 인쇄물 출력을 점자로 출력하는 점자프린터, 점자모니터, 브레일라이트(Braille Lite, 점자 노트북)가 있다(김용욱, 2003).

지체장애 아동을 위한 보조공학 기기는 주로 대체접근 기기나 이동과 관련된 기기들이다. 대체접근 기기로는 파워패드, BAT, 컴포트 에르고 매직(Comfort Ergo Magic), 트랙볼, 헤드마우스, 헤드포인터/헤드스틱(Head Mouse, Head Pointer/Head Stick), 유니버셜 스위치 마운팅 시스템

[그림 2-3] 화면확대 모니터

[그림 2-4] 옵타콘

[그림 2-5] 이동식 화면확대 모니터

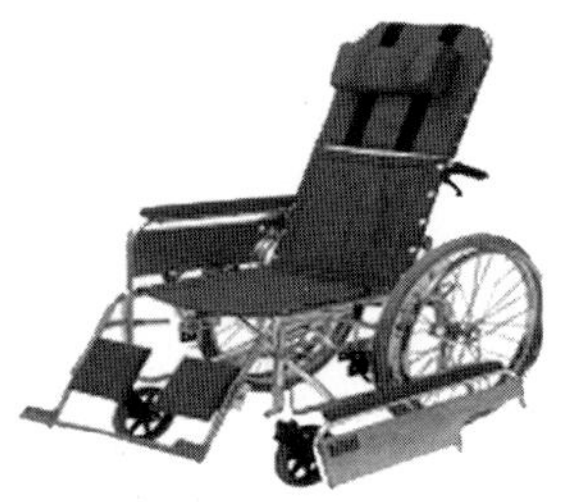

[그림 2-6] 침대형 휠체어

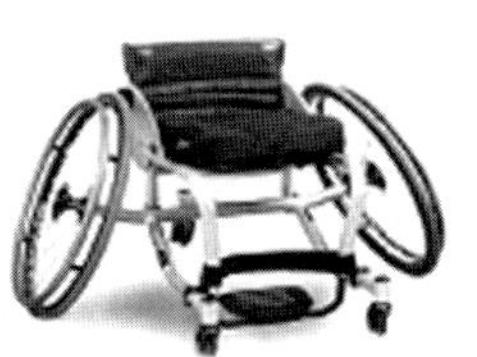

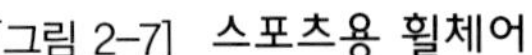

[그림 2-7] 스포츠용 휠체어

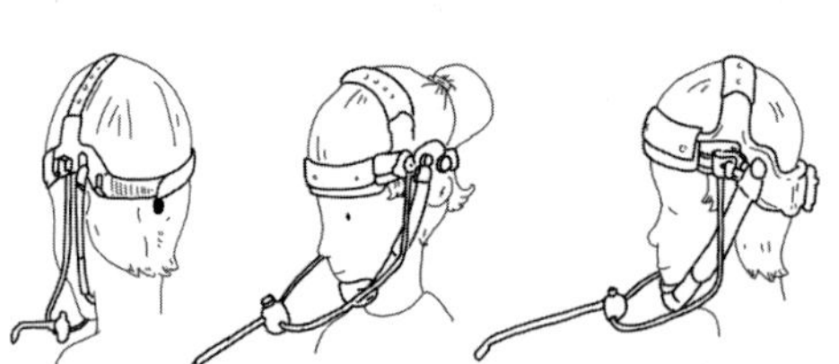

[그림 2-8] 헤드포인터/헤드스틱

[그림 2-9] 컴포트 에르고 매직

(Universal Switch Mounting System), 터치윈도우(Touch Window), 스트링 스위치(String Switch)가 있다(김용욱, 2003). 이동 관련 기기에는 수동 및 전동휠체어, 스쿠터, 장애인 전용 자동차, 휠체어 리프트가 있다.

4. 전환교육

1) 전환교육의 개념

전환(transition)이란 한 가지 조건이나 장소로부터 다른 조건이나 장소로 변화해 가는 과정을 말한다. 이러한 전환에는 두 가지 의미가 담겨 있다. 첫째, 종적 전환으로 유아기에서 초등학교로의 전환, 중 · 고등학교에서 성인사회로의 전환 등 세월의 흐름에 따라 변화에 대처하기 위한 전환이다. 둘째, 횡적 전환으로 분리교육에서 통합교육, 병원에서 가정으로, 전학, 이사, 이직, 결혼, 정년퇴임 등 상황과 환경의 변화에 대처하기 위한 전환이다(조인수, 2002).

미국에서는 1984년에 특수교육재활서비스국(OSERS)이 학교에서 직업사회로 효과적으로 적응할 수 있도록 훈련하고 지원하는 것을 목적으로 전환교육을 실시하였다. 우리나라에서는 1990년에 「장애인 고용촉진 등에 관한 법」이 제정되면서 직업과 관련된 재활 서비스가 제공되었다. 「장애인 등에 대한 특수교육법」에는 진로 및 직업 교육이라는 용어로 직업재활훈련, 자립재활훈련을 실시하여 학교에서 사회로의 원활한 이동을 하도록 하고 있으며, 특수학교를 졸업한 장애학생의 자립을 위해 고등학교 졸업 후 프로그램인 전공과 설치 운영으로 직업교육이 실시되고 있다.

미국 「장애인교육법(IDEA; 1990, P.L. 101-476; 1997, P.L. 105-17)」에서는

표 2-2 **IDEA의 전환교육 의미**

IDEA의 전환교육 내용	내용 설명
학교 이후 활동	중등 이후 교육, 직업훈련, 고용통합, 계속적인 성인교육, 성인 서비스, 독립적 생활, 지역사회 활동
서비스 제공시기	적어도 14세 이전에 학생에게 제공
통합된 활동	전환 서비스를 구성하는 활동과 학생에게 전환 서비스를 제공하는 각 기관 간의 연계를 의미
전환과정의 요소	학생의 기호나 관심을 고려한 학생의 욕구를 기초로 하여 교수, 관련 서비스, 지역사회 경험, 고용과 학교 이후의 성인생활 목표 개발, 일상생활 기술과 기능적 직업평가 습득을 포함
서비스 결정	학생, 학생의 교사, 학교 책임자, 부모 그리고 개별 학생에게 서비스를 제공하거나 계획에 참여하는 외부기관의 대표자
전환 서비스가 제공되는 장소	법령에 특별한 언급은 없지만 학교, 지역사회 일터, 거주지역 등

출처: 조인수(2002). pp. 25-27.

전환교육의 개념에 대해 "전환교육이란 개개 학생의 요구와 결과 중심 과정으로 고안된 학생을 위한 교육활동으로서 성인교육, 직업훈련, 통합고용(지원고용 포함)과 계속적인 성인교육, 성인 서비스, 독립생활 또는 사회참여를 포함해 학교에서 사회로의 전환을 촉진시키고자 하는 통합된 교육활동"이라고 정의하였다.

IDEA(1997)에서는 14세부터 장애학생의 개별화교육계획(IEP)에 전환교육 계획을 반드시 포함시키도록 규정하고 있다. 이러한 전환교육의 목적은 모든 특수아동의 고용과 독립생활을 위한 그들의 독특한 욕구를 충족시키기 위해 특수교육과 관련된 서비스를 강조하여 무상으로 적절한 공교육을 활용할 수 있도록 보장하는 데 있다. 또한 특수아동과 그 부모의 권리를 보장하고 고용과 독립생활을 위해 학생을 준비시키는 데 있다.

그러므로 전환교육이란 학생의 개별 요구와 장애 특성에 따라 진학, 직업훈련, 취업, 지원고용, 독립생활 또는 사회참여를 포함하며, 상급학교 진학 및 사회 적응 등과 같이 다음 단계로의 전환을 촉진시키고자 제공되는 종합적인 교육 및 서비스 활동을 의미한다.

따라서 전환교육은 장애인의 의존도를 줄이고 지역사회 서비스에 참여할 수 있는 중요한 요인이다. 뿐만 아니라 자립생활 능력과 사회생활, 직업생활 모두를 고려함과 동시에 학교, 지역사회 서비스 단체, 민간단체, 가족들의 협조를 유도하여 지역사회 통합 및 개인적인 삶의 질 개선에 중요한 역할을 할 수 있다.

2) 전환교육의 원리

IDEA(1997, P.L. 105-17)에서는 '장애보다 사람이 먼저(people first)'라는 개념을 강조하면서 중도 장애학생들도 어느 정도 최소제한환경에서 질적인 교육을 부여받도록 보장하였다. 이러한 부분은 장애학생들의 직업교육 또는 고용훈련으로 이어져 다양한 활동의 기회를 부여받을 수 있도록 하였다. 특수학교의 직업교육이나 전공과 설치 운영 등은 직업이나 진로와 관련된 전환교육 프로그램이라고 할 수 있다.

장애학생에게 적절한 직업이나 전환교육 프로그램을 제공하는 것은 자신에게 맞는 직업을 찾아 주는 목적도 있지만, 지역사회 내에서 더불어 살아갈 수 있는 적합한 맞춤식 직업에 배치하는 목적도 있다.

그러므로 전환교육은 그 계획이 무엇보다 중요하다. 이러한 전환교육의 성공적 수행을 위해서는 자기 결정과 학생의 선택, 지원의 수준과 정도, 가족과 학생의 참여, 개인중심 계획, 중등학교 이후 교육과정 개편, 통합, 진로교육, 장기적 교육과정 및 사업 연계와의 결연을 고려해야 한다. 이에 조인수(2000)는 성공적인 전환교육을 위한 원리를 다음과 같이 제시하였다.

① 영유아를 위한 조기 중재부터 고등교육까지 전환교육으로 이루어져야 한다.
② 전환교육이 모든 고등교육의 기반이 되어야 한다.
③ 장애학생이 필요로 하는 선호도, 필요, 능력, 취미를 기반으로 하여야 한다.
④ 모든 교육목표는 고등학교 졸업 후 사회로의 전환과 관련되어야 한다.
⑤ 학생을 포함한 부모, 전문가와 반드시 협의해야 한다.

우리나라 전환교육의 기본 방향을 살펴보면, 우선 한국의 전환교육 실정을 중요시해야 하고, 장애학생의 삶의 질을 개선하는 데 목적을 두며, 장·단기 계획에 따라 체계적인 접근이 이루어져야 한다. 또한 장애 영역과 장애 수준을 고려하여 직업 현장의 직무체험 중심의 전환교육이 이루어져야 한다. 무엇보다도 긍정적인 지원환경이 되도록 노력하여야 하며 기관 간의 연계가 바탕이 되어야 한다.

3) 전환교육의 모형

전환교육의 모형으로는 초기 고용에 중점을 둔 윌(Will)의 전환 모형, 베먼(Wehman)의 모형이 있으며, 고용뿐만 아니라 여러 요소가 복합적으로 구성되는 포괄적 의미의 모형으로는 클락(Clark)의 학교중심 모형, 브롤린(Brolin)의 생활중심 모형, 핼펀(Halpern)의 모형 등이 있다.

윌의 전환 모형은 학생이 학교를 졸업한 후 지역사회에 적응하는 데 필요한 적절한 직업기술을 갖추도록 학교 교육과정에서 특수교육과 직업교육을 확고하게 설정해야 한다는 것으로 세 가지 구성요소로 이루어져 있다. 경도 청년장애인의 고용에 주안점을 둔 일반적인 서비스, 전형적인 지역사회 직업을 수행하기 위해 장애인에게 활용할 수 있는 시간 제한적 서비스, 고용을 유지하기 위해 지속적인 지원이 필요한 장애인을 위한 계속적인 서비스로 이루어져 있다(1984).

베먼의 모형은 직업 서비스를 지향하는 전환지향 모형으로 세 단계로 이루어져 있다. 첫 번째 단계는 효과적인 중등학교 직업 특수교육 프로그램에서 중요한 것으로 기능적 통합과정, 통합적 학교환경, 지역사회 중심 서비스다. 두 번째 단계는 개별화 프로그램 계획수립 과정의 사용을 중시하는 것으로 여기에 부모나 학생의 의견을 반영하고 기관 간 협력을 포함시킨다. 세 번째 단계는 경쟁고용, 작업 동료 혹은 다른 전문화된 작업 준비와 같은 직업 결과다(1996).

클락의 포괄적인 전환교육 모형은 전환은 한 번만 있는 것이 아니라 학령기 동안 여러 번 있고 전환 성공과정들이 이후의 전환들을 성공적으로 이끌 가능성이 많다고 가정한다. 또한 생의 각 단계에는 단계마다의 일련의 기준 결과나 진출시기가 있어 전환과정 중에 전환목표로 삼아야 할 것들이 있다고 가정한다. 즉, 직업교육이 고등부 졸업을 앞두고 집중적으로 이루어지는 것은 바람직하지 않으며, 학교에서만 전환과정을 계획하거나 지원하는 것이 아니라 지역사회 서비스 기관들이 참여하는 포괄적 범위의 교육과 서비스를 제공해야 한다고 강조한다(1995).

브롤린의 생활중심 모형은 진로교육을 강조한다. 특히 진로교육은 일반 모든 교수 영역의 통합, 직접학습 경험, 학교와 부모, 기업체 및 지역사회 기관들 간의 적극적인 협력 유지, 전환 서비스 책임자의 적절한 훈련요소의 개발 등이 포함되며, 중퇴한 학생이나 경도 장애청년들에게 초점을 둔다(1986).

핼편의 모형은 고용과 더불어 지역사회 내에서 성공적인 생활을 위한 준비에 적합하다. 그러므로 전환에서 가장 중요한 것은 다른 사람과 함께 살아가는 데 필요한 사회적, 대인적 관계의 기술이다. 따라서 성공적인 전환의 목적을 독립생활과 지역사회 적응에 둔다. 또한 이 모형의 전환교육 목표는 취업의 측면뿐만 아니라 지역사회의 전체적인 통합에 있다(1985).

전환의 구성요소와 함께 다양한 전환의 유형을 지닌 장애인들을 성인기로 이동시키기 위해서는 성공적인 접근방법이 중요하며, 전환교육의 구성을 고용, 생활 준비, 지역사회 이동 능력, 재정적 독립, 친구 사귀기, 긍정적 자아존중감, 여가활동으로 제시할 수 있다.

4) 고용 형태

장애인의 고용은 다양하게 선택될 수 있으며, 개인이 받은 임금 정도, 지원을 받은 고용의 종류, 지역의 통합 정도와 장애인의 장애 정도에 따라 경쟁고용, 지원 경쟁고용, 지원고용, 보호고용으로 나눌 수 있다.

경쟁고용(competitive employment)은 장애인이 일반인과 같은 임금과 연금을 받을 수 있는 직업에 배치되는 것을 말한다. 장애인은 경쟁고용 상황에서 배치 전이나 초기에 집중적인 지원 서비스를 받는다. 경쟁고용 선택을 위해서 고려되어야 할 사항은 작업과 연관된 기능을 가져야 하고, 생산성을 높이기 위한 기술, 대인관계, 작업 관련 기술을 독립적으로 익히고 수행할 수 있어야 한다는 것이다. 경쟁고용은 일반적으로 경도 장애학생에게 적당하다.

지원 경쟁고용(supported competitive employment)은 이동보조 및 적절한 직업을 획득할 수 있도록 서비스를 제공하는 것을 말한다. 일이 확보되면 집중적인 작업현장 훈련과 지원이 작업 코치에 의해 일대일 방식으로 제공된다. 이러한 지원은 경쟁고용에서처럼 제한된 시간에 따라 지원이 이루어지는 것은 아니고, 개인에 따라 규칙적이고 지속적인 형태로 지원 서비스가 제공된다. 경쟁고용이 경도 장애학생들에게 적절하다면,

지원 경쟁고용은 중도 장애학생들에게 적절한 방식이라고 할 수 있다.

지원고용(supported employment)은 통합된 환경 내에서 경쟁적인 작업을 수행하는 데 지속적인 지원 서비스를 필요로 하며 경쟁고용 경험을 갖지 못한 장애인이나 중도의 장애인을 위한 것이다. 이러한 지원고용 프로그램은 세 가지 기준이 충족되어야 한다(U.S. Department of Education, 1984). 즉, 장애인은 고용주의 임금 지불이나 이익 창출의 고용에 계약되어야 하며, 고용기간 동안 계속적으로 지속적인 고용을 요구해야 하고, 일반 자원봉사자들과 함께 사회통합 가능성을 입증하여야 한다. 따라서 지원고용은 경쟁적인 작업, 통합된 작업 현장 그리고 계속적인 지원 서비스 공급으로 구성된다. 이러한 지원고용에는 개별배치 모델, 이동작업 팀 모델, 현장고용 모델이 있다.

보호고용(sheltered employment)은 인력 서비스 기관에서 장애인을 고용하여 운영하는 것을 의미한다(정희섭 외, 2005). 보호고용의 목적은 장애인을 지원고용 사업장에 배치하기 위한 적응훈련과 직업기능 훈련의 전환 수단으로 계획된다. 보호작업장이나 작업활동센터 등은 보호고용의 형태들이며, 보호된 환경에서 다른 장애인들과 함께 작업대에서 일하는 것을 일컫는다. 이는 장애인과 비장애인이 분리되어 작업을 하기 때문에 전문가나 부모로부터 이의가 제기되기도 한다.

장애인의 전환교육은 법적인 제도뿐만 아니라 다양한 인적 자원과 전환 프로그램들이 함께 체계화될 때 비로소 장애인들의 지역사회 통합으로 이어질 수 있다.

전환교육은 학교에서의 수행 역할이 더욱 중요시되고 있다. 학교에서 전환교육을 원만하게 수행하기 위해서는 학교장, 전환교육 담당교사, 교과담당 교사, 실기교사 및 부모가 협의체를 구성하여 서로 협력할 때 효과적인 결과가 예상된다고 확신한다.

제3장

특수아동 문제행동 지원

1. 행동의 개념
2. 일탈행동의 이해와 분석
3. 긍정적 행동지원(PBS)

특수아동 문제행동 지원

1. 행동의 개념

'행동' 이라고 하면 말하고 춤추고 그림 그리는 등의 움직임을 떠올릴 수 있다. 구체적으로 행동의 특성을 살펴보면 다음과 같다(Raymond, 2001).

- 행동은 인간이 행하고 말하는 것이다.
- 행동은 하나 이상의 차원을 가지고 있다. 즉, 종을 몇 번 쳤다, 몇 분 동안 울었다, 세게 때렸다 등과 같이 빈도나 지속시간, 강도(intensity)를 기록할 수 있다.
- 행동은 관찰, 설명 및 기록이 가능하다.
- 행동은 환경에 영향을 미친다. 소리를 지르는 행동은 누군가에게 들리게 되는 영향을 주고, 물건을 떨어뜨리는 행동은 바닥에 물건이 흩어지는 변화를 나타낸다.

- 행동에는 법칙이 있다. 행동의 발생은 환경사건에 체계적인 영향을 받는다. 행동이 발생하도록 만드는 환경사건을 이해한다면 행동을 변화시키기 위해 환경 속의 사건을 변화시킬 수 있다. 어두운 환경사건은 스위치를 누르는 행동을 유발시키고, 스위치를 누름과 동시에 환하게 변한 환경은 우리에게 다음에 또 어두울 때 스위치를 누르는 행동을 강화시키게 하는 법칙이 있다.
- 행동은 외현적 · 내면적으로 나타날 수 있다. 외현행동(overt behavior)은 행동을 하는 사람보다는 다른 사람이 관찰하고 기록할 수 있는 행동으로, 책 읽고 노래하고 몸을 흔드는 행동과 같은 것이다. 반면 내면행동(covert behavior)은 타인의 관찰이 불가능한 행동으로, 맥박이 빨라지고 혈압이 오르는 것과 같다.

사람들은 이러한 여섯 가지 행동의 특성으로 상대방의 일반적인 행동을 알 수 있다.

한편 전반적으로 다수의 사람이 나타내는 표현행동이 아닌 문제행동이라고 불리는 일탈행동은 심한 정서적 일탈에서 비롯된다. 일탈행동은

표 3-1 **일탈행동의 변인**

내재적 행동	외현적 행동
• 부끄러움, 위축	• 일탈적인, 불복종적인
• 열등감	• 재산, 규칙, 다른 아동에 대한 공격성
• 자기 의식적, 과도하게 민감한	• 과도한 관심의 요구
• 공포를 느끼는, 불안한	• 욕하는
• 집단참여를 회피하는	• 다른 사람에 대한 불신, 비난
• 슬픈, 우울한, 성마른	• 파괴적인
• 냉담한	• 과잉 행동하는
• 정신이 팔린, 부주의한	• 성질 부리는
	• 질투하는

많은 행동들 중 정상 범주에 속하는 일반화된 행동이 아닌 정상 범주에서 벗어난 행동을 말한다. 그리고 일탈행동이 표현되는 경우는 적어도 두 가지 이상의 환경에서 나타나고 지속적이며(만성), 현저한 정도(심각성/빈도)인 경우로, 내적 정서 측면과 외적 행동 측면을 모두 고려해야 한다. 이러한 아동들은 정서 · 행동 장애로 구분된다.

2. 일탈행동의 이해와 분석

1) 일탈행동의 이해

다음 일탈행동의 다섯 가지 특성은 일탈행동을 이해하는 데 도움을 준다.

첫째는 일반성이다. 문제행동이라고 규정짓는 행동 자체가 주관적 특성을 지니고 있으며, 누구나 그 같은 행동을 나타낼 수 있다는 것이다. 가령, 5세 남자아이가 길에서 바지를 내리고 소변을 보는 행동을 잘못된 행동으로 볼 수도 있고, 그럴 수 있다고(허용) 보기도 한다는 것이다.

둘째는 성차다. 보통 남자아이는 여자아이보다 공격적인 놀이나 파괴적인 놀이를 더 많이 하며, 여자아이는 위축적인 행동을 보이기도 한다.

셋째는 문제행동의 형태다. 스트레스가 쌓이거나 사람들 사이에서의 반응 양식에 따라 표출되는 행동은 다를 수 있다.

넷째는 평가의 수행이다. 문제행동이 갖는 특성과 정도를 평가한다.

마지막으로 분석과 확인이다. 이때는 정확한 기록을 하는 것이 중요하다. 측정해야 할 문제와 행동 발생 빈도를 확인해 둔다.

2) 관 찰

문제행동을 이해하고 바람직한 행동으로 변화시키는 데 있어 관찰은 대단히 중요하다. 그것은 측정해야 할 문제를 확인하고 관련된 관찰 가능한 행동을 명확히 하는 것이다. 다양한 사례를 있는 그대로 자연스럽게 관찰하는 것에서부터 문제행동의 이해는 시작되며, 사례가 나타내는 행동에 대한 진단을 할 수 있는 정확한 관찰을 하는 것에 초점을 맞추도록 한다.

관찰에는 '눈으로 본다.'는 view, watch의 의미와 의미를 두고 보는 observe의 개념이 있다. 사람에게서는 여러 가지 행동들이 나타날 수 있고, 행동을 관찰한다는 것은 행동을 분석하는 기초가 되기 때문에 행동관찰을 하는 데 있어 다음 네 가지 요건을 고려하여 관찰하고 분석할 수 있어야 한다.

첫째, 포괄적이어야 한다. 이는 양적 측면을 고려해야 하는 것으로 인간행동의 양을 고려하고 예언할 수 있어야 한다.

둘째, 실증적이어야 한다. 즉, 설명할 수 있는 방법으로 검증해야 한다.

셋째, 예언적 유용성을 지니고 있어야 한다. 특정 조건 아래 어떻게 행동할 것인가, 조건을 변화시킴으로써 행동을 변화시킬 수 있는 기회를 제공할 수 있어야 한다.

넷째, 단순해야 한다. 지나치게 상상적이어서는 안 된다.

이같이 관찰 가능한 행동은 행동의 특성에 따라 빈도, 비율, 지속시간, 반응시간과 같은 차원에서 측정하고 기록할 수 있다. 기록방법으로는 사건기록법, 간격기록법, 시간표집법, 지속시간기록법, 반응시간기록법이 있다.

3) 자료수집

행동과 문제강도를 수집한 기록은 하나의 체계를 구성하는 기초로 유용하다. 자료는 많이 모일수록 좋다. 또한 각기 다른 환경에서 관심 있는 행동을 관찰함으로써 중재계획에 대한 많은 정보를 얻을 수 있다.

3. 긍정적 행동지원(PBS)

보통 사람들이 '문제행동'이라고 부르는 행동에도 그 행동을 표현하는 사람에게는 의미 있는 행동으로 각각의 기능을 가지고 있다. 따라서 행동이 갖는 특성 및 기능을 살펴보고 긍정적인 접근, 즉 문제행동을 지닌 아동을 지원(Supports)할 수 있도록 해야 할 것이다.

긍정적 행동지원(Positive Behavior Supports: PBS)은 인간의 일반적인 행동법칙과 일관성을 지니고 중재하는 사람의 가치, 기술, 지원을 반영하며, 기능적 사정 결과에 기초하는 광범위한 행동중재다.

1) 배 경

1950년대에서 1970년대까지는 행동의 후속결과(consequences)를 이끄는 절차나 행동을 유발하는 자극 조건을 변화시켜 내담자들의 심리문제를 해결하는 치료적 접근으로 행동에 초점을 맞춘 행동치료(BT)의 태동 및 발전기였다. 1970년대 중반 무렵에 와서는 인간의 행동이 '인지', 즉 생각이나 신념에 의해 매개된다는 가정을 받아들여, 문제행동과 관련되는 내담자의 인지체계를 변화시키기 위한 치료적 접근으로 인지 변화에 초점을 둔 인지치료(CT)의 성장기를 맞이하였다. 그 뒤 1980년대 후반부터 사고, 판단, 가정(If)과 반응, 전략을 바꾸면서 드러나는 행동을 변화시키기 위해 시도된 치료로 행동치료와 인지치료의 병합인 인지행동치료(CBT)의 발전이 있어 왔다. 2000년대에 들어서는 제3의 흐름인 변증법적 행동치료(DBT), 수용전념치료(ACT), 마음챙김기반 인지치료(MBCT)까지 인간행동을 변화시키려는 방법에 대한 용어가 계속적으로 변화해 왔다.

이러한 각 용어들은 사람의 행동 문제를 어떤 관점에서 보는지를 반영해 준다. 즉, 문제행동을 바라보는 시각, 문제행동을 하는 사람에 대한 철학적 인식이 반영되면서 용어의 변화가 있어 왔다.

응용행동분석의 초창기에는 행동의 선행사건이나 후속결과를 조작하여 행동을 변화시키려는 것에만 초점을 맞추었다. 그러다가 아동의 문제행동이 지니고 있는 기능에 관심을 갖기 시작하고 기능평가 개념이 더해지면서 후속 조치보다는 예방의 개념이 강조되면서 긍정적 지원이라는 용어가 등장했다. 대상자들의 문제행동에 대한 긍정적 행동지원이라는 개념은 이전에 문제행동의 형태에 초점을 두어 중재전략을 개발한 것과는 달리, 문제행동을 유발시키는 상황 또는 선행사건과 문제행동의 기능을 파악하고 그 정보에 근거하여 중재를 개발하는 것을 의미한다.

2) 특 징

긍정적 행동지원의 주요 특징은 행동과학, 실용적 중재, 사회적 가치, 체계적 조망으로 나누어 볼 수 있다.

(1) 행동과학

긍정적 행동지원은 행동은 학습된다는 원리에 근거한다. 일반적으로 인간행동은 여러 요인들에 의해 영향을 받으며 의도하지 않은 학습과정을 거쳐 학습하게 된다. 행동과학은 인간행동은 이해될 수 있는 것이고 그러한 인간행동에 대한 지식이 커지면 더욱 바람직하고 기능적인 행동을 가르칠 수 있게 된다는 이론을 주장한다.

(2) 실용적 중재

긍정적 행동지원은 실질적인 중재를 강조한다. '실질적'이라는 표현은 문제행동과 문제행동이 발생하는 환경과 적용되는 중재 간의 상황적 적합성을 강조하는 전략을 의미한다. 긍정적 행동지원은 기능적 행동평가(functional behavior analysis)를 강조하는 것 외에 환경을 조정하고 새로운 행동기술을 가르치고 문제행동을 유지시키는 강화요인을 제거하는 것도 강조한다.

긍정적 행동지원은 학생의 행동변화를 위한 핵심은 가르침에 있으며 그 변화가 의미 있게 유지되게 하려면 환경의 재조정이 필요함을 강조한다. 문제행동의 변화를 위해 적용하는 중재는 단지 심각한 문제가 있는 학생뿐 아니라 모든 학생에게 적용될 수 있는 것이어야 하며 연구에서 그 효과를 입증한 것이어야 한다. 학생의 현재 수준, 중재가 행동에 미치는 영향, 중재결과가 학생의 삶에 가져온 향상의 정도 등을 알아보기 위해서는 데이터를 측정해야 한다. 그리고 중재에 대한 모든 결정은 데이터에 근거해야 한다.

(3) 사회적 가치

긍정적 행동지원은 사회적 가치에 초점을 둔다. 학생의 행동변화가 사회적으로 의미 있어야 한다는 것은 하루 생활의 전 시간대와 장소에서 영향을 미치고 그 효과가 지속적이며 궁극적으로 현재와 미래의 삶에 긍정적 영향을 미쳐야 한다는 것이다. 또한 행동의 변화를 위해 적용하는 중재도 학생에게 직접적인 고통을 주지 않으며, 학생이 속한 문화에서 받아들여지는 것이어야 한다.

(4) 체계적 조망

긍정적 행동지원은 문제행동을 지도하는 개인이 아닌 체계에 초점을 맞춘다. 학생의 문제행동에 대해 학교의 어느 한 전문가가 개입하여 문제를 해결하는 방법은 장기적인 문제를 해결해 주지 못하므로, 학교 안의 모든 사람이 협력하여 학생의 문제행동에 접근하는 체계적 접근이 요구된다는 것이다. 이를 실행하기 위해서는 학교에서 강력한 리더십이 요구된다. 학교뿐 아니라 청소년 정신건강, 청소년 범죄 재판, 가족 서비스 등과 관련된 체계의 협조도 절대적으로 필요하다. 이러한 체계적 접근을 통해, 첫째 학교에서 심각한 문제행동을 나타내지 않는 80~90% 학생들의 잠재적 문제행동 발생을 예방할 수 있고, 둘째 학교에서 문제행동을 하는 5~15%의 학생들의 현재 문제행동 발생을 경감시킬 수 있으며, 마지막으로 심각한 문제행동을 나타내는 1~7%에 해당하는 학생들의 문제행동의 강도와 복잡성을 경감시킬 수 있다.

긍정적 행동지원은 문제행동에 접근하는 체계적 접근을 강조한다. 이를 위한 모든 절차와 과정은 행동과학, 실질적 중재, 사회적 가치에 그 바탕을 두는 것이어야 한다. 긍정적 행동지원의 목표는 기능적 행동평가에서 나온 결과를 사용하여, 문제행동의 실효를 경감시키고 바람직한 행동을 격려하고 지원하는 교수-학습 환경을 조성해 가는 데 있다.

3) 중재전략

(1) 기능평가

부적응 행동을 일으키고 유지시키는 선행사건과 결과사건을 확인하는 과정, 즉 어떤 선행사건이 그 행동을 일으키고, 어떤 결과가 그 행동을 유지시키고 있으며, 부적응 행동과 동일한 기능을 할 수 있도록 어떤 적절한 대체행동을 가르칠 수 있는지를 파악할 수 있는 평가 기법이다.

문제행동의 기능평가(functional assessment)는, 첫째 문제행동을 명확히 기술하여 함께 일어나는 행동의 부류와 계열성을 확인한다. 둘째, 일상적인 생활 속에서 문제행동이 일어날 때와 일어나지 않을 때를 예언할 수 있는 사상, 시간 및 상황을 확인한다. 셋째, 문제행동을 지속시키는 결과를 밝힌다. 넷째, 특정 행동, 그 행동이 일어나는 특정형태의 상황, 그런 상황에서 특정 행동을 지속시키는 결과나 강화에 대해 수집한 정보들을 요약하거나 가설을 설정한다. 다섯째, 정리된 요약문의 내용을 뒷받침하기 위해 직접 관찰하고 자료를 수집한다.

기능평가 정보수집 방법은 면담, 질문지, 평정척도 등의 비형식적 방법과 직접 관찰이 있다.

(2) 기능평가 실시 전 고려사항

- 인간중심의 계획수립: 개인의 기호, 강점, 겪는 문제와 어려움 등
- 활동패턴과 사회적 생활: 활동패턴에는 수행하는 다양한 활동과 경험, 지역사회의 통합 정도, 내담자들이 선호하는 것과 수용되는 정도 등이 포함된다.
- 의료적 신체적 문제: 알레르기, 수(sinus), 중이염, 생리주기 영향, 요도염, 치통, 만성적 변비, 간질 등 특정 행동 발생촉진과 내담자들이 복용하고 있는 약물의 효과와 부작용에 주의해야 한다.

(3) 기능평가의 가치

- 행동지원은 인간에 대한 존엄성을 가지고 이루어져야 한다.
- 기능평가의 목적은 단순히 바람직하지 못한 행동을 정의하고 처치하는 데 있는 것이 아니라 효과적인 대안을 지도하고 바람직한 행동

을 증대시키기 위해 그들의 행동구조와 기능을 이해하는 데 있다.

- 기능평가는 행동과 환경과의 관계를 찾기 위한 과정이다.

(4) 기능분석

기능분석(functional analysis)은 문제행동과 연관되거나 관련이 없는 특정행동 변인들을 체계적으로 조작하는 방법으로 환경을 조작하면서 행동을 체계적으로 점검하게 된다. 다시 말해, 표적행동이 일어났을 때 그 행동에 뒤따라 주어지는 결과를 조작하는 것으로, 예를 들면 과제의 난이도, 과제의 길이, 활동할 동안 교사의 주의를 끄는 수준, 활동의 선택 유무 등 구조적인 변인을 조작한다.

4) 중재절차의 선택: 경쟁행동 모형

(1) 경쟁행동 모형이 유용한 이유

- 중재절차와 기능평가 결과의 연계성을 증대시켜 준다.
- 채택된 절차와 수행할 사람들의 가치, 기술, 자원 및 일상 업무들 간의 적합성을 높여 준다.
- 다중 요인지원 계획에서 이용될 수 있는 여러 절차들 간의 논리적 응집력을 높여 준다.
- 계획이 충실하게 수립됨으로써 궁극적으로 실천할 수 있게 해 준다.

(2) 경쟁행동 모형구안

단계 1. 진단평가 요약문 도식

예) 연희

상황적 사상	선행사상 (예언요인)	문제행동	문제행동을 지속시키는 결과
친구들과 놀이	어려운 과제 제시 교사의 질문	통증호소	회피(과제, 질문)

○ 흐름도

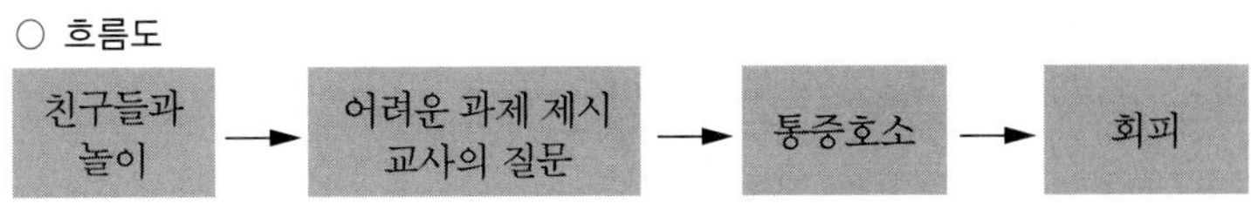

[그림 3-1] 진단평가 요약문

단계 2. 대체행동 및 그 행동과 연관된 후속 강화의 정의

지원계획을 수립할 때는 문제행동을 감소시킬 뿐 아니라 바람직한 행동을 증가시키는 것을 목표로 삼아야 한다. 문제행동과 경쟁관계에 있는 행동을 찾아내는 것이 중요하다. 이를 위해 두 가지 질문에 해답을 찾아야 한다.

첫째, 상황적 사상과 선행사상(예언요인)이 발생했을 때 여러분은 그런 상황에서 개인이 어떤 적절한 행동을 수행하도록 하고 싶은가?

둘째, 상황적 사상과 선행사상(예언요인)이 발생했을 때 개인이 문제행동을 했을 경우 얻을 수 있는 것과 동일한 결과를 가져올 수 있는 사회적으로 적절한 행동은 어떤 것인가?

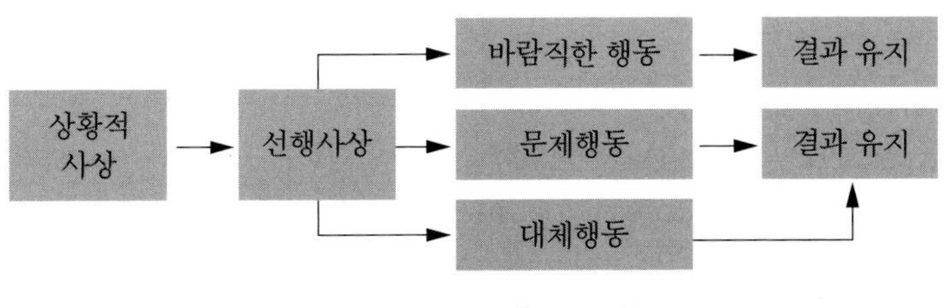

[그림 3-2] 경쟁행동 모형

단계 3. 중재절차 선택

문제행동이 일어날 가능성을 줄일 수 있고, 적절한 대안적 행동이 일어날 가능성을 증가시키며, 절차를 수행할 사람의 가치, 자원 및 기술에 적합한 상황에서 여러 가지 변화가 일어나도록 중재절차를 조직한다. 문제행동을 무관하고 비능률적이며 비효율적으로 만들어야 한다.

☞ 연희 사례 중재절차 선택

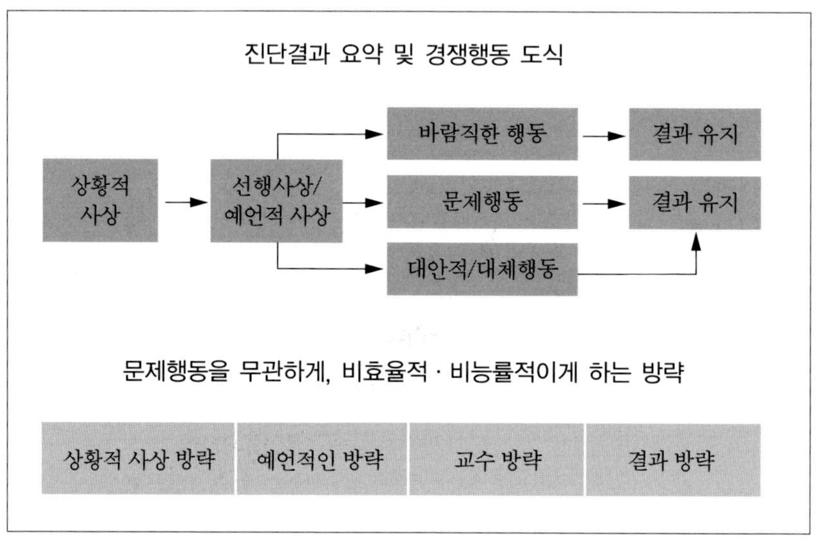

긍정적 행동지원은 문제행동이 진공상태에서 발생하는 것이 아니라 문제행동을 유발시키는 상황, 선행사건 또는 문제행동을 유지시키는 후속결과가 있다고 전제한다. 즉, 문제행동에는 그 목적이나 기능이 있다고 보는 것이다. 따라서 긍정적 행동지원에서는 문제행동의 기능과 그 행동을 유발 또는 유지시키는 변인을 찾아, 그 변인들을 조작하여 중재절차를 개발하는 것을 목적으로 한다.

제4장

정신지체

1. 정 의
2. 분 류
3. 원 인
4. 진단평가
5. 교수전략

정신지체

1. 정 의

다른 장애 영역의 정의가 대부분 고정적이고 객관적인 데 비하여, '정신지체'에 대한 정의는 상대적이고 주관적인 측면이 있다. 이를 반영하듯 정신지체의 정의는 다른 장애 영역에 비해 비교적 자주 개정되어 왔다.

'정신지체'에 대한 의학적 · 학문적 지식이 부족했던 1900년대만 하더라도 정신지체인들은 모두 똑같고, 유전되며, 범죄를 일으키기 쉽다는 인식이 사회에 만연했다. 정신지체에 대한 이러한 오해는 과거 미국에서 정신지체인에 대한 불임시술을 합법화하는 배경이 되었으며, 한 번 정신지체로 판별된 사람들은 사회적으로나 교육적으로 매우 불리한 지위에 있게 되는 상황으로 이어졌다.

의학과 과학이 발달함에 따라 정신지체를 유발하는 원인이 밝혀지고 정신지체의 특성들이 알려지게 되면서 정신지체를 정의하는 방식에도 많은 변화가 있었다. 현재 '정신지체'는 아동이 속한 사회적 · 교육적 환경 내에서 아동에게 요구되는 기본적인 적응기술이 무엇인가, 정신지체를 분류하는 데 광범위하게 사용되고 있는 지적 수준(지능)의 절사점을 어떻게 정할 것인가 등과 같은 학문적 · 사회적 합의에 따라 달라질 수 있는 개념인 것으로 인식되고 있다.

1) 법적 정의

우리나라에서는 정신지체와 관련된 법적 정의를 「장애인 등에 대한 특수교육법」과 「장애인복지법」에서 다루고 있다. 「장애인 등에 대한 특수교육법」에 따르면, "정신지체를 지닌 특수교육 대상자는 지적 기능과 적응행동상의 어려움이 함께 존재하여 교육적 성취에 어려움이 있는 사람"이다. 이 법에서는 정신지체 정의의 준거로 지능과 적응행동을 활용하고 있는데, 적응행동의 범위를 구체적으로 명시하지 않고 있으며, 정신지체 발생연령에 대한 명확한 기준도 없는 실정이다.

「장애인복지법」 시행령 제2조 별표 1의 장애인의 종류와 기준(2013년 4월 22일 일부 개정)에서는 정신지체를 '지적장애인(知的障碍人)'이라는 용어로 소개하고 있다. 이 법에 따르면 지적장애인은 정신 발육이 항구적으로 지체되어 지적 능력의 발달이 불충분하거나 불완전하고 자신의 일을 처리하는 것과 사회생활에 적응하는 것이 상당히 곤란한 사람이다.

2) 학술적 정의

(1) AAIDD(AAMR)의 정의

미국 지적장애 및 발달장애협회(American Association on Intellectual and Developmental Disabilities: AAIDD)에서는 2007년 1월 1일부터 정신지체(mental retardation)라는 용어를 '지적장애와 발달장애(Intellectual and

Developmental Disabilities: IDD)'로 변경하고, 이에 따라 변경된 협회명을 사용하고 있다.

AAIDD의 전신인 미국정신지체협회(American Association on Mental Retardation: AAMR)는 1921년 이후로 11차에 걸쳐 정신지체의 정의를 개정·발표하였다. 정신지체의 정의를 개정하는 것은 정신지체를 어떤 용어로 표현할 것인가, 어떤 모형을 채택할 것인가, 지능검사를 통해 측정되는 지능은 개인의 어떠한 특성을 반영하는가, 적응행동을 어떻게 규정할 것인가 등의 핵심 쟁점들에 대한 학문적·임상적 연구가 진보하고 있기 때문이다. 한편으로는 정신지체인들에게 가장 편견이 적은 용어를 사용하기 위한 노력이 반영된 결과다. 앞으로 AAIDD가 새롭게 발표할 정의도 계속해서 진화('정신지체'를 '지적장애와 발달장애'로 변경하여 정의하는 것과 같은)할 것으로 예상된다. 다음은 AAMR의 8차(1983), 9차(1992), 10차(2002) 정의다.

AAMR의 8차 정의(Grossman, 1983)

정신지체란 일반적인 지적 기능이 평균보다 유의하게 낮으며, 그 결과로 또는 그와 연관하여 적응행동에 결함을 보이는 것을 의미한다. 정신지체는 발달기 동안에 나타난다.

AAMR의 8차 정의는 지적 수준에 따른 정신지체 분류법을 그대로 유지하여 정신지체를 경도, 중등도, 중도, 최중도로 구분하고 있다.

AAMR의 9차 정의(Luckasson et al., 1992)

정신지체는 현재 기능에 실질적인 제한성이 있는 것을 지칭한다. 정신지체는 유의하게 평균 이하인 지적 기능과 동시에 두 가지 혹은 그 이상의 실제 적응기술 영역들, 즉 의사소통, 자기관리, 가정생활, 사회적 기술, 지역사회 활동, 자기 지시, 건강과 안전, 기능적인 교과학습, 여가, 직업기술의 영역 중에서 두 가지 혹은 그 이상에서의 제한성이 존재하는 것으로 특징지어진다. 정신지체는 18세 이전에 나타난다.

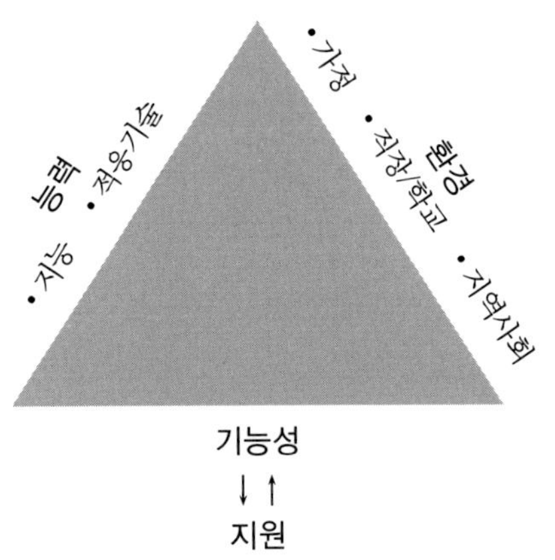

[그림 4-1] **정신지체 정의(1992년 9차 정의)의 일반적 구조**

출처: American Association on Mental Retardation(1992). p. 10.

AAMR의 9차 정의는 적응기술들을 10가지 하위 영역으로 구분하고, 정신지체를 지원 정도에 따라 간헐적 지원, 제한적 지원, 광범위한 지원, 전반적 지원으로 구분하고 있다(AAMR의 9차 정의에 따르면, 정신지체아는 '사회적 기술 영역에서 광범위한 지원이 요구되는 아동'과 같이 표현될 수 있다).

AAMR의 10차 정의(Luckasson et al., 2002)

정신지체는 지적 기능과 개념적, 사회적, 실제적 적응기술로 특징지어지는 적응행동 모두에서 상당한 제한을 나타내는 장애다. 이러한 장애는 18세 이전에 발생한다.

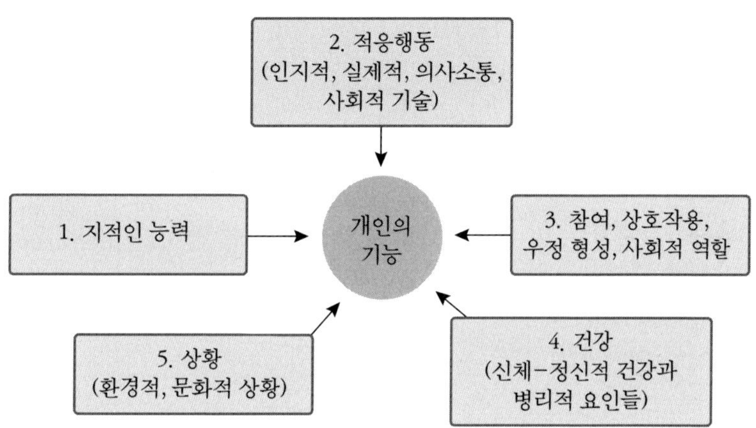

[그림 4-2] 정신지체 정의(2002년 10차 정의)의 일반적 구조

출처: American Association on Mental Retardation (2002).

AAMR의 10차 정의는 '정신지체'라는 용어를 여전히 사용하고 있고, 지적 기능 · 적응행동 · 발생연령에 관한 세 가지 진단 기준을 그대로 따르고 있으며, 분류체계를 정하는 데 그들이 필요로 하는 지원 정도를 중요하게 다루고 있다는 점이 9차 정의와 유사하다. 그러나 정신지체인이 필요로 하는 지원체계를 보다 구체화하고, 제한적인 지적 기능을 가진 개인과 그를 둘러싼 환경 간의 상호작용을 중요하게 다루며, 적응기술을 개념적 · 사회적 · 실제적 적응기술로 맥락화해 두었다는 점이 9차 정의와 구별된다.

AAIDD의 11차 정의(Shalock et al., 2010)

지적장애는 지적 기능과 개념적, 사회적, 실제적 적응기술로 특징지어지는 적응행동 모두에서 상당한 제한을 나타내는 장애다. 이러한 장애는 18세 이전에 발생한다.

AAIDD의 11차 정의는 AAMR의 10차 정의에서 '정신지체'라는 용어를 '지적장애'로 변경하였다.

(2) ICD-10의 정의

다음은 세계보건기구(WHO)의 국제질병분류 제10판(International Classification of Disease and Health Problems, 10th edition Version 2010: ICD-10 Version: 2010)에 제시된 정신지체의 정의다.

ICD-10의 정의(World Health Organization, 1996)

정신지체는 지성(mind)의 발달이 저지되거나 불완전한 조건을 의미한다. 인지, 언어, 운동, 사회적 능력과 같은 지능의 전 영역에 걸쳐 나타나는 기능의 손상에 의해 특징지어지며, 발달기 동안에 명백히 드러난다. 이러한 지체는 정신적 혹은 신체적 장애와 병행할 수도 있고 병행하지 않을 수도 있다.

ICD-10은 정신지체의 정도를 F70(경도 정신지체: IQ 50~69), F71(중도 정신지체: IQ 35~49), F72(중증 정신지체: IQ 20~34), F73(최중도 정신지체: IQ 20 이하), F78(기타 정신지체), F79(불특정 정신지체: 정신지체의 증상은 나타나지만 앞의 분류 중 한 가지 부류로 지정하기에 적절하지 않는 경우)로 분류하고 있으며, 분류별로 임상적 특징과 기준을 제시하고 있다.

(3) DSM-IV-TR의 정의

미국정신의학협회(American Psychiatric Association)에서는 1952년 이래 정신장애의 진단 및 통계 편람(Diagnostic and Statistical Manual for Mental Disorders: DSM)을 발표하고 있다. 현재 사용되고 있는 DSM-IV-TR (Diagnostic and Statistical Manual for Mental Disorders, Fourth Edition, Text Revision, 2000)의 정의는 다음과 같다.

> DSM-IV-TR의 정의(American Psychiatric Association, 2000)
>
> 정신지체는 (a) 심하게 평균 수준 이하인 지적 기능을 가진다: 개별적으로 실시된 지능검사에서 70 이하의 지능지수(유아의 경우는 지적 기능이 유의하게 평균 이하라는 임상적 판단). (b) 다음 항목 가운데 적어도 두 가지 항목에서 현재의 적응기능(예: 개인의 연령이나 문화 집단에서 기대되는 기준을 만족시키는 개인의 효율성) 결함이나 장애를 동반한다. 의사소통, 자기관리, 가정생활, 사회적 기술과 대인관계 기술, 지역사회 자원의 활용, 기능적 학업기술, 직업, 여가, 건강 및 안전. (c) 18세 이전에 발생한다.

미국정신의학협회는 정신지체를 유아기, 소아기, 청소년기에 처음 진단되는 장애의 하위 영역으로 구분하고 있으며, 기본적으로 AAMR의 9차 정의(1992)의 형태를 따르고 있다. 그러나 정신지체를 경도(IQ 50~55에서 70까지), 중등도(IQ 35~40에서 50~55까지), 중도(IQ 20~25에서 35~40까지), 최중도(IQ 20 또는 25 이하), 정도를 분류할 수 없는 정신지체(정신지체라는 강한 심증은 있지만, 표준화 검사에 의해 지능을 측정할 수 없는 경우)

와 같은 지능장애 정도를 반영하는 분류법을 채택하여 사용하고 있다.

(4) APA의 정의

1996년 미국심리학회(American Psychological Association: APA)는 「정신지체 진단과 전문적인 치료를 위한 매뉴얼(Manual of Diagnosis and Professional Practice in Mental Retardation)」(Jacobson & Mulick)을 통해 정신지체를 다음과 같이 정의했다.

> APA(American Psychological Association, 1996)
>
> 정신지체는 (a) 일반적인 지적 기능에서의 유의한 제한성, (b) 그와 동시에 적응기능의 유의한 제한성, (c) 지능과 적응상의 제한성이 22세 이전에 시작되는 것을 말한다.

미국심리학회의 정의는 적응행동을 적응기능으로 표현하고 있으며, 발생시기의 상한선을 22세로 높게 두고 있다. 또 장애 정도에 따른 기존의 분류체계(경도, 중등도, 중도, 최중도)를 유지하고 있는 점도 주목해야 한다. 미국심리학회에서는 기본적으로 AAMR이 밝힌 지원 정도에 따른 분류가 적절치 않다고 보는 입장으로, 심리측정적 방법을 통해 도출된 지능 수준(IQ 지수)과 적응기능에만 초점을 맞춘 분류를 채택하고 있다.

2. 분 류

1) 법적 분류

「장애인복지법 시행규칙」(2013년 부분 개정)에서는 '지적장애'를 지능지수에 따라 세 가지 등급으로 구분하고 있다. 제1급은 지능지수가 35 미만인 사람으로서 일상생활과 사회생활에 적응하는 것이 현저하게 곤란하여 일생 동안 다른 사람의 보호가 필요한 사람이다. 제2급은 지능지수가 35 이상 50 미만인 사람으로서 일상생활의 단순한 행동을 훈련시킬 수 있고, 어느 정도의 감독과 도움을 받으면 복잡하지 아니하고 특수기술이 필요하지 아니한 직업을 가질 수 있는 사람이다. 그리고 제3급은 지능지수가 50 이상 70 이하인 사람으로서 교육을 통한 사회적 · 직업적 재활이 가능한 사람이다.

2) 지적 기능과 적응기능의 수준에 따른 분류

지적 기능과 적응기능은 오랫동안 정신지체를 분류하는 주요 준거가 되어 왔다. 지적 기능을 중심으로 한 분류는 IQ 편차의 절사점을 어느 지

표 4-1 지적 기능과 적응기능에 따른 정신지체 분류 및 분류 기준

정신지체 정도	IQ 범위	정상분포곡선 절사점	적응적 제한성의 범위
경도(輕度)	IQ 50~55에서 70~75	−2 표준편차	두 가지 이상의 영역
중등도(中等度)	IQ 35~40에서 50~55	−3 표준편차	두 가지 이상의 영역
중도(重度)	IQ20~25에서 35~40	−4 표준편차	모든 영역
최중도(最重度)	IQ 20~25 이하	−5 표준편차	모든 영역

출처: Jacobson & Mulick (Eds.) (1996). p. 14.

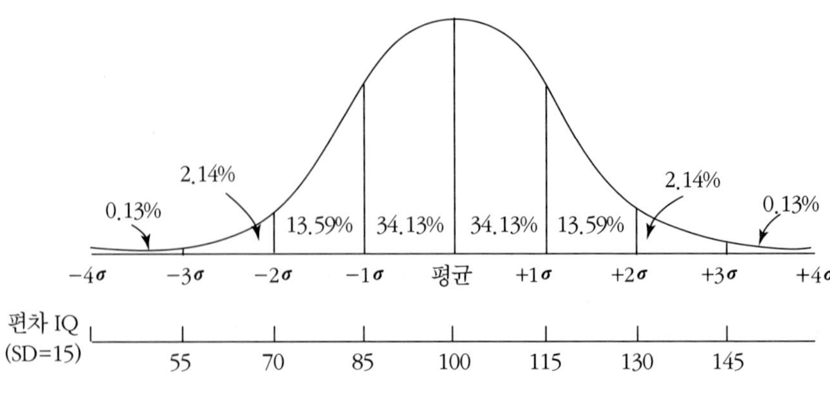

[그림 4-3] **정상분포곡선과 지능의 절사점**

점으로 잡느냐에 따라 정신지체아의 발생률을 크게 달라지게 만들어 왔는데, 현재는 −2 표준편차(IQ 70)를 정신지체 분류를 위한 절사점으로 널리 사용하고 있다. 우리나라의 「장애인복지법 시행규칙」 및 「특수교육법 시행령」도 이 기준을 채택하고 있다(IQ 범위에 차이가 있는 것은 지능검사의 오차가 반영된 것).

[그림 4-3]에는 정상분포곡선과 정신지체를 구분하는 지능의 절사점이 제시되어 있다. AAMR에서 발표한 11차례에 걸친 정신지체 정의에도 지능의 절사점이 여러 차례 변경되었다. 예를 들어, 6차 정의는 −1 표준편차, 7차 정의는 −2 표준편차, 10차 정의는 −2 표준편차를 지능의 절사점으로 정한 정의를 채택하였다.

절사점에 따라 정신지체인의 추정 수가 달라지므로, 절사점의 선택은 단순한 산술적 · 통계적 결과보다는 학술적인 고려가 있어야 한다. 또 지능은 정신지체를 정의 · 분류하는 유일한 잣대가 아니기 때문에, 지능이 70 이하라 할지라도 지능검사 중에 개인이 나타낸 반응의 질, 적응기능 수준에 대한 임상적 판단과 지능검사의 측정오차(보통 5 정도) 등을 감안하여 신중하게 정의해야 한다.

3) 필요한 지원 유형에 따른 분류

미국 지적장애 및 발달장애협회에 따르면, 정신지체는 그들에게 요구되는 지원의 유형에 따라 분류될 수 있다. 지원의 유형을 구체적으로 살펴보면 다음과 같다.

(1) 간헐적 지원

간헐적 지원(intermittent support)은 필요한 때 단기적인 지원을 제공하는 것을 의미한다. 항상 지원을 필요로 하지 않고 간헐적인 지원만으로 충분한 경우나 인생의 전환기에 단기간 지원이 필요한 경우를 말한다. 간헐적 지원에는 실직과 의료적 위기와 같은 특별한 경우도 해당된다. 이 지원은 강도가 높을 수도 있고 낮을 수도 있다.

(2) 제한적 지원

제한적 지원(limited support)은 시간 제한적인 고용훈련, 학령기에서 성인기로의 전환적 지원 등과 같이 정해진 기간 동안 제공되는 일관적인 지원을 의미한다.

(3) 광범위한 지원

광범위한 지원(extensive support)은 몇몇 환경(예: 가정, 직장)에서의 시간 제한 없는 정기적인(예: 매일) 지원을 의미한다. 장기간 제공되는 가정생활 지도 등이 해당된다.

(4) 전반적 지원

전반적 지원(pervasive support)은 정신지체아의 생애 전반에 걸쳐 모든 환경에서 제공되는 일관되고 강도 높은 지원을 의미한다.

3. 원 인

1) 유전 및 염색체 이상

(1) 상염색체 우성유전 관련 장애

상염색체 우성유전과 관련된 장애는 첫 세대에는 돌연변이로 발생하며, 그다음 세대로 유전될 확률은 50%다. 대표적인 것이 결절성 경화증과 신경섬유종증이다.

결절성 경화증(tuberous sclerosis: TS)은 우성유전자에 의해 발생하는 일종의 피부질환이다. 종양이 인체의 특정 기관에 생기면 그 부위의 세포를 파괴시킨다. 예후가 다양하여 증상이 가벼운 경우에는 정신지체를 비롯한 건강상의 문제를 일으키지 않지만, 종양이 심각할 경우에는 정신지체, 간질, 신체기관(뇌, 폐, 신장)의 기능장애를 가져오거나 사망에 이르기도 한다. 대부분의 환자가 인지기능의 제한성을 경험하는 것으로 알려져 있다(Menolascino & Egger, 1978).

신경섬유종증(neurofibromatosis: NF)은 17번 염색체와 관련이 있다. 증상은 주로 피부 위에 카페오레 색깔의 반점이 나타나는 경우, 신경이 지나가는 부위에 종양이 생겨 피부에 드러나는 경우 혹은 이 두 가지가 함께 나타나는 경우가 있다. 종양이 뇌에 생기지 않을 경우에는 인지기능에 문제가 없지만, 뇌에 생길 경우에는 정신지체, 간질, 신체의 기능장애(척추측만증)를 가져올 수 있다.

(2) 상염색체 열성유전 관련 장애

상염색체 열성유전은 두 보인자의 결합에 의해 발생하는데, 정신지체와 관련이 있는 대표적인 상염색체 열성유전은 선천성 대사장애다.

갈락토스혈증(galactosemia)은 우유 속의 당 성분인 갈락토스를 글루코스로 분해하는 갈락토스-1-포스페이트 유리딜 전이효소(galactose-1-phosphate uridyl tranferase)가 부족할 때 나타나는 장애다. 갈락토스혈증이 진행되면 정신지체, 간 및 신장의 기능장애, 백내장을 초래하지만, 신생아기에 조기 발견하여 유제품을 제한하는 식이를 철저히 지킬 경우 증상의 악화를 막을 수 있다. 갈락토스혈증을 가진 사람들은 일반적으로 지능이 낮고 신경심리학적으로 여러 문제를 가지고 있다.

테이삭스병(Tay-Sachs disease)은 지질의 신진대사에 필요한 효소(gangliosideosis-GM-2)가 부족하여 지질이 체내, 특히 뇌에 축적되면서 발병한다. 증상으로는 운동기능의 상실, 발작, 맹, 마비 등과 함께 정신지체가 나타난다. 현재 치료법은 없는 상태이며, 대부분 돌 무렵에 발견되어 조기(대부분 4세 정도)에 사망하는 것으로 보고되고 있다.

페닐케톤뇨증(phenylketonuria: PKU)은 아미노산인 페닐알라닌을 티로신(tyrosine)으로 분해하는 페닐알라닌 수산화효소(phenylalanine hydroxylase)가 부족한 사람에게서 발생한다. PKU는 병원이나 보건소에서 실시하는 신생아 선별검사(혈액반응검사)를 통해 쉽게 발견된다. 조기 발견하여 식이요법을 철저히 지킬 경우에는 PKU의 대표적 증상인 공격성, 심한 정신지체, 과잉행동 등을 어느 정도 예방할 수 있다. 특히 PKU 증상을 가진 산모가 PKU인 자녀를 임신했을 경우에는 식이요법을 더 철저히 지켜야 한다. 일반적으로 PKU 모체에서 태어난 PKU 자녀는 소두증, 안면기형, 정신지체 등의 예후가 모체에 비해 더 심각하다.

(3) 성염색체 관련 장애

프래자일엑스증후군(Fragile X syndrome)은 다운증후군 다음으로 가장 많이 나타나는 기질적 정신지체 유형으로, 성염색체 중 X염색체와 관련이 있다. 남성 약 1,500명 중 1명, 여성 약 1,000명 중 1명꼴로 발생한다. 프래자일엑스증후군은 임신 시 혈액검사를 통해 유전적 이상을 미리 진단할 수 있다. 외현적인 특징은 돌출된 턱, 거대 고환, 길고 좁은 얼굴, 당나귀 귀, 돌출된 이마, 큰 머리 등이다. 정신지체, 학습장애가 대표적인 증상이지만, 프래자일엑스증후군 남성의 5~46%가 자폐 혹은 그와 유사한 행동상의 문제를 나타낸다는 보고가 있다(자폐아의 15% 정도가 취약 X 증후군을 가지고 있다).

레쉬니한증후군(Lesch-Nyhan syndrome)은 성염색체(X염색체) 열성유전에 의한 것이다. PKU 다음으로 많이 나타나는 대사장애(Purine 대사장애)의 한 유형으로 대표적인 특징은 자해, 공격성, 충동성 등이다.

레트증후군(Rett syndrome: RS)은 X염색체와 관련이 있으며, 단백질인 MeCP2의 부족에 의해 나타난다. 증상은 생후 6~18개월에는 정상적인 발달을 하다가 그 이후에는 퇴보하기 시작하여 말, 언어, 운동 기능의 상실(손을 비틀거나 꽉 쥐는 행동, 반복적인 손의 움직임, 보행기능의 상실), 머리의 성장 감소, 상호작용 능력 저하 등이 나타난다.

(4) 염색체 수 관련 장애

염색체 수(상염색체 수)와 관련된 장애의 대표적인 것이 다운증후군(Down syndrome: DS)이다. 다운증후군은 정신지체의 가장 흔한 생물학적 원인이며, 21번 염색체가 3개인 경우가 가장 많지만 전좌형, 모자이크형도 있다. 일반적으로 다운증후군은 산모의 연령이 36세 이상인 경우에 많이 보고되지만, 최근에는 아버지와의 관련성도 일부 보고되고 있다(Taylor, Richards, & Brady, 2005). 외현적인 특징으로는 작은 키, 작은 코와

귀, 평평한 얼굴, 안으로 굽은 손가락과 짧고 넓은 손, 올라간 눈꼬리, 혀의 돌출, 작은 입과 짧은 구개, 근육 긴장의 저하, 과도한 유연성, 선천적 심장 결함(다운증후군의 약 40%에서 심장질환이 발견됨), 성적 발달의 불완전성 등이 있다. 하지만 지적 기능과 특성에도 개인차가 크다.

이외에도 염색체 수와 관련된 장애로 에드워드증후군(Edward syndrome, 18번 염색체가 3개), 파타우증후군(Patau syndrome, 13번 염색체가 3개)이 있다.

또한 반성유전으로 클라인펠터증후군(Klinefelter syndrome: KS, 남성이 여분의 X염색체를 가짐, XXY형), 터너증후군(Turner syndrome: TS, 여성이 1개의 X염색체만 가짐, XO형), 5염색체 X증후군(Pentasomy X syndrome, 여성이 3개 이상의 X염색체를 가짐, XXX형, XXXXX형) 등이 있다.

(5) 염색체 구조 관련 장애

염색체의 구조와 관련된 장애도 다양하다. 울프-허쉬호른증후군(Wolf-Hirschhorn syndrome)은 4번 염색체 단완의 결손, 고양이-울음증후군(Cri-du-chat syndrome, 묘성증후군)은 5번 염색체 단완의 결손, 윌리엄스증후군(Williams syndrome)은 7번 염색체 장완의 결손, 제이콥스증후군(Joacobs syndrome)은 11번 염색체 장완의 결손 그리고 프라더-윌리증후군(Prader-Willi syndrome: PWS)은 15번 염색체 장완의 결손에 의해 나타난다.

2) 원인 불명의 두개골 기형

정신지체의 원인 중에는 정확하게 밝혀지지 않은 것이 많은데, 출생 후 원인 불명의 뇌장애로 인해 정신지체가 발생할 수 있다.

수두증(hydrocephalus)은 여러 원인에 의하여 뇌에 뇌척수액이 축적되어 머리가 커지는 것을 말한다. 뇌척수액이 어떤 원인에 의해 막히면 뇌척수액이 축적되어 뇌에 압력이 가해지고, 이것이 진행되면 뇌 조직과 세포를 파괴하여 심할 경우 사망에 이르게 한다. 션트(shunt)를 삽입하여 뇌척수액을 복강으로 이동시켜 그곳에서 흡수될 수 있도록 하는 치료법이 개발되어 있다.

소두증(microcephaly)은 작은 원추형 두개골과 굽은 자세, 중증 정신지체를 유발한다. 유전에 의한 소두증도 있으나, 대부분 태아알코올증후군(Fetal alcohol syndrome: FAS), 고양이-울음증후군, 울프-허쉬호른증후군을 가진 사람에게서 발견된다. 풍진이나 방사선 조사 등을 원인으로 꼽기도 한다. 현재 치료법은 없는 상태다.

무뇌증(anencephaly)도 정확한 원인 규명이 어렵다. 무뇌증은 대뇌발달이 전혀 없거나 두개골이 형성되지 않는 등 예후가 나쁘며, 일반적으로 조기에 사망하는 경향이 있다.

스터지-웨버증후군(Sturge-Weber syndrome)은 뺨, 코, 윗입술 등 얼굴에 포돗빛 얼룩자국이 나타나는 것이 특징이다. 이 증후군은 뇌의 석회화로 인해 경련, 우울증, 주의력결핍 및 과잉행동장애(ADHD), 뇌졸중, 두통 등을 앓는 경우가 흔하고, 정신지체나 정신장애를 겪을 수도 있다.

3) 환경 및 심리사회적 요인

(1) 출생 전

배아의 중추신경계가 형성되는 임신 초반이나 임신 중에 기형 유발물질이 모체를 통해 태아에게 전달될 경우에는 장애를 유발할 수 있다.

풍진, 방사선 조사, 헤르페스, 매독 등에 의해 선천성 기형이 생기기 쉬우며, 고양이의 배설물을 매개로 인간에게 전이되는 톡소플라스마증(toxoplasmosis), 산모의 영양실조, 태아의 저체중, 산모의 연령(16세 이하거나 36세 이상인 산모), 음주(태아알코올증후군), 마약, 흡연 등에 의해서도 여러 합병증과 장애가 유발될 수 있다.

(2) 출산 시 원인

출산 시 원인으로는 기계적 뇌손상, 미숙아 출산, 출산 시의 산소결핍 등이 있다. 기계적 뇌손상은 분만 중에 발생하는 응급 상황에 대처하기 위해 기계적인 도구(겸자 등)를 이용하여 태아를 인위적으로 분만시키는 상황에서 발생할 수 있다. 또 모든 미숙아가 장애를 가지게 되는 것은 아니지만, 기관이 완전히 성숙하지 못한 상황에서 출생하게 되므로 여러 합병증이 발생할 수 있다. 출산 시의 산소결핍은 주로 태반조기박리(태반이 태아의 출생 전에 미리 떨어져 나가는 증상)나 난산에 의해 태아의 뇌에 충분한 산소 공급이 어려운 상황에서 발생할 수 있다. 산소 공급이 중단된 시간이 길수록 예후는 좋지 않다.

(3) 출생 후의 원인

뇌 및 뇌막의 감염증, 뇌 외상, 납중독, 면역접종 후 뇌염, 성장 호르몬 결핍으로 인한 유유아기의 뇌장애, 심리 및 사회문화적 환경에 의한 발달장애 등이 해당된다.

(4) 심리사회적 요인

부모의 낮은 사회경제적 지위, 영양 상태의 부실, 부모의 낮은 교육 수준, 부모의 지능 수준, 언어적 자극을 줄 수 없는 환경, 학대나 방임, 양육에 대한 무관심 등이 심리사회적 요인에 의한 정신지체아 발생의 원인이 되기도 한다.

4. 진단평가

1) 지능의 평가

정신지체아를 진단 · 판별 · 평가하는 데는 지적 능력, 적응기능, 발생 연령이라는 세 가지 준거가 중요한 역할을 한다. 그중에서도 지능은 오랫동안 정신지체를 확정하기 위해 사용되어 온 준거다. 다음은 우리나라에서 표준화된 지능검사 중 정신지체아를 판별 · 평가하는 데 널리 사용되는 지능검사들이다.

(1) 인물화에 의한 간편지능검사(Draw a Man Test: DMT)

- 대상연령: 3~12세, 정신지체아
- 지능의 개념: 지적 성숙, 즉 개념적 성숙(conceptual maturation)
- 목적: 지능의 측정, 특별 지도를 받을 아동의 발견, 정신지체에 대한 선별, 다른 지능검사와의 관계 측정, 성격 진단
- 구성: 남자상(60항목)과 여자상(60항목)에 대한 원점수, 편차 IQ, 백분위점수

(2) 한국 웩슬러 아동용 지능검사(K-WISC-Ⅳ)

- 대상연령: 6~16세 11개월 아동
- 목적: 교육, 치료, 연구를 위한 지능 측정, 특별한 교육이 필요한 아동(영재/지체)의 발견
- 구성: 〈표 4-2〉 참조

표 4-2 **K-WISC-IV의 구성 내용**

토막 짜기	이해
공통성	동형 찾기
숫자	빠진 곳 찾기
공통그림 찾기	선택
기호 쓰기	상식
어휘	산수
순차연결	단어추리
행렬추리	

(3) 한국 웩슬러 유아용 지능검사(K-WPPSI)

- 대상연령: 3~7세 3개월
- 목적: 교육, 치료, 연구를 위한 지능 측정, 특별한 교육이 필요한 아동(영재/지체)의 발견
- 구성: 〈표 4-3〉 참조

표 4-3 **K-WPPSI의 구성 내용**

동작성 검사		언어성 검사	
1.	모양 맞추기	2.	상식
3.	도형	4.	이해
5.	토막 짜기	6.	산수
7.	미로	8.	어휘
9.	빠진 곳 찾기	10.	공통성
11.	동물 짝짓기(보충 혹은 대안용)	12.	문장(보충 혹은 대안용)

2) 적응행동의 평가

적응행동 또는 적응기능은 지능에 비해 훨씬 임상적 판단이 더 필요한 영역이다. 이것은 적응행동이 매우 다양하고 범주화가 어려우며 측정 역시 쉽지 않기 때문이다. 다음은 우리나라에서 널리 사용되고 있는 적응행동검사들이다.

(1) 한국판 적응행동검사(K-SIB-R)

- 대상연령: 11개월~17세
- 목적: 학교, 가정, 지역사회에서의 독립 및 적응기능 측정
- 구성: 문제행동의 출현 유무를 반영하는 부분과 독립성을 측정하는 4개 범주, 14개 하위 영역에서의 수행 및 기능 평가

(2) 사회성숙도 검사

- 대상연령: 0~30세(유아부터 성인까지)

표 4-4 **사회성숙도 검사의 유목과 세부 내용**

검사 유목	세부 내용
자조(SH)	일반적 자조(self-help general: SHG), 식사(self-help eating: SHE), 용의(self-help dressing: SHD)의 3개 영역, 전체 39개 문항으로 구성
이동(L)	기어다니는 능력부터 혼자 다닐 수 있는 능력까지를 알아보는 10개 문항으로 구성
작업(O)	22개 문항으로 구성
의사소통(C)	동작, 음성, 문자 등을 매체로 한 수용과 표현에 대한 15개 문항으로 구성
자기관리(SD)	14개 문항으로 구성(금전의 이용, 구매, 경제적 자립 준비와 지원, 기타 책임 있고 분별력 있는 행동 등). 독립심과 책임감을 알아본다.
사회화(S)	사회적 활동, 사회적 책임, 현실적 사고 등에 관한 17개 문항으로 구성

- 목적: 사회적 능력, 즉 적응행동을 평가 혹은 측정하기 위함
- 구성: 〈표 4-4〉 참조

(3) 지역사회적응검사(CIS-A)

- 대상연령: 초등학생, 정신장애인, 발달장애인
- 목적: 지역사회에 통합되는 데 필수적인 적응기술을 포괄적으로 검사, 훈련 프로그램 제공
- 구성: 〈표 4-5〉 참조

표 4-5 **CIS-A 척도 구성**

검사 유목	세부 내용(문항 수)
기본생활	기초 개념(17), 기능적 기호와 상징(18), 가정관리(17), 건강과 안전(17)
사회자립	공공 서비스(17), 시간과 측정(19), 금전관리(19)
직업생활	직업기능(21), 대인관계 및 여가(19)
총	164개 문항으로 구성

5. 교수전략

1) 정신지체아의 특성

(1) 신체적 특성

정신지체아는 발육이 부진하고, 영양에 문제가 있으며(비만 혹은 영양 결핍), 운동기능이 부족하고, 감각장애나 언어장애를 수반하는 경우가 많다. 또한 선천적으로 치아와 구강이 약하고, 치아관리 능력이 부족하여 충치나 치주질환을 앓기 쉬우며, 감염성 질환에 쉽게 걸리고, 선천성

신장 및 심장 장애를 가지고 있는 경우도 많다.

(2) 인지적 특성

정신지체아는 집중력, 기억력, 자기조절 능력, 언어발달, 사회적 발달, 동기유발 등 인지 전반에 어려움을 겪는다. 인지적인 제한성은 자아개념과 자아존중감에도 부정적인 영향을 미치게 된다. 정신지체아가 학습과 사회적인 상호작용에서 계속해서 실패를 경험하게 되면 학습된 무력감(learning helplessness)에 빠지기 쉽다. 학습된 무력감은 어떤 과제에 부딪히게 될 때 시도도 하기 전에 실패할 것이라고 생각하여 포기하는 경향을 말한다.

(3) 정신지체와 동반하는 정신과적 장애

정신지체는 단순히 지능이 낮고 적응 능력이 결여되는 것에서 끝나는 것이 아니라 다른 장애와 동반하여 나타나기도 한다. 가장 흔한 것은 주의력결핍 및 과잉행동장애(ADHD), 상동행동, 자해, 공격적 혹은 반사회적 행동, 자폐증 등이다.

2) 정신지체아를 위한 교수전략

(1) 경도 정신지체아

정신지체아의 대부분(60% 내외)이 경도 정신지체아인데, 이들은 학교에서 교과목 이수에 필요한 최소한의 교육 가능성을 가지고 있다(최중옥, 박희찬, 김진희, 2006). 따라서 경도 정신지체아에게는 기초교과 영역과 사회적 영역, 직업적 영역을 모두 교육해야 한다.

또한 대부분의 경도 정신지체아들이 기본적인 문자 변별력과 수리 능력을 갖추고 있으므로 읽기 · 쓰기 · 셈하기 등을 아동의 수준에 맞추어

지도하되, 개념 및 지각 능력, 언어능력, 상상력과 창의력, 일반화 능력의 결여와 같은 경도 정신지체아의 인지적 특성을 고려하여 구체물을 활용한 교수를 반복적으로 실시하는 것이 좋다.

(2) 중등도 정신지체아

중등도 정신지체아는 학습 능력이 경도 정신지체아에 미치지 못하나, 자신에 대한 기본 관리, 가정과 지역사회에서의 생활 적응, 기초적인 직업훈련 능력 등을 갖추고 있다. 그러므로 사회적 · 직업적 영역에 초점을 두어 지도해야 한다. 이들은 지적 학습이 매우 어렵기 때문에 일상생활에 필요한 기능을 지도하고, 다른 수반 장애를 고려하여 운동-지각 훈련, 보행지도, 소근육운동 등을 함께 실시하는 것이 좋다.

(3) 중도 및 최중도 정신지체아

중도 및 최중도 정신지체아는 정신지체와 다른 수반 장애로 인하여 평생을 타인의 보호 속에서 생활해야 하는 경우가 많다(최중옥, 박희찬, 김진희, 2006). 이들에게는 정신연령과 장애 정도를 고려하여 일상생활 기능 훈련과 기본적인 신변처리 훈련을 실시하는 것이 좋다. 최근에는 중도 및 최중도 정신지체아에게도 기본적인 직업교육을 실시하고 있다.

제5장
학습장애

1. 학습장애 정의
2. 학습장애 원인과 특성
3. 학습장애 진단 및 판별 절차
4. 학습장애 진단평가
5. 학습장애 교수전략

학습장애

1. 학습장애 정의

학습장애는 1994년 개정 특수교육진흥법에서 처음으로 법적인 근거를 갖추게 되면서 교육적 지원을 하고 있다. 학습장애 용어는 뇌손상 아동 연구, 미세뇌기능장애, Strauss증후군 등으로 혼용하여 사용하다가 Kirk(1962)에 의해 정착이 되었다. 학습장애는 '대뇌기능장애나 정서 및 행동 장애 때문에 나타나는 심리적 장애로 말, 언어, 읽기, 쓰기, 셈하기나 다른 과목의 하나 이상에서 지체, 장애, 지연된 발달을 말한다. 그리고 이것은 정신지체, 감각손상, 문화적 혹은 교육적 요인의 결과는 아니다.'라고 정의하였다. 이 정의 이후에 국내외 학습장애에 대한 정의가 제시되기 시작하였다.

1) 국내 학습장애 정의

(1) 장애인 등에 대한 특수교육법에서의 정의

우리나라 「장애인 등에 대한 특수교육법」(2007) 시행령(2008)에서는 "개인의 내적 요인으로 인하여 듣기, 말하기, 주의집중, 지각, 기억, 문제해결 등의 학습기능이나 읽기, 쓰기, 수학 등 학업성취 영역에서 현저하게 어려움이 있는 사람" 으로 정의하였다.

(2) 한국특수교육학회에서의 정의

한국특수교육학회(2008)는 학습장애 정의를 "개인 내적 원인으로 인하여 일생 동안 발달적 학습(듣기, 말하기, 주의집중, 지각, 기억, 문제해결 등)이나 학업적 학습(읽기, 쓰기, 수학 등) 영역들 중 하나 이상에서 심각한 어려움을 겪는 것을 말한다. 이 장애는 다른 장애조건(감각장애, 정신지체, 정서장애 등)이나 환경실조(문화적 요인, 경제적 요인, 교수적 요인 등)와 함께 나타날 수 있으나 이러한 조건이 직접적인 원인이 되어 나타난 것은 아니다." 라고 하였다.

2) 미국 장애인교육법(IDEA) 정의

미국 장애인교육법(Individuals with Disabilities Education Act: IDEA, 1997)에는 "특정학습장애란 듣기, 사고하기, 말하기, 읽기, 쓰기, 철자 혹은 수학 계산에서 능력상의 결함으로 나타나는 언어를 이해하고 사용하는 것과 관련된 기본적인 심리과정들의 하나 혹은 그 이상에서의 장애를 지칭한다. 이 용어는 지각장애, 뇌손상, 미세뇌기능장애, 난독증 그리고 발달상 실어증 등의 상태들을 포함한다. 그러나 이 용어는 시각, 청각, 운동장애, 정신지체, 정서장애 또는 환경적, 문화적, 경제적인 불리함에서 초래된 결과가 일차적으로 작용함으로 인해 학습상의 어려움을 가지는 아동들을 포함시키지 않는다."라고 정의한다.

3) 미국학습장애공동위원회(NJCLD)의 정의

미국학습장애공동위원회(The National Joint Committee on Learning Disability: NJCLD, 1994)에서는 "학습장애는 듣기, 말하기, 읽기, 쓰기, 추리 또는 수학 능력의 획득과 사용에서 유의한 곤란으로 나타나는 이질적 장애군을 의미하는 일반적 용어다. 이러한 장애는 개인의 내재성이며, 중추신경계의 기능부전에 기인하는 것으로 본다. 이 장애는 생애를 통해서 나타날 수 있다. 자기규제 행동, 사회적 지각 및 사회적 상호작용의 문제가 학습장애와 공존할 수 있으나, 그 자체가 학습장애의 구성요소가 되지는 않는다. 학습장애는 다른 장애(예를 들면, 감각장애, 정신지체, 정서장애)나 외부의 영향(예를 들면, 문화적 차이, 불충분하거나 부적절한 교수, 심리적 요인)과 동시에 나타날 수 있으나, 그러한 장애나 영향의 결과는 아니다."라고 정의하였다.

4) 미국 정신의학협회 정의

미국 정신의학협회(American Psychiatric Association)에서는 정신장애진단 및 통계편람(DSM-IV, 1994)을 통해 임상적 처치를 위한 진단 기준을 마련하기 위해 학습장애를 정의하였다. 학습장애는 읽기, 산술, 쓰기를 평가하기 위해 개별적으로 시행된 표준화 검사에서 나이, 학교교육 그리고 지능에 비해 기대되는 수준보다 성적이 현저하게 낮게 나올 때 진단된다. 학습 문제는 읽고, 계산하고, 쓰기를 요구하는 학업의 성취나 일상생활의 활동을 현저하게 방해한다. 점수의 차이가 유의미함을 밝히기 위

표 5-1 **학습장애 정의**

구분	내용
장애인 등에 대한 특수교육법 (2008)	개인의 내적 요인으로 인하여 듣기, 말하기, 주의집중, 지각, 기억, 문제해결 등의 학습기능이나 읽기, 쓰기, 수학 등 학업성취 영역에서 현저하게 어려움이 있는 사람
한국특수교육학회(2008)	개인 내적 원인으로 인하여 일생 동안 발달적 학습(듣기, 말하기, 주의집중, 지각, 기억, 문제해결 등)이나 학업적 학습(읽기, 쓰기, 수학 등) 영역들 중 하나 이상에서 심각한 어려움을 겪는 것을 말한다. 이 장애는 다른 장애조건(감각장애, 정신지체, 정서장애 등)이나 환경실조(문화적 요인, 경제적 요인, 교수적 요인 등)와 함께 나타날 수 있으나 이러한 조건이 직접적인 원인이 되어 나타난 것은 아니다.
미국 장애인 교육법 (IDEA, 1997)	특정학습장애란 듣기, 사고하기, 말하기, 읽기, 쓰기, 철자 혹은 수학 계산에서 능력상의 결함으로 나타나는 언어를 이해하고 사용하는 것과 관련된 기본적인 심리과정들의 하나 혹은 그 이상에서의 장애를 지칭한다. 이 용어는 지각장애, 뇌손상, 미세뇌기능장애, 난독증 그리고 발달상 실어증 등의 상태들을 포함한다. 그러나 이 용어는 시각, 청각, 운동장애, 정신지체, 정서장애 또는 환경적, 문화적, 경제적인 불리함에서 초래된 결과가 일차적으로 작용함으로 인해 학습상의 어려움을 가지는 아동들을 포함시키지 않는다.
미국학습장애 공동위원회 (NJCLD, 1994)	학습장애는 듣기, 말하기, 읽기, 쓰기, 추리 또는 수학 능력의 획득과 사용에서 유의한 곤란으로 나타나는 이질적 장애군을 의미하는 일반적 용어다. 이러한 장애는 개인의 내재성이며, 중추신경계의 기능부전에 기인하는 것으로 본다. 이 장애는 생애를 통해서 나타날 수 있다. 자기규제 행동, 사회적 지각 및 사회적 상호작용의 문제가 학습장애와 공존할 수 있으나, 그 자체가 학습장애의 구성요소가 되지는 않는다. 학습장애는 다른 장애(예를 들면, 감각장애, 정신지체, 정서장애)나 외부의 영향(예를 들면, 문화적 차이, 불충분하거나 부적절한 교수, 심리적 요인)과 동시에 나타날 수 있으나, 그러한 장애나 영향의 결과는 아니다.

미국 정신의학 협회(DSM-IV, 1994)	학습장애는 읽기, 산술, 쓰기를 평가하기 위해 개별적으로 시행된 표준화 검사에서 나이, 학교교육 그리고 지능에 비해 기대되는 수준보다 성적이 현저하게 낮게 나올 때 진단된다. 학습 문제는 읽고, 계산하고, 쓰기를 요구하는 학업의 성취나 일상생활의 활동을 현저하게 방해한다. 점수의 차이가 유의미함을 밝히기 위해 다양한 통계적 접근이 이용될 수 있다. 현저하게 낮다는 것은 표준화 검사 성적과 지능지수 사이에 2 표준편차 이상 차이가 날 때로 보통 정의된다. 때로는 성적과 지능지수 사이의 작은 점수 차이(즉, 1 표준편차와 2 표준편차 사이)가 판단의 근거가 되기도 하는데, 특히 개인의 지능검사 결과가 인지과정과 연관되는 장애로 인하여 영향을 받았거나 개인의 정신장애, 일반적인 의학적 상태 또는 개인의 인종적, 문화적 배경에 의해 영향을 받았을 경우에 그러한 기준이 적용된다. 만약 감각 결함이 있다면, 학습장애는 통상적으로 감각 결함에 동반되는 정도를 초과해서 심한 정도로 나타나야 한다. 학습장애는 성인기에도 지속될 수 있다.

해 다양한 통계적 접근이 이용될 수 있다. 현저하게 낮다는 것은 표준화 검사 성적과 지능지수 사이에 2 표준편차 이상 차이가 날 때로 보통 정의된다. 때로는 성적과 지능지수 사이의 작은 점수 차이(즉, 1 표준편차와 2 표준편차 사이)가 판단의 근거가 되기도 하는데, 특히 개인의 지능검사 결과가 인지과정과 연관되는 장애로 인하여 영향을 받았거나 개인의 정신장애, 일반적인 의학적 상태 또는 개인의 인종적, 문화적 배경에 의해 영향을 받았을 경우에 그러한 기준이 적용된다. 만약 감각 결함이 있다면, 학습장애는 통상적으로 감각 결함에 동반되는 정도를 초과해서 심한 정도로 나타나야 한다. 학습장애는 성인기에도 지속될 수 있다.

이와 같이 학습장애의 다양한 정의들을 분석해 볼 때, 몇 가지 공통점을 가지고 있다(송종용, 2000; 박하나, 2009).

-중추 신경계의 기능 장애

모든 학습은 뇌에서 일어나므로 학습에서의 장애는 중추신경계의 역기능에 그 원인을 둘 수 있다.

-성장 유형의 불균형

정신 능력의 다양한 요소들은 예상되는 순서나 속도로 성숙하는 반면 다른 요소들은 발달지체를 보여 학습 문제의 징후로 나타난다.

-학업 및 학습 과제상의 곤란

듣기, 말하기, 읽기(재인 및 이해력), 쓰기, 수학(산술 및 수리력) 중 한 가지 혹은 그 이상에 어려움을 지닌다.

-성취도와 잠재 능력 간의 불일치

학생의 학습을 위한 잠재 능력과 낮은 학업성취도 간에 심한 격차를 나타낸다. 즉, 정상 범위의 지적 능력을 지니면서 학업성취도가 심하게 낮은 학생에 초점을 둔다.

-배제조건

시각장애, 청각장애, 지체장애, 정신지체, 정서장애, 문화 · 사회 · 경제적 환경과 같은 요인들로 인한 경우는 제외한다.

2. 학습장애 원인과 특성

1) 원 인

읽기장애와 난독증은 개념상으로 구분하기가 애매한 부분이 있지만(Gaddes & Egdell, 1994), 대부분 같은 개념으로 사용하고 있다. 다만 난독증에 관한 정의는 지능의 수준, 구어적 언어발달, 감각 능력이 읽기기술 발달을 촉진시킬 수 있는 아동이 읽기 습득에 실패한 것들을 고려한다(Benton, 1975). Thompson(1984)은 난독증에 관한 이론들을 다음과 같이 설명하였다. 불완전한 반구 우세성, 언어처리과정을 위한 좌반구의 기능적 분화발달의 지연이나 미성숙으로 읽기와 관련된 지각적 운동과 언어학적 기술의 연관성, 좌뇌 장애, 우뇌에 의한 좌뇌 기능의 방해, 청각적인 자료와 시각적인 자료의 뇌반구 처리에서의 통합 결핍 등이다. 이 장에서는 학습장애 원인으로 크게 신경생물학적 요인과 유전적 요인, 환경적 요인으로 나눈다.

(1) 신경생물학적 요인

신경생물학적 요인으로는 좌 · 우뇌의 대칭성, 뇌량의 크기, 신경세포 간의 이상적 연결 등이 있다(김동일, 이대식, 신종호, 2009 재인용). 우선 개인 내적인 차이가 있겠지만, 일반적으로 우리의 뇌는 좌뇌가 우뇌보다 약간 더 큰 비대칭성을 띠고 있다고 한다. 그러나 학습장애 아동들은 반대적 비대칭성을 나타내거나(김동일 외, 2009 재인용; Rumsey, 1996) 좌뇌가 일반아동보다 작은 특징을 보인다. 이러한 특징들은 언어지체나 낮은 지능으로 이어져서 학습에 영향을 미친다. 그다음으로 학습장애 아동은 일반아동보다 뇌량의 크기에서 상대적으로 크다. 뇌량은 좌반구와 우반구로 들어온 정보를 통합시켜 주는 역할을 한다. 이것은 좌뇌와 우뇌 간의 상호간섭이 증가하여 시각정보처리에 비효율성을 가져와 좌뇌의 언어우세성이 상대적으로 감소하는 경향을 초래할 수 있다. 따라서 정보처리에서 한꺼번에 많은 양의 정보가 흘러 들어온다면 우왕좌왕하는 형태가 될 수 있다. 학습장애 아동의 정보처리는 가능한 한 순차적으로 명료화시키는 능력이 필요하다. 마지막으로 발달이 미숙한 신경세포들이나 신경세포들이 상대적으로 불규칙하게 나열되어 있으면 뉴런(neuron)과 뉴런 간의 시냅스(synapse) 형성에 어려움이 있다. 이것은 네트워킹(networking)이 형성되어야 각각의 정보들을 인식하고 통합할 수 있는데 그렇지 못하면 사물을 지각하고 판단하는 데 어려움을 초래한다. 읽기부진 아동의 경우, 정보를 통합하는 어려움 때문에 읽기, 쓰기 등에 부진을 보이는 경우도 있다(박순길, 조증열, 유영미, 2013).

(2) 유전적 요인

유전적 요인은 주로 쌍생아 연구와 가계연구를 통해 이루어져 왔다. 많은 쌍생아 연구(Lewis & Thompson, 1992; Herman, 1959)에서 일란성 쌍생아가 이란성 쌍생아보다 읽기 문제나 난독증을 가질 확률이 높다고 보고되었다. 부모 중에서 학습장애가 있을 경우 그 자녀도 학습장애로 진단되는 경우도 높다고 할 수 있다.

(3) 환경적 요인

가족이 처한 열악한 생활조건들은 다양하겠지만, 가족 전체의 학습장애 성향들은 자녀가 가지고 있는 학업적 측면을 낮게 만드는 요인이 될 수 있다. 부모와의 의사소통 부족이나 언어 능력 등은 학령기에 접어들었을 때 학습 능력과 밀접한 관련이 있다. 또 다른 요인으로는 부모의 사회경제적 지위, 빈약한 교수환경, 정서적 자극, 안정된 심리감 등은 학습부진이나 학습장애를 초래하는 환경이 될 수 있다.

2) 특 성

학습장애 아동의 특성은 다양하게 나타날 수 있지만, 학업적인 측면이 가장 중요하게 적용되며 읽기, 쓰기, 셈하기 등에서 어려움을 가진다.

읽기장애 아동은 읽기 문제에서 자소-음소의 대응규칙에 어려움을 보이고, 문장에서 단어의 생략, 대치, 삽입의 특성도 나타난다. 읽기부진 아동의 경우, 방금 읽은 것이나 참여한 것들에 대한 질문에 대답을 하지 못하거나 이해한 사항을 활용하지 못한다. 적절한 언어표현력이 부족하고 학습 습관이 바르지 못하며 주의력이나 학습의욕, 자신감이 부족한 경우가 많다(신현재, 1993). 또한 읽기부진 아동은 읽기습관, 단어재인, 이해부족 등 학습행동에서 미숙한 특성을 보이며(김승국 외, 1998), 학습과제를 해결할 때 정보와 지식을 갖추고 있지만 그 지식을 최대한 활용하지 못하고, 적절한 독해전략을 사용하는 데 어려움을 가진다(정대영, 2007).

읽기부진 아동의 일반적 특성으로는 첫째, 음운인식 및 음소해독 능력 부족을 들 수 있다. 읽기는 언어구조에 대한 사전지식이 필요한데, 읽기 문제에서 나타나는 인지적, 언어적 결함은 인쇄된 단어와 소리 간의 관계에 대한 지식 결함으로 이어져서 읽기에 어려움을 보인다. 특히 단어를 보고 머뭇거리는 시간이 많아지는 경향들이 있다. 둘째, 시지각 능력 결함을 들 수 있다. 읽기는 시각적인 자극을 처리하는 것과 밀접한 관련이 있는데, 시각정보를 처리하는 속도가 낮은 아동은 글자의 위치를 판별하는 오류를 더 많이 나타내는 경향이 있다. 셋째, 독해전략의 부족을 들 수 있다. 글을 읽고 난 후 내용을 요약하거나 그러한 전략을 사용하는 데 어려움이 있으며, 제시된 문장의 내용을 충분히 탐색하고 문제를 명료화하거나 언어적 시연을 통해서 해결하려는 여러 가지 전략 사용에 어려움이 있다. 넷째, 주의집중의 어려움을 들 수 있다. 읽기에 관한 과제를 주었을 때 집중해서 읽는 시간이 짧으며, 둘 이상의 자극에 대해서 중요한 정보와 덜 중요한 정보를 구별하여 적절한 자극을 선택적으로 주의하는데 어려움을 가진다. 다섯째, 기억 능력의 용량이 제한적이다. 특히 읽기부진 아동들은 작업기억 용량이 제한적이어서 읽기에 필요한 자동화가 신속하게 이루어지지 않는다(황애희, 2012). 따라서 읽기의 자동화를 위해서 언어이해에 필요한 인지적 기술에 대한 훈련이 필요하다(박순길 외, 2013).

읽기부진 아동들은 일반적으로 읽기, 쓰기에서 수행 능력이 낮다(석유승, 2009; 유영대, 2006; Cho & Ji, 2011). 이것은 음운부호를 제대로 처리할 수 없어서 단어재인이 정확하지 않다는 뜻이기도 하다(Ehri, 1991). 또한 읽기, 쓰기는 음운인식, 시지각, 명명속도, 형태소 인식 등과 상관이 있다. 읽기부진 아동의 읽기 예언변인으로 시각변별(김명희, 2005; Cho & Ji, 2011)이 있고, 쓰기 예언변인으로는 시지각, 형태소 인식, 숫자명명속도(김명희, 2005; 석유승, 2009; Cho & Ji, 2011) 등이 있다. 그러므로 읽기 학습부진 아동의 특징은 단어의 철자 구조에 민감하지 못하고, 단어명명시간이 길고, 음운인식이 떨어지며, 구문구조에 덜 민감하다(남기춘, 2001)고 할 수 있다.

3. 학습장애 진단 및 판별 절차

학습장애 아동의 진단, 판별, 평가의 중요성을 제시하면 다음과 같다(이대식, 2001; 강옥려 외, 2008). 첫째, 정확한 학습장애 아동의 숫자를 파악하는 것은 학습장애 아동을 대상으로 하는 정책, 교원 양성 및 기타 관련 예산을 편성할 때 중요한 자료가 된다. 둘째, 학습장애 관련 연구활동 결과의 타당성과 활용을 높이기 위해서 연구대상을 정확하게 선정할 필요가 있다. 셋째, 학습 실패의 원인을 명확히 규명하여 적절한 중재 방안을 고안하는 데 기여할 수 있다.

학습장애 아동의 국내 진단 및 판별 절차는 여러 학자들(정대영, 1998; 이상훈, 1999; 이대식, 2005)에 의해 제시되고 있다(김동일 외, 2009).

1) 정대영(1998)의 진단절차

① 학습장애에 대한 의뢰가 있을 경우, 지능지수 80 이상인 아동을 대상으로 기초학력기능검사를 실시하여 현재 학년 수준을 먼저 확인한다.
② 학습장애선별척도(국립특수교육원, 1996)로 언어성 21점 이하, 비언어성 42점 이하, 총점 62점 이하인 아동을 먼저 선별한다.
③ 배제요인에 해당되는 경우를 제외한다.
④ 능력-수행 불일치 기준을 초등 저학년 0.5, 초등 고학년 1.0, 중학생 1.5, 고등학생 2.0학년 이상으로 한다.

2) 이상훈(1999)의 진단절차

① 학업성취 저해 외적 요인(장기 결석, 열악한 가정환경)이나 내적 요인(감각 이상, 학습 동기나 적응상의 문제)을 고려하고도 학년 수준이나 연령 수준에 비해 지나치게 학업성취 수준이 낮을 때
② 아동의 교과활동 및 교과 외 학교생활 전반적으로 체계적으로 관찰, 부모와의 면담을 통해 설명 가능한 원인 규명
③ 교과내용을 중심으로 교사가 제작한 검사를 실시하여 오류분석과

오류유형 파악

④ 표준화된 검사와 기초학력기능검사를 실시하여 5개 하위 검사에서 현 학년 수준에 비해 지체된 정도 파악

⑤ 초등 저학년의 경우 1학년 이상, 고학년의 경우 1.5학년 이상, 중학교의 경우 2.0학년 이상 지체를 보일 때 학습장애선별척도를 실시하여 총점 62점 이하 혹은 언어성 영역에서 21점 이하, 비언어성 검사에서 42점 이상인 경우 개인용 지능검사를 통해 지능 수준이 80 이상임을 확인하고 종합적으로 학습장애의 여부를 확인

3) 이대식(2005)의 진단절차

① 지적 잠재 능력 산출을 위한 지능검사 실시: K-WISC IV, K-ABC, 고대-비네 지능검사

② 학업성취 수준 산출: 국어, 수학 영역 기초학습기능검사, 기초학력검사, 표준화된 학업성취도검사, 국가 수준 학업성취도검사

③ 불일치 수준 산출: 저학년 1.5학년 혹은 −1.5SD 이상, 고학년 2.0학년 혹은 −2.0SD 이상 차이

④ 배제요인 확인: 낮은 지능(75 이하), 감각적 결손, 정서적 문제, 사회문화적 결손, 수업의 질 등

⑤ 잠정적 판별 후 정밀 진단 및 최종 판결을 위한 추가 검사: 지각검사, 기억력검사, 학습준비도검사, 오류유형 파악, 교과활동의 체계적 관찰과 면담

이러한 진단절차를 통해 학습장애 아동으로 선별 및 판정을 하려면 다음과 같은 조치가 필요하다(김동일 외, 2009).

표 5-2 **단계별 학습장애 선별 및 판정 기준과 조치**

선별 및 판정 단계	목적	기준	조치
1단계	BASA(읽기, 쓰기, 셈하기) 등 간편검사를 이용한 대상 아동의 또래집단에 대한 상대적 위치 파악	또래보다 심각하게 낮은 학습성취인가?	예: 2단계 선별 아니요: 선별활동 중지
2단계	교과 영역별로 한 가지 이상의 표준화 검사를 사용하고, 또래집단 내 상대적 위치 파악	또래보다 심각하게 낮은 학습성취인가?	예: 3단계 선별 아니요: 교육과정 일치 정도 확인 혹은 재검사
3단계	제외준거에 해당하는 아동들 제외	불충분한 혹은 부적절한 교육, 감각적 결손, 사회문화적 불리 등이 원인인가?	예: 해당 원인별 조치 아니요: 4단계 선별
4단계	각 교과 영역별로 기초학습 기능을 측정	또래보다 심각하게 낮은 수행 수준인가?	예: 해당 기능별 학습장애 명명, 중재 아니요: 기초학습 기능검사의 타당도 점검 혹은 다른 요인 점검

출처: 김동일, 이대식, 신종호(2009). 학습장애아동의 이해와 교육. p. 131.

4. 학습장애 진단평가

학습장애 아동의 진단 및 판별을 위한 검사도구는 〈표 5-3〉과 같다.

표 5-3 **학습장애 진단 및 판별 도구**

검사	검사도구명	저자	출판사/출판년도	특징
지능검사	K-WPPSI	박혜원 곽금주 박광배	특수교육 / 1996	만 3세 0개월~만 7세 3개월 아동 대상
	K-WISC-IV	곽금주 오상우 김청택	학지사/ 2011	만 6세 0개월~만 16세 11개월 아동 대상
학력검사	기초학습 기능검사	박경숙 윤점룡 박효정	한국교육 개발원/ 1989	아동의 학습 수준이 정상과 어느 정도 떨어지는가를 알아보거나 학습집단 배치에서 어느 정도 수준의 집단에 들어가야 하는가를 결정하기 위해 사용
	KISE 기초학력검사(BAAT)	박경숙 김계옥 송영준 정동영 정인숙	국립특수 교육원/ 2005	국어와 수학에서 부진을 나타내는 아동을 선별 또는 진단하고 이들의 부진을 나타내는 영역과 수준을 파악하기 위해 사용
	기초학습기능 수행평가(BASA: 읽기검사)	김동일	학지사/ 2008	읽기 능력을 진단하고, 형성평가로 활용이 가능하며, 읽기 능력을 직접 측정
	기초학습기능 수행평가(BASA: 수학검사)	김동일	학지사/ 2008	학습부진 아동이나 특수교육 대상자의 수학 수행 수준을 진단, 평가
	기초학습기능 수행평가(BASA: 쓰기검사)	김동일	학지사/ 2008	학습부진 아동이나 특수교육 대상자의 쓰기 표현 능력을 진단하고, 형성평가로 활용이 가능하며, 쓰기 능력을 직접 측정
평정척도	KISE-학습장애 선별척도	정대영 정동영	국립특수 교육원/ 1996	교육 현장에서 학습부진으로 여겨짐으로써 교육적 조치를 받지 못하는 학습장애 학생들을 간단히 선별해 낼 수 있음

출처: 김동일, 이대식, 신종호(2009). 학습장애아동의 이해와 교육. p. 38.

1) 지능검사

(1) 한국 웩슬러 아동지능검사(K-WISC-IV)

한국 웩슬러 아동지능검사-4판(Korean-Wechsler Intelligence Scale for Children-IV: K-WISC-IV, 곽금주, 오상우, 김청택, 2011)은 K-WISC-III(곽금주, 박혜원, 김청택, 2001)의 개정판이다.

이 검사는 6세 0개월부터 16세 11개월까지의 아동의 인지적 능력을 평가하기 위해 개별적으로 실시하는 임상도구다. 전반적인 지적 능력(즉, 전체검사 IQ)은 물론, 특정 인지 영역에서의 지적 기능을 나타내는 소검사의 합산점수를 제공한다.

K-WISC-IV는 15개의 소검사로 구성된다. K-WISC-III와 동일한 10개의 소검사와 5개의 새로운 소검사(공통그림 찾기, 순차연결, 행렬추리, 선택, 단어추리)로 구성된다.

표 5-4 **K-WISC-IV 소검사의 약자와 설명**

소검사	약자	설명
토막 짜기 (Block Design)	BD	아동이 제한시간 내에 흰색과 빨간색으로 이루어진 토막을 사용하여 제시된 모형이나 그림과 똑같은 모양을 만든다.
공통성 (Similarities)	Sl	아동이 공통적인 사물이나 개념을 나타내는 두 개의 단어를 듣고, 두 단어가 어떻게 유사한지를 말한다.
숫자 (Digit Span)	DS	숫자 바로 따라 하기는 검사자가 큰소리로 읽어 준 것과 같은 순서로 아동이 따라 한다. 숫자 거꾸로 따라 하기는 검사자가 읽어 준 것과 반대 방향으로 아동이 따라 한다.
공통그림 찾기 (Picture Concepts)	PCn	아동에게 두 줄 또는 세 줄로 이루어진 그림들을 제시하면, 아동은 공통된 특성으로 묶일 수 있는 그림을 각 줄에서 한 가지씩 고른다.

기호 쓰기 (Coding)	CD	아동은 간단한 기하학적 모양이나 숫자에 대응하는 기호를 그린다. 기호표를 이용하여, 아동은 해당하는 모양이나 빈칸 안에 각각의 기호를 주어진 시간 안에 그린다.
어휘 (Vocabulary)	VC	그림 문항에서 아동은 소책자에 있는 그림들의 이름을 말한다. 말하기 문항에서는 아동이 검사자가 크게 읽어 주는 단어의 정의를 말한다.
순차연결 (Letter-Number Sequencing)	LN	아동에게 연속되는 숫자와 글자를 읽어 주고, 숫자가 많아지는 순서와 한글의 가나다 순서대로 암기하도록 한다.
행렬추리 (Matrix Reasoning)	MR	아동은 불완전한 행렬을 보고, 다섯 개의 반응 선택지에서 제시된 행렬의 빠진 부분을 찾아낸다.
이해 (Comprehension)	CO	아동은 일반적인 원칙과 사회적 상황에 대한 이해에 기초하여 질문에 대답한다.
동형 찾기 (Symbol Search)	SS	아동은 반응부분을 훑어보고 반응부분의 모양 중 표적 모양과 일치하는 것이 있는지를 제한시간 내에 표시한다.
빠진 곳 찾기 (Picture Completion)	PCm	아동이 그림을 보고 제한시간 내에 빠져 있는 중요한 부분을 가리키거나 말한다.
선택 (Cancellation)	CA	아동이 무선으로 배열된 그림과 일렬로 배열된 그림을 훑어본다. 그리고 제한시간 안에 표적 그림들에 표시한다.
상식 (Information)	IN	아동이 일반적 지식에 관한 광범위한 주제를 다루는 질문에 대답을 한다.
산수 (Arithmetic)	AR	아동이 구두로 주어지는 일련의 산수 문제를 제한시간 내에 암산으로 푼다.
단어추리 (Word Reasoning)	WR	아동이 일련의 단서에서 공통된 개념을 찾아내어 단어로 말한다.

출처: 곽금주, 오상우, 김청택(2011). K-WISC-IV.

K-WISC-IV에서는 다섯 가지 합산점수를 낼 수 있다. 언어이해지표(Verbal Comprehension Index), 지각추론지표(Perceptual Reasoning Index), 작업기억지표(Working Memory Index), 처리속도지표(Processing Speed Index), 전체검사 IQ(Full Scale IQ)로 구성된다.

(2) 한국판 웩슬러 유아지능검사(K-WPPSI)

한국 웩슬러 유아지능검사(Korean-Wechsler Preschool and Primary Scales of Intelligence: K-WPPSI, 박혜원, 곽금주, 박광배, 1996)는 미국의 Wechsler Preschool and Primary Scales of Intelligence-Revised(WPPSI-R)(Wechsler, 1989)를 한국의 유아들을 대상으로 표준화한 것이다.

K-WPPSI는 만 3세 0개월부터 만 7세 3개월까지의 아동을 대상으로 지능을 측정하기 위한 검사다. K-WISC-IV도 실시할 수 있는 연령의 경우, 평균 이상의 지능과 보통 수준의 의사소통 능력이 있는 아동에게는 K-WISC-IV를 사용하는 것이 좋으며, 지능이나 의사소통 능력이 평균이하인 아동에게는 K-WPPSI를 사용하는 것이 좋다.

K-WPPSI는 동작성검사와 언어성검사의 두 부분으로 구성되어 있다. K-WPPSI에서는 12개의 소검사를 모두 사용할 수 있지만, 지능지수를 산출하는 데는 동물 짝짓기와 문장의 두 보충 소검사를 제외한 10개의 소검사만이 사용된다. 반면에 동물 짝짓기와 문장의 검사결과는 지능지수를 해석하기 위한 보충자료로 이용된다.

K-WPPSI의 소검사는 아동이 흥미를 잃지 않게 하기 위해 동작성검사와 언어성검사를 번갈아 가며 실시하는 것을 원칙으로 한다. 모양 맞추기 소검사부터 시작하는 이유는 모양 맞추기가 색채가 화려하고 비언어적이어서 아동들이 재미있어 하기 때문이다. 아동이 특정 소검사에서 여러 번 어려움을 보이거나 검사를 거부하면 다음 소검사를 먼저 실시하고 생략한 소검사는 나중에 실시한다.

표 5-5 **K-WPPSI 소검사**

언어성 검사		동작성 검사	
1.	모양 맞추기	2.	상식
3.	도형	4.	이해
5.	토막 짜기	6.	산수
7.	미로	8.	어휘
9.	빠진 곳 찾기	10.	공통성
11.	동물 짝짓기	12.	문장

출처: 박혜원, 곽금주, 박광배(1996). K-WPPSI.

2) 학력검사

(1) 기초학습기능검사

기초학습기능검사(박경숙, 윤점룡, 박효정, 1989)는 한국교육개발원이 개발한 개인용 표준화 기초학습기능검사다. 만 5세 0개월부터 만 12세 11개월까지(유치원~초등학교 6학년)의 아동들을 대상으로 학습 수준을 파악하고 구체적인 개별화교육계획을 작성하기 위한 것이다.

기초학습기능검사는 정보처리기능, 언어기능 그리고 수기능을 측정하도록 구성되어 있는데, 정보처리기능은 1개의 소검사(정보처리), 언어기능은 3개의 소검사(읽기 I, 읽기 II, 쓰기) 그리고 수기능은 1개의 소검사(셈하기)로 측정한다. 검사는 정보처리, 셈하기, 읽기 I, 읽기 II, 쓰기의 순서로 실시한다. 각 소검사는 아동의 학년에 따라 검사설명서에 제시된 시작 문항번호에서 시작한다.

표 5-6 기초학습기능검사의 구성내용

기 능	측정요소	소검사	문항 수	총 문항 수
정보처리기능	관찰 능력 조직 능력 관계 능력	정보처리	60	270
언어기능	문자와 낱말의 재인 능력	읽기 I	50	
	독해 능력	읽기 II	50	
	철자의 재인 능력	쓰기	50	
수기능	기초개념 이해 능력 계산 능력 문제해결 능력	셈하기	60	

출처: 박경숙, 윤점룡, 박효정(1989). 기초학습기능검사.

(2) 기초학습기능 수행평가체제(BASA-읽기검사)

기초학습기능 수행평가체제-읽기검사(Basic Academic Skills Assessment-Reading: BASA-Reading, 김동일, 2008)는 읽기 능력을 측정하기 위하여 교육과정중심측정(Curriculum-Based Measurement: CBM) 절차에 의해 제작되었다.

초등학교 1학년 이상의 아동들을 대상으로 읽기곤란이나 읽기장애를 진단하기 위한 검사다. 또한 진단과 더불어 아동의 변화를 지속적으로 점검하는 형성평가도구로도 활용된다.

- 대상의 읽기수행 수준에 관해 명확하고 효과적인 의사소통이 필요한 경우에 사용한다.
- 교육적 의사결정을 위하여 상대적으로 짧은 기간(매주 혹은 매일)에 대상의 성장을 측정할 경우에 사용한다.
- 반복되는 측정을 통해 아동의 학습 능력의 발달을 확인할 수 있다.
- 특수교육 대상자를 위한 교육적 정보를 제공한다.

- 비용에 따른 효과 측면에서 경제적이다.
- 교사나 치료자가 집단보다는 아동 개개인을 지도하고자 할 때 프로그램의 효과 판단에 적합하다.
- 검사결과에 따라서 대상의 현재 수행 수준을 진단하고 이에 적절한 개별화 읽기교수와 중재계획 및 자문에 필요한 교수-학습 전략을 검사지침서에 함께 제공한다.

BASA-Reading은 기초평가와 형성평가로 나누어져 있다. 기초평가용으로 제작된 읽기검사자료 1을 3회 실시하여 아동의 기초선(Baseline)을 확인하고, 이야기 자료를 통해 지속적인 읽기수행 능력 성장을 점검한다.

표 5-7 **BASA-Reading의 구성내용**

평가	하위검사	내용
기초평가	읽기검사자료 1	개인검사로서 학생들이 주어진 시간 내에 얼마나 많은 글자를 얼마나 정확하게 읽는가를 측정하는 내용으로 구성되었다.
	읽기검사자료 2	독해력을 측정하기 위한 집단용 검사로서 문맥에 맞는 적절한 단어를 선택하는 문항으로 구성되었다.
형성평가	읽기검사자료	기초평가를 통해 읽기수행 수준을 확인한 후, 다양한 이야기 자료를 활용하여 지속적으로 대상 아동의 읽기 발달을 모니터링할 수 있다.

출처: 김동일(2008). BASA-Reading.

(3) 기초학습기능 수행평가체제(BASA-수학검사)

기초학습기능 수행평가체제-수학검사(Basic Academic Skil Assessment-Math: BASA-Math, 김동일, 2007)는 수학 능력을 측정하기 위하여 교육과정 중심측정(Curriculum-Based Measurement: CBM) 절차에 근거하여 제작한 검사다.

초등학교 1~3학년 아동들을 대상으로 수학 학습부진을 진단하기 위한 검사다. 또한 진단과 더불어 아동의 변화를 지속적으로 점검하는 형성평가도구로도 활용된다.

- 아동의 수학수행 수준에 관해 명확하고 효과적인 의사소통이 필요할 때 사용한다.
- 교육적 의사결정을 위해 상대적으로 짧은 기간 동안의 수학학습 수준 발달과 성장을 측정하는 데 유용하다.
- Ⅰ · Ⅱ · Ⅲ 수준의 학년단계 검사와 통합단계 검사로 구성되어 교육과정에 따른 아동의 수준 파악이 용이하다.
- 학습부진 아동이나 특수교육 대상자를 위한 교육적 정보를 제공한다.
- 교사나 치료자가 집단보다는 아동 개개인을 지도하고자 하는 경우 프로그램 효과 판단에 적합하다.

BASA-Math는 네 가지 검사로 구성되어 있다. Ⅰ단계 검사는 1학년 수준, Ⅱ단계 검사는 2학년 수준, Ⅲ단계 검사는 3학년 수준, 통합단계는 1, 2, 3 학년의 내용을 모두 다루는 문제를 담고 있다. 초등 1학년 학생에게는 Ⅰ단계와 통합단계, 초등 2학년 학생에게는 Ⅱ단계와 통합단계, 초등 3학년 이상 학생에게는 Ⅲ단계와 통합단계 검사를 각각 3회 실시한 뒤, 원점수의 중앙값을 산출하고 그다음에 검사설명서에 제공된 지침에 따라 학년단계와 통합단계별로 기초평가 기록지를 작성한다. 백분위가 15% 이하인 경우에는 아래 학년 단계의 검사를 실시하여 백분위를 확인한다.

(4) 기초학습기능 수행평가체제(BASA-쓰기검사)

기초학습기능 수행평가체제-쓰기검사(Basic Academic Skills Assessment-Written Expression: BASA-Written Expression, 김동일, 2008)는 쓰기 능력을 측

정하기 위하여 교육과정중심측정(Curriculum-Based Measurement: CBM) 절차에 따라 제작되었다.

초등학교 1~6학년 아동들을 대상으로 쓰기 문제를 진단하기 위한 검사다. 또한 쓰기검사는 진단과 더불어 아동의 변화를 지속적으로 점검하는 형성평가도구로도 활용된다.

- 쓰기 문제를 가진 아동의 현재 수행 수준을 정량적, 정성적으로 평가한다.
- 쓰기 유창성 측정을 통해 아동의 쓰기 능력을 경제적이고 간편하게 평가한다.
- 교육적 의사결정을 위해 짧은 기간(매주)에 아동의 쓰기 능력 발달과 성장을 측정하기에 용이하다.
- 기초평가를 통한 수행 수준 진단과 형성평가를 통한 쓰기 능력의 발달을 모니터링할 수 있다.

쓰기검사는 개인검사로서 이야기 서두제시검사의 형태로 실시되며, 학생이 주어진 시간 내에 얼마나 많은 글자를 정확하게 쓰는가를 측정하며 기초평가, 형성평가로 나누어져 있다.

이야기 서두제시검사를 실시하여 아동의 기초선을 확인한다. 기초평가는 1회 실시를 원칙으로 하되, 아동의 검사 수행태도에 근거하여 검사결과를 신뢰하기 어려울 때는 이야기 서두제시검사를 총 2회 실시하여 더 높은 점수를 채택하도록 한다. 재검사에서 사용될 이야기 서두는 형성평가용 이야기 서두 중 하나를 선택한다. 기초평가를 실시하여 아동의 기초선을 확인한 후, 형성평가를 통하여 아동의 지속적인 성장을 점검할 수 있다.

표 5-8 **BASA-Written Expression의 구성내용**

구분	하위 영역	내용
기초평가	정량적 평가	아동의 쓰기 유창성을 측정하기 위해 실시되며, 아동이 쓴 글에서 정확한 음절의 수를 계산해서 기록한다. 정확한 음절의 수는 총 음절에서 오류의 수를 뺀 값이다. 이를 위해 아동이 쓴 글에서 발견된 오류를 유형에 따라 기호로 표시해 두어야 하며 오류의 유형에는 '소리 나는 대로 쓰기' '삽입' '대치' '생략'이 포함된다.
	정성적 평가	부가적인 평가로, 아동의 쓰기 능력에 대한 구체적인 정보를 얻기 위해 실시되며, 이야기 서두제시검사에서 아동이 쓴 글에 대해 '글의 형식' '글의 조직' '글의 문체' '글의 표현' '글의 내용' '글의 주제' 영역으로 나누어 분석적으로 평가를 실시한다.
형성평가		기초평가를 통해 쓰기 수행 수준을 확인한 후, 다양한 이야기 서두를 활용하여 지속적으로 대상 아동의 쓰기 발달을 모니터링할 수 있다. 검사 회기마다 검사자는 무선적으로 하나의 검사자료를 뽑아서 실시하며, 대상의 쓰기 수행을 점검한다.

출처: 김동일(2008). BASA-Written Expression.

3) 학습장애선별척도(KISE)

교육 현장에서 학습부진으로 여겨짐으로써 교육적 조치를 받지 못하는 학습장애 아동들을 간단히 선별해 낼 수 있다. KISE 학습장애 선별척도(정대영, 정동영, 1996)는 학습장애 아동들이 보이는 다양한 특징을 언어적 영역은 물론, 사회적 영역과 운동 영역을 가능한 한 조작적으로 정의하여 모두 척도에 포괄하였다.

언어수용(듣고 이해하기와 기억하기), 언어표현(구어), 방향정위, 운동협응 능력 그리고 개인 및 사회적 행동의 5개 척도로 구성되며, 5단계 척도로 평정해서 언어성 점수와 비언어성 점수 그리고 전체 점수 등으로 보

표 5-9 **학습장애선별척도 검사 영역**

영 역	구체 항목
언어수용	단어의미 이해, 지시 따르기, 학급토의 이해, 정보파지
언어표현	어휘, 문법, 낱말 재생, 이야기 말하기, 사고의 표현
방향정위	시간 판단하기, 공간 방향정위, 관계 판단하기, 방향 알기
운동협응 능력	일반적 협응력, 균형 유지, 조작 능력
개인 및 사회적 행동	협력, 주의집중, 조직력, 새로운 상황 대처 능력, 사회적 수용, 책임, 과제 완성, 세련된 감각(재치)

고하도록 되어 있다.

KISE 학습장애선별척도에서는 보다 정밀한 학습장애검사 대상 기준 점수로 언어성 점수 21점, 비언어성 점수 42점 그리고 총점 62점을 설정하고 있다.

5. 학습장애 교수전략

1) 읽기 교수전략

읽기 문제를 보이는 아동의 경우 다양한 읽기 지도방법을 적용해야 한다. 읽기를 향상시키기 위한 여러 가지 교수방법을 제시하면 다음과 같다(이소현, 박은혜, 2013).

표 5-10 **읽기 교수방법**

방법	내용
단서 사용	해독하기 어려운 단어 해독을 돕기 위해서 단서를 사용한다. 예를 들어, 아동이 읽기 어려워하는 글자/낱자를 붉은색으로 표시하거나 점을 찍어 표시한다.
줄 따라가기	읽기 도중 줄을 놓치는 아동을 위해서 손가락으로 따라갈 수 있는 선을 문장 밑에 긋는다. 또는 화살표나 읽기창이 있는 카드를 사용해서 읽을 몇 단어만 보면서 읽게 한다.
내용 미리 알려 주기	읽기의 목적과 읽은 후에 무엇을 할 것인지를 미리 알도록 한다. 예를 들어, 주요 등장인물과 사건 순서를 알기 위하여 이야기책을 읽거나 중요한 내용을 학습하기 위하여 교과서 한 장을 읽을 때 내용을 미리 점검하는 것은 읽기 이해력을 증진시키는 효과적인 전략일 수 있다. 읽을 내용을 미리 안내해 주는 일련의 질문들과 답을 찾을 수 있는 쪽수를 미리 제공해 주는 것도 좋은 방법이다.
또래교수	일견단어 연습을 위하여 또래 교수자나 자원봉사자를 활용한다.
교재의 난이도 및 흥미도 조절	내용은 흥미롭지만 어휘는 쉬운 읽기 교재를 사용하면, 특히 소리 내지 않고 읽는 연습을 할 때 도움이 된다.
녹음 교재 사용	녹음 교재를 이용하여 단어의 정확한 발음과 문장의 흐름을 들으면서 읽게 한다.
컴퓨터 활용	기초 읽기기술의 교수를 위하여 컴퓨터를 사용한다. 예를 들어, 컴퓨터 프로그램을 통하여 일견단어를 읽고 들으면서 학습하게 된다.
반복 읽기	유창하게 읽게 하기 위하여 문단을 여러 번 반복해서 읽게 한다. 반복 읽기는 읽는 속도와 정확도를 증진시키기 때문에 좀 더 어려운 문단으로 넘어가는 데 도움을 준다.
읽기 이해력 연습을 위한 교재	읽기 이해력을 연습할 수 있도록 구성된 교재를 사용한다. 본문에서 단서 찾아 활용하기, 질문에 대한 대답 찾기, 지시 따르기, 주제 찾기, 결론 찾기 등을 할 수 있도록 교재에 다양한 활동을 포함시켜 읽기 이해력을 연습시킨다.
이해력 증진을 위한 전략	읽기 이해력 증진을 위해서 특정 전략을 사용한다. 예를 들어, 각 문단을 읽을 때마다 '가장 중요한 사람 이름 대기(누가?)'와 '중요한 사건 이야기하기(무슨 일이 일어났는가?)'를 하도록 한다.

대화를 사용한 상호교류적 교수	교사와 아동이 대화를 통하여 상호교류적으로 교수한다. 내용을 읽고 난 후에 교사는 문단의 내용 요약, 주제 질문하기, 이해하기 어려운 부분 찾기, 다음에 일어날 사건 예측하기의 네 가지 단계로 나누어 대화를 통하여 아동의 이해력을 증진시킨다.
SQ3R 방법	내용중심 교과의 설명문으로 구성된 교재를 읽을 때 도움이 되는 방법으로, SQ3R은 조사(servey), 질문(question), 읽기(read), 암송(recite), 검토(review)를 의미하는 단어의 머리글자다. 설명문은 이야기식의 교재보다 이해하기 어렵기 때문에 전반적인 내용을 파악하기 위하여 먼저 문단을 조사하고, 본문에 대해서 질문하고, 답을 찾기 위해서 읽고, 찾은 답을 본문을 보지 않고 암송하고, 문단 전체를 다시 검토하는 방법을 통하여 이해력을 증진시킬 수 있다.

출처: 이소현, 박은혜(2013). **특수아동교육**. p. 139.

학습장애 아동의 읽기 이해력을 향상을 위하여 어휘력과 독해력 증진 교수전략을 활용해 볼 수 있다. 어휘력 증진을 위한 교수전략은 문맥을 이용한 교수전략(contextual)과 범주를 이용한 교수전략(categorical strategies)이 있다(김동일 외, 2009 재인용; Lovitt, 1989).

문맥을 이용한 교수전략에는 문맥을 활용한 어휘 정의하기(contextual redefinition), 어휘 의미 발견하기(preview in context) 그리고 문장 만들기(possible sentence) 방법이 포함된다. 범주를 이용한 교수전략에는 단어 유창성(word fluency), 나열-범주화-명칭 부여하기(list-group-label), 특징 분석(feature analysis), 도식 활용(graphic organ-izer) 방법이 포함된다(김동일 외, 2009).

표 5-11 **어휘력 향상 교수전략**

교수전략	방법	내용
문맥 활용 교수전략	문맥을 활용한 어휘 정의하기	• 교사가 먼저 새로운 어휘를 소개한다. • 소개활동이 끝난 후 교사는 새로운 어휘가 포함된 문장을 학생에게 제시한다. • 문장 속에 내포된 어휘의 의미를 학생들이 정의하도록 요구하는 활동을 전개한다.
	어휘 의미 발견하기	• 학생들이 읽어야 할 부분 중 새로운 어휘가 나오는 일부분을 발췌하여 이를 학생들에게 제시한다. • 주어진 자료의 전반적 내용을 고려했을 때 새로운 어휘의 의미가 무엇인지를 질문과 토론을 통해 발견한다.
	문장 만들기	• 학생들이 새롭게 접하게 될 단어와 이 단어와 관련되어 있으면서 학생들이 이미 알고 있는 단어를 동시에 제공한다. • 이들을 이용해 문장을 만들어 보도록 함으로써 새로운 단어의 의미가 무엇인지 파악할 수 있도록 구조화된 활동을 교사가 제공한다.
범주 활용 교수전략	단어 유창성	• 주어진 시간 안에 범주에 속하는 가능한 한 많은 단어를 학생들에게 말하도록 요구함으로써 유창성을 향상시킨다.
	나열–범주화–명칭 부여하기	• 제시된 대상 단어와 관련이 있는 단어들을 학생들에게 모두 나열하도록 하고, 이를 범주화하도록 한다. • 범주화된 집단에 대해 적절한 명칭을 부여하는 활동을 한다.
	특징 분석	• 범주들이 먼저 제시되고, 제시된 범주에 해당하는 단어들을 학생들이 나열하도록 한다. • 각 범주의 특징이 무엇인지를 확인하도록 한다. • 여러 범주들에 걸쳐 공통된 특징과 그렇지 않은 특징이 무엇인지를 확인함으로써 학생들이 단어들의 의미적 차이점과 유사점을 확인해 나가게 한다.
	도식 활용	• 핵심 어휘를 중앙에 위치시키고, 이와 관련된 단어들을 그래픽 형식으로 확인해 나가도록 함으로써 학생들에게 핵심 어휘의 의미를 파악하도록 한다.

참고: 김동일, 이대식, 신종호(2009). 학습장애아동의 이해와 교육. pp. 189–190.

학습장애 아동의 독해력을 증진시키기 위한 교수전략으로는 관련지식 자극하기(background knowledge practice), 질문하기(questioning practice), 심상 만들기(imagery practice) 등을 들 수 있다(김동일 외, 2009).

표 5-12 **독해력 향상 교수전략**

방법	내용
관련지식 자극하기	• 학생들이 읽기자료의 주요 내용들을 논리적이고 의미 있게 서로 연결하고 글의 내용을 중심으로 적절한 추론을 내릴 수 있도록 한다. • 이전 읽기 내용과 현재 읽기 내용을 서로 연관시켜 주기, 이야기의 전반적인 맥락을 제시하여 주기, 학생들에게 글의 내용과 관련한 경험이나 지식을 서로 이야기하도록 하기
질문하기	• 교사가 직접적으로 학생들에게 단계적으로 준비된 질문을 제시하거나, 학생들에게 글의 제목, 그림, 도표 등을 이용해 스스로 질문을 만들고 그에 대한 답을 찾도록 한다. • 글 전체 내용을 가장 잘 대표하는 핵심어를 찾도록 하는 질문하기, 글의 주요 내용에 대한 문단별 요약을 요구하는 질문하기, 읽은 내용을 중심으로 다음 단계에서 어떤 일이 일어날지 예견하고 그 결과를 확인해보도록 하는 질문하기
심상 만들기	• 학생들이 주요 내용을 효과적으로 연결하고 요약할 수 있도록 글의 내용에 대해 심상을 만들어 보도록 한다. • 학생들에게 글을 읽는 동안 마음속에 글의 내용에 대한 심상을 만들어 보도록 요구하기, 글을 읽고 난 후 글의 내용을 대표할 수 있는 그림을 그리도록 요구하기, 글을 읽는 동안 글 속에 들어 있는 삽화를 보면서 글의 내용과 관련지을 수 있도록 요구하기

참고: 김동일, 이대식, 신종호(2009). **학습장애아동의 이해와 교육**. pp. 190-192.

2) 쓰기 교수전략

학습장애 아동의 쓰기는 읽기에서 어려움이 있으면 쓰기 학습에 어려움을 가지게 되기 때문에(박순길, 2012) 쓰기지도에 아동의 수준을 고려한 접근이 필요하다(박순길 외, 2013). 통합학급에서 글자 쓰기, 맞춤법,

작문 기술을 가르치고 향상시키기 위한 교수전략을 제시하면 다음과 같다(이소현 외, 2013; Lewis & Doorlag, 2011).

표 5-13 **쓰기 교수방법**

방법	내용
사전 활용	맞춤법에 어려움을 보이는 아동에게 사전을 사용하도록 가르치고 권장한다. 특히 아동이 자주 틀리는 단어나 자주 사용하는 단어로 구성된 개인용 미니 사전을 만들어 사용하게 하는 것도 좋은 방법이다.
시험-연습-시험	맞춤법 교수를 위해서 사용할 수 있는 방법으로, 먼저 시험을 통하여 아동이 학습해야 할 단어를 선정한 뒤 연습시키고 다시 시험으로 진도를 확인하는 방법이다.
시각적 촉진	쓰기 방향을 알게 해 주는 화살표, 시작점(○)과 종결점(×)을 표시해 주거나 글자 칸을 점선으로 나누어 주는 등과 같이 글자를 쓰기 위한 시각적 촉진을 제공한 뒤에 가능한 한 신속하게 촉진을 제거한다.
신문지/매직펜 사용	글자를 너무 느리게 쓰는 아동에게 매직펜으로 신문지에 쓰게 한다. 이때 너무 느리게 쓰면 잉크가 퍼져서 잘 읽을 수 없게 되며, 아동 스스로가 자신의 쓰기 속도를 평가할 수 있으므로 쓰기 속도를 증진시킬 수 있다.
작문 연습	매일매일 활동에 일기 쓰기, 친구에게 짧은 편지 보내기, 짧은 이야기 만들기 등의 활동을 포함시켜 작문을 연습시킨다. 처음에는 작문의 길이를 짧게 하고 흥미로운 활동으로 유지시키는 것이 좋으며, 이때 분명하고 정확하게 쓰도록 유도한다.
다단계 활동으로 나누기	작문활동은 다단계(예: 계획, 쓰기, 내용 수정, 문법 교정, 다른 사람이 읽기)로 나누어 실행하게 한다. 예를 들어, 계획단계에서는 다양한 활동을 통하여 작문의 주제와 정보를 생각하고 수집하게 한다.
작문의 틀 사용	작문을 위한 틀을 제공하여 틀에 맞춰 쉽게 쓰도록 도와준다. 예를 들어, 먼저 작문에서 표현하고 싶은 주요 내용으로 목록을 만들고, 목록을 각 문단에 맞는 주요 문장으로 전환시키고, 각 문장을 보조하는 문장을 덧붙이게 한다.
작문지도 만들기	작문을 위한 생각을 정리하고 체계적으로 쓰게 하는 방법으로 주요 주제와 주요 단어를 나열하여 그 관계를 지도 형식으로 연결시키는 방법이다.

모둠 활동	학습을 여러 개의 모둠으로 나누어 자신의 글을 모둠의 구성원에게 읽어 주고 이들이 작문의 강점과 약점을 평가하면서 함께 교정하게 한다.
워드 프로세서 사용하기	작문 시 워드프로세서를 이용하여 초고 작성하기, 내용 수정하기, 문법 교정하기 등의 단계로 나누어 글을 쓰게 한다.
맞춤법 교정 프로그램 사용하기	워드프로세서에 내장된 맞춤법 교정 프로그램을 이용하여 스스로 맞춤법을 점검하게 한다. 이때 맞춤법의 교정을 컴퓨터에 의존하지 않고 컴퓨터가 지적한 맞춤법 오류에 대하여 스스로 정확한 답을 찾도록 교수한다.

출처: 이소현, 박은혜(2013). **특수아동교육**. p. 141.

쓰기과정을 지도하기 위해서 교사가 해야 할 일을 제시하면 다음과 같다(김동일 외, 2009). 첫째, 쓰기과정에서 교사의 모델링(시범)을 제공한다. 둘째, 쓰기과정은 협동적인 작업을 통해 이루어진다. 셋째, 교사는 지속적으로 구체적인 단서를 제공한다. 넷째, 학생이 주도적으로 점검과 수정을 할 수 있도록 훈련시킨다.

표 5-14 **쓰기과정적 접근단계**

단계	내용
글쓰기 준비단계	• 글쓰기 주제를 선택한다. • 쓰는 목적(정보제공, 설명, 오락, 설득 등)을 명확히 한다. • 독자를 명확히 한다(또래 학생, 부모, 교사, 외부 심사자). • 목적과 독자에 기초하여 작문의 적절한 유형을 선택한다(이야기, 보고서, 시, 논설, 편지 등). • 쓰기를 위한 아이디어를 생성하고 조직하기 위한 사전 활동을 한다(마인드맵, 작성, 이야기하기, 읽기, 인터뷰하기, 브레인스토밍, 주제와 세부 항목 묶기 등). • 교사는 학생과 협력하여 글쓰기 활동에 참여한다(내용을 재진술/질문을 한다. 논리적으로 맞지 않는 생각을 지적한다).

초고 작성 단계	• 일단 초고를 작성하고, 글을 쓸 때 수정하기 위한 충분한 공간을 남긴다. • 문법, 절차보다 내용을 생성하고 구성하는 데 초점을 맞춘다.
수정단계	• 초고를 다시 읽고, 보충하고, 다른 내용으로 바꾸고 필요 없는 부분을 삭제하고, 옮기면서 내용을 고친다. • 글의 내용을 향상시키고 다양한 시각을 제안할 수 있도록 또래집단(글쓰기 도우미 집단)을 활용하여 피드백을 제공한다.
편집단계	• 구두점 찍기, 철자법, 문장구조, 철자 등 어문규정에 맞추어 글쓰기를 한다. • 글의 의미가 잘 전달될 수 있도록 문장의 형태를 바꾼다. • 필요하다면 사전을 사용하거나 교사로부터 피드백을 받는다.
쓰기 결과물 게시단계	• 쓰기 결과물을 게시하거나 제출한다(학급신문이나 학교 문집에 제출한다). • 적절한 기회를 통하여 학급에서 자기가 쓴 글을 다른 학생에게 읽어 주거나, 학급 게시판에 올려놓는다.

출처: 김동일, 이대식, 신종호(2009). 학습장애아동의 이해와 교육. pp. 220-221.

3) 수학 교수전략

우리나라 수학 교육과정은 위계성과 계열성을 강조한다. 따라서 학년이 올라갈수록 교육과정의 깊이와 난이도가 높아져 어느 시점에 이르면 수학에 대한 흥미도가 떨어지고, 수학학업성취가 낮아지게 된다. 따라서 이러한 아동의 경우 셈하기에서부터 흥미도가 떨어져서 기초학습부진이나 교과학습부진으로 이어진다. 수학 학습장애나 수학 학습부진 아동에 대한 수학 교수전략도 다양하게 시도되어야 하겠다. 일반학급에서 계산 및 추론에 문제를 보이는 아동을 위한 교수방법을 제시하면 다음과 같다(이소현, 2012 재인용; Lewis & Doorlag, 2011).

표 5-15 **수학 교수방법**

방법	내용
시각적 촉진	계산 문제를 푸는 데 도움이 되는 시각적 촉진을 제공한다.
네모 칸 또는 보조선 이용	계산 문제를 풀 때 자릿수를 잘 맞추지 못하는 아동을 위하여 네모 칸이나 보조선을 이용하여 쉽게 자리를 잡을 수 있게 해 준다.
문제의 수 조절	동일한 면에 동시에 제시되는 여러 개의 문제로 인하여 혼돈스러워하는 아동을 위하여 한쪽에 2~3개의 문제만 제시한다.
자가 채점 교재	뒷면에 정답을 기재하여 스스로 점검할 수 있게 한 문제카드, 문제지 옆에 정답을 기재하여 스스로 점검할 수 있게 한 문제지, 스스로 정답을 확인할 수 있는 퍼즐형 문제지 등과 같이 연습 문제를 푼 후에 스스로 답을 교정할 수 있는 자가 채점 교재를 활용한다.
자동 암산	아동은 더 이상 셈하기 전략에 의존하지 않게 될 때 자동적인 암산(예: 8+7을 계산할 때 자동적으로 답이 15임을 아는 것)을 할 수 있게 된다. 이를 위하여 한 번에 두세 개를 넘지 않는 연산을 제시하고 질문하면 즉시 말하도록 연습시킨다.
구체물 조작	아동에 따라서는 기본적인 수 개념 및 관계를 학습하기 위하여 구체적인 조작물을 사용하는 것이 도움이 된다. 예를 들어, 콩, 블록, 나무젓가락, 빨대, 바둑알, 껌, 사탕 등의 사물을 직접 조작하면서 셈하기, 구구단 등의 관계를 학습할 수 있다.
언어적 촉진	직접 말로 계산을 도와주는 방법으로, 예를 들어, 두 자릿수 곱셈에서 "먼저 오른쪽 수끼리 곱해야지." "칸을 잘 맞춰서 쓰는 것을 잊어버리지 말고." "아래 위 숫자를 엇갈려 곱하는 것도 잊어버리지 말아야지." 등의 언어적인 촉진을 한다.
실제 상황 활용	문제해결 계산 문제에서 실제 상황을 활용하여 아동의 이해를 돕는 방법이다. 예를 들어, 아동 자신의 시험 점수나 나이 등을 연습 문제에 사용할 수 있다.
단서적 단어 인식	문장제 문제에서 자주 사용되는 주요 단어를 단서로 이용하게 된다. 예를 들어, '모두 합쳐서'나 '다'는 덧셈이나 곱셈에서, '남은 수'나 '나머지'는 뺄셈에서, '각각'이나 '똑같이' 등은 나눗셈에서 단서적으로 사용되는 단어들이다.
모의 상황을 활용한 활동	학급 내에서 가게나 은행 등의 모의 상황을 설정하고 수학 추론을 위한 다양한 활동을 연습하게 한다.

문제해결을 위한 학습전략 사용	아동이 문제를 풀 때 특정 전략을 사용하도록 가르친다. 예를 들어, 문제 풀기 4단계 전략은 (1) 문제를 자기 말로 표현하기, (2) 문제의 내용을 시각적으로 그려 보기, (3) 문제를 풀기 위하여 필요한 방법을 생각해 보기, (4) 정답 추정하기로 구성된다(Landi, 2001). 좀 더 세분화된 7단계 전략은 (1) 읽기(이해하기), (2) 자기 말로 표현하기, (3) 그림으로 그려 보기, (4) 가설 세우기(문제 푸는 과정을 계획하기), (5) 추정하기(정답 예측하기), (6) 계산하기, (7) 검산하기로 구성된다(Montague, Warger, & Morgan, 2000).

출처: 이소현, 박은혜(2013). **특수아동교육**. p. 145.

수학 학습장애 아동이나 수학 학습부진, 아동특수교육 대상자에게 적용 가능한 수학 지도방법은 다음과 같다.

표 5-16 **구체물-반구체물-추상화 단계**

방법	내용
구체물 단계	• 아동이 사물을 사용하여 문제를 나타낼 수 있도록 지도하는 단계 • 예: 교사는 '2×3'을 가르치기 위해 종이접시 2개를 준비한다. 그 다음 두 번째 수 '3'을 보고 각 접시에 사물 3개를 놓는다. 아동은 접시 위의 사물 개수를 세거나 모두 더하며 '2개씩 3묶음은 6과 같다.'고 말한다. 이러한 과정은 아동이 '2×3=6'이 '2개씩 3묶음은 6과 같다.'는 것을 이해하는 것이다.
반구체물 단계	• 실제 사물을 대신하여 점, 선, 그림, 막대, 표식을 사용하여 나타낼 수 있는 단계 • 예: 교사는 '2×3'을 제시하고 아동이 수직선 위에 '2'를 표시하게 한다. 그다음으로 두 번째 수 '3'을 보고 수직선 위에 점선 표시를 하며 2씩 3번 건너뛰기를 하게 한다. 아동은 수직선의 단위 수를 세거나 더하고 '2씩 3번 이동하면 6이다.'라고 말한다. 이러한 과정은 아동이 '2×3=6'이 '2씩 3번 이동하면 6이다.'라는 것을 이해하는 것이다.
추상화 단계	• 추상적인 수기호의 사용과 관련되며, 가장 상위의 단계 • 예: 교사가 '2×3'을 제시하면 구체물이나 반구체물을 사용하지 않아도 '2 곱하기 3은 6이다.'라는 것을 이해하는 것이다.

참고: 정동영 외(2011). **특수교육학개론**. pp. 311-312.

제6장

자폐성장애

자폐성장애

1. 정 의

자폐성장애는 자폐성장애, 자폐증, 자폐스펙트럼장애 등 다양한 용어로 표현되고 있다. 이 장에서는 현재 「장애인 등에 대한 특수교육법」에 근거하여 '자폐성장애' 라는 용어로 표현하였다.

자폐성장애는 정신과 의사인 Leo Kanner(1943)가 사회적 손상, 비정상적인 언어, 한정되고 반복적인 관심을 보이는 아동을 '자폐증' 이라는 용어로 표현하면서 주목받기 시작했다. 캐너는 이 아동들이 정신분열증이 아님에도 불구하고 현실과의 접촉 상실을 경험한다는 공통적인 특징을 보였다고 보고하였다.

자폐성장애 아동은 껴안으려 해도 안기지 않고, 눈을 맞추지 않으며, 가벼운 접촉에도 별다른 반응을 하지 않는다. 부모와 상호작용하면서 애정관계를 형성하는 일반적인 부모-자녀 관계와 달리, 자폐성장애 아동과 그 부모는 긍정적인 관계 형성이 어렵다. 이것은 부모에게 국한되는 것이 아니라, 다른 사람과의 정상적인 관계 형성과 의사소통이 모두 제한된다.

예를 들어, 다른 사람이 아이에게 한 말을 앵무새처럼 따라 하거나(반향어의 사용), 맥락과 관계없는 무의미한 말을 불쑥 하기도 한다. 또한 자신의 욕구를 전달하고, 자신의 감정을 표현하기 위한 얼굴표정이나 제스처를 사용하지 않는다.

1980년대 이후에는 자폐뿐만 아니라 자폐와 비슷한 임상적 특징을 나타내는 다른 장애들도 있다는 것이 밝혀졌으며, 자폐와 이런 유사한 장애들을 '전반적 발달장애' 라는 보다 넓은 진단 범주에 포함시키게 되었다. 즉, 자폐성장애는 전반적 발달장애의 범주 내에 있는 임상적 스펙트럼 선상의 한 장애로 보아, '자폐스펙트럼장애(autistic spectrum disorder)' 라고 표현하고 있다.

DSM-5-TR(2013)의 자폐스펙트럼장애 진단 기준은 〈표 6-1〉에 제시하였다.

표 6-1 자폐스펙트럼장애에 대한 DSM-5 진단 기준

자폐스펙트럼장애(ASD) 진단 기준 299.00(F84.0)
A. 사회적 의사소통과 상호작용의 지속적인 결함이 다양한 맥락에 걸쳐서 과거와 현재에 다음과 같이 나타난다. (다음 사례는 실증적이라 완전하지 않다.)
1. 사회 · 정서적 상호관계의 결함은 예를 들어 다음 범위로 나타난다. 사회적 접근이 비정상적이고 정상적인 담화가 불가능하며, 흥미와 감정, 애착의 공유가 적게 나타날 뿐만 아니라 사회적 상호작용을 시작하거나 그것에 대한 대응을 하지 못한다.
2. 사회적 상호작용에 사용하는 비언어적 의사소통 행동의 결함은 예를 들어 다음 범위로 나타난다. 언어적 · 비언어적 의사소통을 제대로 통합하지 못하고, 눈 맞춤이나 몸짓 언어가 비정상적이거나 몸짓의 사용과 이해에 있어서 결함이 발생하며 표정과 비언어적 의사소통이 거의 전무하다.
3. 관계 발전, 유지, 이해에 있어서의 결함은 예를 들어 다음 범위로 나타난다. 다양한 사회적 맥락에 적합하도록 행동을 조절하는 데 어려움을 겪고, 상상놀이를 함께 하거나 친구관계를 맺는 데 어려움을 느끼며, 또래에게 흥미를 보이지 않는다.

현 장애 심각성(정도) 분류 기준:
장애 심각성은 사회적 의사소통 장애와 제한적, 반복적 행동 패턴에 근거한다(〈표 6-2〉 참고).

B. 제한적이고 반복적인 행동, 흥미, 활동 패턴은 과거와 현재에 다음 중 두 가지 이상으로 나타난다(다음 사례는 실제적, 구체적이지 포괄적이거나 완벽하지는 않다.)

1. 상동적, 반복적인 활동 그리고 물체 또는 언어의 사용
(예: 단순 운동 상동증, 장난감 정렬, 물건 던지기, 반향어, 기이한 표현).

2. 동일성을 고집하고 정해진 일과에 집착하거나, 언어적 · 비언어적 행동에서 의례적 패턴이 나타난다(예: 작은 변화에 극단적으로 괴로워함, 변화에 적응하지 못함, 유연하지 못한 사고 패턴, 의례적 인사, 매일 같은 길을 가거나 같은 음식을 먹어야 함).

3. 매우 제한적인 흥미에 집착하며, 그 강도나 초점이 비정상적이다.
(예: 특이한 사물에 강한 애착을 보이거나 집착, 과도하게 제한적이고 집요한 흥미).

4. 감각적 자극에 과소 또는 과잉 반응을 보이거나 환경의 감각적 측면에 비정상적인 흥미를 보인다.
(예: 통증/온도에 무감각, 특정 소리나 질감에 대한 부정적 반응, 과도하게 물건의 냄새를 맡거나 물건을 만짐, 빛이나 움직임에 강하게 매혹).

현 장애 심각성(정도) 분류 기준:
장애 심각성은 사회적 의사소통 장애와 제한적, 반복적 행동 패턴에 근거한다(〈표 6-2〉 참고).

C. 발육 초기에 증상이 나타나야 한다.
(그러나 증상이 사회적 요구가 수용의 한계를 넘었을 때 명백하게 나타나거나 이후에 학습한 전략으로 인해 증상이 가려질 수 있다.)

D. 증상이 나타나면 사회적, 직업적 영역이나 현재 기능의 중요한 영역에서 임상적으로 심각한 장애가 발생한다.

E. 이런 장애는 지적 장애(정신지체장애)나 전반적 발달지연만으로 설명하기 어렵다. 지적 장애와 자폐스펙트럼장애는 종종 동시에 발생한다. 자폐스펙트럼장애와 지적 장애가 동시에 발생했다는 진단을 내리려면 환자의 사회적 의사소통이 일반적인 발달 수준에 훨씬 못 미쳐야 한다.

주의: DSM-IV 진단 기준에 의해 자폐증, 아스퍼거 장애(Asperger's disorder), PDD-NOD(불특정 전반적 발달장애)로 진단 받은 사람은 자폐스펙트럼장애로 진단된다. 사회적 의사소통에 결함이 있지만 증상이 자폐스펙트럼장애 진단 기준을 충족하지 못하는 사람은 (화용론적) 사회적 의사소통장애자로 판단해야 한다.

다음을 근거로 분류:
지적 장애 동반 여부
언어장애 동반 여부
알려진 의학적/유전적 질환이나 환경요소와의 연관성
(부호화시 주의: 관련 의학적/유전적 질환을 확인하기 위해서는 추가 부호 사용).
기타 신경발달장애, 정신장애, 행동장애와의 연관성
(부호화시 주의: 관련 신경발달장애, 정신장애, 행동장애를 확인하기 위해서는 추가 부호 사용).
긴장증 여부(다른 정신장애와 연관된 긴장증 기준 참조, 정의는 119-120쪽에 있음) (부호화시 주의: 긴장증이 함께 나타나는지 확인하기 위해서는 자폐스펙트럼장애와 연관된 긴장증 추가 코드 293.89 [F06.1] 사용).

표 6-2 자폐스펙트럼장애 심각성 분류 기준

심각성 단계	사회적 의사소통	제한적 반복적 행동
3단계: 매우 많은 지원이 필요	언어적 · 비언어적인 사회적 의사소통 능력이 심각하게 결핍되면 사회적 상호작용 기능에 심각한 장애가 발생하고, 사회적 상호작용을 매우 제한적으로 시작하며 타인의 사회적 접근에 아주 적은 반응만을 보인다. 예컨대 몇 단어로 이해 가능한 말을 구사하고, 사회적 상호작용을 먼저 시작하는 일이 거의 없으며, 설사 시작한다 하더라도 욕구 충족만을 목적으로 하는 특이한 접근을 하고, 직접적인 사회적 접근에만 반응하는 사람이다.	행동의 경직, 변화의 적응에 극심한 어려움, 제한적/반복적 행동이 모든 영역의 기능에 뚜렷한 지장을 줌, 집중이나 행동의 변화를 매우 힘들어하고 괴로워함.
2단계: 상당한 지원이 필요	언어적 · 비언어적인 사회적 의사소통 기술에 뚜렷한 결함이 일어난다. 지원이 있어도 사회적 장애가 분명히 나타나고, 사회적 상호작용을 매우 제한적으로 시작하며, 타인의 사회적 접근에 비정상적이거나 적은 반응을 보인다. 예컨대 간단한 문장을 구사하고, 상호작용이 특수하고 한정된 흥미에만 국한되며, 비언어적 의사소통이 매우 특이한 사람이다.	행동의 경직, 변화의 적응에 극심한 어려움, 무심코 보던 사람도 알아차릴 만큼 자주 제한적/반복적 행동이 발생하고 다양한 맥락의 기능에 지장을 줌, 집중이나 행동변화를 괴로워하거나 어려워함.

1단계: 지원이 필요	지원이 없으면 사회적 의사소통의 결함이 현저한 장애를 일으킨다. 사회적 상호작용을 시작하는 데 어려움을 느끼고, 사회적 상호작용 중에서 사회적 교제(overture)에 이례적이거나 부적절한 반응을 보이는 사례가 명확히 나타난다. 사회적 상호작용에 대한 흥미가 부족할 수 있다. 예컨대 완전한 문장으로 말할 수 있고 대화에 참여하지만 다른 사람과 제대로 대화를 주고받지 못하며, 친구 사귈 때 이상하면서도 부적절한 방법을 사용하여 대부분 친구를 사귀지 못하는 사람이다.	행동의 경직이 한 가지 이상의 맥락에서 기능에 심각한 지장을 줌, 활동을 전환하는 데 어려움을 겪음, 조직과 계획에 문제로 인해 독립적 수행을 방해함.

2. 원 인

과거에는 자폐성장애의 원인을 충분한 사랑을 주지 않는 부모의 탓으로 돌렸다. 그러나 자폐성장애에 대한 의학적 · 과학적 연구의 진보가 이루어지면서 현재 자폐성장애는 생물학적 · 신경학적인 문제로 받아들이고 있다. 신경학적인 이상을 발견할 수 없었던 많은 자폐성장애 아동이 성장하면서 간질 증상을 나타내는 것으로 보고되고 있는데, 이것 역시 자폐성장애가 미세뇌손상과 관련이 있음을 시사한다(Rutter, 1970).

1) 유전적 요인

자폐성장애 아동의 상당수에서 취약 X증후군(Fragile-X syndrome)이 발견되었다. 취약 X증후군을 가진 개인의 상당수가 정신지체를 수반하고 있는 것으로 밝혀져 있으므로, 취약 X증후군-정신지체-자폐성장애의 관계에 대해서는 후속 연구가 이루어져야 할 것으로 보인다.

자폐성장애의 일부는 7,000명 중 한 명꼴로 발생하는 것으로 알려져 있는 결절성경화증(tuberous sclerosis) 등의 단일 유전자장애와 관련이 있다. 결절성경화증은 9번 염색체와 16번 염색체의 변이에 의해 나타난다. 또한 자폐성장애인은 염색체 변이에 의한 위험이 일반인에 비해 약 5% 더 높은데, 이는 유전적 요인이 자폐성장애의 발생과 관련이 있음을 보여 준다.

2) 신경생물학적 요인

발생학적인 측면에서 볼 때 뇌손상(brain damage)은 임신 초기에 급속도로 진행되는 신경발달단계에서 주로 발생한다. 자폐성장애 아동에게서 소뇌, 측두엽, 중앙부 변연계의 구조적인 이상을 확인할 수 있다. 뇌간 가까이에 위치해 있는 소뇌는 운동 근육의 움직임과 관련이 깊으며, 소뇌는 언어, 학습, 감정, 사고, 주의집중 등의 비운동 근육에 영향을 미치게 된다(Courchesne, Townsend, & Chase, 1995).

자폐성장애인의 일부에서 소뇌의 크기가 보통 사람보다 작은 소뇌형성부전증(cerebellar hypoplasia)이 발견되는데, 자폐성장애인에게서 관찰되는 한 가지 자극에서 다른 자극으로의 빠른 관심 이동이 이런 소뇌의 이상에서 기인한다는 것이 밝혀졌다. 그러나 소뇌형성부전증이 있더라도 자폐성장애를 가지지 않는 경우도 있기 때문에 소뇌형성부전증과 자폐성장애의 연관성 역시 신중히 고려해야 할 것이다(Bailey et al., 1996).

대뇌피질손상은 측두엽과 변연계에 분포해 있는 신경회로의 전달과 관련이 있다. 감정조절, 학습, 기억 등이 이 부위와 관련이 있다. 특히 편도핵은 자극의 정서적 중요성에 대한 구분, 사회적 행동과 보상의 관계에 대한 연합 형성 등과 관련이 있다. 동물 실험에서 밝혀진 바에 따르면, 자폐성장애인에게서 관찰되는 사회적 퇴행, 강박적 행동, 위험상황에 대한 학습 실패, 정보인출장애, 적응장애 등이 편도핵과 관련이 있었다. 그러나 이 역시 모든 자폐성장애인에게 적용하기에는 무리가 따른다.

3. 주요 특징

자폐스펙트럼장애 아동들의 대부분은 기괴하고 유별난 행동을 한다. 장난감 자동차의 바퀴 돌아가는 모습이나 소리에 흥분하여 소리를 지르고, 자신이 열중하는 활동에 참여하는 누군가의 시도를 무시하거나 이것에 대해 극도의 화를 내며 광분해 한다. 자폐증이 있는 아동들은 때로 가리키는 곳을 응시하거나 쳐다보지 않는 듯 보이기도 하고, 때로는 멍하니 목적 없이 어딘가를 쳐다보거나 반대로 뚫어지게 쳐다보기도 한다. 또 자신의 요구를 말로 하기보다 상대방의 팔을 끌어 이끌기도 한다. 상대방의 말을 듣지 않고 있다가, 어디선가 TV 광고가 나오면 집중하여 열심히 듣는다.

앞과 같은 자폐증의 주요한 특성은 크게 세 가지, 즉 사회적 상호작용 측면, 언어와 의사소통 측면, 행동과 관심 측면에서 살펴볼 수 있다.

1) 사회적 상호작용의 결여

자폐의 주된 증상 중의 하나는 사회적 상호작용이 부족한 것이다. 이러한 사회적 상호작용의 결여는 아동에 따라 나타나는 시기가 조금씩 다를 수 있어서, 어떤 경우에는 태어난 지 한 달 만에 나타나는 경우도 있다. 아동이 눈을 잘 맞추지 않고 안기는 것에도 흥미가 없으며 안아 주려고 하면 몸이 경직되는 모습을 나타내기도 한다. 보통 또래와의 놀이를 즐기는 유아단계에서도 또래아동들의 놀이에 관심이 없으며 놀이활동

집단에도 참여하지 않는 경우가 많다. 또래집단의 놀이에 참여했다 하더라도 놀이가 지속되는 동안 계속적으로 참여하지 못하고 혼자 있는 경우가 많다. 이러한 사회적 상호작용의 결함은 사회적인 상황에 대해 어떤 반응이 적절한지를 판단하는 능력이 부족한 점에서도 나타난다. 낯선 사람에 대해서는 지나치게 불안감을 느끼고, 또래나 어른이 미소를 지으며 말을 거는 등의 긍정적인 상호작용적 접근에도 어떻게 반응해야 하는지 잘 알지 못한다. 이러한 사회적 상호작용의 문제들은 어른이 되면서 보다 어려워지는 경우가 대부분이지만, 고기능 자폐인 경우에는 사회생활에 문제가 없을 정도로 정상적인 사회적 상호작용을 나타내는 경우가 있다. 그러나 집단놀이활동 등에서 잘 협력하지 못하고, 친구관계를 맺지 못하며, 다른 사람의 감정을 읽거나 깊은 애정을 나타내는 능력은 여전히 결여되는 경우가 많다.

2) 의사소통의 결여

대부분의 자폐스펙트럼장애 아동은 기능적인 의사소통을 위해 언어라는 매개체를 사용하는 데 어려움을 느낀다. 어떤 아동은 처음에는 몇 마디 언어를 사용하다가 점차적으로 언어를 상실하거나 퇴행하기도 한다. 이러한 경우는 대체로 만 2세에 나타나며, 대부분은 의사소통이나 언어 영역에서 많은 지체를 나타낸다. 자폐성 유아에게 언어가 나타나는 대부분의 경우는 똑같은 단어를 외우거나 반복적 언어를 사용할 때, 다른 사람과의 의사소통을 위한 언어행동에 결함을 나타낸다. 또한 자기가 들은 적이 있는 단어나 문장을 의사소통과는 다르게 의미 없이 계속적으로 반복하는 반향어를 나타내며, 자기 자신을 말할 때도 2인칭이나 3인칭을 쓰기도 한다. 손가락으로 물건을 가리키거나 얼굴표정으로 감정을 드러내는 경우가 드물고, 다른 사람의 질문에 고개를 끄덕임으로써 '예/

아니요'의 의사표현을 나타내는 경우도 드물다. 고기능 자폐아동은 반복하여 같은 질문을 하고 자신이 선호하는 화제에 대해서는 다른 사람이 볼 때 지루할 정도로 오랫동안 독백을 한다. 이러한 아동들은 다른 사람과의 관계에서 나타나는 다른 사람에 대한 관심, 감정, 동정심 등에 대해 얼굴표정이나 행동 등의 비언어적 표현들을 사용하는 경우가 거의 없다.

3) 상동적인 반복행동과 특정 관심

자폐스펙트럼장애 아동들의 또 다른 특징은 특정한 움직임이나 단어 및 문장 등을 반복적으로 지속한다는 것이다. 의미 없이 계속적으로 손을 흔드는 경우도 있고, 몸을 앞뒤로 흔들거나 손가락을 반복적으로 움직이거나 머리를 책상에 반복적으로 박는 행동을 하는 경향이 있다. 이러한 행동들은 흥분하거나 스트레스를 받거나 기분에 변화가 오는 경우에 더 두드러지게 나타난다. 또한 특정 활동이나 관심 또는 특정한 물건에만 지나치게 몰두한다. 예컨대, 자동차의 바퀴를 반복적이고 계속적으로 굴리거나 끈을 반복해서 돌리는 행동을 나타낸다. 이러한 상동행동의 종류나 정도는 아동에 따라 여러 형태로 나타난다. 머리, 손, 팔, 손가락 등의 신체 부분을 반복적으로 움직이기도 하고, 하루 종일 특정한 음악 구절이나 기계음을 반복해서 듣기도 한다. 특정한 벽지 무늬를 오랫동안 응시한다든지, 바퀴나 핸들과 같은 대상에 집착한다든지, 세탁기의 돌아가는 빨랫감을 응시한다든지, 회전하는 레코드 턴테이블을 응시하기도 한다. 또한 특정한 촉감이나 맛 또는 냄새를 쉬지 않고 지속적으로 즐기는 아동들도 있다. 특정한 물건을 아무런 목적 없이 계속 들고 다닌다거나, 먹기보다는 상표나 표시들을 보기 위하여 특정한 과자를 계속 사는 경우도 있다. 어떤 활동을 할 때 반드시 특정 순서로 해야 하거나 한 번 갔던 길로만 가야 하는 등의 행동을 보이는 경우도 있다. 그리고 시간표나 달력, 버스나 지하철 노선에 지나치게 관심을 갖고 이러한 것들을 계속 모으거나 이야기하는 경우도 있으며, 어떤 책의 특정 구절만을 반복하여 말하는 경우도 있다.

4) 상상력 발달의 결여

앞에서 설명한 세 가지 특성을 나타내는 자폐스펙트럼장애 아동들은 상상놀이에서도 결함을 나타낸다. 다양한 장난감 놀이를 하는 것에 무관심하며, 장난감을 갖고 놀더라도 그 장난감이 갖고 있는 의미나 상상적 기능에는 관심이 없이 단순한 감흥을 얻기 위한 무의미한 대상으로 다룬다. 소꿉놀이를 하며 컵에 물을 따르는 모습을 보여도 실제 상황을 상상하면서 하는 놀이라기보다는 물을 따랐다가 붓는 행동을 즐기는 경우가 대부분이다. 자동차를 갖고 노는 경우에도 자동차를 반복적으로 돌려서 바퀴가 돌아가는 시각적 감흥을 즐기는 데 더 관심이 있다. 아동에 따라서는 자동차 소리를 내면서 자동차를 굴리거나, 블록을 이용하여 다리를 만들거나, TV에서 본 특정한 사람의 행동을 흉내 내는 것을 볼 수 있다. 이때 자폐성 아동들은 그런 행동의 특정한 순서를 똑같이 재연하거나 기계적으로 하는 경우도 있다.

5) 그 외 증상들

자폐스펙트럼이라는 진단을 내리는 데 DSM-5 이외에 여러 진단도구를 사용하지만, 소아정신과 영역에서 현재 널리 사용하고 있는 것은 DSM-5라고 할 수 있다. 그러나 자폐성장애 진단에 도움이 되는 특징들로서 DSM-5에 기술된 기준 이외에 다음과 같은 몇 가지 공통적인 문제들이 있다.

① 감각자극에 대한 특이하고 이상한 반응

많은 자폐성 영유아들은 사람의 목소리나 다른 사람이 자신을 부르는 소리를 아예 듣지 못하는 것 같지만, 아주 작은 소리에는 지나칠 정도로 민감하게 반응하는 경우가 있다. 또한 똑같은 소리에도 거의 못 듣는 것처럼 반응을 나타내지 않다가 때로 지나칠 정도로 민감한 반응을 나타내는 두 가지 반응을 동시에 보이는 경우도 있다. 이러한 특성은 청각적인 부분뿐만 아니라 시각, 촉각, 미각, 후각 등의 다른 감각에서도 마찬가지다. 특정한 그림이나 시각적인 자극은 지나치게 좋아하면서도 다른 시각적인 것은 극도로 싫어하며, 특정한 촉각은 지나치게 즐기면서 다른 촉각적 자극에 대해서는 지나치게 거부하는 이상적인 반응을 나타낸다.

② 행동상의 문제들

자폐성 아동들 중에는 지나치게 산만하여 높은 곳에 올라가거나 물건을 모두 꺼내어 흩트리는 등의 과잉행동을 나타내는 경우가 있으며, 낯선 장소나 특정 물건 또는 대상에 대해 지나치게 불안한 증상을 나타내는 경우가 있다. 때로는 일상적인 것이 조금이라도 바뀌면 지나치게 화를 내며 울거나 공격성을 나타내기도 하고, 심지어는 머리를 박거나 자신을 다치게 하는 등의 자해행동을 나타내기도 한다.

③ 인지적인 특성들

지능지수가 100이 넘는 자폐성 아동들은 암기나 계산 등의 인지 영역에서 보통 수준보다 상대적으로 특이한 능력을 나타내는 경우가 가끔 있다. 이러한 아동들은 전화번호부에 있는 상당히 많은 전화번호들을 외우고 있다거나 계산기로만 계산할 수 있는 단위가 크고 복잡한 수들을 계산하는 능력을 지닐 수도 있다. 자폐아동들이 나타내는 인지적인 특성과 관련하여 시각적 정보처리를 언급할 수 있는데, 자폐성장애 아동들은 다른 감각에 비해 시각적 정보처리가 발달되어 있다고 볼 수 있다.

4. 교육과 중재

1) 진단 및 조기 중재

자폐성 위험 증후는 생후 18개월 이전부터 특이한 행동양상들을 나타내기 시작하며, 진단의 기준도 만 3세 이전에 나타나는 것으로 되어 있다. 인간발달에서 영·유아 시기는 발달이 가장 민감하고 활발한 시기로서 이 시기의 발달은 성인기에 필요한 대부분의 학습의 기초를 형성한다. 이와 같이 중요한 시기에 적절한 지원을 받지 못함으로써 학습의 기회를 잃거나 제한받게 된다면, 그로 인해 개인의 삶에 미치는 부정적 영향은 일생에 걸쳐 진행될 수 있다. 자폐 관련 장애는 뇌의 중추신경계와 관련한 신경생리학적인 원인으로 알려지면서, 뇌세포의 확장 및 발달에 중요한 시기인 만 3세 이전의 적절한 프로그램 실행은 자폐성 위험요소를 나타내는 영·유아에게 절대적 필요사항이 되었다.

자폐스펙트럼장애 진단에 사용되는 검사도구에는 가장 빈번하게 사용되는 진단편람(DSM)의 진단 규준 이외에도 국제질병 분류 기준(International ICD-10), 자폐행동검목표(Autism Behavior Checklist: ABC), 자폐진단 면담지(Autism Diagnostic Interview-Revised: ADI-R), 아동기 자폐평정척도(Childhood Autism Rating Scale: CARS), 언어 전 자폐진단 관찰검사지(Pre-Linguistic Autism Diagnostic Observation Schedule: P.L.-ADOS), 영·유유아기 자폐 체크리스트(Checklist for Autism in Toddlers: CHAT) 등이 있다.

자폐증이 있는 아동을 평가하거나 진단할 때 도구를 사용하는 목적은 모든 장애 영역에서의 평가목적과 마찬가지로 자폐성 문제발생을 가능한 빠른 시기에 발견하여, 문제의 진행을 사전에 차단하고자 하는 1차적 목적과 동시에 이미 진행된 장애 상태를 정확히 파악 선별하거나 평정, 진단함으로써 현재 상태에서 적합한 교육을 수행하여 가능한 한 모든 발달 가능성을 증대시키는 데 있다. 그리고 이러한 선별, 평가, 진단은 대상아동을 약 6개월가량 가까이 관찰할 수 있었던 사람이어야 하며, 아동을 처음 대하는 상담가나 교사, 치료사는 일반적으로 부모 면담을 통하여 평가기초를 얻을 수 있다. 유의할 점은 임상관찰에 의한 평가나 진단은 반드시 임상경험이 다년간 축적된 전문가가 실시해야 함을 명심해야 한다.

(1) 영유아기 자폐증 관찰 선별 체크리스트(영 · 유아 자폐증-Segawa, 1995)

- 영아기
  - 미소가 결핍되어 있다.
  - 과다민감성을 보인다.
  - 과소민감성을 보인다.
  - 옹알이가 없다.
  - 낯선 사람에 대한 불안감이 없다.
  - 추종하는 행동이 미약하다.
  - 불러도 대답이 없다.
  - 무표정한 얼굴이다.
  - 까꿍에 무반응이다.
  - 자율 운동적 적응력이 결여되어 있다.
  - 눈 맞춤이 결여되어 있다.
- 유아기
  - 손가락을 써서 가리키는 일이 없다.

– 말하기의 지연현상이 나타난다.
– 말에 의한 표현력이 상실되고 있다.
– 다른 사람의 움직임에 대한 대응이 곤란하다.
– 무의식적 자극행동이 있다.
– 극단적 위축행동이 있다.
– 놀이 중 방해받기 싫어한다.
– 상상놀이가 전혀 없다.
– 동일성 고집이 세다.
– 과다행동이 나타난다.
– 이유 없는 갑작스러운 울음과 웃음이 있다.
– 불규칙하고 자주 깨는 잠버릇이 있다.

(2) 자폐성장애 선별문항

자폐영아검목표(Checklist for Autism/PDD in Toddlers: CHAT)는 바론-코헨과 앨런 그리고 길버그(Baron-Cohen, Allen, & Gillberg, 1992)가 개발한 영아기 자폐 문제 선별을 위한 검목표다. 그들은 영아의 18개월 정기검진 시에 소아과 의사가 간단히 영아들을 검사하여 발달상 문제가 있는 것으로 의심이 되는 영아를 전문가에게 의뢰하도록 이 검목표를 개발하였다. 그러므로 CHAT는 자폐장애의 조기 진단 및 중재를 위한 선별 검사도구라고 할 수 있다.

(3) 자폐행동 체크리스트

자폐행동 체크리스트(Autism Behavior Checklist: ABC)는 크럭과 애릭 그리고 알몬드(Krug, Arick, & Almond, 1980)가 개발한 것으로, 자폐아 교육계획을 위한 종합선별도구(Autism Screening Instrument for Educational Planning: ASIEP)의 5개 구성내용 중의 한 영역이다. 나머지 4개 영역은 음

성적 구어(vocalizations), 상호작용(interaction), 학습(learning), 교육 수행 능력(educational performance)이다. ASIEP의 내용 중 ABC만을 따라 사용하는 것은 ABC가 다른 발달장애와 자폐성장애를 구분할 수 있는 변별력에 기초하여 표준화되어 있고, 어느 지역에서나 사용되고 있는 범문화적 도구이기 때문이다.

(4) 아동기 자폐성장애 평정척도

아동기 자폐성장애 평정척도(Childhood Autism Rating Scale: CARS)는 쇼플러 등(Schopler et al., 1986)이 제작한 검사도구로, 자폐성장애와 기타 발달장애를 구별하는 것과 자폐성장애의 장애 정도를 구별하는 목적으로 사용되는 대표적인 도구다. 15개 항목으로 구성되어 있으며 신뢰도는 내적 합치도(a=.94)와 평정자 간 상관(V=.71) 그리고 검사-재검사 상관(V=.88)에서 모두 비교적 높은 것으로 평가되고 있다. 타당도 역시 준거 관련(V=.84), 대안적 조건하의 평정(V=.82) 그리고 타 분야 전문인에 의한 평정(V=.83)에서 모두 높은 수준의 상관관계를 지닌 것으로 평가되었다. 최저 15점(정상)부터 최고 60점까지의 범위 중 자폐성장애와 기타 발달장애를 구분하는 경계점수는 30.0점이다. 그리고 30.0~36.5점은 경도 및 중간 정도의 자폐성장애, 37.0~60.0점은 중증 자폐성장애로 분류한다.

2) 교육적 접근

효과적인 교육접근법에 대한 많은 연구자는 발달주의적 접근이나 응용행동주의적 접근 그리고 생태학적인 접근 등의 접근 방법을 제시하였으며, 이들 접근법에서 제시하는 공통적인 교육원칙은 다음과 같다. 첫째, 정상발달단계를 중요한 기준으로 하여 자폐아동의 발달 수준에 맞는

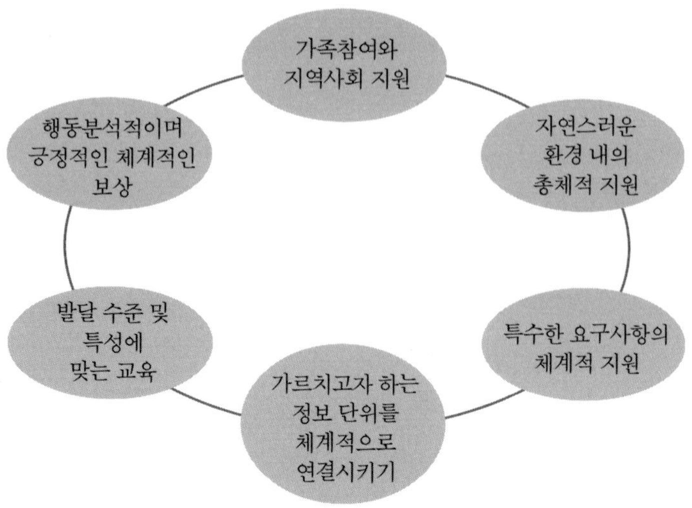

[그림 6-1] **자폐스펙스럼장애 아동의 효과적인 교육중재**

교육을 제공한다. 둘째, 자폐아동의 특수한 요구사항을 지원하기 위해 각 개인에 맞는 고유한 학습 특성 및 기질을 고려하는 것이 필수사항이다. 셋째, 사회성 기술, 의사소통 기술, 문제해결 기술, 의사결정 기술 등 아동의 일생을 통해서 반드시 필요한 기능적 기술들에 대한 개별화교육 프로그램을 강조하여 체계적으로 연결되도록 한다. 넷째, 자폐아동의 특성상 적극적인 가족참여를 바탕으로 가족 중심적이며, 지역사회 중심의 중재접근을 강조하고 있다는 점이다.

3) 감각통합훈련

자폐증을 가진 아동은 감각계에 이상이 있을 수 있다. 어떤 감각이 주위의 자극에 과잉 또는 과소로 반응하는 것이다. 몸을 흔들거리거나, 빙빙 돌거나, 손을 찰싹거리는 등의 행동은 이러한 감각상의 문제들이 원인이 될 수 있다. 감각의 수용체는 말초신경계(뇌와 척수를 제외한 모든 신경계)에 있지만, 이 문제들은 중추신경, 즉 뇌의 이상에서 기인된다고 생각하고 있다. 자폐증을 가진 사람들이 이야기하는 것처럼 눌러 주거나 건드리는 감각통합 방법들은 집중력과 주의력을 향상시키고, 전체적인 흥분을 가라앉혀 준다.

감각통합이란 뇌가 주변 환경으로부터 들어오는 감각자극들을 통합하고 해석하는, 타고난 신경생리학적 기구를 의미한다. 반대로 감각통합 장애란 뇌가 이러한 감각자극들을 적절히 통합하고 조직화하지 못하는 장애로서, 발달이나 정보처리, 행동 등에 다양한 정도의 문제를 일으킨다. 감각통합치료이론은 A. Jean Ayers 박사가 신경과학과 신체발달, 신경근육 기능의 연구에 바탕을 두고 발전시킨 것이다.

감각통합은 주로 세 가지 기본적인 감각, 즉 촉각(tactile), 전정감각(vestibular) 및 고유감각(proprioceptive)에 초점을 맞추고 있다. 태어나기 전부터 이들 사이에는 연결이 형성되기 시작하며, 점차 성숙하고 주위환경과 상호작용을 하면서 발달되어 간다. 세 가지 감각은 이들뿐만 아니라 뇌의 다른 계와도 서로 연결되어 있다. 시각이나 청각만큼 친밀하지는 않지만 이들은 우리가 기본적으로 생존하는 데 꼭 필요한 감각들이다. 세 감각들 사이의 상호관계는 아주 복잡하며, 우리가 주변 환경의 여러 가지 자극들을 경험하고, 해석하며, 이에 적절히 반응할 수 있도록 해준다.

4) 행동치료

자폐아동들의 여러 가지 바람직하지 않은 행동은 감소시키면서 상대적으로 바람직한 행동을 증가시키는 것을 기본 원리로 한다. 즉, 선행자극이나 선행사건으로 어떤 행동이 일어났을 때 그에 따르는 즉각적이고 일시적인 환경적 변화 혹은 후속 자극을 조작적으로 제공하게 되면 그에 따르는 후속결과가 발생한다. 그 후속결과가 자신에게 보상이 될 경우 미래에 행동이 일어날 확률이 증가하고 보상이 되지 않는 경우는 감소하게 된다.

행동치료에서는 중재의 대상이 되는 바람직하지 않는 행동을 바람직한 행동으로 대체시키기 위한 긍정적인 행동지원을 내용으로 한다. 철저한 행동분석을 기반으로 하여 자폐아동의 내·외적 환경을 조정해 준다는 입장에서 이해되어야 한다. 내적 환경을 조정한다는 의미는 자폐아동이 자신에게 바람직한 행동이 어떤 것인지 이해하고 스스로 선택할 수 있는 내적 동기부여가 우선되어야 한다. 내적 동기부여는 외부로 나타난 자신의 행동으로부터 반복적으로 긍정적 강화가 되어 스스로 바람직한 행동을 수행하고 그 행동으로 인해 자기만족감이 형성되고 증가될 수 있는 환경이 제공되는 것을 원칙으로 한다.

효과적인 행동치료를 위해 고려해야 할 사항은 다음과 같다.

① 긍정적 행동지원을 위한 동기유발과 총체적 지원

아동이 선호하는 물질적 보상과 칭찬을 적절히 사용하여야 한다. 자폐아동의 특성을 고려하여 목표하는 행동을 함으로써 선호하는 물체나 대상을 얻기 위해 자폐아동 스스로 자신의 교육내용을 탐색하고 터득할 수 있는 다양한 구성체계가 필요하다.

② 긍정적 환경과 적응행동 제공

부적응 행동을 중재할 때는 목표행동을 부적응 행동 대신 자폐유아가 원하는 기능을 바람직하게 나타낼 수 있는 '대체행동' 지원을 기본으로 한다. 보다 바람직한 것은 부적응 행동의 발생에 대한 철저한 기능 분석을 하고 그를 토대로 하여 다시 그 행동이 발생하지 않도록 조치하는 행동발생 이전의 선행사건 중심 예방프로그램을 제공하는 것이다.

③ 강화는 경제성과 다양성을 고려

보상이 지나치게 사용되거나 체계적이지 못한 방법으로 남용되면 자폐아동의 동기를 유발하기 위해 사용된 목적이 점차적으로 기능을 잃게 되어 더 이상 동기 유발제로서 유익하게 사용되기 어렵고, 잘못 남용되면 자폐아동에게 오히려 부정적인 결과를 주게 되기 때문이다. 강화를 제공할 때는 가장 최소의 양으로 최적의 언어행동발생을 유도하는 경제성을 유지해야 한다.

④ 체계적이며 일관적인 적용

중재의 계획이 체계적이고 중재진행 또한 체계적일 때 중재 대상이 되는 자폐아동은 그 체계적인 법칙에 따라 긍정적인 행동이 일관성을 유지하면서 손쉽게 형성해 나간다. 자폐아동을 위한 행동치료를 실시할 때는 중재자, 중재 장소, 중재절차, 보상규칙 등이 일관성을 갖도록 해야 하며, 행동치료실, 가정, 학교에서의 일관성도 동시에 염두에 두어야 한다.

⑤ 부정적 형태의 교육적 환경은 절대 금물

자폐아동이 보이는 문제행동의 대부분은 실질적으로 의도된 것이라기보다는 사회적으로 미성숙하기 때문에 나타나는 것이라는 점을 염두에 두고 체벌은 절대 금지해야 한다. 자폐아동을 교육하고 문제행동을 대체행동으로 전환시키도록 중재하는 과정에서 체벌뿐만 아니라 모욕적인 말의 사용이나 표정도 사용해서는 안 된다.

⑥ 중재 대상이 되는 부정적 행동을 아동의 특성 및 강점으로 분석 활용

자폐아동이 어떠한 문제행동을 보이더라도 그 행동에는 반드시 어떤 이유가 내포되어 있다. 따라서 문제행동 자체에 중점을 두기보다는 그

문제를 통해 나타내고자 하는 의사표현을 이해하려고 노력하고, 자폐아동이 보다 긍정적인 의사표현방법을 사용하도록 도와야 한다.

아동이 나타내는 부적절한 행동 형태나 특성은 학습활동을 촉진시키는 매체로 전환되어 사용할 수 있다. 자폐아동의 환경과의 부적응적 형태로 나타난 표현행동에 담겨 있는 기능과 아동의 특성을 교육적 촉진요소로 사용하는 시각을 갖는 것이 반드시 선행되어야 한다.

5) 약물치료

신경전달물질은 뇌의 복잡한 연결망들을 통해 정보를 적절하게 전달하는데, 이러한 신경전달물질이 부족하거나 혹은 지나치게 많거나 하는 등의 문제는 여러 가지 행동적 이상 또는 정서적 문제를 야기하게 된다. 신경과학자들이 발견한 아세틸콜린(acetylcholine), 도파민(dopamine), 에피네프린(epinephrine), 노르에피네프린(norepinephrine), 세로토닌(serotonin) 등의 신경전달물질은 신경과 신경 간의 정보를 전달하는 역할을 하는 화학적 물질로서 우리의 행동과 정서에 영향을 미친다. 이와 같은 신경전달물질이 행동과 정서에 영향을 미치므로 신경전달물질의 기능을 조절하는 정신 영역의 약물은 행동상의 문제와 정서상의 문제를 개선하는 데 기여한다. 즉, 노르에피네프린이 너무 많이 방출되는 사람은 모든 자극에 대해 선택 없이 반응하므로 인데랄(Inderal)과 같은 노르에피네프린 차단제를 사용한다. 그러면 뇌의 흐름이 보다 적게 자극되어서 아동의 불안을 가라앉힐 수 있다. 반면에 노르에피네프린이 적으면 중요한 것에도 주의집중을 할 수 없다. 이런 경우에 중추신경자극제인 리탈린(Ritalin)을 사용하면 주의집중이 높아진다. 또한 자폐가 있는 아동의 행동이 혈액 내의 세로토닌과 관계가 있다는 신경생리학적 연구결과에 따라 세로토닌 재흡수차단제인 펜플루라민(fenfluramine) 등 세로토닌계 약물들이 자폐아동들의 문제행동 증상들을 치료하는 데 사용되기 시작하였다. 도파민도 자폐 및 정서 · 행동 장애아와 관련이 있다는 연구를 통해 도파민수용체 차단제인 할로페리돌(haloperidol) 등이 자폐 및 정서 · 행동 장애 아동들의 과잉행동과 충동성을 개선하는 데 사용되고 있다.

1993년 고든(Gordon) 등의 연구에 따르면, 만 6세 이상~18세의 자폐 및 정서 · 행동 장애 아동들에게 클로미프라민(clomipramine: CMI)과 데시프라민(desipramine)을 투여한 결과 아동들의 과다행동을 줄이는 데 효과가 있었다고 보고했다. 그러나 약물로 인한 대발작, 심전도 변화, 빈맥, 그 외 행동 이상 등의 부작용이 발생할 수 있기 때문에 매우 주의해서 사용해야 한다.

앞에서 언급한 것과 같이 약물치료는 자폐증상이 있는 아동들을 특수교육을 중심으로 여러 접근에서 다른 치료나 접근을 잘 받을 수 있도록 도와주고, 용이하게 해 주는 역할을 한다. 약물치료를 받기 전에는 가정환경, 학교 프로그램의 적절성 여부까지 포함한 철저한 평가가 우선되어야 하며, 약물치료를 시작하게 되면 임상적으로 관찰 가능한 변화와 부작용의 발생에 대해 항시 모니터해야 한다. 보통 4~6개월마다 중단하고 평가하는 것을 권고하고 있으며, 반드시 전문의사와 신중한 상담을 통해서 결정해야 하고, 효과가 나타나지 않거나 부작용이 있다고 해서 일방적으로 약물 복용을 중단해서도 안 된다.

약물치료를 필요로 하는 경우는 대개 과다행동(hyperactivity), 분노발작(tempertantrum), 자극과민성(irritability), 위축(withdrawal), 상동증(stereotypies), 공격성(aggressiveness), 자해행동(self-injurious behavior), 우울(depression), 강박행동(obsessive-compulsive behavior) 등이다.

제7장

정서 · 행동 장애

1. 정 의
2. 분 류
3. 원 인
4. 진단평가
5. 정서 · 행동 장애아 교수전략
6. 정서 · 행동 장애아의 개념적 지도 모델

정서 · 행동 장애

1. 정 의

과거에는 사회부적응, 정서장애, 행동장애라는 용어로 사용되었으나, 근래에는 정서 · 행동 장애로 불리고 있다. 이는 이러한 장애를 가진 이들에게 좀 더 적절한 지원을 해 주기 위함이다. 정서(emotion)는 내면적 행동 측면을 나타내고 있으므로 자신은 알 수 있으나 상대방은 알 수 없다. 반면 행동(behavior)은 외현적 행동 측면을 나타내므로 타인이 관찰 가능하다. 한 예로, 남의 물건을 갖고 싶다는 충동(내면적 행동)에 상대방에게 허락도 구하지 않고 가져오는(외현적 행동) 경우를 들 수 있다. 이와 같이 행동 문제는 내면적, 외현적 두 측면을 모두 포함하고 있기 때문에, 정서 · 행동 장애라고 불리는 것이 대상자들에게 제공할 교육 · 치료계획 수립 및 실행에 용이하다.

2007년 5월 25일자로 공포된 우리나라의 「장애인 등에 대한 특수교육법」에서는 정서 · 행동 장애를 다음과 같이 정의하고 있다(법률 제8483호).

- 지적 · 감각적 · 건강상의 이유로 설명할 수 없는 학습상의 어려움을 지닌 사람
- 또래나 교사와의 대인관계에 어려움이 있어 학습에 어려움을 겪는 사람
- 일반적인 상황에서 부적절한 행동이나 감정을 나타내어 학습에 어려움이 있는 사람
- 전반적인 불행감이나 우울증을 나타내어 학습에 어려움이 있는 사람
- 학교나 개인 문제에 관련된 신체적 통증이나 공포를 나타내어 학습에 어려움이 있는 사람

1993년 국제장애아협의회 연차대회(International Convention of the Council for Exceptional Children)에서 제안된 정의는 다음과 같다.

- 정서장애 또는 행동장애의 용어는 학교 프로그램에서 적절한 연령, 문화 또는 민족적 규준으로부터 벗어나 교육적 수행 능력에 효과를 가져다주는 행동이나 정서적 반응들로 특징지어진다. 교육적인 수행 능력은 학습, 사회적 기술, 대인관계 능력, 직업 등을 포함한다. 이 같은 장애는, 첫째 환경 내의 스트레스 사건 상황에서 기대되는 반응보다 더 지속적이다. 둘째, 두 가지 다른 환경에서 지속적으로 나타난다. 적어도 하나의 환경은 학교와 관련된 환경이다. 셋째, 일반적인 교육에서 적용되는 직접적 중재에 반응하지 않거나 아동의 상태가 일반적인 교육중재로 불충분하다.
- 정서 · 행동 장애는 다른 장애와 함께 나타날 수 있다.
- 정신분열증, 정동장애, 불안장애, 행위 또는 적응의 관계가 교육적인 수행 능력에 영향을 미치면 이 범주에 포함된다.

2. 분 류

정서 · 행동 장애의 분류는 콰이의 행동 유형별 양적 분류와 정신장애 진단 기준 통계편람(DSM-IV-TR: APA, 2000)에 따른 질적 분류로 나누어 살펴볼 수 있다.

1) 콰이의 행동 범주별 분류

(1) 품행장애

일반아동도 싸우고 때리고 소리 지르는 등 일탈된 아동들의 대부분이 나타내는 행동을 하지만, 품행장애 아동은 그 정도가 매우 심한 공격적 행동을 표출한다. 그들은 또래에게 인기가 없고 외현적 행위장애 아동은 주변의 아동들을 죄책감 없이 고의적으로 괴롭힌다. 이런 아동들이 나타내는 사회화되지 않은 공격적 행동은 신체적 또는 언어적 공격성으로 특징지어진다. 또한 이 장애는 어린 나이에도 나타나고, 사회화된 공격성보다 더 흔하다. 품행장애의 행동증후들은 신체적 · 언어적 공격, 불순종, 방해, 자기통제 부족, 대인관계 손상, 행동들을 포함한다.

예를 들면, 주변에서 흔히 볼 수 있는 것으로 지나가는 차에 위험한 물건들을 던지거나 자신이 직접 뛰어드는 행위, 괜히 시비를 걸고 싸움을 거는 행동 등이 있다.

(2) 사회화된 공격성

사회화된 공격성을 나타내는 아동은 일반아동보다 심한 정도의 공격적인 행동을 한다. 그러나 공격행동에도 불구하고 또래들에게 인기가 있고, 비슷한 행동 유형의 아이들과 모임을 가지기도 한다. 또 그들 모임에서의 규준과 규칙을 준수한다. 그렇지만 사회화된 공격성을 나타내는 아동들은 전문적 비행인은 아니다. 비행은 법적 용어이나 사회화된 공격 유형은 또래집단 상황 내의 비행활동과 관계가 있다.

사회화된 공격행동은 품행장애보다 덜 흔하며 아동기, 청년기 이후에 더 빈번하게 발생한다. 이 범주의 특정 행동 증상들은 또래집단 상황에서 발생하는 비행활동들을 포함한다. 청소년들의 무단결석이나 집단가출의 경우도 이에 해당한다.

(3) 주의력 결함/미성숙

주의력 결함, 미성숙 행동특성을 나타내는 이들의 문제는 인지적이고 통합적인 것이며, 그들은 충동 통제와 좌절에 대한 인내심뿐만 아니라 사고과정과 기억에서 문제를 경험한다. 그들은 시청각자극을 조직하고 해석하는 데 어려움을 가지며 감정이 쉽게 자주 변하고 종종 무력감을 나타낸다. 그들의 결함은 종종 학습결함으로 개념화되고, 행동은 어린 아동들의 행동과 유사하다.

(4) 불안/위축

아동의 불안과 위축은 일반적으로 쉽게 나타난다. 여기서 논의되는 아동은 전형적으로 자기 의식적이고 과잉반응을 하고 종종 사회기술에 결함을 가진 것으로 특징지어진다. 그들은 환상에 빠져들고, 사회적으로 고립되며, 우울과 공포를 느끼고, 정상적인 활동참여를 잘 못하며, 신체적 질환을 호소하기도 한다.

(5) 정신증적 행동

정신증적 행동을 가진 아동들은 병리학적으로 심한 정도에 속한다. 그들은 자신과 현실에 대한 태도가 전반적으로 손상되어 있다. 프라이어와 웨리(Prior & Werry, 1986)는 이러한 아동들이 경험하는 손상 정도는 자신의 정신세계와 실제현실을 구분하지 못하는 행동표현으로 나타난다고 하였다. 대개 손상은 일상생활을 방해하고 관찰자가 이해할 수 없을 정도로 심각하다. 심각한 자해행동과 높은 곳에서 뛰어내리기, 심한 두통 증세 등을 보이기도 한다.

(6) 과잉행동

과잉행동을 지닌 아동들은 종종 과잉행동장애, 주의력결핍장애, 과잉행동을 동반한 주의력결핍장애라고 불린다. 그들의 문제들은 빈번하게 과잉행동과 관련되어 있다. 이러한 과잉행동에 대한 설명은 다양하지만, 이들의 문제는 전형적으로 불안정하고 예측할 수 없으며, 주의가 산만하고 충동적이고 성급하고 파괴적인 행동으로 특징지어진다.

2) DSM-IV-TR의 질적 분류

DSM-IV-TR에서는 '소아기 및 청소년기 장애'에 대해 10개의 주요한 장애를 제시하고 있다.

① 정신지체
② 학습장애: 읽기장애, 수학장애, 쓰기표현장애
③ 운동기술장애: 협응발달장애
④ 의사소통장애: 표현언어장애, 표현/수용언어장애, 음운장애, 말더듬
⑤ 광범위성 발달장애: 자폐장애, 레트장애, 소아기붕괴성장애, 아스퍼거장애, 광범위성 발달장애(비전형)
⑥ 주의력결핍 · 파괴적 정서 및 행동 장애: 주의력결핍 및 과잉행동장애, 반항성장애, 품행장애, 파괴적 행동장애

⑦ 섭식장애: 이식증, 반추장애

⑧ 틱장애: 일과성 틱장애, 만성적 운동 혹은 음성 틱장애, 뚜렛장애

⑨ 배설장애: 유뇨증, 유분증

⑩ 유아기, 소아기 또는 청소년기의 기타 장애: 분리불안, 선택적 함묵, 상동적 행동

3. 원 인

정서 · 행동 장애의 발생 원인은 다양하다. 따라서 단일한 원인으로 인하여 장애가 발생되었다는 확신을 가질 수 없으며, 내부적 요인과 외부 환경적 요인들이 상호 관련되어 있다.

1) 내부적 · 환경적 요인

유전 및 생물학적 요인, 가족 관련 요인, 후천적 질병 및 상해, 사회문화적 요인으로 나누어 볼 수 있다. 각 요인들의 하위내용은 [그림 7-1]에 제시되어 있다. 이 요인들은 서로 연관되어 나타나기도 한다.

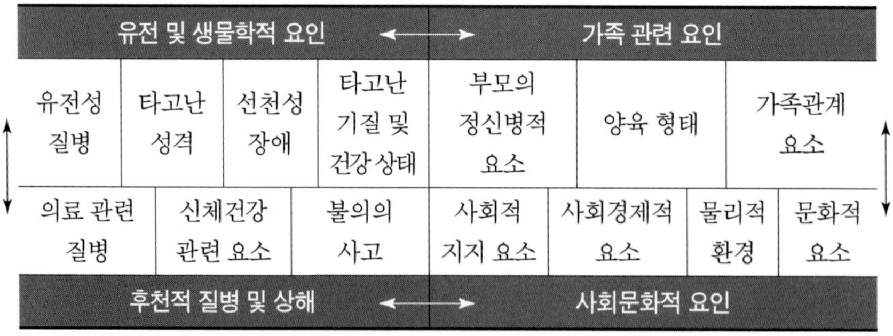

유전 및 생물학적 요인 ↔ 가족 관련 요인

유전성 질병 / 타고난 성격 / 선천성 장애 / 타고난 기질 및 건강 상태 / 부모의 정신병적 요소 / 양육 형태 / 가족관계 요소

의료 관련 질병 / 신체건강 관련 요소 / 불의의 사고 / 사회적 지지 요소 / 사회경제적 요소 / 물리적 환경 / 문화적 요소

후천적 질병 및 상해 ↔ 사회문화적 요인

[그림 7-1] 아동의 정서 · 행동 장애 관련 요인들

요인별 하위내용들을 살펴보면 정서 · 행동 장애의 발생을 예방할 수 있는 부분도 분명 있으며, 가족 관련 요인이나 사회문화적 요인은 주변 환경 지원을 어떻게 해 주느냐에 따라 장애 정도를 달리할 수 있기 때문에 정서 · 행동 장애 아동들에 대한 지지에 많은 관심을 기울여야 하겠다.

2) 학령전기 아동들과 관련된 문제행동

학령전기 아동의 문제행동 발생요인을 살펴보면, 아동의 성격 관련 요인, 부모의 양육 관련 요인, 가족 구성 및 가족 간의 상호작용 요인, 가정환경 및 사회적 맥락 관련 요인 등의 위험요인들에 의해 발생할 가능성이 높은 것을 알 수 있다([그림 7-2] 참조).

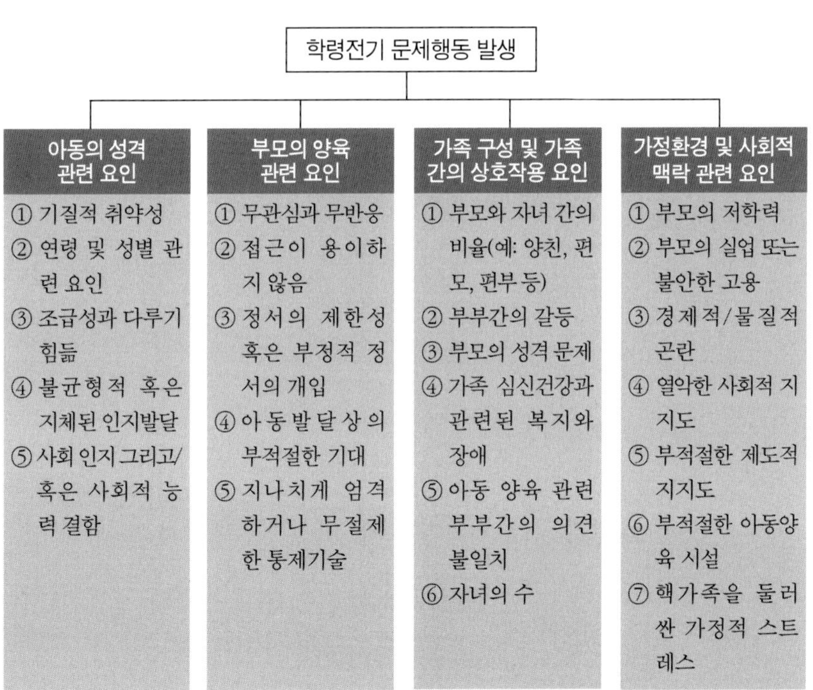

[그림 7-2] 학령전기 아동의 윤리행동 발생요인

4. 진단평가

정서 · 행동 장애 아동을 진단 · 평가하기 위해서는 아동에 대한 관찰과 아동의 특성을 파악하는 일이 우선이다. 아동을 잘 아는 사람을 통해 사전평가와 심리검사, 행동관찰평가, 사회성 평가, 문제행동평가를 할 수 있다.

1) 기초평가

질문지를 통한 면담과 부모나 교사, 아동용 보고서와 행동관찰을 통해서 전반적인 정보를 수집할 수 있다. 부모나 교사를 통한 면담내용은 아동을 잘 아는 사람이기 때문에 많은 정보를 얻을 수 있다는 점에서는 좋지만 자칫 주관적인 측면이 강할 수 있다. 면담도구로는 아동용 진단 면담검사표(Diagnostic Interview for Children: DIC)와 아동용 면담검사표(The Interview Schedule for Children: ISC) 등이 있다.

면담과 기초 진단평가를 통해서 아동의 병력과 가족력, 약물치료 등의 정보를 얻는 것이 중요하다. 아동의 행동이나 기타 증상들은 직접 관찰하여 체크하는 행동평정척도(behavior rating scale)와 각종 행동검목표(behavior checklist)가 있다.

더불어 다양한 전문가를 통해 아동에 대한 건강 상태, 약물복용 관련 내용과 언어 능력, 심리적 상태 등에 대한 부가적 정보를 얻는다.

2) 심리 · 정서 평가

사전평가에서 얻은 정보를 바탕으로 전문가에 의해 심리 · 정서 평가가 이루어진다.

- 아동기 장애와 정신분열증을 위한 면담지(The Interview for Childhood Disorders and Schizophrenia: ICDS)
- 아동 · 청소년의 우울증 면담도구(Diagnostic Interview for Depression in Children and Adolescents: DIDCA), 아동우울증평정척도(Children's Depression Rating Scale-Revised: CDRS-R) 등
- 불안장애 면담지(Anxiety Disorders Interview Schedule: ADIS)
- 피어스-해리스 아동용 자아개념검사(Piers-Harris Children's Self Concept Scale)
- 문장완성검사(PSCT), 인물화 검사(GHDT)

3) 문제행동평가

아동에 대한 평가 중 빠질 수 없는 부분이 행동평가다. 행동평가를 위해 부모나 교사가 아동의 문제행동 관련 질문지를 통해 면접하거나 평정척도, 검목표를 사용할 수 있다. 행동치료사와의 면담에서 아동이 행동치료사 앞에서는 나타내지 않는 행동이 있을 수 있기 때문에, 정확한 행동관찰을 위해 다양한 장소와 상황, 활동을 통해 관찰해야 한다.

직접 관찰법을 통한 자료수집은 아동의 장애 유형과 정도를 평가하는 데 유리하다.

- 파괴적 행동장애 평정척도(Disruptive Behavior Disorder Rating Scale: DBDRS)
- 아동행동화 경향척도(Children's Action Tendency Scale: CATS)
- 아동충동성 검사(Matching Familiar Figures Test for Korea Children:

MFFT)
- 아동 · 청소년 행동검목표(Korea-Child Behavior Checklist: K-CBCL)
- 벅스의 행동평정척도(Burks's Behavior Rating Scales: BBRS)
- 아동기 자폐증 평정척도(Children Autism Rating Scale: CARS)
- 자폐행동 체크리스트(The Autism Behavior Checklist: ABC)

4) 사회성 평가

대인관계와 또래와의 사회성 기술은 중요한 평가 영역이 된다.

- 또래지명법
- 사회적 상호작용 평정척도(The Social Interaction Rating Scale)
- 사회성숙도 검사
- 적응행동검사(Korea Adaptive Behavior Scale: K-ABS)

5. 정서 · 행동 장애아 교수전략

1) 통합교육을 위한 일반적 지침

① 행동 문제, 사회적 기술, 학과목 학습의 세 가지 측면에서 교육 프로그램의 적용을 고려한다.

② 체계적인 행동 조절을 위해 교사는 먼저 목표행동을 확인하고 목표행동과 관련된 아동의 현행 수준에 관한 자료를 수집한 후, 교수의 효과를 평가하기 위한 추가 자료를 수집하여 교수의 지속적인 시행을 결정한다.

③ 세 가지 유형의 목표행동(적절한 행동의 증가, 부적절한 행동의 감소, 새로운 행동의 학습)을 선정한다. 예를 들면, 친구가 상호작용을 시작해 올 때 적절하게 반응하는 행동을 증가시키거나, 수업 중 자리를 이탈하여 돌아다니는 행동을 감소시키거나, 10이 넘어가는 한 자릿수 덧셈을 새롭게 학습하는 등의 목표행동들을 선정할 수 있다.

④ 부모들이 프로그램에 직접 참여할 수 있도록 유도하고, 부모-교사 회의나 알림장 등을 통해 구체적으로 알리고 이해시키고 참여시킴으로써 행동 통제에 대한 일반화 효과를 기대할 수 있다.

2) 문제행동 지도

수업 진행을 방해하는 부적절한 행동 습관과 사회적 문제를 보이는 학생들을 어떻게 다루어야 하는지에 대한 내용을 제시해 보면 다음과 같다.

(1) 지각

① 수업시간에 늦게 들어오는 학생은 늦은 시간만큼 학습활동에 참여할 수 없으므로 수업활동에 적극적으로 참여하는 태도를 기르기 위해 지각하는 습관이 고쳐져야 한다.

② 교사는 자료수집을 통하여 반드시 아동의 현재 행동에 대한 정확한 정보를 기초로 실시해야 한다.

③ 지각하는 행동을 감소시키기 위한 구체적인 교수방법으로는 강화, 과제분석, 출석부 기록, 시간표 조절, 계약서, 부모면담, 반응대가, 집단강화, 시계 사용, 좌석 배치 등이 있다.

(2) 수업 중 큰 소리로 떠들기

① 수업 중 큰 소리로 떠드는 행동은 교사의 수업 진행뿐만 아니라 다

른 학생들의 수업참여를 방해한다.

② 수업 중 큰소리로 떠드는 행동을 감소시키기 위한 교수방법으로는 규칙 정하기, 강화, 차별강화, 반응대가, 자기 조절 등이 있다.

(3) 수업 중 돌아다니기

① 자리에 앉아 있어야 하는 시간에 교실을 돌아다니는 부적절한 행동은 교사의 수업 진행을 방해할 뿐 아니라 학습 진도에 차질을 보이고 다른 학생들의 학습활동까지 방해한다.

② 자리에 앉아 있을 때도 끊임없이 움직이거나, 손가락으로 책상을 두드리거나, 의자 위에서 몸을 비틀거나 엉덩이를 들썩거리고, 때로는 무릎으로 의자 위에 기어올라 가기도 한다.

③ 수업 중 돌아다니기 행동의 교정을 위한 교수방법으로는 학급규칙 확인, 강화, 반응대가, 이탈 허용, 소거, 좌석 배치, 자기기록법, 타이머 사용 등이 있다.

(4) 사회적 관계 형성의 어려움

① 다른 사람들과 관계를 형성하고 유지해 나가는 데 어려움을 보이는 아동들이 많다.

② 공격적인 행동, 지나치게 위축된 행동의 두 가지 유형으로 나뉜다. 공격적인 행동은 또래들과 싸우고 욕하고 교사의 지시를 따르지 않고 적대하는 행동이다. 위축된 행동은 교사나 또래들과 제한된 상호작용을 할 뿐 아니라 신체적인 접촉이나 언어적 의사소통을 회피하기 때문에 사회적 관계 형성에 어려움을 보인다.

③ 사회적 행동의 향상을 위한 구체적인 교수방법으로는 시범 보이기, 역할놀이, 자기 방어, 대체행동 강화, 소거, 벌, 행동 분석, 강화, 그룹활동, 보조인력 활용 등이 있다.

3) 학습 준비기술 지도

학습 준비기술이 빈약한 학생은 수업을 받을 때 여러 면에서 불이익을 경험하게 된다. 학습 준비기술이 빈약하다는 것은 수업에 집중하지 못하거나, 주의집중 결핍으로 지속적으로 과제를 수행하지 못하거나, 과제 수행을 위한 작업 자체를 계획하고 조직화하지 못하거나 또는 정확한 반응을 보이지 못하는 것이다. 예를 들면, 주어진 숙제나 수업 중의 과제를 완성하지 못하는 학생의 경우 현행 수준이나 진도를 정확하게 평가할 수 없기 때문에 수업 진행을 어렵게 만든다. 학습 준비기술의 중요한 세 가지 구성요소는 주의집중력, 조직력, 반응 정확도다.

(1) 주의집중력

행동 문제를 보이는 학생이 수업시간에 수업내용과 관계없는 행동을 보이는 것으로는 허공 응시하기, 아무런 목적 없이 다른 학생 쳐다보기, 낙서를 하는 등의 수업과 상관없는 일에 열중하기가 있다.

이러한 학생들의 주의집중력을 증진시키기 위한 구체적인 방법으로 주의집중을 위한 신호 사용, 강화, 좌석 배치, 지시 전달, 지속적인 점검, 신체적 근접성, 수업 진행의 다양화, 개별학습 공간, 교재의 단순화를 모색할 수 있다.

(2) 조직력

해야 할 일을 미리 계획하는 것과 같이 행동을 조직적으로 수행하는 능력이 부족한 아동으로, 질문을 잘 못하거나, 연필이나 기타 필요한 준비물을 가져오는 것을 쉽게 잊어버리거나, 시험시간을 효율적으로 분배해서 사용하는 기술이 부족하거나 하는 현상을 가져온다. 아동의 조직력을 증진시키기 위한 구체적인 방법들로는 적절한 시간 분배, 지시 전달,

교재 정리, 과제 전달, 과제난이도 조절, 질문하기, 그룹 과제, 교재 준비, 숙제하기 등이 있다.

(3) 반응 정확도

과제를 수행하거나 교사가 질문을 할 때 학생은 여러 이유로 부정확한 반응을 보인다. 이는 가령 정답을 생각해 보지 않고 너무 급하게 반응하거나, 토론시간에 토론 주제에 대해서 주의 깊게 생각하지 않고 충동적으로 발언하기 때문이다. 아동의 반응 정확도를 높이기 위한 구체적인 방법들로는 정확도 점검, 강화, 교정연습, 적절한 교재, 시험연습, 생각하기, 인지행동수정, 반응대가, 또래교사 활용 등이 있다.

6. 정서 · 행동 장애아의 개념적 지도 모델

요즘 특수학생들을 지도하기 위해 놀이치료, 물리치료, 작업치료, 미술치료, 음악치료 등 많은 치료법이 나오고 있다. 모든 전략, 기술, 방법, 연구법 등은 다음 일곱 가지 개념적 모델의 교육적 중재방법에서 비롯되고 있다.

1) 정신역동적 모델

정신역동적 모델에서는 일탈을 심리 내적 갈등, 즉 미해결 갈등 혹은 정신구조들 간 통합의 결여로 정의하고 있다. 이 모델에 관련된 주요 패러다임이 포함하고 있는 이론들을 보면, 정신구조는 이드, 자아, 초자아로 구성되어 있고, 자아가 의식적으로 받아들일 수 없는 상황에서 스스로를 보호하는 정신적 장치인 방어기제를 가지며, 발달단계들은 일정하고 규칙적이고, 유기체는 울적한 정서를 일소하거나 발달시킴으로써 스스로를 해방시키거나 정화시킨다는 것을 시사하는 카타르시스의 내용을 포함하고 있다.

중재방안은 카타르시스 패러다임에 근거한다. 아동을 위한 수용적 교사, 허용적 교실환경 그리고 울적한 마음을 정화할 다른 환경적 구조 등을 필요로 한다. 구체적인 몇 가지 중재에는 역할놀이, 사이코드라마, 그림 그리기와 색칠하기, 신체적 활동 등이 포함된다. 이를테면 공격적 아동은 갇힌 적대감을 풀기 위해 펀치백을 두드리면서 시간을 보낼 수 있다.

2) 생리학적 모델

생리학적 모델의 지지자들은 일탈을 해부학, 생리학 혹은 신경생리학적 결함으로 정의하고 있다. 이 모델의 주요 패러다임은 유전, 뇌손상 혹은 뇌기능장애, 신진대사과정 등을 다양한 장애들, 예를 들어 우울증, 자폐증, 과잉행동, 정신병리 등의 근원적인 원인들로 간주한다.

중재방안은 수술, 신체적 훈련, 식사 조절, 약물치료, 바이오피드백 등을 포함한다.

가령 미세 뇌기능 손상으로 인하여 신경계통의 결함이나 간질을 동반하는 경우 수술이나 약물 등을 활용한 치료를 할 수 있다. 과잉행동과 공격행동을 하는 아동들 중 편식이 심한 아동은 식이요법으로 행동 조절을 꾀하기도 한다.

3) 심리교육적 모델

심리교육적 모델의 지지자들은 일탈을 가정, 학교 그리고 공동사회에서 기능화에 대한 압력들과 결합한 근원적 갈등의 결과로 본다. 이 모델에서는 인간행동을 무의식적 동기화의 결과로 인식하면서도 사람들이 또한 의식적 인식에 사용될 정신적 요소들을 충분히 지니고 있다고 믿는다. 이러한 이해에 근거해서 통찰력이 행동에 변화를 가져오도록 한다.

중재방안으로는 학생들이 그들의 행동 문제들과 동기화를 구체화하기, 행동의 결과를 관찰하기, 좀 더 유익한 결과를 가져올 대안적 활동을 계획하기 등을 하도록 하고 있다.

4) 생태학적 모델

생태학적 모델은 중요한 권위적 인물의 기대를 위반하는 행동을 하는 개인과 같은 문화 위반자와 문화의 규준에 가치를 전달하는 책임을 가진 사람인 문화 전달자 사이의 '일치' 부족 때문에 일탈이 발생하는 것으로 본다. 따라서 일탈은 개인만의 책임이 아니라 개인과 그의 환경(예: 교사) 사이의 환경적 구조와 밀접한 관계가 있다. 이 모델의 주요 패러다임은 아동이 공동사회의 분리될 수 없는 한 부분이라는 관계론이다.

생태학적 모델의 중재방안은 개인들이 환경과 조화를 이루도록 도와줌으로써 일치를 가져오도록 고안된 교수결정을 필요로 한다. 이것은 교사가 아동들에게 필요한 기술들을 획득하도록 돕거나 혹은 교사의 기대 및 교실환경을 조절함으로써 일치되도록 도와주는 것을 의미한다.

5) 인본주의적 모델

인본주의적 모델은 일탈을 개인의 경험과 그 사람의 자아구조 사이의 불일치로 정의한다. 불일치 정도는 정서의 혼란과 행동의 일탈 형태로 나타나게 된다고 본다. 이 모델의 주요 패러다임은 자아실현 개념에 근거한다. 부가적이고 중요한 패러다임은 충분히 기능적인 사람에 대한 개념이다. 즉, 충분히 기능적인 사람은 ① 경험에 개방되어야 하고, ② 자신의 판단을 신뢰할 수 있어야 하며, ③ 일치되어야 한다.

이 모델과 관련된 중재방안들은 교사와 학생의 관계를 중요시한다. 교사에 의한 교실 분위기는 개방적이고 비전통적이며 인간적이어야 하고, 학습은 자기 지시로 간주된다. 그리고 대부분의 인본주의적 경향의 교사들은 아이들이 지지적이고 교육적이고 사랑받는 환경에서 자유롭다면 그들 스스로의 문제를 위한 해결책을 찾기 위해 학습하고 지식을 획득할 것이라고 믿는다.

6) 행동적 모델

행동적 모델에서 일탈은 잘못된 학습 혹은 부적절하게 학습된 행동들로 정의된다. 이 모델의 주요 패러다임은 대부분의 학습이 조건화 혹은 조작적 조건화 반응의 결과로서 나타난다는 것이다. 부가적 패러다임은 행동을 세 가지 조건적 연계, 즉 선행자극, 행동 및 결과의 측면에서 분석한다.

중재방안은 행동 정의와 평가, 직접적인 행동기록방법들, 행동변화 평가, 반응소거, 역조건화, 정적 강화와 부적 강화, 소거, 계획표 짜기, 행동형성, 용암법, 벌 등을 포함한다.

7) 인지학습 모델

인지학습 모델의 지지자들은 일탈을 미성숙한 사고, 비합리적인 자기언어 혹은 자기 지각, 불충분한 자기 교육 혹은 자기 강화의 결과로 간주하고, 이렇게 잘못된 인식들이 비기능적인 감정과 행동을 초래한다고 본다. 전통적인 정신분석학 혹은 행동주의 견해들과는 달리, 인지학습 모델은 정서적 혼란의 조성과 결정에 대해 개인 스스로에게 많은 책임을 부여한다.

중재방안은 학생들이 ① 개인 문제들의 해결책을 가져오도록, ② 자기 강화, 자기 훈련 그리고 독백을 사용하여 학습을 촉진시키고 학습 문제들을 해결하도록, ③ 새로운 사회적 행동기술에 적응할 수 있는 새로운 자기 진술을 배우도록, ④ 자기 훈련 기술들을 적용함으로써 스트레스로부터 스스로를 교육하도록, ⑤ 피드백을 제공하고 성공과 실패를 조작하여 인과적 사고를 재교육시키도록, ⑥ 비합리적 사고와 자기 진술을 저지하도록 가르치는 것을 포함한다.

제8장

의사소통장애

1. 정 의
2. 분 류
3. 원 인
4. 특 성
5. 진단평가
6. 의사소통장애아 교수전략

의사소통장애

언어를 산출하는 데는 혀, 입술, 콧길, 성대, 호흡기관 등의 근육, 물렁뼈와 같은 주변적 기관들과 의미체(말뜻) 구성, 음운변동 규칙, 조사나 활용어미를 올바르게 사용하는 문법, 말소리의 목록과 낱말의 사전적 목록을 갖고 있는 뇌조직이 필요하다. 즉, 언어라는 낱말은 뇌조직이 관장하는 부분과 주변 기관이 담당하는 부분으로 나누어지는데, 뇌조직이 관장하는 부분을 언어(language)라 하고 주변 기관이 담당하는 부분을 말(speech)이라고 한다.

따라서 중추신경인 뇌의 손상 또는 뇌의 불완전 발달에서 연유한 장애를 언어장애(language disorder)라 하고, 입술, 혀, 입천장, 콧길, 후두, 호흡기관 등 주변 기관의 결함으로 인한 장애는 말장애(speech disorder)라고 한다. 장애증상에 따라 언어장애와 말장애가 나타날 수 있다.

1. 정 의

사람들은 상대방과 의사소통하기 위해서 말이나 언어를 사용한다. 즉, 의사소통은 사회적 상호작용에서 사용되는 용어다. 의사소통이 이루어지기 위해서는 메시지를 전달하는 사람과 전달받는 사람이 필요하다. 그러나 모든 사람이 의사소통을 위해서 항상 언어를 사용하는 것은 아니다.

언어란 의미를 부여해 주는 특정 규칙에 따라 사용되는 추상적인 상징체계로 서로의 생각을 교환할 수 있다. 일반적으로 사람들은 생각할 때 언어를 사용하며, 이때 사용되는 언어는 음성언어인 말의 형태를 취하게 된다. 말이란 인간사회에서 의사소통을 위해서 사용되는 가장 보편적인 상징체계로서 음성을 구성하고 나열하는 행위다.

교사들이 학급에서 만나게 되는 아동들을 말/언어의 관점에서 일반적으로 네 가지 유형으로 나누어 볼 수 있다. ① 앞으로의 교육적, 사회적, 직업적 필요를 충족시키기 위한 적절한 말/언어를 지닌 아동, ② 잘못된 말이나 언어기술을 보이지만 성장함에 따라 점차 교정되는 아동, ③ 언어적 자극이 필요한 아동, ④ 언어병리학적인 치료를 필요로 하는 좀 더 심각한 결함을 지닌 아동이다. 이 중에서 ③과 ④의 아동들은 교사와 언어치료 전문가의 협력적인 접근을 통한 효율적인 언어교육을 필요로 하는 아동들이다.

하지만 의사소통장애를 지닌 모든 아동이 임상적인 치료를 필요로 하는 말장애나 언어장애를 보이는 것은 아니다.

2. 분 류

1) 말장애

'말'은 호흡기관, 발성기관, 조음기관을 통한 언어의 외형적 표현을 의미한다. 말장애(speech disorder)는 말소리를 산출하거나 말의 흐름을 유지하거나 목소리를 조절하는 데 어려움을 보이는 장애를 의미한다. 이것은 한 가지 이상이 중복되어 나타나기도 하며, 언어장애의 유형들과 함께 나타나기도 한다. 말장애의 여러 유형을 살펴보면 다음과 같다.

(1) 조음 · 음운 장애

호흡기관, 발성기관 혹은 조음기관의 손상 등으로 인하여 말소리 산출이 잘못된 장애나, 주변 기관은 정상적이지만 뇌손상으로 인하여 말소리를 만들지 못하는 장애를 조음 · 음운 장애(articulation-phonological disorders)라고 한다. 조음 · 음운 장애는 의사소통장애 중에서 가장 흔한 장애로, 구개열(cleft palate)로 인해 입천장을 통하여 구강과 비강 사이가 뚫려 콧소리가 많이 나는 현상을 포함한다.

조음장애는 정보의 음이 정확하지 않을 때, 정보의 의미를 전달받지 못하거나 의미를 왜곡하게 된다. 예를 들면, 아동이 /공/이라고 발성하였으나 정보 수신자가 /곰/이라고 받아들였을 때는 정보전달에 심각한 오류가 야기된다.

조음장애의 원인으로는 기능적 요인과 기질적 요인을 들 수 있다. 기능적 요인으로는 입술, 치아, 혀, 구강 근육 등의 구조적 이상 또는 운동 이상과 같은 구조적 요인과 음을 변별하고 이해하는 데 문제가 되는 감각적 요인이 있다. 기질적 요인으로는 청력이상이나 정신지체 및 혀, 구개, 비인강(nasopharynx)의 선천적 또는 후천적 이상 등이 있다. 이러한 요인이 원인이 되어 음을 조음하여 발성할 때 생략, 대치, 왜곡, 추가 등이 일어난다. 또한 신경이나 뇌손상 등이 원인이 되어 발성을 방해하여 음절에 이상이 야기된다.

조음 · 음운 장애를 원인적인 측면에서 보면, 조음장애는 입술, 혀, 연구개 등과 같은 조음기관의 적절한 위치 잡기, 시간 맞추기, 힘 및 속도의 조절, 이러한 동작들의 동시 협응 등의 문제에 기인한 부정확한 소리의 산출 때문에 발생된다. 그리고 설소대단축증, 구개파열, 마비말장애, 뇌성마비 등의 해부학적 또는 신경생리적인 문제로 발생된다. 음운장애는 언어의 구성요소인 음운체계에 대한 지식의 부재로 발생되며 언어장애와 동반하여 발생되는 경우가 많다. 그러나 이러한 원인 중에는 밝혀질 수 있는 것도 있지만 그렇지 않은 것도 있다.

조음 · 음운 장애 진단은 실수의 빈도, 유형, 일관성, 연령, 발달특성, 말의 이해 가능성 등을 고려하여 진단하여야 한다. 조음 · 음운 장애 진단은 정확도와 명료도로 나누어 실시할 수 있다. 조음정확도는 화자의 말을 가지고 화자가 얼마나 정확하게 하였는가를 양화하는 것이다. 따라서 자음정확도, 모음정확도에 관하여 단어 수준, 문장 수준, 대화 수준에서 실시할 수 있으며, 한국표준그림조음음운검사(석동일 외, 2011), 우리말 조음음운검사(김영태, 신문자, 2011) 등을 이용하여 실시할 수 있다. 말명료도는 화자의 말을 청자가 얼마나 알아들었는가를 측정하는 것으로서 척도 분석으로 실시한다.

조음장애 아동의 교육중재는 다음과 같이 이루어진다.

- 아동은 치료사의 발음을 따라 한다.
- 음성언어를 만드는 경로를 설명한다.
- 음성 또는 바이오피드백을 사용한다.

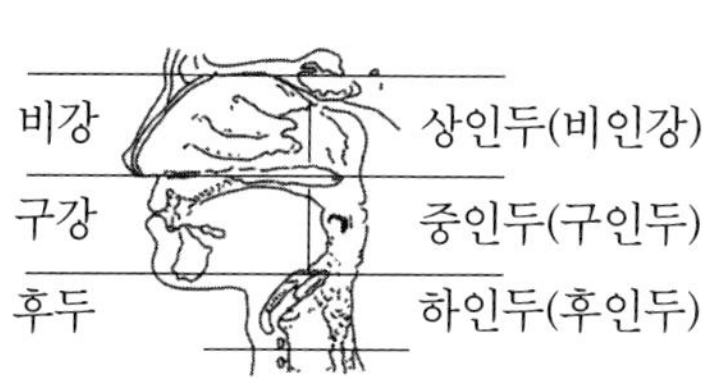

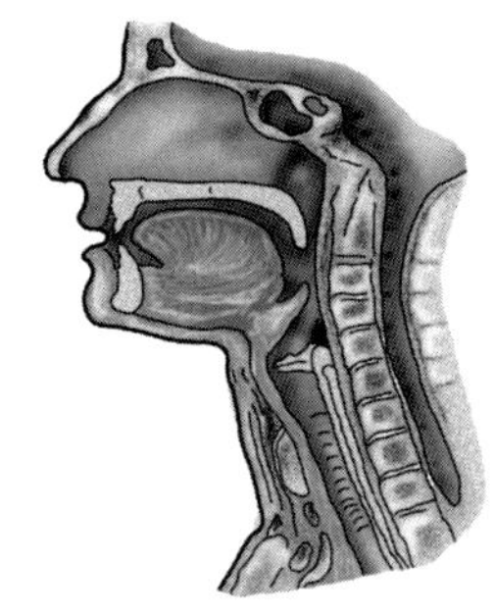

[그림 8-1] 인두의 해부

표 8-1 **조음장애 아동의 발성 특성**

오류발성	정 의	실 례
생략	음절이나 단어에서 음이 빠짐	빨강을 [알강] 또는 [빠강]으로 발음
대치	다른 음으로 바꿈	'ㅅ'을 'ㅂ'으로 바꿈
왜곡	음질이 바뀜	파랑을 [파랑]으로 발성하나, 비음이 많은 발성
추가	다른 음을 삽입	사람을 [사호람]으로 발성

- 음절을 바르게 발성하면 단어를 바르게 발성하도록 지도한다.
- 단어에서 문장을 바르게 발성하도록 하고 대화할 수 있도록 한다.
- 말을 천천히 해서 명료도를 높일 수 있다.
- 심한 정서장애 아동이나 자폐아동과 같이 교육이 불가능한 조음장애아동은 의사소통판, 블리스심벌(Blissymbol), 지화, 수화를 사용하여 의사소통을 지도할 수 있다.

(2) 음성장애

음성장애는 성대(vocal cords)에 이상이 생겨서 원천적으로 말소리 산출이 어려운 경우나, 성대를 과도하게 사용하거나 남용함으로써 말소리가 비정상적으로 나오는 경우를 말한다. 음성이라고 하면 성대가 진동하여 산출되는 소리로 호흡기관, 발성기관, 공명조음기관이 작용하여 만들어지는 것이다. 어린 나이에 이와 같은 비정상적인 목소리 사용을 보이는 아동을 단순하게 생각하고 지나칠 수도 있는데, 아동이 성장한 후에 이와 같은 비정상성이 심각한 의사소통상의 문제로 나타날 수도 있음을 반드시 인식해야 한다.

일반적으로 정상적인 목소리라고 하면 음도, 강도, 음질, 유동성이 성별, 나이, 문화, 체구에 적절한 소리를 말한다. 반대로 음성장애란 이러한 음도, 강도, 음질, 유동성이 성별, 나이, 문화, 체구에 적절하지 못한 경우를 일컫는다. 음도는 남자는 저음으로, 여성은 남성에 비하여 고음으로 나야 한다. 강도는 목소리의 크고 작음을 의미한다. 음질은 소리가 맑고 투명하여 소음이 나지 않는 소리를 말한다. 그리고 유동성은 음도나 강도가 상황에 따라서 자유자재로 변할 수 있는 것을 말한다.

음성장애 진단에는 직접검사와 간접검사가 있다. 직접검사는 성대를 직접 육안으로 검사하는 것이고, 간접검사는 음성총괄평가와 같은 설문지나 체크리스트를 이용하는 것이다.

음성장애를 지도하는 데 가장 중요한 것은 음성 휴식이다. 그러나 특수아동들이 나타내는 음성 문제는 성대의 오용이나 남용의 측면에서의 음성장애 형태가 아니라 뇌성마비로 인한 기질적인 문제, 구개열로 인한 공명의 문제, 자폐아동의 비정상적인 음도 패턴들이 대표적이다. 이러한 측면은 휴식보다는 어떻게 음성을 산출하여야 하는가에 대한 보다 직접적인 치료가 필요하다. 예를 들면, 혀 위치 변경법, 강도변화, 노래조로 말하기, 손가락 조작법, 청능훈련법, 피드백, 음도 억양, 음성 배치, 이완, 밀기접근법, 하품-한숨 접근법 등을 통하여 보다 직접적으로 접근하여야 한다.

(3) 유창성장애

언어의 유창성은 음성언어의 음절이 일정 시간에 표현되는 개수를 시간당 비율로 나타내는 방법으로 정의될 수 있다. 언어의 발달 또는 습득 과정에 있는 많은 아동은 말을 하는 데 유창성에 문제가 있을 수 있다.

유창성에 문제가 되는 경우는 긴장, 흥분, 소심, 스트레스 등과 같은 내적 요인과 처음 가는 곳이나 처음 겪는 상황에서 느껴지는 외적 요인이 있다. 유창성장애는 말더듬, 혼란스러운 말, 말의 강도이상이나 말을 시작하는 시간을 길게 가지는 정도 등을 포함한다. 일반적으로 유창성장애와 말더듬은 같은 의미로 사용되고 있다. 이는 유창성장애의 대부분이 말더듬이기 때문이다.

말더듬의 원인은 유전적 원인과 환경적 원인으로 나누어진다. 말더듬의 기능상 문제는 유전적 요인이고, 동네 아이의 말더듬을 흉내 내거나 긴장 혹은 실패에서 오는 스트레스로 말을 더듬게 되는 경우는 환경적 요인으로 간주한다. 이런 경우의 말더듬은 거의 자연스럽게 치료가 된다. 그러나 계속해서 말을 더듬는 아동은 유전과 환경 둘 다의 영향을 받았을 확률이 높다.

말더듬의 중재전략으로는 호흡법 조절방법과 말을 하는 속도를 의식적으로 조절시키는 방법이 있다. 그리고 주변 사람들이 심리적 안정을 취할 수 있도록 도와주고 아동이 자신의 말을 의식적으로 신경 쓰지 않게 해야 한다.

유창성장애에는 말더듬 외에 속화도 포함된다. 속화는 말을 빨리 하는 경우로 말빠름증이라고 표현하기도 한다. 이 경우는 본인이 인식하지 못할 때가 많고, 조음오류가 동반되며 말의 흐름이 깨어진다.

(4) 비음공명장애

비음의 생성은 연구개의 움직임과 관계가 있다. 연구개는 상하로 움직이면서 구강과 비강을 연결하는 통로의 판막을 폐쇄시킨다. 비음은 코를 통해 호흡의 에너지가 유출되고, 비강의 공간은 가늘고 좁아서 비음의 정상적인 공명을 생성하는 데 방해하는 요인이 된다.

일시적인 또는 만성적인 비음공명장애는 편도선이 그 원인이 되기도 한다. 편도선이 병적으로 너무 비대해지면 구강 입구를 막아서 비음이 강해진다.

비음공명장애는 과대비성과 과소비성으로 구분한다. 과대비성은 구개파열이 주원인이며, 무성음이 유성음으로 되고 파열음(ㅍ, ㅂ, ㅌ, ㄷ, ㅋ, ㄱ)은 콧소리를 내게 된다. 이와 같은 이유로 음의 명료도가 현저하게 저하된다. 과소비성은 어음명료도에는 큰 영향을 미치지 않지만, 코가 막힌 소리를 내기 때문에 음질에 문제가 있다. 과소비성은 성대의 진동을 비강으로 전달하는 기능의 문제다. 종양이 비강으로 가는 기류의 이동을 막거나 연구개가 잘 펴지지 않아서 성대의 움직임과 비강을 열고 막는 협응이 용이하지 않아 과소비성이 발생한다. 과대비성과 과소비성은 수술로 거의 완벽하게 치료되므로 교육적 중재보다는 심리적 요인에 관심을 가져야 한다.

2) 언어장애

언어장애란 언어의 구성요소에 장애가 나타나는 것을 말한다. 말을 정상적으로 잘해도 다른 사람들과의 의사소통이 전혀 안 되는 아동이 있는 반면, 말을 정확하게 할 수 없어도 의사소통에서는 아무런 문제를 보이지 않는 아동이 있다. 말은 내용을 알아들을 수 있는 음성적 입력을 의미하지만, 언어는 내용의 형성과 해석 모두와 관련된다. 그러므로 언어는 듣기와 말하기, 읽기와 쓰기, 기술적인 대화, 사회적 상호작용을 모두 포함한다.

표 8-2 아동기 언어장애와 관련된 범주적 요인

중추적 요인	말초적 요인	환경적, 정서적 요인	복합 요인
• 단순언어장애 • 정신지체 • 자폐증 • 주의력결핍 및 과잉 행동장애 • 후천적 뇌손상 • 기타	• 청각장애 • 시각장애 • 지체장애	• 학대와 남용 • 행동적, 정서적 발달 문제	–

출처: Nelson (1993).

(1) 언어의 구성요소

언어는 몇 가지 규칙체계들이 복합적으로 조합되어 이루어진다. 블룸과 라헤이(Bloom & Lahey, 1978)는 언어가 형태, 내용, 사용의 세 가지 주요 구성요소로 이루어진다고 하였다. 먼저 형태란 소리를 의미가 있는 기호와 연결시키는 언어적 요소를 말한다. 이것은 소리 및 소리들의 조합을 규정하는 규칙인 음운론, 단어의 구성을 규정하는 규칙인 형태론, 다양한 유형의 문장을 만들기 위해서 단어를 어떻게 배열해야 하는지의 규칙인 구문론의 세 가지를 포함한다.

언어의 또 다른 구성요소인 내용은 언어의 의미를 뜻하며 의미론이 이에 속한다. 언어에서의 의미는 단어의 사용을 통해서 전달되며, 특히 사물, 사건, 사람과 이들 간의 관계를 알게 해 주는 역할을 한다.

마지막으로 언어의 사용은 사회적 상황에서 언어를 사용하는 규칙이다. 이러한 규칙이 화용론(pragmatics)이며, 의사소통에서 사용할 기호의 선택과 관련된 규칙뿐만 아니라 의사소통을 하고자 하는 이유(의사소통적 기능 또는 의사소통의 의도)를 규정하는 규칙도 포함된다. 언어의 기능은 말하는 사람의 의도나 목적과 관계되는데 예를 들어, 인사하기, 질문하기, 대답하기, 정보 요구하기, 정보 제공하기 등이 언어의 기능에 속한다. 또한 화용론은 대화와 관련된 규칙도 포함한다. 예를 들어, 대화자는 대화를 시작하거나 끼어들거나 유지하기, 차례를 주고받기, 상대방에게 적절하게 반응하기, 주제와 관련된 내용의 대화를 이끌어 가기 등의 여러 기술들을 갖추어야 한다. 이러한 기술들을 습득함으로써 효과적인 의사소통을 할 수 있게 된다.

언어적 요소들이 어떻게 서로 연관된 형태로 구성되는가는 다음의 예에서 쉽게 알 수 있다. 책을 읽고 있는 엄마 옆에 앉아 창밖을 내다보던 30개월된 유아가 지나가는 고양이를 보고 "엄마, 고양이."라고 말하였을 때, 이 유아는 언어의 세 가지 구성요소를 모두 성취한 것이다. 먼저 '엄마'라고 말함으로써 엄마의 관심을 일으키고, '고양이'라고 말함으로써 자신이 본 것을 설명하는 두 가지 의사소통적인 의도를 성취하였다. 또한 자신이 본 동물에 대한 지식을 언어적으로 입력하였으며 적절하게 배열된 단어를 발성하였다. 종합적으로 이 유아는 "엄마, 고양이."라고 말함으로써 화용론, 구문론, 의미론의 규칙을 모두 수행한 것 이다.

(2) 언어장애의 분류

언어장애는 분류하는 사람들에 따라서 여러 가지 형태로 분류된다. 미국 연설언어청각협회(American Speech-Language-Hearing Association: ASHA)에서는 앞에서 설명한 언어의 구성요소에 따라서 음운론, 형태론, 구문론, 의미론, 화용론의 다섯 가지 요소들에서의 장애로 분류한다. 또한 정상적인 언어발달과 비교함으로써 언어장애를 분류하기도 하는데 (Leonard, 1986), 이때 언어장애 아동이 보이는 언어발달은 대부분의 다른 아동들이 보이는 것과 동일한 순서로 나타나지만 습득 속도는 느린 것으로 보고되고 있다. 여기서는 ① 구어(말소리)의 결여, ② 질적으로 다른 언어, ③ 지연된 언어, ④ 중단된 언어발달의 네 가지 일반적인 유형의 언어장애로 분류한다.

3. 원 인

의사소통장애는 두뇌 및 신경 손상, 구개파열 등의 구강기관 이상, 입과 얼굴의 기형 등 이미 밝혀진 생물학적 원인에 의해서 나타나기도 하지만, 많은 경우가 그 원인이 정확하게 밝혀지지 않고 있다. 말이나 언어에서의 결함은 서로 관련된 수많은 요소들의 상호작용에 의해서 영향을 받기 때문에(Shames & Wigg, 1986), 단적으로 원인을 정의하기는 더더욱 힘들다. 그러나 말이나 언어 행동에 영향을 미치는 요인들을 분석할 수는 있는데, 이러한 요인들은 ① 신체적인 상태(신체기관의 기능), ② 상황에 따른 정신적 부담(스트레스), ③ 환경적 요인의 세 가지로 나누어 볼 수 있다(Milisen, 1971 재인용).

1) 신체적 요인

신체적인 상태는 인간의 행동에 심각하고도 지속적인 영향을 미친다. 신체적인 문제가 있는 아동을 위해서는 교육 프로그램을 현실 수준에 맞게 설정하고 이를 고려한 기대목표를 설정해야 한다. 따라서 신체적인 상태가 환경적인 요소나 상황적인 스트레스와 분리되어서 독립적으로 영향을 미치지는 않으며 종합적으로 함께 작용한다는 것을 잊지 말아야 한다. 신체적인 원인은 중추신경계나 말초신경계에 손상을 가져오는 질병이나 사고에 의한 것으로 출산 전, 출산 시, 출산 후 또는 아동기나 성인기 등 모든 시기에 걸쳐서 발생할 수 있다(Lahey, 1988). 일단 이와 같은 손상을 입게 되면 그 시기와는 관계없이 비정상적인 반사운동이나 운동기능의 장애를 보이기도 하고, 정상적인 말을 위해서 필요한 움직임을 정확하게 할 수 없게 되며, 감각장애나 환경과의 제한된 시각적, 청각적 상호작용을 보이기도 한다(Shames & Wigg, 1986). 일반적으로 청각장애,

뇌성마비, 시각장애가 이에 해당한다고 보면 된다.

2) 상황적 요인

상황에 따른 정신적 부담감(스트레스)은 장애의 경중에 따라서 그 정도가 달라진다. 그러므로 아동의 말과 언어장애의 정도를 진단하고 분류할 때는 다양한 상황에서의 상호작용 유형과 정도를 충분히 관찰해야 한다. 가장 바람직한 결과를 얻기 위해서는 학교와 가정에서 또한 아동이 속한 지역사회 전반에 걸쳐 광범위한 관찰이 이루어지고 그 결과에 따라 교수계획이 수립되어야 한다. 그러나 이러한 상황적인 장애로 인하여 언어장애가 오는 경우는 심리적인 문제가 동반되는 경우가 많으므로 언어적인 측면에서의 접근만으로는 그 해결책이 될 수 없다.

3) 환경적 요인

환경적인 요소 역시 어린 아동의 말이나 언어의 발달을 지연시키는 원인으로 작용할 수 있다. 예를 들어, 신생아들의 울음이나 옹알이 등과 같은 의사소통적인 시도에 부모들이 적절히 반응해 주지 못할 경우에 좀 더 조직화된 의사소통 능력의 발달이 지체될 수 있다. 이러한 아동은 소리내기나 목소리를 이용한 놀이행동을 강화받지 못하여서 나중에 구강기관을 움직이는 기술이나 다양성에서도 지체되는 경향을 보이곤 한다. 또한 환경 내의 가까운 가족들이 신생아에게 말을 잘 하지 않는 경우에는 말이나 언어 습득의 속도가 지체된다. 아동이 새로운 소리를 습득하여 산출하기 시작할 때 성인의 미소나 모방 등을 통해서 강화되지 않으면 그 소리는 사라질 수도 있다. 아동기 전반에 걸친 환경적인 요소들은 적절한 말과 언어기술을 통한 의사소통적 능력의 발달을 촉진하기도 하고 저해하기도 한다. 예를 들어, 아동이 부적절한 말을 사용할 때 신체적으로 벌을 받거나 정신적으로 부정적인 반응을 얻게 되면 말을 통한 모든 의사소통적인 시도를 하지 않게 될 것이다.

이렇게 광범위하게 원인을 살펴보았지만, 실제적인 장애 원인에 관해서는 각 세부 영역에 기술하였듯이 각각의 원인을 따로 탐색해 보아야 한다.

4. 특 성

1) 지적 특성

일반적으로 말이나 언어에 문제를 보이는 의사소통장애를 지닌 아동들은 지적 능력이나 성취도 평가에서 평균보다 낮은 점수를 보이곤 한다(Kelly & Rice, 1986; Shames & Wiig, 1986). 그러나 의사소통장애를 지닌 많은 아동이 정신지체, 학습장애, 기타 장애를 복합적으로 지니고 있기 때문에, 이러한 결과가 순수하게 의사소통장애가 지능이나 학업성취에 영향을 미치기 때문이라고 말하기는 어렵다. 하지만 분명한 것은 의사소통장애가 단어 인지력이나 독해력, 연산 능력 등과 같이 거의 모든 교과목 학습에 필요한 기술 습득에 방해가 된다는 사실이다. 이러한 사실 때문에 의사소통장애를 지닌 아동들은 학교 교과목 성취에 어려움을 경험하게 된다. 그러나 순수 언어장애 아동들은 특수교육이나 언어교육을 받게 되면 일반아동과 동일 수준이 될 수 있으므로 조기발견과 조기중재가 중요하다.

2) 사회 · 정서적 특성

말이나 언어에 장애를 보이는 아동들은 흔히 상대방으로부터 거절당하거나 창피를 당하거나 열등감을 경험하며, 심하게는 말을 제대로 하지 못한다는 이유로 벌을 받는 경험까지도 하게 된다. 이로 인하여 많은 의사소통장애 아동들이 낮은 자존감을 형성한다. 순수 조음 · 음운 장애 아동들은 다른 부분에는 장애가 없지만 소심하거나 내성적인 경우가 많다. 그런데 순수 조음 · 음운 장애 아동들은 교육이나 치료의 효과가 빠르게 나타나고 실제 교육 및 치료 기간도 길지 않다. 교육이나 치료를 통한 아동들의 가장 큰 변화는 성격과 같은 정서적인 측면의 긍정적 발전이다. 의사소통장애 아동들이 겪는 부정적인 경험들은 그들로 하여금 좌절감과 분노를 경험하게 하고 때로는 적대감이나 위축행동까지도 보이게 만든다(Van Riper & Erickson, 1996). 일반적으로 교사들은 의사소통장애로 인하여 행동 문제를 보이는 아동들에게 자신의 행동에 대한 책임을 지게 하고 행동을 변화시키도록 노력하게 하기 위해서 전문가의 도움을 받는 것이 좋다. 이러한 아동들은 교사를 통한 전문가의 도움을 받으면서 상대방과 좀 더 성공적으로 상호작용하는 방법을 학습하게 되며, 불필요한 부정적인 경험들을 더 이상 하지 않게 됨으로써 대인관계에 긍정적으로 적응할 수 있게 된다.

5. 진단평가

1) 의학적 진단

다음은 아동의 언어발달에 문제가 있다고 판단될 경우 먼저 찾아가야 할 곳이다.

- 이비인후과: 귀와 청각의 이상 유무, 청력검사
- 소아과, 신경과: 정상발달단계 확인, 뇌파검사나 컴퓨터 단층촬영을 통해 두뇌기능의 이상이나 경련의 유무 확인
- 소아정신과: 인지 능력과 정신질환 유무 평가
- 성형외과: 조음기관의 이상 유무

2) 청력검사

전문 언어치료 기관을 찾아서 청력검사를 받아보도록 한다. 청력에 이상이 있을 경우에는 아동의 청력 이상에 따른 적절한 보장구 착용과 더불어 전문적인 청능훈련을 시켜야 한다.

3) 심리검사

각종 지능검사와 성격검사를 실시할 수 있다. 언어 습득에 필요한 인지기능인 관계인식 능력, 모방 능력, 상징놀이 능력 등을 평가한다.

4) 언어평가

언어이해력 평가와 언어표현력 평가, 언어사용 능력 평가, 말의 명료도 평가를 한다.

6. 의사소통장애아 교수전략

의사소통장애의 지도방법은 개인과 집단으로 나누어 생각해 볼 수 있다. 일반적인 교육은 개별화교육이 주를 이루지만 최근에는 집단 지도가 보편적이며 일반학교 교육, 즉 통합교육 측면에서는 집단교육을 중심으로 살펴보아야 할 것이다.

의사소통 지도가 중요한 이유는 의사소통 발달이 늦어지면 또래아동과의 상호작용 능력 발달에 영향을 미치게 되기 때문이다. 말에 문제가 있는 아동은 소리나 단어를 잘못 발음하거나 더듬거리면서 말하거나 이상한 목소리로 말하기 때문에 결과적으로 말을 듣는 상대방이 이해하기가 어렵다. 또한 언어에 문제가 있는 아동은 다른 사람이 말하는 것을 이해하지 못하거나 자신의 생각을 언어로 표현하는 데 문제가 나타난다. 따라서 그들을 지도하기 위해서 사용되는 기법이나 방법에 대해서 구체적으로 설명하겠다.

1) 언어학적 접근법

언어학적 접근법은 언어의 구조나 형식적인 측면을 강조하는 방법이며 확대(expansion)나 확장(extension), 평행적 발화(parallel talk), 혼잣말기법(self-talk), 모방 등을 활용하여 지도한다.

(1) 확대

아동의 발화에서 그 주제는 유지한 채 내용을 보충하여 주는 것이다. 예를 들어, 아동이 "엄마 차."라고 말하였다면 "엄마 차가 노란색입니다."라고 확대시켜 주는 것이다.

(2) 확장

확장은 아동의 발화를 문법적으로 보충하여 다시 돌려주는 것이다. 예를 들어, 아동이 "비 와."라고 말하였다면 "비가 와."라고 정확한 조사를 넣어서 표현해 준다.

(3) 모방

모방은 교사나 치료사가 말한 것을 아동이 모방하도록 하는 것이다. 아동에게 모방하도록 하기도 하지만 교사나 치료사도 아동의 말을 모방할 수 있다. 아동이 말을 많이 할수록 음운론적, 어휘적, 구문적 형태를 연습할 기회가 더 많아지며 피드백을 받을 기회가 많아지므로 모방은 언어를 발달시키기 위한 좋은 방법이다.

(4) 혼잣말기법

혼잣말기법은 교사나 치료사, 부모가 자신의 입장에서 말하는 것이다. 예를 들어, 부모가 물을 마시면서 "물을 마셔요."라고 말하는 것이다.

(5) 평행적 발화

평행적 발화는 아동의 입장에서 말하는 것으로서 아동의 행동을 그대로 언어로 표현하는 것이다. 예를 들면, 신발을 신고 있는 아동에게는 "신발 신어요." 그리고 밥을 먹는 아동에게는 "숟가락으로 밥을 먹어요."와 같이 아동이 하는 행동을 언어로 표현해 준다.

(6) 스크립트 문맥을 이용한 지도

쉥크와 아벨슨(Schank & Abelson, 1977)은 스크립트를 '특정한 문맥 속에서 진행되는 단계적인 일련의 사건들을 설명하는 구조'라고 하였다. 아동들은 익숙하고 일상화된 상황적 문맥 속에서 성인의 말을 예견할 수 있게 됨으로써 상황적인 언어를 학습하게 된다. 스크립트 문맥을 활용하기 위해서 필요한 절차는 다음과 같다(김영태, 2002).

① 단기적인 목표언어의 구조를 계획한다.
② 아동에게 익숙하며 주제가 있는 일상적인 활동을 선정한다.
③ 선택한 스크립트 속에 포함될 하위행동들을 나열한다.
④ 선택한 하위행동마다 구체적인 목표언어를 계획한다.
⑤ 불필요한 하위행동을 삭제한다.
⑥ 목표언어를 유도할 수 있는 상황이나 발화를 계획한다.
⑦ 계획한 활동들을 체계적으로 변화시키면서 여러 회기 동안 반복하여 실시한다.

2) 의사소통 촉진

말이나 언어에 문제가 있는 아동들은 일반학급에서 교육받는 것이 가장 바람직하다. 그 이유는 그들이 일반학급에서 또래들이 사용하는 정확한 말을 들을 수 있기 때문이다. 그러므로 교사들은 말/언어장애를 지닌 아동들이 학급에서 새롭게 학습한 의사소통 기술을 충분히 연습할 수 있도록 편안한 분위기를 만들어 주어야 한다. 이를 위해서는 적절한 언어 모델을 제공하고 수용적인 환경을 만들어 주어야 하며, 더 나아가서 말을 통한 의사소통 기술을 연습할 기회를 충분히 제공해 주어야 한다. 언어장애의 발생에 대해서 보면, 형제관계에서도 연령의 차이가 클수록 동생의 조음·음운 장애 발생 확률이 낮아진다. 그것은 정확한 표현을 더 많이 들을 수 있기 때문이다.

(1) 모델 제공

말장애를 지닌 아동들은 말로 의사소통을 잘하는 모델을 필요로 한다. 교사는 그들에게 가장 중요한 모델의 역할을 수행하는 위치에 있기 때문에 항상 적절한 억양과 분명한 발음으로 유창하게 말하도록 주의를 기울여야 한다. 또한 학급의 또래들이 그들에게 모델 역할을 할 수 있음을 인식하고 적절한 말의 시범자가 될 수 있도록 교사가 관심을 기울여야 한다.

(2) 수용적인 환경 조성

말/언어 장애를 지닌 아동들을 위해서 수용적인 학급 분위기를 조성하는 것은 매우 중요하다. 아동이 말을 하는 도중에 실수했을 때 교사나 학급친구들이 그 실수에 대해서 어떻게 반응하는가에 따라서 아동의 말하는 행동은 큰 영향을 받는다. 특히 말장애를 지닌 아동이 말로써 의사소통을 하고자 시도를 보일 때 상대방의 말에 대한 존중하는 마음과 인내심을 가지고 대하는 태도는 그 아동으로 하여금 앞으로도 계속해서 말을 시도하게 하는 데 결정적인 영향을 미친다. 만일 교사나 학급의 친구들이 수용적인 청취자가 되어 준다면 장애 아동은 누군가에게 말을 하는 것에 대해서 편안함을 느끼고 더 많은 시도를 할 수 있게 될 것이다.

제 9 장

청각장애

1. 정 의
2. 분 류
3. 원 인
4. 진단평가
5. 교수전략

청각장애

1. 정 의

농과 난청 아동들은 의사소통체계(수화나 말하기 혹은 둘 다)를 성취하기 위해 보다 많은 기회를 가지려고 노력한다. 또한 청각장애 아동들은 농과 난청 사회를 폭넓게 수용할 준비가 되어 있다.

청각장애란 귀에서 뇌에 이르기까지 청각에 관여하는 기관의 이상으로 소리를 듣지 못하거나 소리의 뜻을 이해하지 못하는 경우를 말하며, 농(deaf)과 난청(hard of hearing)의 두 가지로 분류할 수 있다. 농은 증폭장치를 하더라도 입으로 말하는 언어를 처리할 수 없을 만큼 심한 청력손실에 해당되고, 난청은 농보다는 적은 손실에 해당된다(Allen & Cowdery, 2005).

농아동은 어떤 소리를 지각할 수 있을지라도 이야기를 듣거나 이해하는 데 어려움이 있는 아동이다. 그들은 보청기가 있어도 청각의 손실이 너무 커서 귀를 통하여 이야기를 이해하는 것이 어렵고 언어와 의사소통

을 청각이 아닌 시각에 주로 의존한다. 난청아동은 청감각에 결함은 있지만 보청기를 착용하거나 보청기 없이 기능을 발휘할 수 있는 아동을 말한다. 난청아동과 건청아동 모두 말과 언어 발달을 위해서 시각보다는 청각을 주요 수단으로 사용하기 때문에 난청아동은 농아동보다 건청아동에 더 가깝다(김진호 외, 2002).

청각장애의 정의는 청각장애의 발생시기, 정도, 유형(2. '분류' 참조)과 관련이 있다(Kirk et al., 2006).

1) 청각장애 발생시기

언어 습득 전(발달에서 우연히 말과 언어가 나타나기 전 단계)과 언어 습득 후(언어 습득 이후에 나타나는 단계)에서 청각장애를 예상할 수 있다. 언어 습득 전 단계에서 청력손실을 가진 아동들은 성장기 동안 발달의 모든 영역에서 보다 큰 어려움을 가진다(Lowenbraun & Thompson, 1994). 대부분 심한 발달상의 방해는 선천적인 청각장애일 때 나타난다. 농아동 중 대부분은 언어 습득 전에 청각장애를 가진다. 일반적으로 언어처리는 아동이 언어를 배우기 시작한 후에 청각장애가 발생했을 때 더 긍정적이다. 언어 습득 후의 농 중 많은 사람은 말을 사용하고 구두로 의사소통하는 능력을 가지고 있다(Smith & Luckasson, 1995). 그러므로 언어 습득 전 농이 훨씬 심각한 교육적 문제를 갖는다.

2) 청각장애 정도

청각장애 정도는 데시벨(dB)로 측정되는 소리의 지각에 의해 결정된다. 15~20dB의 청력손실은 아주 가벼운(slight) 청각장애로 간주한다. 경도(mild)에서 중도(severe), 최중도(profound) 청각장애 혹은 농이 될수록

표 9-1 **청각장애의 정도**

청각장애의 수준	분 류	원 인	소리 듣기	장애 정도	가능한 요구들
15~25dB	최경도	천공으로 묽은 물을 분비하는 이염, 감음신경의 손실, 고막경화증	모음 소리를 정확하게 들음, 자음 소리를 무성으로 발음하는 것을 놓칠 수 있음	언어학습에서 경도 청각기능장애	보청기, 입으로 읽기, 청각훈련, 말 치료, 선택적으로 착석하기
25~40dB	경도	천공으로 묽은 물을 분비하는 이염, 고막경화증, 감음신경의 손실	크게 말하는 소리를 들음	청각적인 학습에 기능장애, 경도 언어지체, 경도 말하기 문제, 부주의	보청기, 입으로 읽기, 청각훈련, 말 치료
40~65dB	중등도	만성적인 이염, 중이 이형(異形), 감음신경의 손실	정상적인 담화 수준에서 말소리는 거의 놓침	언어지체로 말하기 문제, 기능장애, 부주의	보청기, 입으로 읽기, 청각훈련, 말 치료, 치료사
65~95dB	중도	감음신경 손실에 중이 질병이 더해져서 감음신경 혹은 혼합된 손실	정상적인 담화의 말소리는 듣지 못함	심한 말하기 문제, 언어지체, 학습장애, 부주의	보청기, 입으로 읽기, 청각훈련, 말 치료, 치료사, 통역사
95dB 이상	최중도	감음신경 혹은 혼합된 손실	말하거나 다른 소리를 듣지 못함	심한 말하기 문제, 언어지체, 학습장애, 부주의	보청기, 입으로 읽기, 청각훈련, 말 치료, 치료사, 통역사

출처: Kirk, Gallagher, Anastasiow, & Coleman (2006). p. 379; Capute & Accardo (1996). p. 481.

청력손실의 정도는 증가한다(Moores, 2000). 청각장애의 정도와 기술적인 분류, 원인 및 잠재적인 요구들이 〈표 9-1〉에 제시되어 있다.

난청으로 분류되는 사람 혹은 보청기의 도움을 받는 사람은 듣거나 말을 이해할 수 있다. 그러나 농으로 분류되는 사람들 중 1% 이하는 어떤 조건에서도 듣거나 말할 수가 없다.

3) 청각장애 정의

청각장애는 미국의 「장애인교육법(IDEA)」(1990년), 우리나라의 「장애인복지법 시행령」(2005년 개정), 「장애인 등에 대한 특수교육법 시행령」(2007년 4월)에서 〈표 9-2〉와 같이 정의하고 있다.

장애인 복지를 목적으로 하는 「장애인복지법」의 정의를 장애 정도와 등급에 따라 분류한 시행규칙(2007년 개정)에서는 청각장애인을 '청력이 손실된 사람'과 '평형기능에 장애가 있는 사람'으로 구분하여 규정하고 있다(〈표 9-3〉 참조).

표 9-2 **청각장애 정도**

구분	내용
미국 「장애인 교육법」	• 농이란 음을 증폭하여 들려 주든 증폭하지 않고 들려 주든 청력으로 언어 정보를 처리하는 데 장애가 있는 정도로서 아동의 교육적 수행에 부정적 영향을 미칠 정도의 아주 심한 청각장애
	• 난청이란 농의 정의에는 포함되지 않지만 아동의 교육적 수행에 부정적 영향을 미치는 영구적인 혹은 변동하는 청각장애
우리나라 「장애인 등에 대한 특수교육법 시행령」	• 농은 청력손실이 심하여 보청기를 착용해도 청각에 의한 의사소통이 불가능하거나 곤란한 상태
	• 난청은 잔존 청력을 가지고 있으나 보청기를 착용해야 청각을 통한 의사소통이 가능한 상태
우리나라 「장애인 복지법 시행령」	• 두 귀의 청력손실이 각각 60dB 이상인 사람
	• 한 귀의 청력손실이 80dB 이상, 다른 귀의 청력손실이 40dB 이상인 사람
	• 두 귀에 들리는 보통 말소리의 명료도가 50% 이하인 사람
	• 평형기능에 상당한 장애가 있는 사람

표 9-3 「장애인복지법」상의 청각장애 정도와 장애등급

구 분	장애등급	내 용
청력이 손상된 사람	2급	• 두 귀의 청력손실이 각각 90dB 이상 잃은 사람(두 귀가 완전히 들리지 아니하는 사람)
	3급	• 두 귀의 청력손실이 80dB 이상 잃은 사람(귀에 입을 대고 큰 소리로 말을 하여도 알아듣지 못하는 사람)
	4급	• 두 귀의 청력손실이 70dB 이상 잃은 사람(귀에 대고 말을 하여야 들을 수 있는 사람) • 두 귀에 들리는 보통 말소리의 최대의 명료도가 50% 이하인 사람
	5급	• 두 귀의 청력손실이 각각 60dB 이상 잃은 사람(40cm 이상의 거리에서 발성된 말소리를 듣지 못하는 사람)
	6급	• 한 귀의 청력손실이 80dB 이상 잃은, 다른 귀의 청력을 40dB 이상 잃은 사람
평형기능에 장애가 있는 사람	3급	• 양측 평형기능의 소실로 두 눈을 뜨고 직선으로 10m 이상을 지속적으로 걸을 수 없는 사람
	4급	• 양측 평형기능의 소실 또는 감소로 두 눈을 뜨고 10m를 걸으려면 중간에 균형을 잡기 위하여 멈추어야 하는 사람
	5급	• 양측 평형기능의 감소로 두 눈을 뜨고 10m 거리를 직선으로 걸을 때 중앙에서 60cm 이상 벗어나며 복합적인 신체운동은 어려운 사람

2. 분 류

귀는 구조적 · 기능적으로 복잡하게 구성되어 있다. 중이(中耳)는 고막과 추골, 침골, 등골의 세 개의 귀뼈로 구성되어 있다. 등골은 내이의 통로이며, 전정창(oval window, 난원창) 다음에 위치해 있다(Green, 1999). 내이(內耳)는 와우관과 전정기관(평형기관)을 포함한다(Steinberg & Knightly, 1997).

소리의 전달과정은 외부의 소리자극이 신체에 전달되는 첫 단계인 외이를 통과한다. 외이(external ear)는 나팔 모양으로 생겨서 외부에서 오는 음을 모아 고막으로 전달되도록 한다. 음이 고막(tympanic membrane)에 도착하면 고막이 진동한다. 이 막이 소리의 크기에 따라 진동하면서 중이에 전달된다. 중이(middle ear)는 소리의 크기를 증폭하는 곳으로, 중이관은 중이에 생기는 노폐물을 제거하며 고막의 압력을 적절하게 조절해준다. 중이의 이소골(ossicle)은 고막에 전달된 소리를 기계적으로 증폭하는 기능을 한다. 내이(internal ear)는 2.4바퀴를 돌아 꼬여 있는 달팽이관(cochlea, 와우관)과 평형기관인 반규관(semicircular canal)이 있어 우리 몸의 평형감각을 유지한다.

음이 청각 경로를 통하여 대뇌 측두엽인 청신경중추에 도달하게 되면 정보를 기억, 종합, 분석하고 지각한다.

청각장애는 구조적, 기능적 결손을 포함하여 손상 부위에 따라 전음성 청력손실(conductive hearing loss), 감음신경성 청력손실(sensorineural

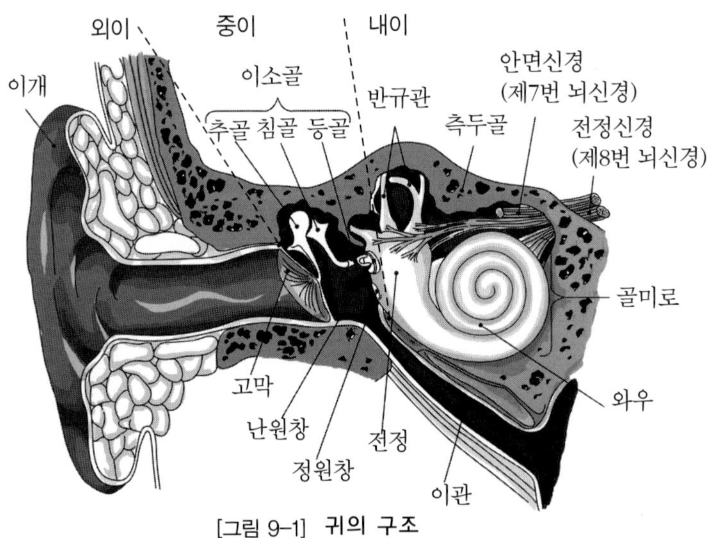

[그림 9-1] **귀의 구조**

출처: 김영욱(2007). p. 68; Martini & Barholomew (2003). p. 297.

hearing loss), 혼합성 청력손실(mixed hearing loss), 중추성 청력손실(central hearing loss)의 네 가지로 분류할 수 있다.

전음성(전도성) 청력손실은 외이와 중이를 거쳐서 내이로 도달하는 음을 무언가가 방해할 때 발생한다(March of Dimes, 2000). 즉, 음이 내이로 전달되지 못하도록 외이나 중이에 문제가 생겼을 때를 의미한다. 귀지, 병균 감염(중이염) 혹은 귓속 모양의 기형 등이 원인이 될 수 있다. 이 손실의 유형은 항상 일시적이고 수술이나 약물치료로 고칠 수 있다(Herter, Knightly, & Steinberg, 2002; NIDCD, 1999).

감음신경성(감각신경성) 청력손실은 내이(와우관), 청신경의 결함이 원인이 될 수 있다(Kirk, Gallagher, Anastasiow, & Coleman, 2006). 약물의 부작용이나 내이염, 뇌막염 등과 같은 바이러스 염증, 홍역과 같은 고열을 일으키는 질병 등에 의하여 내이의 와우에서 대뇌피질의 청각중추에 이르는 감음기관에 이상이 생긴 상태를 말한다.

혼합성 청력손실은 전음성과 감음신경성 손실이 혼합되어 나타나는 유형을 말한다. 이 청력손실은 중이나 내이와 같이 외이에서의 문제들로부터 생긴다(NICD, 1999). 이 유형의 사람들은 음 수준을 다르게 하였을 때와 같이 소리를 왜곡하여 듣는다. 또한 만성 중이염에서와 같이 염증에 의하여 중이의 증폭기능이 장애를 받는다. 내이까지 염증이 번져 내이의 감각신경성에 손상을 입는 경우도 있다.

중추성 청력손실은 뇌 경로의 손상이나 뇌에서 청각 영역의 지각에 변화가 있을 때 생긴다(NICD, 1999). 이 유형은 빈번하게 나타나지는 않는다.

3. 원 인

청각장애의 원인은 유전적 원인과 환경적 원인으로 구분할 수 있다.

영구적인 농과 난청이 되는 원인의 절반 이상이 태아기에 발생한다(Newton & Stokes, 1999). 이러한 원인들은 유전적 요인이 1/3, 환경적 혹은 후천적 요인이 1/3이고, 1/3은 잘 알려지지 않은 요인이다(Herter, Knightly, & Steinberg, 2002). 어떤 증거들에서는 원인들 중에 유전적 요인이 1/2, 환경적 요인이 1/2이라고 분류하였다(NICD, 2000). 즉, 농과 부분적 농의 원인인 다양한 단일 유전뿐만 아니라 유전적 증후군도 청각장애의 원인으로 기록된 문서들이 70가지나 된다. 환경적 원인들은 임신기간 혹은 출생과정 동안의 감염뿐만 아니라 박테리아에 대한 노출, 바이러스, 독소, 외상도 포함된다(Herter, Knightly, & Steinberg, 2002).

1) 유전적 원인

유전적 원인은 부모의 양쪽 혹은 한쪽으로부터 유전되는 질병이다. 청각장애부모나 비청각장애부모의 어느 쪽이든지 유전될 수 있으며, 청력손실이 틀림없다고 확신을 가지는 유전적 청각장애의 여러 유형은 200가지가 넘는다(NICD, 1999).

다른 유전적 결함을 가진 장애 아동들은 청각장애와 관련될 수 있다. 예를 들면, 다운증후군(유전적 결함이 정신지체와 관련) 아동이 좁은 귀 통로를 가지는 것과 중이 감염의 경향이 있는 것은 청각장애의 원인이 될 수 있다. 전음성 청력손실의 결과를 가져오는 갈라진 입천장(입과 입 가장자리를 벌릴 때)을 가진 사람들은 항상 중이 감염이 반복될 수 있다(Herter, Knightly, & Steinberg, 2002; Roizen, 1997).

모자혈액 불일치와 같은 유전적 이상은 태아는 Rh−이고 모체는 Rh+일 때 나타날 수 있다. 모체의 면역체계는 모체의 혈액순환체계에 들어갈 때 태아의 적혈구를 파괴하면서 시작된다. 그 결과 태아는 자궁에서 죽거나 빈혈이 될 수 있다. 아동이 생존해 있다면 청력손실이 될 확률이 높다. 로감(RhoGAM)은 모체에서 항체 형성을 막아 주는 데 유용한 약품이다. 보통 첫 번째 임신은 영향을 미치지 않을 수도 있다. 그러나 그다음 일어나는 병의 이상은 확인과 처치를 하지 않아도 될 만큼 안전하다(Ward & McCune, 2002).

태어날 때 나타나는 유전적 결함이 모두 청력손실로 남아 있는 것은 아니다(Boothroyd, 1988). 완벽하게 정상적인 청력을 가지고 태어난 아기도 유전의 결과처럼 몇 개월 혹은 몇 년 안에 청력을 잃을 수도 있다(Herter, Knightly, & Steinberg, 2002). 교사는 정상적인 청력의 범위를 나타내는 아동에게서도 손실이 발생할 수 있다는 것을 알고 아동의 손실을 나타내는 신호를 짐작할 수 있어야 한다.

기타 유전적 원인으로 등골이 난원창에 비정상적으로 붙어 있게 하는 질병인 이경화증(otosclerosis)이 있다(김영욱, 2007).

2) 환경적 원인

환경적인 영향은 산모가 임신기간 동안 가질 수 있는 질병이나 감염과 관련하여 영아가 태어나기 전에 시작된다. 예를 들면, 어머니의 방치된 당뇨병은 아기에게 청력손실의 원인이 될 수 있다(Newton & Stokes, 1999).

주혈원충병(toxoplasmosis, 住血原蟲病)은 충분히 익히지 않은 감염된 양고기를 먹거나 오염된 고양이 배설물 취급에 의해 걸릴 수 있다. 이것은 유럽에서 나타나는 대부분의 기생충 질병이다(Batshaw & Perret, 1992).

풍진(rubella, 독일 홍역)은 어머니에 의해 걸리며 아동에게서 청력손실뿐만 아니라 정신지체와 시각장애의 원인이 될 수 있다. 지금은 풍진 백신의 출현으로 매우 적은 수가 발생하고 있다(Steinberg & Knightly, 1997).

사이토메갈로 바이러스(cytomegalovirus: CMV, 헤르페스 바이러스의 일종으로 조직의 변화를 초래)는 어머니의 자궁 감염에 의한 것으로, 미국에서는 농의 주요 환경적 원인이다. CMV는 진단을 못하거나 오진(가끔 유행성 감기로)할 수 있다. 특히 태반을 통해 태아에게 영향을 미치는 유해한 바이러스이며, 수유 시에 모유를 통해서도 감염될 수도 있다(Strauss, 1999). 전문가는 실제로 CMV에 노출되었거나 풍진이 원인이 된 청력손실 아동을 생각해야 한다(Gothelf, 1991). CMV는 저체중아, 조산아와 매우 관련이 높으며 또한 청력손실의 결과와 마찬가지로 조산의 원인으로 여겨진다. 풍진의 발생률이 1% 감소하는 동안 CMV는 1~2% 증가하였다(Holden-Pitt & Diaz, 1998).

단순포진 바이러스(herpes simplex virus)는 치료를 하지 않아서 영아가 감염되었다면 60%는 죽음에 이른다. 생존했다 하더라도 심각한 신경학적 문제나 잠재적인 청력손실을 가질 수 있다. CMV는 헤르페스 바이러스의 한 형태로 생각해야 한다(Papas, 1985).

소음공해 특히 시끄러운 소리, 지속적인 불쾌한 소리는 청력손실의 원인이 될 수 있다. 조산아를 위한 '미숙아 보육기'에서 나오는 소리도 청력손실과 관련된다고 의심할 수 있다. 그러나 이것은 증명된 것은 아니다(Batshaw & Perret, 1992).

뇌막염(meningitis: 뇌와 척수를 덮는 세포막의 염증)은 언어 습득 후 청력손실을 일으키는 가장 큰 원인이 되며(김진호 외, 2002), 출생 후 감염은 청신경을 손상시킬 수 있다. 감염치료를 위해 조심스럽게 표준에 의거해서 영아에게 항생물질을 투여해야 하는데, 그렇게 하지 못했을 경우 그것이 청신경 손상의 원인이 된다(Batshaw & Perret, 1992). 그러므로 모든 영아는 뇌막염 예방접종을 해야 한다.

중이염(otitis media)은 언어 습득 후 원인으로 중이의 보편적인 감염이며, 치료를 하지 않거나 혹은 잠복기가 길거나 재발한다면 청력손실의 원인이 된다. 중이염은 일반적으로 경도에서 중등도의 청력손실과 관련된다. 중이염은 항생제로 치유될 수 있지만 완치하지 않고 방치하였을 경우 염증 등으로 인하여 고막에 문제가 생겨 난청이 될 가능성도 있다.

반규관과 와우에 영향을 주는 미로장애인 메니에르병(Meniere's disease)은 평형에 문제가 생겨 똑바로 서 있을 수가 없다. 현기증, 이명, 난청이 나타나며, 40~60세에 발생 빈도가 높으나 10세 이하의 아동도 영향을 받을 수 있다(김영욱, 2007 재인용; Heward, 2003).

출생과정 동안 질식(asphyxia: 산소 부족)에 의해서 청력손실이 발생할 수도 있다(NIDCD, 2000).

조산과 저체중 영아 특히 약 900g 미만의 저체중 영아와 태어날 때 1.8kg보다 적은 영아는 청력손실의 위험이 정상체중아보다 크다. 그러나 현재 신생아실에서 사용되고 있는 구조기술이 점점 더 성공적이어서 청력을 손실할 확률이 낮아지고 있다(Newton & Stokes, 1999; Rais-Bahrami, Short, & Batshaw, 2002).

청각장애는 태어날 때 결함을 가질 수도 있다. 의심스러운 결함이 있다면 청각뇌반응검사(auditory brain stem response test)로 확인할 수 있다. 청력 결함의 20~30%는 초기 아동기에 발생하기 때문에 선별을 위해서 규칙적인 간격으로 관리해야 한다. 생후 3개월에 청력 결함으로 진단받고 태어날 때 청력손실을 확신할 수 있다면, 영아도 자신에게 꼭 맞는 보청기를 착용할 수 있다. 초기 진단은 부모의 심정을 헤아려서 조심스럽게 접근해야 한다(Herter, Knightly, & Steinberg, 2002; NIDCD, 1999).

4. 진단평가

아동의 청력손실은 조기에 발견하고 판별할수록 의사소통 기술뿐만 아니라 언어발달에서 그 효과가 높을 수 있다. 그러나 어린 시기에 청력 손상 유무를 발견하기란 쉽지 않다. 그렇기 때문에 어린 아동들을 주의

깊게 지켜보아야 한다. 다음과 같은 아동의 특성은 청력손실로 의심해 볼 수 있다(김영욱, 2005).

- 자주 귀앓이를 하거나 귀에서 고름이 나오는 등 귀와 관련된 문제를 가지고 있다.
- 말소리가 명료하지 않거나 조음이 또렷하지 못하다.
- 연령에 맞는 소리를 산출하지 않고 소리를 완전히 생략한다.
- 라디오, TV 등을 듣거나 볼 때 보통 사람들이 불평할 만큼 큰소리로 듣는다.
- 다시 말하라고 자주 요구한다.
- 언어적 요구를 자주 틀리게 이해한다.
- 말하는 활동에 참여하지 않으려고 한다.

그러므로 영유아기에 청각에 의심이 가는 부분이 있으면 판별을 위한 정확한 진단을 하여야 하며, 청각장애의 정도와 유형을 확인하기 위해서는 청력검사가 이루어져야 한다.

1) 순음청력검사

순음청력검사(pure-tone audiometry test)는 3세 이후의 아동에게 사용할 수 있으며, 청력손실을 결정하는 가장 공통된 검사다. 청력측정기(audiometer)는 헤드셋으로 피검자에게 음을 들려주고 그 음을 표현하게 한다. 청력측정기는 이어폰을 통해 귀로 들려오는 음의 범위와 빈도(진동), 강도를 측정한다. 음이 들리면 손을 들어올려서(혹은 마이크로폰에 말하기) 소리에 반응하게 하는 검사다. 즉, 피검자에게 주파수별로 순음을 들려주면서 각 주파수대의 청력역치(Hearing Threshold Level: HTL)를 측정하는 방법이다(김영욱, 2007). 이러한 반응은 청력도(audiogram)라 불리는 그래프에 기록된다. 청능사는 결과를 검토하여 청력손실의 범위와 장애 정도를 결정할 수 있다. 보다 정교한 청력측정기는 말 반응을 측정하고 판별하여 나타낼 수 있다(Paul & Quigley, 1994). 순음청력검사에는 기도청력검사와 골도청력검사가 있다.

2) 골전도 검사

뇌의 청력체계를 통해 음의 움직임을 측정하는 순음청력검사와 골전도 검사(bone-conductor test)는 둘 다 유아와 학령 전 아동에게 공통적으로 사용할 수 있다. 뇌에서 (뇌간에서 청력 인지) 음의 반응은 진동으로 뇌의 반응을 도표화한 그래프에 기록한다(Linden, Kankkunen, & Tjellstrom, 1985). 진동은 전극에 의해 아동의 귀로 수신된다. 음이 외이와 중이를 거치지 않고 직접 두개골을 진동시켜 내이를 자극하기 때문에 고막이나 이소골 상태에 영향을 받지 않고 청각경로 기능이 어떠한지 살펴볼 수 있는 장점이 있다(김영욱, 2007). 청능사는 일반적인 사람들의 청력검사 반응과 검사받는 사람의 반응을 비교해서 청각장애 혹은 청력손실을 확인할 수 있다(Linden, Kankkunen, & Tjellstrom, 1985).

3) 놀이청력검사

놀이청력검사(play audiometry test)는 소리를 지르고 움직이면서 장난감을 가지고 노는 즐거운 환경에서 수행한다. 장난감은 호흡이나 심장박동의 (느린 심장박동을 나타내는 것에 주의) 변화와 눈 깜박거리는 것과 같은 반응을 유도하기 위해 사용된다.

진행은 아동을 양육자의 방으로 데려와서 실시한다. 검사자는 흥미로운 장난감으로 아동의 마음을 흩트린다. 삐삐 하는 소리를 방에서만 낸다. 더 홍미로운 장난감을 보이기 위해 커튼으로 가려서 장난감을 들어 올리면서 소리가 나도록 변화를 준다. 아동이 이것 때문에 놀라면 말을 하지 않는다. 청력손실이 없는 아동은 커튼 뒤에서 장난감을 올렸다 내렸다 하기 전에 숨겨 놓은 장난감이 있는 곳으로 방향을 바꾸어 쳐다보고 소리의 변화를 듣는다. 만약 소리가 날 때 방향을 바꾸어 쳐다보지 않는 아동이 있다면 청력손실을 의심해 보아야 한다(Herter, Knightly, & Steinberg, 2002).

다른 놀이행동 평가들은 아동들이 들은 소리를 표시할 때 소리에 대해 반응하면 보상을 주는 조건화의 원리에 기초를 둔다. 보상은 장난감을 가지고 놀면 항상 지급한다. 놀이조건청력검사(play-conditioning audiometry)는 어린 아동들의 청력평가를 위해 믿을 수 있는 훌륭한 기술이다(Paul & Quigley, 1994).

소리는 머리띠에 붙은 전극에 의해 수신되어서 아동의 귀를 통해서 들어온다. 들어온 음의 패턴이 컴퓨터를 통해서 전송되면, 청능사는 수신된 음의 특징을 결정한다(Green, 1999).

4) 시각강화청력검사

시각강화청력검사(visual reinforcement audiometry test)는 6개월에서 2.5세 사이의 아동에게 사용할 수 있다(Herter, Knightly, & Steinberg, 2002). 먼저 아동을 부모의 무릎에 앉힌다. 90도 각도 한쪽 측면에는 희미한 유리 상자 안에 장난감이 있다. 소리가 나면 상자 안에 있는 장난감에 조명을 비춘다. 이후에 아동이 장난감과 소리가 연합하여 조건화되면 검사가 시작된다. 연속되는 소리 신호를 보낼 때 장난감을 보기 위해 방향을 바꾸는데 실패한다면 청력 결함을 의심해 볼 수 있다.

5) 청각뇌간반응검사

딸깍 하는 소리가 귀 안까지 들리면 전형적인 아동의 귓속에는 공명이 생긴다. 만약 공명이 생기지 않는다면 상담을 통해서 아동의 청력을 연구 혹은 조사해야 한다(Green, 1999). 청각뇌간반응(auditory brainstem response: ABR)은 들을 수 있는 유아에게는 적합하지 않거나 우선시되는 평가방법이 아니더라도 손쉽게 실시할 수 있다는 장점이 있다(Kirk, Gallagher, Anastasiow, & Coleman, 2006). 청각뇌간반응검사(auditory brainstem response test, 뇌간유발반응검사)는 뇌에서 일어나는 전기적 반응 활동이 수면이나 마취 상태 동안 지속되기 때문에 행동검사에서 역치측정이 불가능한 생후 4~5개월 유아에게 실시할 수 있다(김영욱, 2007 재인용; McCracken & Laoide-Lemp, 1997). 또한 이 검사는 중이의 귀 통로를 통해 이동한 소리는 음을 보내고 진동을 일으키는 수천 개의 청각세포를 자극한다는 사실에 근거를 둔다(Green, 1999). 검사 시 작은 마이크로폰을 사용하는데, 이것은 외이에서 음을 기록하고 수신하는 것이 가능하다. 만약 음을 수신할 수 없다면 더 나은 평가방법은 손가락으로 가리키는 것이다.

6) 행동관찰청력검사

청능사는 3세보다 더 어린 아동에게 청력검사를 위해 행동관찰청력검사(behavior observation audiometry)를 사용한다. 아동은 흥미로운 장난감이 있는 환경 공간에 있고, 관찰자는 외부에서 아동의 반응을 기록한다. 머리 돌리기, 눈 깜빡거리기, 웃기, 소리 나는 쪽으로 움직이기, 소리가 나는 쪽으로의 반응 부족 등을 기록한다(Kirk, Gallagher, Anastasiow, & Coleman, 2006). 즉, 구조화된 조건에서 먼저 소리를 들려주고 그에 대한

행동 반응을 살펴봄으로써 청력의 상태를 측정하는 방법이다(김영욱, 2007).

5. 교수전략

1) 의사소통 방법

청각손실 아동의 언어를 가르치는 방법적인 논쟁은 유럽에서부터 시작되었다. 독일을 중심으로 한 구화법(oral method)과 프랑스를 중심으로 한 수화법(manual method)이 청각장애 아동의 의사소통 방법으로 강조되어 왔다. 이러한 논쟁의 대안으로 토털 커뮤니케이션 학습법과 이중언어/이중문화 교육이 사용되고 있다.

청각-구화법(audiotory-oral method)은 의사소통 기능으로 개발된 말하기, 말 읽기, 음 확장을 통해서 잔존청력을 사용한다. 청각-구화 프로그램은 수화나 지화(指話) 사용을 권장하거나 사용하지 않는다. 즉, '말하는 것'에 주의를 기울이게 한다(김진호 외, 2002). 또한 수화 의사소통은 건청인의 세계에서 아동의 적응을 방해한다고 믿는다(Stone, 1997).

청각-구화법에서 중요한 기능 중의 하나는 말 읽기(speech reading, 입술 읽기, 독화)다. 이것은 중도 청각장애를 가진 사람들이 건청인들과 의사소통하는 한 가지 수단이다. 복잡한 수지적 의사소통체계를 배우는 데 곤란을 겪는 건청인은 거의 없기 때문에 건청세계와 의미 있는 접촉을 원한다면 말 읽기를 배워야 한다.

말 읽기는 말하는 사람의 얼굴에서 나타나는 특이한 표현 때문에 가능하다. 영어에서 어떤 음들은 같게(homophone) 보이지만, 어떤 음들은 다르게(allophone) 보인다. 동음들은 비슷한 방법으로 또렷하게 들리고 말하는 사람의 입술과 얼굴에서 같아 보인다(예: cite, height, night). 영어에서 단어 절반은 동음을 가지는데, 이것이 말 읽기가 어려운 이유 중의 하나다(Kirk, Gallagher, Anastasiow, & Coleman, 2006).

청각-구어법(audiotory verbal method)은 듣고 말하기 기능을 개발하기 위해서 음증폭기 사용을 권장한다. 이것은 아동이 소리를 듣고 음을 변별하도록 가르치는 청각훈련도 포함한다. 이 방법은 경도 혹은 중도의 학령기 청각장애 아동에게 널리 사용되어 왔지만, 특히 학령 전 중도 청각장애 아동에게 더 효과적이다. 청각 전문가들의 목표 중 하나는 초기 훈련과정에 부모를 교육하고 훈련에 포함시키는 것이다(Goldberg, 1997).

지문자(finger spelling)는 허공에 글씨를 쓰는 것으로, 아동이 단어의 철자를 쓸 때 연필 대신에 손으로 쓰는 것이다. 지문자는 사람들이 쓰는 글자보다도 손짓처럼 복잡한 손 모양에서 서서히 발전한 것이다(Ertling, Theman-Preziuso, & Benedict, 2000). 지문자는 학령 전 난청아동 사이에서 말하기와 함께 결합되어 사용되었다(Gallagher, 1974; Moores, 1996). 미국에서 말하기와 함께 사용하는 지문자는 로체스터법(Rochester method)으로 알려진 것이 일반적이다(NICD, 1999). 미국에서 로체스터법은 읽기에서 글자-음소 대응을 입증하기 위해 사용되었다. 러시아에서 지문자는 학령 전 농과 난청 아동들에게 말하기를 가르치기 위해 공통적으로 시작하는 방법이다.

토털 커뮤니케이션법(total communication method)은 지문자, 손짓, 말 읽기, 말하기를 결합시킨 방법이다. 미국농학교경영자회의(The Conference of Executive of American School for Deaf, 1976)에서는 토털 커뮤니케이션을 '청각장애인들의 효과적인 의사소통을 위해서 적당한 청각적, 수지적, 구어적 의사소통 방법의 통합을 요구하는 철학'이라고 정의하였다. 토털 커뮤니케이션을 사용하는 사람들은 수화나 지문자와 같은 손을 사용하는 의사소통과 청각-구화법과 잔존청력을 통한 구어적 의사소통을 동시에 사용하면 아동들이 한두 가지 양식의 의사소통 중 하나를 능숙하게 사용할 수 있게 된다고 주장한다(김진호 외, 2002 재인용; Ling, 1989). 이러한 토털 커뮤니케이션 의사소통의 수업방법으로는 청각-구어법이 가장 보편적이고, 그다음으로 청각-구화법이 보편적으로 사용되고 있다(Paul & Quigley, 1994).

이중언어-이중문화 접근법(bilingual-bicultural method: 2Bi)은 두 가지 언어와 두 가지 문화를 배우는 것으로, 청각장애학생들이 청각장애인의 언어와 일반언어 그리고 청각장애인의 문화와 일반인들의 문화를 모두 습득하도록 하는 방법이다(이소현, 박은혜, 2006 재인용; Turnbull, Shank, & Smith, 2004). 학습에서 1차적으로는 수화를 가르치고, 2차 언어로 모국어를 가르친다. 이것은 두 언어를 사용함으로써 두 문화 속에서 생활할 수 있도록 하는 방법으로 농교육에 있어서 새로운 접근방법이다.

2) 학습지원

청각장애 아동의 학습을 지원하기 위한 대표적인 보조기구는 보청기다. 보청기는 음을 증폭시키는 기능을 하며, 소리를 받아들여 전기 신호로 바꾸어 주는 장치다. 청각장애 아동에게 알맞은 보청기를 가능하면 어린 시기에 착용하게 하는 것은 환경에 대한 올바른 소리 인식으로 의사소통과 이후의 학습 준비에서 효과적으로 대처할 수 있게 해 준다. 보청기에는 다양한 디자인이 있으며, 특히 FM(Frequency Modulated systems) 보청기는 작은 마이크에 교사가 말을 하면 소형 라디오와 같은 송신을 통해 청각장애학생이 착용하고 있는 보청기로 확대된 음이 전달된다(이소현, 박은혜, 2006).

심각한 청각장애를 가진 성인과 아동들에게 주요한 기술적인 진보는 문자전화기(teletypewriter-printer: TTY 혹은 TT) 장치다. TTY는 1964년 농을 가진 물리학자와 치열교정 의사에 의해 개발되었다. 타자기로 친 정보를 전기적 신호로 메시지를 바꾸어서 전화선을 통해 전달하는 이 기계는 중도 청각장애를 가진 사람들이 사용할 수 있도록 하였다. 청각장애인용 전화기 TDD(Telecommunication Devices for the Deaf: TDD)는 같은

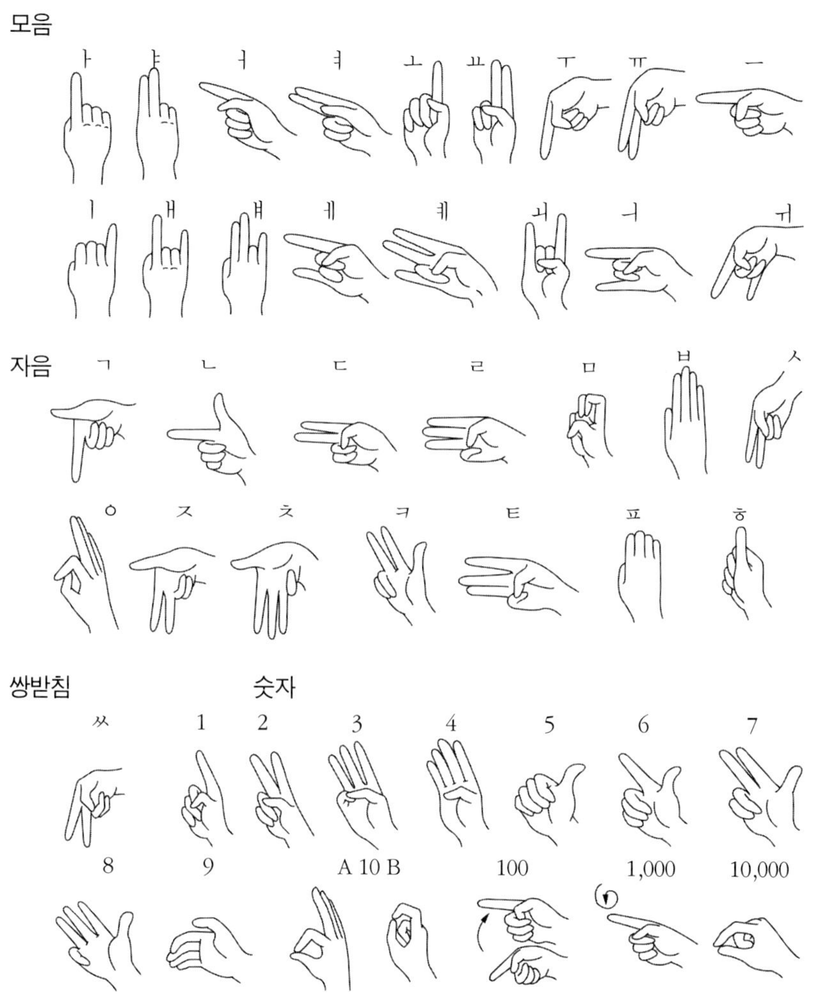

[그림 9-2] **한글 지문자**

출처: 이소현, 박은혜(2006). p. 261.

종류의 시스템이다. 일반적으로 미국에서는 TDD 시스템으로 50만 개 이상의 역(station)에서 메시지를 주고받을 수 있다. 기계와 메시지 이용 요금이 비싸다는 단점이 있지만, 먼 거리를 가로질러 정보를 전달하는 데 청각장애인에게 매우 효과적인 방법을 제공한다. 전화중계 서비스(Telecommunication Relay Service: TRS)는 일반 전화기를 사용하는 사람들과 더불어 농과 난청을 가진 청각장애인들에게 교환원을 통하여 정보를 전달하기 위해 필요한 서비스다. 교환원은 전화 사용자의 원문을 받아서 사람들의 반응을 타이프해서 전화 사용자에게 제공한다.

자막 서비스는 청각장애인들이 정보를 얻는 데 용이하다. 대부분 TV 방송이나 영화는 큼직한 글자와 함께 자막 처리되어 제공한다. 별도의 자막을 볼 수 있는 장치를 설치하면 뉴스나 드라마도 시청할 수 있다. 미국에서는 모든 새로운 TV에 자막기능이 삽입되도록 법으로 명시하고 있다.

경보기는 청각장애인들이 일상생활을 영위할 수 있도록 하기 위해 필요하다. 특히 출입문의 벨소리, 화재경보, 자명종, 전화벨 등의 소리를 듣지 못하는 청각장애인들이 소리 대신 신호를 전달받을 수 있도록 깜빡이는 시각적인 단서를 사용하는 알림장치다(이소현, 박은혜, 2006).

수화통역사는 청각장애 아동들의 학습지원에 많은 도움을 주며, 특히 중등부 학생들의 학업결손을 감소시키고 원하는 대학에 갈 수 있도록 많은 역할을 한다(김진호 외, 2002). 청각장애 아동들의 다양한 욕구 변화로 인해 수화통역사들의 역할이 점점 더 증가할 것으로 전망할 수 있다.

제10장

시각장애

시각장애

1. 정의 및 분류

'시각장애' 분야에서는 법적 · 학술적 · 의학적 정의가 사용되고 있다. 이 장에서는 법적 정의와 학술적 정의에 대해 각각 알아보고자 한다.

1) 법적 정의

시각장애를 법률적으로 판단하고 정의하는 주요 기준은 '시력(visual acuity)'과 '시야(field of vision)'다. 시력은 형태를 분명하게 구별하거나 특정 거리에서 작은 사물을 변별하는 능력, 즉 눈으로 볼 수 있는 명료도를 의미한다. '시력 1.0'은 '20피트의 거리에서 대부분의 사람이 볼 수 있는 것을 내가 20피트의 거리에서 볼 수 있다는 것'을 의미한다(20/20=1.0). 만약 보통 사람이 20피트 떨어진 거리에서 볼 수 있는 것을 나는 10피트까지 다가가야 볼 수 있다면 나의 시력은 10/20, 즉 0.5가

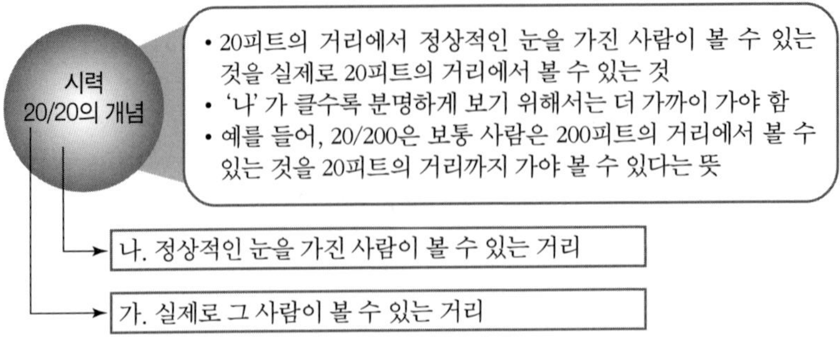

[그림 10-1] 시력의 개념

된다.

시야는 눈으로 볼 수 있는 범위를 의미한다. 즉, 시야는 눈으로 정면의 한 점을 주시하고 있을 때 눈에 보이는 외계의 범위다(김윤옥 외, 2005). 두 눈의 시야 사이는 겹치는 부분이 일부 있지만 완전히 겹치지는 않는다. 정면을 똑바로 응시할 때 정상적인 눈을 가진 사람은 약 180도 범위 내의 사물을 볼 수 있는데, 시야가 10도에 불과하다면 시력이 좋다 하더라도 그 시력으로 볼 수 있는 영역에 제한을 받게 되므로 법률적으로 시각장애의 요건이 된다.

시각장애인에 대한 법적 정의는 나라마다 조금씩 다르지만, 최근에는 거의 모든 나라에서 '맹(blind)'과 '저시력(low vision)'을 구분하여 사용하고 있다. 미국과 우리나라의 시각장애의 법적 정의는 다음과 같다.

(1) 미국

미국에서 법적 '맹'은 두 눈 중 좋은 눈을 교정하고 시력이 20/200(0.1) 이하이거나 또는 20/200 이상이고 시야가 20도 이하인 경우를 말한다. 여기서 '교정'이란 콘텍트 렌즈나 안경을 쓰고 시력을 측정한 것을 의미한다.

또한 법적 '저시력(약시)'이란 교정시력이 20/200(0.1) 이상, 20/70(0.3)

이하를 말한다.

(2) 우리나라

우리나라에서는 「장애인복지법 시행규칙」과 「특수교육진흥법(장애인 등에 대한 특수교육법)」에서 시각장애인을 정의 · 분류하고 있다.

〈표 10-1〉에는 우리나라 「장애인복지법」상의 시각장애인의 등급을 신 · 구 비교를 통해 소개하였다. 2013년 4월 3일 「장애인복지법」이 개정되면서 기존에 잘못 사용되던 표현이나 기준이 정선되었으나, 여전히 여섯 등급으로 세분화되어 있어 이해하기 어려운 측면이 있다.

「장애인 등에 대한 특수교육법」상의 '시각장애를 지닌 특수교육 대상

표 10-1 「장애인복지법」상의 시각장애인의 등급(신 · 구 비교)

등급	구 등급표	신 등급표(2013년 개정)
제1급	좋은 눈의 시력(만국식 시력표에 의하여 측정한 것을 말하며, 굴절이상이 있는 사람에 대하여는 교정시력을 기준으로 한다. 이하 같다)이 0.02 이하인 사람	좋은 눈의 시력(공인된 시력표에 의하여 측정한 것을 말하며, 굴절이상이 있는 사람에 대하여는 최대 교정시력을 기준으로 한다. 이하 같다)이 0.02 이하인 사람
제2급	좋은 눈의 시력이 0.04 이하인 사람	좋은 눈의 시력이 0.04 이하인 사람
제3급	1. 좋은 눈의 시력이 0.08 이하인 사람 2. 두 눈의 시야가 각각 주시점에서 5도 이하로 남은 사람	1. 좋은 눈의 시력이 0.06 이하인 사람 2. 두 눈의 시야가 각각 모든 방향에서 5도 이하로 남은 사람
제4급	1. 좋은 눈의 시력이 0.1 이하인 사람 2. 두 눈의 시야가 각각 주시점에서 10도 이하로 남은 사람	1. 좋은 눈의 시력이 0.1 이하인 사람 2. 두 눈의 시야가 각각 모든 방향에서 10도 이하로 남은 사람
제5급	1. 좋은 눈의 시력이 0.2 이하인 사람 2. 두 눈에 의한 시야의 2분의 1 이상을 잃은 사람	1. 좋은 눈의 시력이 0.2 이하인 사람 2. 두 눈의 시야가 각각 정상시야의 50% 이상 감소한 사람
제6급	나쁜 눈의 시력이 0.02 이하인 사람	나쁜 눈의 시력이 0.02 이하인 사람

자는 시각계의 손상이 심하여 시각기능을 전혀 이용하지 못하거나 보조공학 기기의 지원을 받아야 시각적 과제를 수행할 수 있는 사람으로서 시각에 의한 학습이 곤란하여 특정의 광학기구 · 학습매체 등을 통하여 학습하거나 촉각 또는 청각을 학습의 주요 수단으로 사용하는 사람' 이다.

우리나라에서 시각장애를 정의하고 있는 두 법률이 강조하는 것은 서로 다르다. 「장애인복지법 시행규칙」은 법적으로 시각장애인을 정의 · 분류하는 데 초점을 맞추는 데 비해, 「장애인 등에 대한 특수교육법」은 시각장애학생의 학습권 보장을 위하여 실질적인 학습 수단에 초점을 맞춘 분류법을 채택하고 있다.

2) 교육적 정의

교육적인 측면에서는 학습의 주된 수단이 무엇인가에 따라 '교육적 맹', '교육적 저시력' 으로 구분한다(임안수, 2006). 따라서 점자가 아닌 묵자(일반 활자)로 주로 학습한다면 '교육적 저시력' 에 해당하며, 시력을 사용하지 않고 청각과 촉각(점자) 등 다른 감각으로 학습한다면 '교육적 맹' 으로 본다.

앞서 소개한 것처럼 법률적으로 시각장애를 정의하기 위해서는 시력과 시야에 대한 의학적 측정이 이용되었던 것과는 대조적으로, 교육을 담당하는 사람의 입장에서는 학습을 위해 시각적, 촉각적 수단을 사용하는 정도에 근거한 정의와 분류를 선호하고 있다(김진호 외, 2002).

미국 IDEA에서도 시각장애를 '교정을 한 시력이 아동의 교육적 수행에 영향을 주는 것' 으로 정의하면서 시각과 학습의 관계에 초점을 맞추고 있다. 호주에서는 시각장애교육 대상아를 선정하는 데 시력이 0.25 미만인 자로 하되, 안진(안구진탕–눈이 본인의 의지와 상관없이 움직이는 것)이 있을 때는 0.3까지로 한다고 규정하고 있다(Kelly & Gale, 1998).

우리나라의 교육적 정의는 시각장애, 맹, 저시력의 세 가지로 구분할 수 있다(김진호 외, 2005). 시각장애는 두 눈 중 좋은 쪽 눈의 교정시력이 0.3 미만이거나 교정한 상태에서 학습활동에 어려움을 겪는 상태다. 맹은 두 눈 중 좋은 쪽 눈의 교정시력이 0.05 미만이거나 좋은 쪽 눈의 시야가 20도 이하인 자 또는 시각을 학습의 주된 수단으로 사용하지 못하고 촉각이나 청각을 주된 수단으로 사용하는 상태다. 그리고 저시력은 두 눈의 교정시력이 0.05 이상 0.3 미만인 자 또는 저시력 기구나 시각적 환경 또는 방법의 수정 및 개선을 통하여 시각적 과제를 학습할 수 있는 상태다.

2. 눈의 구조

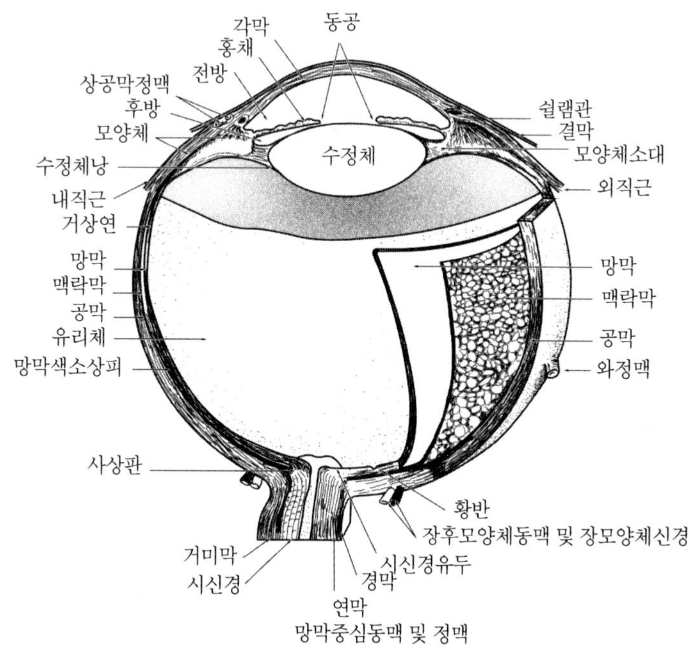

[그림 10-2] **안구의 내면 구조**

출처: 임안수(2006). p. 44.

시각장애의 원인을 알기 위해서는 눈의 구조와 눈에 관련된 질환에 대해 이해하고 있어야 한다. [그림 10-2]와 〈표 10-2〉는 우리 눈의 주요 구조 및 기능을 보여 준다.

표 10-2 **눈의 구조와 기능**

구조	구성	세부 구성	기능
안구 (eyeball)	외막 (outer coat)	각막 (cornea)	• 안구 보호 • 광선을 굴절시켜 망막에 도달시킴
		공막 (sclera)	• 안구의 형태를 유지 • 외안근이 공막에 부착되므로 안구운동의 지주 역할
	중막 (middle coat)	홍채 (iris)	• 홍채 중심의 동공이 빛의 양에 따라 눈으로 들어오는 광선의 양 조절(조리개)
		모양체 (ciliary body)	• 홍채의 지붕을 형성하고, 그곳의 근섬유들을 조절하여 수정체의 크기 조절 • 방수의 생산 및 방출
		맥락막 (choroid)	• 망막의 바깥 1/3의 대사작용 주관 • 공막을 통하여 들어오는 광선을 차단/흡수하여 광선의 반사에 따른 시력 결손 방지
	내막 (inner coat)	망막 (retina)	• 시각에 가장 중요한 역할 • 빛의 파장 탐지, 색각기능 • 상을 시신경을 통해 대뇌로 보냄
	안내용물	수정체 (lens)	• 굴절기능 • 망막에 정확히 상을 맺도록 함
		유리체 (vitreous)	• 모양체와 맥락막으로부터 영양을 공급받음 • 내압에 의해 눈의 모양 유지
		방수 (aqueous humor)	• 일정한 안압 유지 • 수정체, 각막후면, 섬유주의 대사에 필요한 영양 공급

<table>
<tr><td rowspan="2">시신경
및
시로</td><td>시신경
(optical erve)</td><td>–</td><td>• 망막에 맺힌 상을 뇌로 전달</td></tr>
<tr><td>시로
(visual pathway)</td><td>시신경, 시신경교차, 외측슬상체, 시방선, 시각중추</td><td>–</td></tr>
<tr><td rowspan="5">눈
부속기관
(ocular adnexa)</td><td>안와(orbit)</td><td>–</td><td>• 안구 보호</td></tr>
<tr><td>안검
(eyelid)</td><td>–</td><td>• 외부 자극으로부터 눈 보호
• 눈으로 들어가는 광선의 양 제한
• 안구 표면에 눈물이 고루 퍼지게 함
• 잠을 잘 때 안구를 보호하고 누액의 증발을 막음</td></tr>
<tr><td>결막
(conjunctiva)</td><td>–</td><td>• 결막의 부누선에서 분비되는 점액과 누액이 결막 및 각막의 표면을 매끄럽게 만들어 안검운동과 안구운동이 잘 이루어지게 함</td></tr>
<tr><td>눈물기관
(lacrimal apparatus)</td><td>–</td><td>• 결막낭 내의 습기 보존/건조 방지
• 각막 건조 방지/각막에 산소 공급
• 누액 속의 리소자임(lysozyme) 효소가 결막낭 내의 세균 분해/증식 억제
• 안검과 안구 사이의 마찰 감소시킴</td></tr>
<tr><td>외안근
(extraocular muscle)</td><td>–</td><td>• 안구의 운동 조절</td></tr>
</table>

3. 원 인

전 세계에는 약 1억 8,000만 명의 시각장애인이 있으며, 이 중 약 70% 정도는 치료를 적절하게 받으면 시각장애를 예방할 수 있다(WHO, 1997). 그리고 나머지 30% 중 2/3에 해당되는 4,000만~4,500만 명은 적절한 치료가 없으면 잔존시력이 거의 없는 맹인이 되므로 예방이 무엇보다도 중요하다.

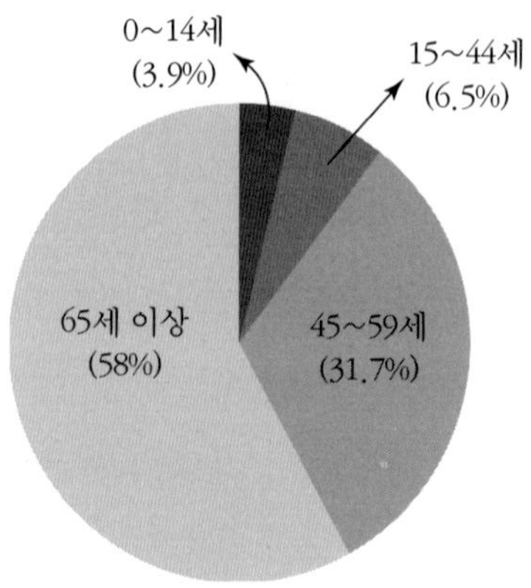

[그림 10-3] 맹인의 연령 분포

맹인의 연령 분포는 0~14세가 3.9%, 15~44세가 6.5%, 45~59세가 31.7%, 60세 이상이 58%에 이른다(Thylefors et al., 1995). 45세 이상의 성인 중 1,350만 명은 어떤 형태로든 시각장애를 갖고 있기 때문에, 시각장애인의 비율은 연령이 높을수록 급증하게 된다.

우리나라의 시각장애인 수는 2004년을 기준으로 18만 526명(남자 11만 5,616명, 여자 6만 4,910명)이다(보건복지부, 2004). 중복장애를 가진 아동이 시각장애 이외의 다른 장애로 등록될 경우, 시각장애가 있다 하더라도 시각장애를 다른 장애와 중복 계산하지 않는다. 그러므로 교사는 학생의 장애 종별에 관계없이 교육적 관점에서 시각장애를 가진 아동을 배려해야 한다.

실명의 주요 원인은 백내장 42%, 퇴행성 및 대사 이상 23%, 트라코마(trachoma) 16%, 녹내장 14%, 회선사상충증(onchocerciasis, river blindness)과 건성안(비타민 A 결핍) 5%다(임안수, 2006 재인용; Thylefors et al., 1995).

노년성 시각장애의 원인은 백내장, 녹내장, 당뇨망막병증, 노년성 황반변성(Age Related Macular Degeneration: ARMD) 순이며, 0~19세 아동의 경우는 선천성 백내장, 시신경 위축, 백색증, 미숙아망막병증, 간체세포

이영양증 등의 순으로 나타난다(Brilliant & Graboyes, 1999).

눈은 시각적인 환경 정보를 뇌에 전달하는 기능을 한다. 시각장애의 주요 원인은 원인이 생기는 부위와 증상에 따라 각막 관련 질환, 중막 관련 질환, 수정체 관련 질환, 방수 관련 질환, 망막 관련 질환, 시신경 질환, 외안근이상, 굴절이상으로 분류할 수 있다.

표 10-3 시각장애의 주요 원인과 증상

발생 부위	병 명	원 인	주요 증상 · 진행 · 특성
각막	각막염	세균, 진균, 바이러스, 상처 부위의 병원균 침입	• 충혈, 눈곱, 안구동통, 두통 • 손상된 각막에 세균 침입, 24~48시간 후에 발병 • 방치하면 각막염, 각막궤양, 눈 전체의 염증 · 실명 순으로 진행
	각막외상	상해, 타박상, 이물질, 화상	• 학령기 아동의 가장 대표적 시각장애의 원인 • 겉으로 보이는 상처가 낫더라도 내부 이상에 대한 치료시기를 놓치면 시력상실
	원추각막	열성유전 20~60세에 점차 진행됨	• 심한 난시, 원거리 시력 저하 • 각막 중심부가 서서히 얇아져서 원뿔 모양으로 앞으로 돌출 • 방치하면 반흔, 각막 파열, 실명 순으로 진행
중막	무홍채증	선천성 유전질환	• 홍채의 일부만 있거나 홍채가 자라지 않은 것 • 안구진탕, 수명, 수정체 탈구, 백내장, 녹내장 등의 다른 안과적 질환을 수반
	베세트병 (Bechet's diseases)	만성질환 (20~30세 남성의 발병률이 높음)	• 베세트병은 전신의 여러 장기를 침범하는 만성질환이며 실명률이 높은 안질환 • 구강점막 궤양, 혈관계 질환, 신경계 증상 수반 • 안과적 질환: 전방에 염증세포 출현, 안저에 출혈, 혈관염과 모세혈관폐색 출현 • 방치 시 망막, 기능저하, 실명 순으로 진행

수정체	선천성 백내장	주로 원인 불명: 유전성인 경우는 임신기 감염, 중독, 태아의 산소 결핍	• 한쪽 눈이나 양쪽 눈의 수정체에 혼탁이 생김 • 안구진탕, 사시를 동반하기도 함 • 대부분 정지성임 • 혼탁이 심해 안저가 보이지 않으면 수술해야 함 • 방치하면 중심와의 기능이 발달되지 않음
	후천성 백내장	노년성 백내장 (조직 노화)	• 수정체 섬유 단백질의 양이 많아지면서 수정체가 혼탁해지고 점차 진행되며 시력이 나빠지는 현상 • 80세 이상의 노인은 대부분 약간씩 백내장을 경험
		외상성 백내장 (외상)	• 외상/타박상으로 수정체가 파열/혼탁해지는 것
방수	원발성 녹내장	방수의 유출로 인한 안압 상승	개방각 녹내장 • 전방각은 정상이나 섬유주의 장애로 방수 유출이 되지 않아 안압이 상승하는 만성질환 • 자각증상 없이 약간 높은 안압 지속, 시력 저하, 시야 좁아짐, 야맹증, 실명 순으로 진행 • 녹내장 환자의 90% 이상이 개방각 녹내장 폐쇄각 녹내장 • 홍채근부가 각막과 접촉되고 전방각이 폐쇄되어 방수의 유출이 잘 되지 않아 발생함 • 전방각이 좁은 사람이 전방각 유출로가 막혀서 갑자기 안압 상승 후 심한 안통 · 두통 · 구토, 24~48시간 내에 치료하지 않으면 시신경 손상으로 실명함
	속발성 녹내장	홍채염, 모양체염, 수정체이상, 안저 출혈 등	• 홍채염 등에 의해 2차적으로 발생 • 전방각의 폐쇄나 섬유주의 폐쇄로 방수 유출로의 장애가 발생
	선천성 녹내장	방수가 유출되지 않아 안압이 상승됨	• 각막과 공막이 충분히 발육되지 않은 출생 시 또는 생후 1년 사이에 발생 • 안구가 확장되어 각막의 직경이 12mm(정상: 8~9mm) 이상으로 커지는 것 • 거대각막: 우안(牛眼)이라 불림 • 각막이 붓고, 혼탁이 생기며, 시신경이 위축되어 시력을 상실하며, 망막박리와 안구파열이 옴

망막	당뇨 망막병증	당뇨병	• 망막 중심부 출혈, 대출혈이 유리체 내부로 들어감, 시력 저하, 합병증으로 인한 녹내장 순으로 진행 • 20년 이상된 당뇨환자의 대부분이 시력상실
	미숙아 망막병증	조산	• 망막에서 혈관을 형성하게 될 전구조직이 산소를 매개로 하는 세포 독성 반응으로 손상을 받아 발생 • 심하면 전맹이 됨 • 대부분 시력이 약하며 근시, 녹내장, 망막박리 또는 안구진탕을 수반함
	망막박리	고도근시, 백내장 수술 후에 발생	• 망막이 색소상피층을 남기고, 유리체가 있는 내측으로 떨어지는 상태 • 망막의 일부분이 찢어지면 그곳이 시발점이 되어 주변의 망막이 들뜨게 되고, 떨어진 부위에 해당되는 시야의 결손으로 그 부분만이 보이지 않게 됨, 망막 중심부도 떨어지면 실명함
	망막색소 변성	유전 (10~20세경의 남자에게 주로 발생)	• 처음에는 망막의 시세포 중 간체에 영향을 미치지만, 결국 모든 시세포에도 장애를 일으킴 • 시야협착, 야맹증, 망막 주변에 흑색 색소 발생 • 주변시력만 저하하다가, 중심시력도 저하
	황반변성	유전성 노인성	• 근거리 시력과 원거리 시력이 나빠지며, 망막 중심부에 발병하고 암점이 나타남 • 직선이 흔들려 보이고, 글자를 읽을 때 군데군데 보이지 않다가, 중앙부가 보이지 않게 되며 색각, 대비, 민감도 등에 영향을 미침 • 진행성이며 심한 시각장애를 초래
	백색증	열성유전 (멜라닌색소 결핍)	• 머리와 피부는 희며, 홍채, 동공, 안저는 적색 • 만성 안검경련, 눈부심, 안진, 시력장애
시신경	시신경염	질병의 합병증	• 급격한 고도의 시력장애와 시야장애로 중심 암점이 나타남
	시신경 위축	시신경 섬유 파괴	• 시력, 시야, 대비가 감퇴되어 주변이 어두워지면 적응하기 어려워짐
	시로장애	뇌종양, 뇌출혈에 의한 혈관장애	• 시신경이 장애를 받으면 손상 받은 눈에 전맹이 오거나, 대광반사가 나타나지 않으며, 흑내장성 동공 강직이 나타남

	피질시각장애	미숙아, 뇌기형, 외상	• 시로 또는 후두부 돌출부의 장애로 일시적 또는 영구적인 시력상실
외안근 이상	사시	마비성, 비마비성	• 좌 · 우 안의 시축이 동일점을 향하지 않는 상태 • 시력 사용을 방해하며, 시력과 시야를 감퇴시키고, 백내장과 같은 다른 안질환을 수반함
	안구진탕	백색증, 무홍채증, 선천성 백내장 등	• 안구가 규칙적이고, 반복적이며, 불수의적으로 움직이는 것
굴절이상	근시	망막 앞에 초점이 맺음	• 가까운 곳이 잘 보이고 먼 곳이 잘 안 보이는 것 • 눈에 들어오는 평행광선이 각막이나 수정체를 통과하여 망막까지 도달하지 못하고 그 앞의 초자체 내에 초점을 맺는 것
	원시	망막 뒤에 초점이 맺음	• 먼 곳이 잘 보이고 가까운 곳이 잘 안 보이는 것 • 평행광선이 망막 뒤에 결상되는 것
	난시	두 점 혹은 그 이상의 초점을 갖는 것	• 각막을 통과한 모든 방향의 빛의 굴절력이 균일하지 않고, 눈의 경선에 따라 굴절력이 차이가 있음

앞의 [그림 10-4]에서 정상 굴절 상태와 근시와 원시의 굴절 원리를 제시하였다.

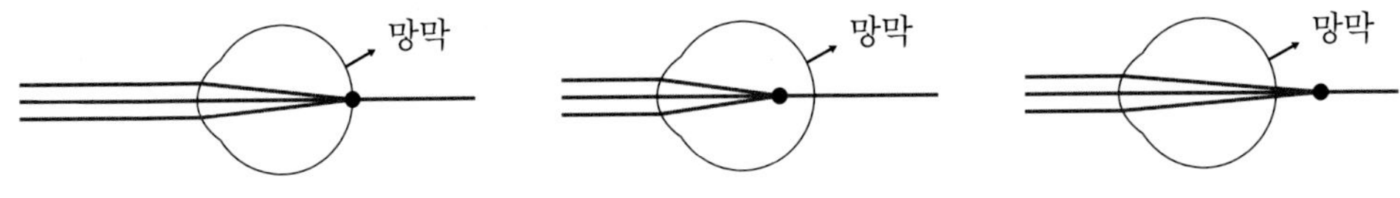

[그림 10-4] **정시, 근시, 원시**

4. 진단평가

대부분의 중도 및 최중도 시각장애아는 학령 전에 소아과나 안과 의사가 시각장애 아동으로 최초로 판별하지만, 경도 시각장애아의 경우는 학령기에 부모나 교사가 발견할 가능성도 있다. 〈표 10-4〉에는 학급에서 시각에 문제가 있는 학생을 발견하기 위한 지침이 제시되어 있다.

시력의 상실은 시각장애학생의 경험 범위를 제한하고, 보행 능력을 제한하며, 환경과의 상호작용을 제한하는 측면이 있다. 시각장애는 발달의 여러 측면에 영향을 미치므로 시각장애의 평가는 단순히 시력이나 시야와 같은 의학적 평가에 그쳐서는 안 된다. 따라서 〈표 10-5〉와 같은 종합적 사정(assessment)을 통해 학생의 발달에 대한 점검을 병행해야 한다.

시력검사에는 원거리 시력, 근거리 시력, 시야, 색각, 대비감도, 기능시력 등의 검사가 포함된다. 아동의 시력검사에는 객관적 시력검사, 주관적 시력검사, 기능시력 검사가 사용된다.

표 10-4 **학급에서 시각에 문제가 있는 학생을 발견하기 위한 지침**

문제점 관찰	요구	실험
아동이 자리에서 칠판을 읽을 수 있는가, 칠판으로 다가가야 하는가?	누가기록을 찾아본다. 신체적 제한, 약물치료나 시력 보조기구의 필요성에 대한 정보가 안과 기록에 있는지 확인한다.	조명을 달리 제시한다. 어두운 것이 좋은지, 밝은 것이 좋은지 알아본다.
아동이 책을 읽을 때 눈을 가늘게 뜨는가?	학부모에게 질문한다. 학생이 TV 보기를 좋아하는가? 아동이 어디(가까이/멀리)에 앉아 있는가?	다른 좌석에 배치한다. 아동이 책상이나 교사와 가까이(멀리) 있을 때 반응을 더 잘 보이는지 알아본다.
운동장, 수업, 책상 등의 상황에 따라 시각기능이 다른가?	학생이 창 밖에서, 그림에서, 책에서, 칠판에서 본 것을 물어본다.	다른 방법을 시도한다. 아동에게 수업내용을 녹음해 주면 어떤 반응을 보이는지 알아본다.

표 10-5 **시각장애학생을 위한 종합적 사정의 구성요소**

영 역	사정 구성요소
시력	안과의사, 검안사에 의한 눈검사
	기능적 시력사정
	시효율성의 사정
	약시 보조기구 평가
지능 및 적성	인지발달
	지적 발달
감각/운동 기능	대근육운동 발달
	소근육운동 발달
	지각학습
기초학습기능 및 개념 발달	읽기, 쓰기, 셈하기
	언어발달
	듣기기능
	시간, 양, 위치, 방향, 범주화 능력
	학습기능
사회적, 정서적, 정의적 측면	행동 통제
	사회 · 정서 학습
	적응적 생활기능
	여가
기능적 생활기능	일상생활 기능
	방향정위와 보행기능
	지역사회 여행
	진로 및 직업 준비 기능

1) 객관적 시력검사

유아나 어린 아동은 자신의 생각을 잘 표현하지 못하므로 신체적 반응이나 뇌파검사와 같은 객관적 검사가 요구된다. 객관적 검사는 고도의 전문성을 필요로 하며, 시력에 대한 기본적이고 중요한 정보를 제공하므로 반드시 안과의사가 실시한다. 객관적 시력검사를 통해 눈의 외모와 안저 반응, 양안의 위치 및 안구운동, 광선을 눈에 비출 때 동공의 모양 및 크기의 변화, 안진검사에 대한 반응, 전기 · 생리학적 검사에 대한 반응 등을 알 수 있다(임안수, 2006).

2) 주관적 시력검사

주관적 시력검사는 아동이 검사자의 지시에 따라 반응하기 위하여 청각, 운동근육, 언어 등을 사용하는 것을 말한다. 일반적으로 의료 전문가가 수행하기도 하고 시각장애아 교사가 수행하기도 한다. 여기에는 원거리 시력검사, 근거리 시력검사, 시야검사, 색각검사, 대비감도검사 등이 해당된다.

3) 기능시력 평가

기능시력이란 원하는 과제를 수행하기 위하여 시력을 사용하는 능력을 말한다. 기능시력을 평가하기 위해서는 준거지향검목표, 관찰보고서, 형식적 검사도구 등이 사용된다.

5. 교수전략

1) 시각장애학생을 위한 교수법

같은 시각장애학생이라 하더라도 학생의 시각적 특성과 교육적 요구는 각기 다르다. 시각장애학생들은 시각의 상실로 인하여 정보의 습득과 전달에 상당 부분 제약이 있으므로, 교사는 이를 보완하기 위해 교수 목표와 방향을 수정할 필요가 있다.

시각장애학생은 시각에 의한 정보처리가 거의 불가능하기 때문에 교과 지도도 다감각적이다. 구체적인 지도로 정확한 개념을 형성할 수 있도록 도모하되, 시각장애학생의 교육이 상당 부분 언어에 의해 진행되기 때문에 올바른 언어표현을 촉진할 수 있도록 해야 한다.

특히 맹학생들은 주로 청각과 촉각을 이용하여 학습하므로 주위 세계를 이해하도록 돕기 위해서는 느낄 수 있고 조작할 수 있는 구체물을 이용한 학습을 계획해야 한다.

시각장애학생이 학교와 사회에서 성공적으로 통합되기 위해서는 일상생활을 독립적으로 영위할 수 있어야 한다. 따라서 정안아동과의 정기적인 교류를 통해 조화로운 인격을 형성하도록 하되, 시각장애로 인한 부적응이나 부정적인 정서 형성을 방지하기 위한 상담교육을 병행하는 것이 좋다.

2) 보조공학적 접근

현재 시각장애학생의 학습, 보행, 일상생활을 지원하기 위한 보조공학 기구들이 많이 제작되어 있다. 〈표 10-6〉에는 현재 사용되고 있는 시각장애학생용 기구들이 소개되어 있다. 시각장애학생을 위한 기구들은 단순히 학습을 보조하는 데 그치는 것이 아니라 정확한 개념을 형성하는 데도 도움이 된다. 그러므로 이 기구들을 이용하여 학습 능력을 키워 주는 것이 좋다.

저시력학생을 위한 확대매체가 다양하게 제작되어 있으므로, 저시력학생에게는 시력 상태에 맞는 확대매체를 이용하여 문자교육을 실시해야 한다. 이때는 독서자료를 확대하거나 근거리용, 중간거리용, 원거리

표 10-6 **시각장애학생용 기구**

점자 필기도구	점자판, 점필, 회중 점간, 점자타자기, 점자학습보드, 점자 리벳 보드, 촉각변별기
저시력 기구	확대경(손잡이형 · 스탠드형 · 막대확대경), CCTV, 조명기구, 독서대, 타이포스코프
보행기구	지팡이, 휠체어, 클러치, 촉각 지도, 지구본, 소닉가이드(Sonic Guide), 진로음향기, 모와트감각기(Morwat Sensor), 레이저지팡이(Laser Cane)
지도 제작기구	유로타운 키트(euro-town kit), 촉각 그래픽 제작기, 스웰 키트
보건 관련 기구	음성온도계, 음성혈압계, 맥박 · 혈당 기구, 약 절단기(약을 반으로 자르는 기구), 약 가이드(물약의 양을 측정하는 기구), 약통(요일별로 약을 분리하여 넣는 통), 당뇨병과 관련된 기구(인슐린 주사기와 바늘)
녹음기	녹음기, 녹음테이프 속도조절기
음성기구	음성저울, 음성시계, 타이머, 음성계산기
가정용 보조기구	세이 웬(say when: 컵에 물을 부을 때 소리 나는 기구), 할로겐 전자레인지, 오븐용 장갑, 라벨 메이커, 슬라이싱 가이드, 바늘에 실 꿰는 기구, 바느질용 확대경, 큰 문자로 된 전화, 옷에 붙이는 점자 라벨
공구	자(양각 글자나 점자로 되어 있음), 톱 가이드, 드릴 가이드, 빛 탐지기, 금속탐지기, 전류탐지기
공	방울공(농구공, 축구공, 탁구공 등)

용 확대경을 상황에 맞게 사용할 수 있도록 지도한다.

3) 점 자

오늘날 전 세계적으로 사용되고 있는 6점으로 구성된 점자는 1829년 프랑스 파리의 맹학교 교사였던 루이 브라유(Louis Braille, 1809~1852)가 군사용 야간문자를 보고 착안하여 고안한 것이다. 그리고 한글점자는 1926년 제생원 맹아부 교사였던 박두성(1888~1963)이 창안하였다(김윤옥 외, 2005).

공공장소 표기, 점자출판, 점자시험 등이 확대 · 적용됨에 따라 점자에 대한 관심이 고조되고 있다. 점자는 시각장애학생 중 묵자를 읽을 수 없는 학생들이 사용하는 중요한 정보매체다. 점자는 시각장애 아동이 손으로 촉지하여 읽는 문자로서 해독성이 높고, 정안인이 사용하는 묵자와 비교했을 때도 읽기 · 쓰기에 효율성이 있으며, 시각장애 아동이 사용하는 주요한 의사소통 수단이라는 점에서 경쟁력을 갖추고 있다(이해균, 2006).

점자를 교육할 때는 집게손가락 끝의 촉각으로 점의 위치나 점의 방향을 변별하는 능력을 길러 주어야 하며, 읽기뿐만 아니라 쓰기도 효율적으로 수행할 수 있도록 점필, 점판, 점자타자기 등의 조작방법도 지도해야 한다. 〈표 10-7〉에는 한글점자 일람표가 제시되어 있다.

4) 보행훈련

시각장애인들은 실명이나 저시력으로 인하여 자신이 속해 있는 환경에 대한 방향정위와 이동에 문제점을 가지게 되므로 독립적이고 안전하게 보행할 수 있도록 지도해야 한다. 보행은 공간 속에서 이동하는 기능으로, 독립적인 보행 능력을 갖춘 시각장애아는 다양한 사회적 접촉을 경험할 수 있고 일상생활을 독립적으로 영위하는 데 도움이 된다.

보행을 지도할 때는 방향정위(orientation)와 이동(mobility)에 초점을 맞춘다. 방향정위는 잔존감각을 활용하여 주변 환경에서 자신의 위치를 확립하는 능력이며, 이동은 한 지점에서 다른 지점으로 안전하고 효율적으로 옮겨 가는 능력이다(Lowenfield, 1973).

보행은 독립보행, 안내자 보행, 흰지팡이 보행, 안내견 보행, 전자기구 보행 등이 있으나, 이 장에서는 가장 흔한 보행방법인 안내자 보행과 흰지팡이 보행에 대해서만 소개하기로 한다.

①④
②⑤
③⑥
【읽기 기준】

표 10-7 **한글점자 일람표**

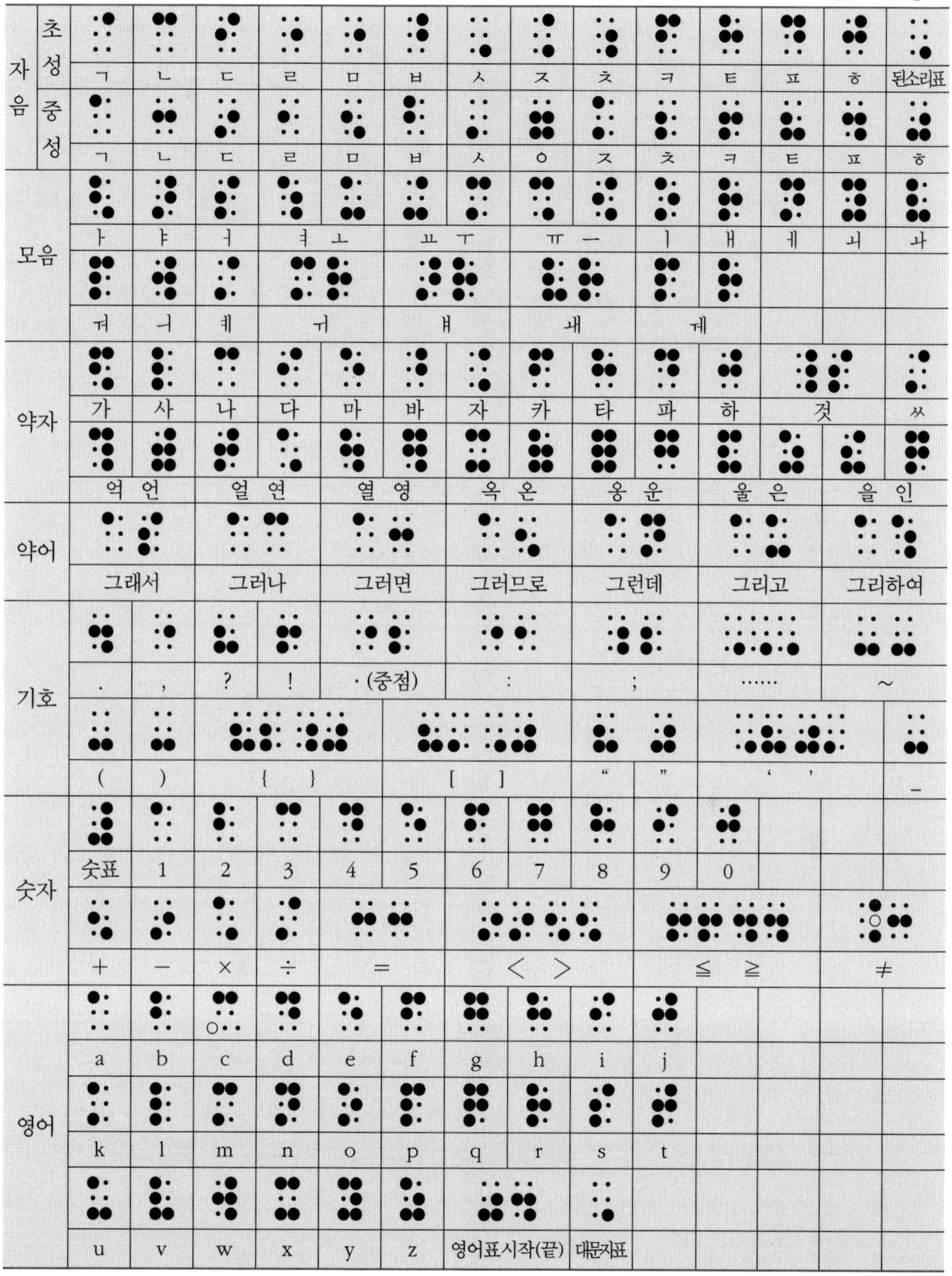

구분														
자음 초성	ㄱ	ㄴ	ㄷ	ㄹ	ㅁ	ㅂ	ㅅ	ㅈ	ㅊ	ㅋ	ㅌ	ㅍ	ㅎ	된소리표
자음 종성	ㄱ	ㄴ	ㄷ	ㄹ	ㅁ	ㅂ	ㅅ	ㅇ	ㅈ	ㅊ	ㅋ	ㅌ	ㅍ	ㅎ
모음	ㅏ	ㅑ	ㅓ	ㅕ	ㅗ	ㅛ	ㅜ	ㅠ	ㅡ	ㅣ	ㅐ	ㅔ	ㅚ	ㅘ
모음	ㅝ	ㅢ	ㅖ	ㅟ	ㅒ	ㅙ	ㅞ							
약자	가	사	나	다	마	바	자	카	타	파	하	것	ㅆ	
약자	억	언	얼	연	열	영	옥	온	옹	운	울	은	을	인
약어	그래서	그러나	그러면	그러므로	그런데	그리고	그리하여							
기호	.	,	?	!	·(중점)	:	;	……	~					
기호	(	)	{	}	[	]	“	”	‘	’	_			
숫자	숫표	1	2	3	4	5	6	7	8	9	0			
숫자	+	−	×	÷	=	<	>	≤	≥	≠				
영어	a	b	c	d	e	f	g	h	i	j				
영어	k	l	m	n	o	p	q	r	s	t				
영어	u	v	w	x	y	z	영어표시작(끝)	대문자표						

(1) 안내자 보행

안내자 보행은 시각장애인이 정안인 안내자와 함께 보행하는 것이다. 이 방법은 흰지팡이 보행 및 안내견 보행과 함께 사용하기도 한다.

시각장애인이 안내자의 왼쪽에 설 때, 오른팔로 안내자의 왼쪽 팔꿈치 바로 윗부분을 잡으며, 안내자의 옆과 뒤에서 반보 간격을 두고 걷는다. 이때 안내자는 계단, 방향 전환, 좁은 통로 등 보행 상황에 대해 말로 안내해 주는 것이 좋다.

시각장애인이 잡은 팔꿈치는 직각을 이루어야 하며, 팔을 안내자의 몸에 붙여 안내자의 동작이 바로 시각장애인에게 전달되도록 한다. 안내자와 시각장애학생의 키에 따라 잡는 위치를 조절할 수 있다. 안내자의 키가 크고 시각장애학생의 키가 작을 경우, 팔꿈치 위를 잡는 대신 안내자의 손목을 잡아도 좋고, 반대로 안내자의 키가 작고 시각장애학생의 키가 클 경우에는 안내자의 어깨에 손을 올려도 좋다.

(2) 흰지팡이 보행

흰지팡이(cane)를 이용하면 익숙하지 않은 주위 환경에 대한 탐색·정찰이 가능하며, 장애물에 대한 충돌을 방지할 수 있다. 흔히 시각장애인이 흰지팡이를 가볍게 잡고 몸의 중심선을 축으로 활 모양으로 저어서 바닥에 부딪히며 걸어가는 것을 보게 된다. 흰지팡이를 저으면서 걸어가는 것은 자신이 진행해 가는 길과 장애물에 대한 정보를 얻기 위한 것이다.

흰지팡이 자체는 그것을 든 사람이 시각장애인이라는 점을 안내하는 역할을 해서 주위 사람들로부터 보호받을 수 있도록 해 주기도 한다. 정안인들은 흰지팡이 보행을 하는 시각장애인을 보호해야 할 의무가 있다. 시각장애인이 혼자 보행하고 있는 상황에서 도움이 필요하다는 판단이 서면 도움이 필요한지의 여부를 물어본 후 도와주는 것이 좋다.

제11장

지체장애

1. 정 의
2. 분 류
3. 원 인
4. 진단평가
5. 교수전략

지체장애

1. 정 의

지체장애의 용어는 「특수교육진흥법」에서는 교육적인 차원에서 '지체부자유'로, 「장애인복지법」에서는 장애판정 기준 차원에서 '지체장애'로 규정해 놓고 있다. 그러나 「장애인 등에 대한 특수교육법」(2007. 4. 29)이 제정되면서 '지체부자유'로 규정하여 사용되어 왔던 용어가 '지체장애'로 장애 범주명이 바뀌게 되었다. 그러나 장애 범주명이 바뀌었다 하더라도 특수교육 대상아동이 바뀌는 것은 아니다. 대부분의 특수교육 대상아동은 「장애인복지법」에서 제시한 지체장애로 판정받은 아동이 아니라 뇌병변장애로 판정받은 아동들이다. 따라서 지체부자유아동이든 지체장애 아동이든 특수교육에서 그들의 교육적 요구를 충족시켜 줄 수 있는 다양한 노력이 필요하다.

「장애인 등에 대한 특수교육법」에는 '기능 · 형태상 장애를 가지고 있거나 몸통을 지탱하거나 팔, 다리의 움직임 등에 어려움을 겪는 신체적 조건이나 상태로 인해 교육적 성취에 어려움이 있는 사람' 으로 지체장애를 정의하고 있다.

또한 「장애인복지법」에서 제시한 지체장애 정의를 보면, 대분류로 신체의 일부를 잃은 사람, 관절장애가 있는 사람, 지체기능장애가 있는 사람, 신체에 변형 등의 장애가 있는 사람으로 분류하고 1~6급까지로 세분류를 하고 있다. 뇌병변장애에 관한 정의를 보면, 보행이 불가능하거나 일상생활 동작을 거의 할 수 없어 도움과 보호가 필요한 사람(1급)에서 보행 시 파행을 보이거나 섬세한 일상생활 동작이 경중한 정도로 제한된 사람(6급)으로 정의하고 있다.

안병즙(1978)은 지체장애란 원인에는 관계없이 지체의 기능에 부자유로 인하여 그대로 두면 장차 자활이 곤란한 경우로 정의하였다. 여기서 지체란 체간과 사지를 말한다. 체간은 척추를 중축으로 한 상반신으로 두부(頭部)와 몸통을 의미한다. 특히, 척추는 경추, 흉추, 요추의 세 부분으로 이루어져 두부를 지지하면서 운동기능을 발휘하게 된다. 따라서 이러한 체간의 부자유로 인해서 정적인 지지 능력, 동적인 운동기능, 형태이상에 의한 운동기능에 어려움을 가지게 된다(전헌선 외, 2006). 사지는 상지와 하지를 말하는데, 상지는 일상생활과 작업활동에 관련되고 하지는 서기, 걷기 등과 같은 이동기능에 관련된다.

특수학교에 재학 중인 대부분의 지체장애 아동은 신체 · 감각에 장애가 있는 아동으로 중복장애를 수반하고 있으며 그 유형도 다양하다.

2. 분 류

「장애인복지법」에서 제시한 지체장애와 뇌병변장애의 분류를 보면, 대분류로 신체적 장애, 중분류로 외부 신체기능의 장애, 소분류로 지체

표 11-1 **지체장애의 분류**

유형	분류	종류
신경성 증후군	뇌성마비	경직형, 불수의운동형, 운동실조형, 강직형, 진전형
	진행성 근위축증	듀센형(Duchenne Muscular Dystrophy), 베커형(Becker Dystrophy), 안면견갑상완형, 지대형, 위축성 근경직형
	척수성 소아마비	소아마비
운동기 증후군	결핵성 증후군	결핵성 고관절염, 무릎관절 결핵, 관절결핵, 골결핵, 척추 카리에스(Spinal Caries)
	골증후군	골형성부전증, 연골무형성증, 골단염, 레그-페르데스병(Legg-perthe's disease), 구루병, 모르퀴오병(Morquio's disease), 골수염
	관절증후군	선천성 고관절탈구, 병적 탈구, 관절 류머티즘, 관절염, 관절구축
	외상성 증후군	절단, 반흔구축, 가관절
	형태이상 증후군	만곡족, 내반슬, 외반슬, 척추측만, 척추후만, 척추전만, 척추파열(이분척추), 단지증

출처: 전헌선 외(2003). pp. 169-179.

장애, 뇌병변장애로 분류된다. 그리고 세분류로 지체장애는 절단장애, 지체기능장애, 변형 등의 장애로 분류되고, 뇌병변장애는 중추신경의 손상으로 인한 복합적인 장애로 분류된다.

특수교육에서 지체장애는 크게 중추신경계의 손상으로 인한 신경성 증후군과 근골격계의 이상으로 인한 운동기 증후군으로 분류한다. 신경성 증후군은 뇌성마비, 진행성 근위축증, 척수성 소아마비를 포함하며, 운동기 증후군은 결핵성 증후군, 골증후군, 관절증후군, 외상성 증후군, 형태이상 증후군을 포함한다(〈표 11-1〉참조). 지체장애의 신경성 증후군과 운동기 증후군 중에서 잘 알려진 분류를 중심으로 그 특성을 알아보고자 한다.

1) 신경성 증후군

(1) 뇌성마비

뇌성마비(cerebral palsy)는 수태부터 생후 1개월까지의 신생아기에 뇌 손상으로 비진행성 병변이 발생하고, 그 결과 지체의 수의운동장애, 운동기능 마비, 자세이상 등의 신경성 운동기능장애를 초래한다. 따라서 뇌성마비의 주장애는 뇌병변으로 인해 생기는 운동장애이며, 수반장애로는 정신지체, 시각장애, 언어장애, 청각장애, 정서장애, 학습장애, 간질 등을 동반할 때도 있다.

미국뇌성마비학회(The American Academy on Cerebral Palsy: AACP)에서는 뇌성마비를 생리적, 부위별로 분류하고 있다. 생리적 분류는 경직형,

표 11-2 **뇌성마비의 생리적 분류와 특성**

분류	특성
경직형 (spastic type)	• 대뇌 추체로 손상 • 뻣뻣한 근육 • 외부 영향을 받는 활동으로 근육 긴장의 증가 • 선택적인 운동 억제 감소 • 비정상적이고 제한적인 운동 협응 • 근활동의 지나친 과활성화 • 제한된 범위의 이동 • 느린 근활성화와 자세 반응 • 뇌성마비의 50~60%
불수의운동형 (athetoid type)	• 대뇌 추체외로 손상 • 억제되지 않고 불수의적인 움직임이 나타남 • 불수의와 강직, 진전을 포함함 • 강직일 때 움직이는 범위 내에서 저항을 보임 • 움직임은 시기, 방향, 장소의 특성에 따라서 비정상적임 • 손상된 자세 고착 • 뇌성마비의 30~40%

운동실조형 (ataxic type)	• 소뇌손상 • 손상된 자세 억제 • 무너진 균형 • 협응운동의 조절에서 부적절한 억제 • 종종 긴장이상과의 연합 • 활동적인 운동을 하는 동안 체력 감소 • 몸, 손, 목소리 등의 떨림 • 뇌성마비의 5~10%
강직형 (rigidity type)	• 관절을 굴곡하거나 신전하면 묘한 저항감이 있음 • 근육의 신축성 상실로 운동 저항이 강하게 생김 • 경직형과 비슷하나 과잉동작이나 불수의적인 동작은 없음 • 뇌성마비의 5~10%
진전형 (tremor type)	• 수의운동 시에 주로 진전이 나타남 • 대뇌와 소뇌의 연락장애가 있을 때 진전이 나타남 • 보행실조가 나타남 • 뇌성마비의 2~5%

출처: 전헌선 외(2005). pp. 172-174; Workinger (2005). p. 3.

표 11-3 **뇌성마비의 부위별 분류와 분포**

분류	분포
단마비(monoplegia)	사지 중의 한쪽 마비(매우 희박함)
편마비(hemiplegia)	몸 한쪽의 팔과 다리 마비
양마비(diplegia)	모든 사지마비: 팔보다는 다리가 더 포함됨
사지마비(quadriplegia)	모든 사지마비: 팔, 다리가 똑같이 포함됨
삼지마비(triplegia)	몸 세 부분의 마비
대마비(paraplegia)	오로지 다리만 마비(매우 희박함)

출처: Workinger (2005). p. 4.

불수의운동형, 운동실조형, 강직형, 진전형으로 나눌 수 있다(〈표 11-2〉 참조). 뇌성마비의 부위별 분류로는 단마비, 대마비, 편마비, 삼지마비, 양마비, 사지마비로 구분할 수 있다(〈표 11-3〉 참조).

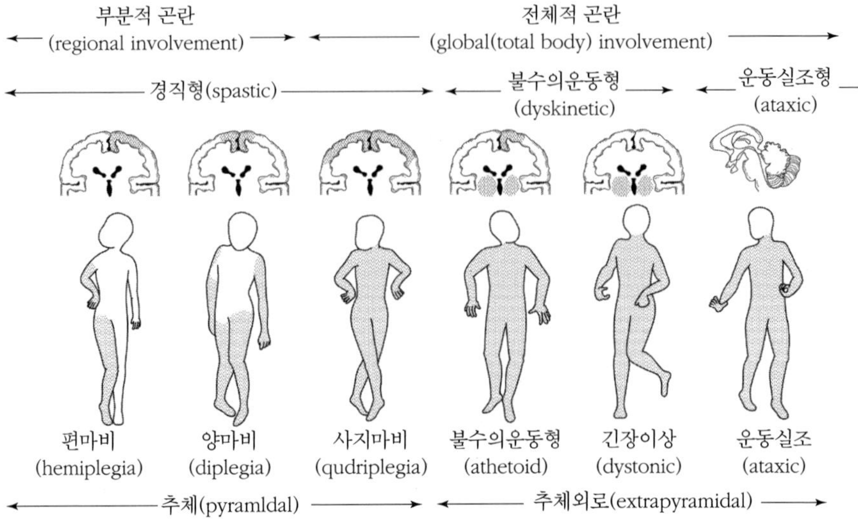

[그림 11-1] **뇌성마비의 여러 유형별 뇌손상 범위**

출처: Kirk, Gallagher, Anastasiow, & Coleman (2006). p. 518.

(2) 진행성 근위축증

근이영양증, 척수성 근위축증 등 다양한 용어로 불리는 근위축증이란 진행성의 근위축증(muscular dystrophy)을 보이고, 근육조직검사에서 근육의 괴사 및 재생 과정을 보이며, 근섬유의 크기가 고르지 않고, 근섬유가 괴사된 자리에 지방 및 섬유화 조직으로 대치되는 모든 근질환을 말한다. 주로 유전적 원인에 의해 발병하며, 일반적으로 근육의 약화가 진행되어 일어서기 어렵고 걷거나 뛰기 힘들어 한다.

근위축 증후의 진행과정은 보행시기, 휠체어 시기, 침상시기로 구분할 수 있다(전헌선, 2005). 보행시기에는 달리기가 힘들고 계단을 오를 때 난간을 이용하거나 일어설 때 무릎에 손을 짚는다. 다리의 근력 저하가 생기면 상체를 좌우로 뒤뚱거리며 걷게 되고 뒤꿈치를 들고 발가락을 세워 걷는다. 허리의 근력 저하로 가슴과 배를 쑥 내민 특유의 자세를 보인다. 휠체어 시기에는 척추측만, 관절구축이 진행되고 운동량 부족으로 비만이나 순환장애가 있을 수 있다. 침상시기에는 호흡, 신장 기능이 저하되어 호흡이 곤란해질 수 있다.

근위축 증후의 종류는 다양하며, 유전 성향과 임상 양상에 따라 듀센형, 베커형, 안면견갑상완형, 지대형, 위축성 근경직형의 5개 유형으로 구분한다(김정희, 2007; 전헌선, 2005).

듀센형과 베커형 근위축증(Duchenne/Becker Muscular Dystrophy: DMD/BMD)은 가장 대표적이고 흔하며 X염색체와 연관 있는 근위축증이다. 임상에서 그 양상의 경중에 따라 듀센형 및 베커형으로 나누는데, 듀센형의 경우 초기 운동발달이 느려 18개월까지 독립 보행을 못하는 경우가 많다. 종아리 근육이 가성 비대[실제 근육이 비대해지는 것이 아니고 근섬유가 괴사된 자리에 지방 및 섬유화가 진행되어 단단해지고 커진 것처럼 보이는 것—의사 성장(false growth)]를 보이며, 하지에서 근위축이 시작되어 10세 경에는 휠체어에 의존하게 된다. 베커형의 경우는 6~19세에 주로 나타나며, 하지의 근력 약화뿐 아니라 종아리 근육의 통증, 근경련 등이 일어난다. 베커형은 듀센형에 비해 느리고 다양하게 나타난다.

안면견갑상완형(facioscapulohumeral dystrophy: FSH)은 안면근, 견갑근(어깨근), 상완(어깨와 팔꿈치 사이 근육)과 허리, 엉덩이 근육 등이 약화되기 시작하며 어깨뼈가 날개같이 튀어나오는 익상견갑(scapular winging)이 특징이다. 원인은 유전자와 단백질 이상으로 밝혀지고 있으며 10~20대 남녀에게 주로 나타난다. 빨대로 물을 마실 수 없고, 풍선을 불 수 없을 정도가 된다. 또한 목을 움직이는 근육(목굴근), 대흉근(가슴), 삼각근(어깨) 등도 점점 약화된다. 그러나 그 진행이 매우 느려 중년이 지나도 일상생활에 큰 영향이 없는 경우도 있다.

지대형(Limb-Girdle Muscular Dystrophy: LGMD)은 소아기부터 50세 이후까지 다양하게 나타나며, 초기에 견관절부와 고관절부의 근육 약화가 시작된다. 어깨, 허벅지 주위 근육이 약화되어 팔을 얼굴 높이로 들기가 힘들며, 보행이 어려워지면서 전신의 관절이 굳어지는 것이 듀센형과 비슷하다.

위축성 근경직형(myotonic dystrophy: MTD)은 20~40세에 처음 나타난다. 엉덩이와 어깨 근육에서 위축이 나타나는 다른 근위축증과는 달리 목에 제일 처음 위축이 나타나며 얼굴, 다리, 팔, 손 등에 나타난다. 진행 초기에 안면과 턱, 목 근육의 약화 및 퇴화가 나타나며, 남자의 경우 이마 앞쪽이 벗겨지는 특징을 보인다. 증상이 잘 나타나지 않아서 당사자가 모를 수도 있으며, 다른 종류와 다르게 백내장을 보이는 경우도 있다.

이러한 근위축의 공통적인 징후들은 다리 근육의 위축으로 보행 자체가 힘들고, 손가락만 움직일 수 있을 정도로 근육 제어 능력이 떨어진다. 듀센형 근위축증 남아에게서 가우어 사인(Gower's sign)이 나타나는지와

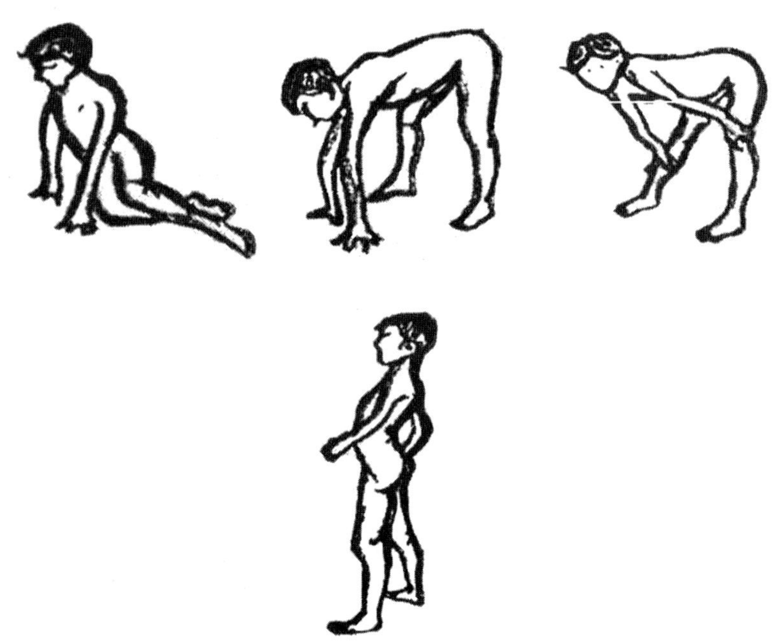

[그림 11-2] 듀센형 근위축증의 가우어 사인

출처: 전헌선 외(2006). p. 372.

호흡부전 증후 등이 있는지 세심한 관찰도 필요하다. 가우어 사인이란 요추전만, 척추 및 하지 전근의 쇠약으로 일어설 때 하퇴, 대퇴의 순으로 손을 짚고 힘들게 일어서는 특이한 기립 동작이다([그림 11-2] 참조).

(3) 척수성 소아마비

소아마비 또는 척수성 소아마비(infantile paralysis)는 유아 및 소아에게 주로 나타난다. 소아마비는 폴리오 바이러스(polio virus)의 감염에 의해 하지나 상지에 이완성 마비가 오는 전염병의 일종이다.

소아마비는 바이러스의 원인을 파생시키는 백신이 발달하기 전에는 공공 질병이었다. 바이러스는 뇌에 침범해 경도에서 중도에 이르는 신체 마비의 원인이 될 수 있다. 또한 부분 마비를 일으키는 경우도 있다. 바이러스는 지금까지도 존재하고 있고, 모든 아이는 이 질병으로부터 보호받기 위해 면역성을 필요로 한다(March of Dimes, 1999). 생애 초기에 소아마비를 앓은 경우 소아마비 후에 근육 위축이 나타날 수도 있다.

우리나라에서는 소아마비가 드물었으나 한국 전쟁을 전후해서 발생빈도가 증가했고, 1950년대 후반부터 1960년대 초반에 이르러서는 폭발적인 대유행이 있었다(주정빈, 1989). 소아마비는 예방접종이 개발된 이후 발생률이 급격히 감소되어 현재는 거의 사라진 질병이다. 초기 지체부자유학교의 교육 대상아동은 소아마비가 주를 이루었으나 지금은 소아마비로 입학하는 예는 드물며, 대부분 뇌병변장애를 지닌 아동들로 구성되어 있다.

2) 운동기 증후군

(1) 척추 카리에스

척추 카리에스(spinal caries)는 척추염, 척추결핵이라고도 하며, 척추가

결핵균에 감염되어 생기는 질병이다. 즉, 척추로 들어간 결핵균에 의해 조직이나 세포가 죽어서 뼛속에 빈 공간을 형성하면 등골뼈가 연화되어 척추가 둥글게 굽는다. 심한 통증과 고름, 종기 등의 증세가 나타나기도 한다.

(2) 골형성부전증

골형성부전증(osteogensis imperfecta)은 태내부터 나타나는 유전질환으로 특별한 원인이 없이도 뼈가 쉽게 부서지는 질병이다. 남녀 모두에게 나타나며, 중도의 경우는 이미 태내에서 많은 골절이 일어나서 사망한다. 출생 후에도 골절을 반복하기 때문에 사지의 길이 차가 나타나게 된다. 골절은 기저귀를 갈아 주거나 안아 올릴 때 또는 트림을 시키는 동안 그리고 일어서거나 걷기 시작하는 정상 행동 중에도 다양하게 발생한다.

특징으로는 성장하면서 골절을 수없이 반복하기 때문에 장관골(長管骨) 변형이 생기기 쉽고 이는 발육부진으로 연결되어 신체가 작고 척추가 휘거나 튀어나와 있으며, 머리가 크게 보이고 턱이 앞으로 나와 있다. 또한 골형성부전증은 청색 각막, 난청을 수반하기도 한다(전헌선 외, 2006).

골형성부전증인 사람은 뼈가 약하기 때문에 이동 시에 특히 문이나 물건의 모서리에 부딪히지 않도록 주의하고, 휠체어에서 떨어지거나 넘어지지 않도록 미리 조치를 취해야 한다. 안아서 이동할 경우에는 처진 다리가 흔들리지 않게 고정시켜서 다른 물체에 부딪히지 않도록 해야 한다. 골절을 가져오지 않도록 세심한 주의를 기울여 변형의 예방에 힘써야 한다.

(3) 선천성 고관절 탈구

엉덩이뼈와 다리뼈를 연결하는 관절을 고관절이라 하는데, 고관절 탈구는 이 고관절이 어긋나 있는 것을 말하며, 선천성 고관절 탈구는 고관절이 태어날 때부터 어긋나 있는 상태를 일컫는다.

선천성 고관절 탈구(congenital dislocation of hip)는 좌측보다는 우측에서 많이 나타난다. 원인은 확실하지는 않지만, 유전이나 임신 중 모체에 대한 외부의 영향, 내분비계 이상, 자궁 내에서 태아가 받는 기계적 요소 등 고관절을 이루고 있는 박구(髆臼)발달 이상 등으로 발생한다(김영민, 한문식, 1972). 또한 태반 내에서 둔위(臀位)로 있던 아이에게서 주로 나타나며, 발이나 목 등의 선천성 기형과 동반하는 경우가 많다. 출생 직후에 그 증상이 뚜렷하게 나타나지 않기 때문에 특별한 주의를 기울이지 않으면 조기에 발견하기가 쉽지 않다(김영민, 한문식, 1972).

(4) 가관절

가관절(pseudoarthrosis nonunion of bone)은 위관절이라고도 하며, 골절부의 뼈가 잘 유합되지 않아 관절이 있지 않아야 할 곳에 마치 관절처럼 움직이는 상태를 남기고 있는 것을 말한다. 이것은 골절 후의 정복(탈구한 관절을 정상으로 복귀시켜 탈구를 되돌리는 조작)이나 관절 고정의 불량, 골절부의 세균 감염 등이 원인이다.

가관절이 하지에 있을 때는 지지성에 문제가 있고, 상지에 있을 때는 힘의 감량이나 만성통증 등의 증상을 나타낸다. 가관절이 되기 쉬운 부위는 원래 혈액의 흐름이 불충분한 곳으로 대퇴골 경부, 경골(정강이뼈) 1/3 지점, 상완골(팔꿈치 위쪽 뼈) 중앙부 주상골(肘上骨) 등에서 나타난다.

(5) 이분척추

이분척추(spinal bifida)는 태아가 뱃속에 있을 때 신경계가 형성되는 과정에서 척수(脊髓)가 경막(척수를 싸고 있는 두껍고 튼튼한 섬유질의 막)이나 근육, 피부에 완전히 덮이지 못한 채 태어나는 경우로 척추파열이라고도

한다(Bowe, 2000). 따라서 척추의 융합이 안 된 신경관 형성으로 척추 뒤쪽은 텅 빈 공간으로 남게 되고, 그 안에 존재하는 척수는 보호가 안 된 상태로 외부에 노출되는 현상이다. 종류로는 척추뼈의 결함만 있는 잠재이분척추(spina bifida occulta, 척추 뒤의 피부는 그대로 덮고 있어 척수가 외부로 노출되지는 않음)와 척추뼈의 결함뿐 아니라 척추뼈 내용물의 전위와 척추를 덮고 있는 피부 결함 등을 동반해서 드러난 낭포이분척추(spina bifida aperta)가 있다.

학교구성원들은 학교에서 아동학대로 오해받거나 중복 골절처럼 보이는 골형성부전증이나 깨지기 쉬운 뼈질환 아동과 부닥칠 수 있다. 이것은 교사들의 특별한 관심과 보호가 요구됨을 의미한다. 이러한 아동들은 정상적인 지능을 가지지만 골절 예방에서 신체활동에 이르기까지 전반적인 부분을 보호해야 한다.

지체장애의 종류는 언급한 것 이외에도 많으나, 중요한 것은 2차적인 장애가 발생하지 않도록 예방하는 것이 우선시된다는 것이다.

3. 원 인

지체장애의 다양한 종류로 인해서 그 원인도 다양하리라 예상할 수 있다. 지체장애의 원인은 분류에서 그 특성과 함께 알아보았기 때문에 여기에서는 특수학교의 주 교육 대상자인 뇌성마비의 원인에 관해서 알아보도록 한다. 뇌성마비 발생 원인은 다양하지만 뇌손상이 일어난 부위와 병변의 크기에 따라 뇌성마비의 유형과 장애 정도를 결정하게 된다(전헌선, 한경임, 노선옥, 2004).

뇌성마비의 대표적인 유형 세 가지를 살펴보면, 대뇌피질을 둘러싸고 있는 추체로에 병변이 생기면 경직형 뇌성마비가 일어나고, 대뇌 기저핵

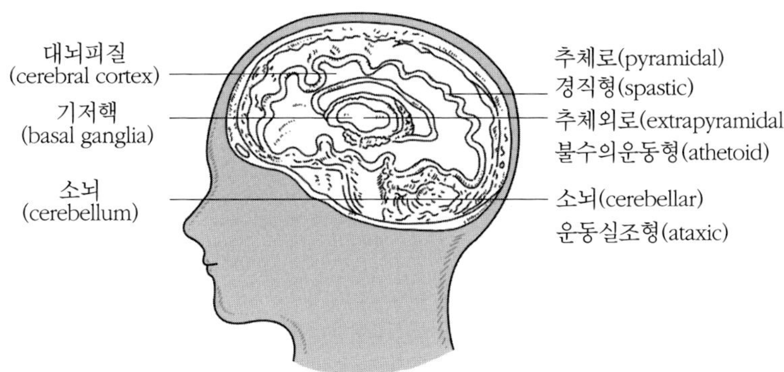

[그림 11-3] **뇌성마비의 뇌손상 부위**

출처: 전헌선, 한경임, 노선옥(2004). p. 7.

의 손상이 있으면 불수의운동형 뇌성마비가 된다. 그리고 소뇌의 손상이 있으면 운동실조형 뇌성마비가 된다. 이러한 대뇌의 병변으로 인해 뇌성마비의 유형이 결정된다.

선천적인 뇌성마비는 출생 후 얼마 동안 혹은 출생 시나 그 이전에 뇌에 전달되는 산소 결핍이 원인이다. 산소 결핍은 태아의 머리나 목 주위를 죄이는 탯줄이 원인이 되거나 힘든 출산, 뜻밖의 출산, 출산시간 지연 등의 원인으로 가장 빈번하게 발생한다(Bowe, 2000). 또한 자궁벽으로부터 태반이 너무 빨리 분리되어 태아의 산소 공급을 방해하는 것도 원인이 된다. 이러한 상황들이 뇌성마비를 일으키는 가장 공통적인 원인이다. 그럼에도 불구하고 산소 공급을 방해하는 것이 뇌성마비의 원인은 아니라고 시사한다(United Cerebral Palsy of Washington, 1997; "When Your Child Has Cerebral Palsy", 1996). 즉, 확실한 감염(풍진 포함), 모체와 태아 간의 RH 불일치, 조기출산 혹은 저체중 출산, 임신기간 동안 알맞은 영양 섭취 부족, 엑스레이에의 불필요한 노출, 태아를 침범하는 미생물 등도 뇌성마비의 원인이 될 수 있다는 것이다. 후천적인 뇌성마비는 보통 운동 중의 머리 외상, 운송 사고, 낙하, 아동학대 등이 포함된다.

표 11-4 **뇌성마비의 원인**

시기별	요 인	주요 원인과 증상	출현율
출생 전기	유전적 요인	• 가족성 불수의운동증 • 가족성 진전증 • 가족성 역성대마비 • 가계성 경직형 사지마비	10~40%
	임신 중 요인	• 모체의 자궁 내 감염 • 태아의 톡소플라스마증 • 모체의 풍진, 기타 감염, 모체 빈혈, 저혈압 • 태아의 무산소증: 일산화탄소 중독 • 태아의 뇌출혈, 모체 중독증, 대사장애, X선 조사 • 모체의 영양실조, 임신 3개월 이내의 출혈 • RH 혈액형 불일치, 황달 등	18%
출생 중기	무산소증	• 기계적 호흡기 폐쇄, 난산으로 목조임, 폐 확장 부전, 마약중독, 전치 태반 박리, 모체의 산소 결핍, 모체의 저혈압, 골반 이상 분만, 머리 배출 지연, 약물중독 등	33%
	외상 및 출혈	• 부적절한 겸자 사용, 뇌의 후굴, 추락산, 지연 분만에 따른 제왕절개, 태아의 위치 부전 등	
	소인성	• 미열, 핵황달, 태아의 출혈성 질환 등	
출생 후기	뇌손상	• 뇌경막하 혈종, 두개골절, 뇌의 타박상, 좌상, 외상, 뇌막염, 뇌염, 중독증(비소, SM, 콜탈), 뇌혈관 사고, 무산소증, 경기, 뇌의 발육 결함 등	16%

출처: 전헌선, 한경임, 노선옥(2004). pp. 8-9.

뇌성마비를 결정하는 원인은 크게 출생전기, 출생중기, 출생후기로 나누어 볼 수 있다(전헌선, 한경임, 노선옥, 2004).

4. 진단평가

진단평가의 목적은 장애의 유무와 정도에 대한 판별과 교육계획을 수립하기 위하여 대상학생의 강점과 약점을 파악하는 것이다(IDEA, 1990). 지체장애 아동에 대한 진단평가의 목적으로는 교육적 서비스에 적합한 개인의 선별, 적절한 교육환경의 결정과 배치, 개인과 집단을 위한 프로그램 입안, 프로그램의 효과측정 및 연구적 활용 그리고 개인의 진보 정도를 점검하기 위한 성취도 확인에 있다(전헌선 외, 2005).

지체장애 아동을 위한 진단평가 도구로는 KEDI-WISC-IV, K-SPM 레이븐 지능검사, K-ABC 지능검사, 기초학습기능검사, TVPS-R(비운동 시지각기능검사) 등이 있다. 일상생활 동작 관련 검사도구로는 PULSES 측정표, 바텔 지수, S-G 척도, GMFM 등이 있으며, 관절 및 근육 운동 범위 측정 검사도구로는 도수근력측정법과 에쉬워드 척도가 있다.

1) 한국 웩슬러 아동지능검사(K-WISC-IV)

한국 웩슬러 아동지능검사-4판(Korean-Wechsler Intelligence Scale for Children-IV: K-WISC-IV, 곽금주, 오상우, 김청택, 2011)은 K-WISC-III(곽금주, 박혜원, 김청택, 2001)의 개정판이다.

이 검사는 6세 0개월부터 16세 11개월까지의 아동의 인지적 능력을 평가하기 위해 개별적으로 실시하는 임상도구다. 전반적인 지적 능력(즉, 전체검사 IQ)은 물론, 특정 인지 영역에서의 지적 기능을 나타내는 소검사의 합산점수를 제공한다.

K-WISC-IV는 15개의 소검사로 구성된다. K-WISC-III와 동일한 10개의 소검사와 5개의 새로운 소검사(공통그림찾기, 순차연결, 행렬추리, 선택,

단어추리)로 구성된다(〈표 5-4〉 참조).

2) K-SPM 레이븐 지능검사

K-SPM(Standard Progressive Matrices) 레이븐 지능검사(임호찬, 2004)는 레이븐(Raven)이 최초로 개발한 이후로 여러 차례 수정 · 보완을 거쳐 동형검사까지 개발된 도구다. 이 검사는 정신지체인의 유전적 근원과 환경적 근원을 밝히기 위한 목적으로 개발되었지만 지체장애 아동에게 적용하기에 적절하다. 그 이유는 비언어성이며 비동작성 검사이기 때문이다. 언어적 기술과 학교에서 습득된 지식의 여부에 의해서 주로 영향을 받는 기존의 지능검사들과는 달리, 이 검사는 문화적 · 학문적 배경이 영향을 주지 않도록 고안된 것으로 지각적 관계를 파악하고 유추에 의해서 추론하는 능력을 측정한다.

레이븐 검사는 연령에 따라 사용할 수 있는 여러 종류(CPM, SPM, SPM-P, APM)가 있다. K-SPM 레이븐 지능검사의 장점은 비언어성(non-verbal)이고 시각장애인을 제외한 모든 장애인에게 비교적 공평하게 적용할 수 있다는 것이다. K-SPM은 5개 세트(A, B, C, D, E)로 구성되어 있으며, 각 세트는 12문항이고 전체 60문항으로 구성되어 있다. 모든 문항은 주어진 도형들의 관계를 추리해서 비어 있는 곳에 들어갈 수 있는 도형을 찾아내는 방식으로 이루어져 있다. 즉, 주어진 도형을 보고 빈 공간에 알맞게 들어갈 도형을 제시된 6~8개의 도형 중에 찾게 한다. SPM 검사 대상은 유치원 아동부터 가능하지만, K-SPM은 초등학생부터 시작하며 초등학생 1, 2학년까지는 D세트까지 진행하고 3학년부터는 E세트까지 진행하게 되어 있다(박순길, 2005a).

3) 카우프만 아동용 개별지능검사(K-ABC)

카우프만 아동용 개별지능검사(Kaufman Assessment Battery for Children: K-ABC; 문수백, 변창진, 1997)는 2세 반에서 12세 반까지의 아동의 지능과 학력을 측정하는 개인용 지능검사 도구다. 이 도구는 동시적 부호화와 연속적(순차적) 부호화의 이분법을 이용하여 각각의 처리 규모와 정보처리 종합 득점을 산출함으로써 정보처리 능력을 평가하는 데 초점을 두고 있다. K-ABC의 검사 항목 수는 16개이며 검사내용은 〈표 11-5〉과 같다.

K-ABC 검사는 한 번의 측정으로 인지처리 능력(mental processing skills)과 습득 지식을 동시에 알 수 있다. 인지처리 능력은 '지능(intelligence)'이

표 11-5 **K-ABC의 검사내용과 항목 수**

순서	검사 내용	검사 연령	항목 수	구분
1	마법의 창	2세 6개월~4세 11개월	15	동시처리
2	얼굴 기억	2세 6개월~4세 11개월	15	동시처리
3	손 동작	2세 6개월~12세 5개월	21	순차처리
4	그림 통합	2세 6개월~12세 5개월	24	동시처리
5	수 회생	2세 6개월~12세 5개월	19	순차처리
6	삼각형	4세~12세 5개월	18	동시처리
7	단어 배열	4세~12세 5개월	20	순차처리
8	시각유추	5세~12세 5개월	20	동시처리
9	위치 기억	5세~12세 5개월	21	동시처리
10	사진순서	6세~12세 5개월	17	동시처리
11	표현어휘	2세 6개월~4세 11개월	24	습득도
12	인물과 장소	2세 6개월~12세 5개월	35	습득도
13	산수	3세~12세 5개월	38	습득도
14	수수께끼	3세~12세 5개월	32	습득도
15	문자 해독	5세~12세 5개월	34	습득도
16	문장 이해	7세~12세 5개월	25	습득도

라 하고, 눈과 귀를 통해 들어오는 정보를 이해하기 위해 새로운 문제를 해석하는 능력으로 정의되며, 순차처리 능력(sequential processing skill)과 동시처리 능력(simultaneous processing skill)을 말한다. 습득 지식은 '학력(achievement)'이라 하고, 일상생활이나 교과학습에 의한 지능(인지처리 능력)을 응용해서 습득된 지식을 말한다.

이 검사만의 독특한 특징으로는 뇌 모델에 기초한 뇌의 기능과의 관련성이다. 즉, 순차–동시처리 모델은 신경심리학이나 인지심리학의 최신 이론 및 연구 성과에 기초하고 있다. 순차처리란 새로운 문제를 해결하기 위해 정보를 한 번에 하나씩 연속적인 방법으로 처리하는 정보처리 양식으로, 여러 정보(자극)는 그 직전의 처리된 정보에 대해서 직선적·시간적으로 연결된다(Kaufman & Kaufman, 1983). 다시 말해, 제시된 자극을 순서성의 측면에서 정확하게 재생하는 능력으로 이를 측정하는 척도가 순차처리다.

문제를 순차적으로 처리하는 능력은 다양한 일상적인 기능이나 학교 학습과 관련된 기능과 밀접한 관계가 있다. 또한 순차처리 능력은 문법적인 관계나 규칙의 학습, 역사적 사실의 연표 이해, 적절한 단계를 사용하여 과학적인 방법을 실천하는 것 등에 영향을 준다. 복잡한 과학 문제나 수학 문제를 보다 단순한 부분으로 나누어서 생각하지 못하는 아동, 도형이나 그림의 다양한 부분이나 특징에 관해 체계적으로 해석하는 것이 곤란한 아동들은 순차처리 능력이 떨어진다고 할 수 있다. 순차처리 능력이 낮으면 부모나 교사의 언어적 설명을 이해하지 못해서 따라 하는 데 어려움을 지니게 되어 사회적인 문제가 될 수도 있다.

한편 동시처리란 동시에 많은 정보를 통합하여 보다 바른 이해를 얻는 정보처리 양식으로 공간적, 아날로그적, 시각적 능력과 관계가 있다. 즉, 복수의 자극을 하나로 종합하거나 자극 간의 관련성을 기반으로 처리하는 능력으로 이를 측정하는 것을 동시처리라 한다.

동시처리는 폭넓은 다양한 정보원으로부터 얻어진 정보를 통합하고 무관계한 자극을 개관해서 정리하는 능력이기 때문에 고차적인 많은 지적 기능과 밀접하게 연관되어 있다. 이에 동시처리의 문제해결 기능이 잘 발달된 아동은 읽기 학습의 초기 단계에서 문자의 모양이나 단어의 윤곽을 단시간 내에 학습하는 데 유리할 뿐만 아니라 이야기의 요점을 이해하거나 어려운 한 구절의 문장내용을 파악하는 데 필요한 정보처리 능력에서도 우수하다.

습득도는 두 종류의 인지처리 양식을 통합하고, 현실생활 장면에서 두 인지처리 양식을 적용할 수 있는 능력을 말한다. 다시 말해, 인지처리 능력을 적용하여 환경으로부터 습득된 지식의 정도를 말하는 것으로 언어, 일반적 지식, 교과적 지식의 습득 정도를 의미한다.

따라서 K-ABC 검사의 장점은 다음과 같다(박순길, 2003).

첫째, 순차적 처리과정의 특징은 새로운 문제를 해결하기 위해 정보를 한 번에 하나씩 연속적인 방법으로 처리하는 정보처리 양식이다.

둘째, 동시적 처리과정의 특징은 많은 정보를 통합하여 보다 바른 이해를 얻는 정보처리 양식으로 고차적인 많은 지적 기능과 밀접하게 연관되어 있다.

셋째, 분석적, 순차적, 시간적, 명제적 처리는 대뇌의 좌반구와 연결되어 있으므로 좌뇌의 기능이 우월한 아동은 순차처리 능력이 뛰어나고, 통합적, 전체적, 공간적, 병렬적 처리는 주로 우반구에서 행해지므로 우뇌의 기능이 우월한 아동은 동시처리 능력이 뛰어나다고 할 수 있다.

넷째, K-ABC 검사는 아동이 순차적 학습자인지 동시적 학습자인지 파악하게 해 준다. K-ABC의 두 가지 인지처리과정을 통해서 개인에게 알맞은 학습방법, 즉 순차처리 능력이 우위에 있는 아동은 순차처리적 학습지도 방법을 적용하고, 동시처리 능력이 우위에 있는 아동은 동시처리적 학습지도 방법을 적용하여 습득도(학업성취도)의 향상을 기대할

수 있다.

4) 기초학습기능검사

기초학습기능검사(박경숙, 윤점룡, 박효정, 2001)는 유치원부터 초등학교 6학년까지 사용 가능하며, 현재의 학습 수준이 어느 정도이고 일반적인 수준과 어느 정도 편차가 나는지를 평가하는 데 사용된다.

또한 조기취학 및 미취학 아동의 가능 여부 판별, 미취학 아동의 수학 여부 판별, 선수학습 능력과 학습의 결손 상황 파악, 학습장애 요인 분석에 사용될 수 있다. 아동의 학습 수준이 일반 수준으로부터 어느 정도 이탈되었는지를 판정할 수 있고, 학년별·연령별 규준을 설정하여 학력성취도를 쉽게 알 수 있다. 더불어 검사결과로 능력별 학습집단에 배치가 가능하며(특수학급 대상자 선정), 구체적인 개별화교육 프로그램 작성에 기여할 수 있다.

이 검사도구는 정보처리 기능과 수 기능 및 언어 기능을 측정하도록 구성되어 있다. 첫째, 정보처리 기능은 정보에 대한 학습자의 지각과정, 자극에 반응하는 시각-운동 과정, 시각적 기억과 양, 길이, 무게 및 크기에 대한 관찰 능력과 묶기, 분류하기, 공간적 특성과 시간에 따라 순서 짓기 등의 조직 능력, 학습자의 추론 및 적용 능력 그리고 유추, 부조화된 관계 알기 등의 관계 능력을 측정한다. 둘째, 셈하기 기능은 숫자 변별, 수 읽기 등 셈하기의 기초 개념부터 간단한 가·감·승·제, 십진기수법, 분수, 기하, 측정 영역의 계산 및 응용 문제 등 실생활에 필요한 기초적인 수학적 지식과 개념을 측정하는 문항으로 구성되어 있다. 셋째, 읽기 I(문자와 낱말의 재인) 기능은 문자를 변별하고 낱말을 다른 사람들이 이해할 수 있는 언어음으로 읽는 문항들로 구성되어 있다. 넷째, 읽기 II(독해력) 기능은 하나의 문장을 제시하고 그 문장의 의미, 즉 문장에 나타난 간단한 사실과 정보를 기억하고 재생하는 능력을 평가한다. 다섯째, 쓰기 기능은 아동들이 낱말의 철자를 얼마나 잘 알고 있는가를 측정한다.

이 검사도구를 사용한 연구(박순길, 2005a)에서 뇌성마비 아동들은 전반적으로 읽기, 쓰기, 독해력에서 일반아동보다 현저히 낮은 능력을 나타내었다. 읽기과제는 단어를 소리 내어 읽어야 하므로 뇌성마비 아동은 조음의 문제가 있거나 여러 가지 경험이 부족하거나 또는 학습에서 일반아동보다 기회가 적었을 수 있기 때문에 낮은 수행이 나타났다고 본다. 또한 쓰기과제에서는 뇌성마비 아동의 수반장애인 사시로 인한 시지각의 문제로 철자를 제대로 지각하지 못해 낮은 수행을 보였으며, 독해력과제에서는 뇌성마비 아동 대부분이 글자를 알고 읽기도 가능하지만, 문장을 읽고 이해하여 그 문장에 해당하는 그림을 찾는 능력까지는 부족하였던 것으로 나타났다.

5) 비운동성 시지각기능검사(TVPS-R)

비운동성 시지각기능검사[Test of Visual-Perceptual Skills(non-motor)-Revised: TVPS-R]는 가드너(Gardner, 1982)가 고안한 비운동 시지각 기능검사 개정판(Gardner, 1996)으로 7개의 하위 영역을 가진다. 하위검사는 시각 변별(visual discrimination), 시각 기억(visual memory), 시공간 관계(visual-spatial relationship), 시각 형태 항상성(visual form constancy), 시각계열 기억(visual sequential memory), 시각 전경-배경(visual figure-ground), 시각 완성(visual closure)으로 구성되어 있다.

TVPS-R의 장점으로는, 첫째 도형으로만 구성된 문화 초월 검사인 동시에 미국에서는 그 효용성과 타당도가 이미 입증된 검사다. 둘째, 자극재료로 기하학적 상징을 사용하며 글자와 낱말을 사용함으로써 생길 수 있는 혼동, 즉 이전의 경험과 지식이 영향을 미칠 수 있는 요인을 배제한 검사다(Watson & Willows, 1995). 또한 이 검사는 비운동성이면서 다양한 영역을 평가하고, 시각 기억이나 시각계열 기억, 시각 완성 등 기존의 시지각 검사에서 사용하지 않은 영역들이 포함되어 있다(박순길, 2006).

이 검사는 4~13세의 아동에게 측정 가능하며, 전체 시간은 약 30~ 45분이다. 7개의 하위 영역은 각각 16개의 문항으로 구성되어 있다.

6) 일상생활 동작 관련 검사도구(ADL)

일상생활 동작(Activities of Daily Living: ADL)은 생활에 직접적인 관계가 있는 독립적인 활동뿐 아니라 사회기능적인 면에서도 중요한 의미를 가진다. 그러므로 객관적인 평가가 이루어져야 하고 신체기능의 능력 한계를 정확히 파악하여 적절한 훈련방법과 기술방법, 보조기구 등을 계획하고 제공하여야 한다(서문자 외, 2000). 대표적인 일상생활 동작 관련 검사도구로는 PULSES 측정표, 바텔(Bathel) 지수, S-G 척도, GMFM 등이 있다.

PULSES 측정표에서 'P'는 신체 상태, 'U'는 상지 사용, 'L'은 하지 사용, 'S'는 시각 · 청각 · 언어 등의 감각 상태, 'E'는 배설 상태, 'S'는 정신적 상태를 나타낸다. 바텔 지수는 일상생활에서 자기관리의 수행 능력과 가동력을 측정하는 것으로, 10개 기능을 측정하여 점수화하며 점수가 높을수록 독립적인 기능을 할 수 있음을 나타낸다. S-G(Standing-Gait) 척도와 GMFM(Gross Motor Functional Measure)은 대근육운동 발달을 측정하도록 표준화된 검사다. S-G 척도는 10개 영역 50항목으로 구성되어 있고, GMFM은 5개 영역 87항목으로 구성되어 있다.

7) 관절 및 근육 운동 범위 측정 검사도구

관절의 가동 범위나 근육의 수축 · 이완 여부를 알아보는 방법으로는 도수근력측정법과 에쉬워스 척도가 있다. 도수근력검사(Manual Muscle Testing)는 특정한 근육 개개의 근력을 검사하는 방법으로 모두 6등급으로 이루어져 있다. 이 검사는 척추손상, 선천적 근육장애, 진행성 근질환 등 근육 자체에 이상이 있는 학생들을 대상으로 한다(대구대학교 1종도서 편찬위원회, 1999). 검사방법은 저항 혹은 중력에 대항하여 수축하는 근육들을 찾아내어 양적으로 측정하는 것이다. 이 검사를 통해 근육의 수축 정도, 관절에 따른 운동기능을 파악할 수 있으며, 근육계 · 골격계 · 신경계 등의 정상 여부를 파악할 수 있다(서문자 외, 2000). 근력등급 정도는 근육 수축의 유무, 중력을 이기는 정도에 따른 근력 상태, 저항을 이기는 정도에 따라 분류한다.

에쉬워스 척도(Modified Ashworth Scale)는 근육의 경직 정도를 평가하는 척도로서 전체 6등급으로 구분해서 평가하며 표시는 G(grade)로 한다.

5. 교수전략

뇌성마비 아동의 경우는 일반아동이나 유아처럼 읽기가 자연스럽게 터득되거나 교육을 통해서 터득된다 하더라도 또래 연령에서 이루어지는 것처럼 자연스럽게 이루어지지 않는다. 그것은 다양한 이유가 있겠지만 언어적 자극이나 환경적 자극들이 일반아동만큼 허용적이지 않은 것이 하나의 이유다(박순길, 2007).

대부분의 특수아동들은 학습에서 몇 가지 공통점이 있다. 경험의 부족이나 제한된 참여의 영향도 있겠지만, 인지적 · 정서적 영향으로 인한 학습의 결손 부분도 있다. 즉, 주의집중, 기억력, 시-운동 협응, 사고 및 언어 문제, 낮은 자아개념, 충동성 등은 낮은 학업성취와 관련된다. 이러한 부분들은 지체장애 아동들에게도 적용되는 문제라고 할 수 있다.

특히 지체장애 아동의 기초학습을 방해하는 요인으로는 일차적으로 운동장애, 언어장애, 감각 및 지각 장애, 청각장애, 시각장애 등이 있으며, 이차적으로는 사회적 상호작용의 기회 부족, 단기기억 및 장기기억에 저장된 내용의 부족 등이 있다. 이러한 요인들은 인지처리 전략 부족, 지속적인 과제처리 곤란 등으로 이어진다고 할 수 있다.

1) 읽기 교수-학습 전략

아동의 읽기 능력을 효과적으로 이끌어 내기 위해서는 다양한 교수전략을 사용해야 한다. 어휘력, 독해력, 지속적 동기유발을 위한 교수전략 등을 활용할 수 있다. 초등학교 저학년생들에게 활용되는 읽기 교수전략의 하나인 어휘력 증진을 위한 교수전략은 수업 초반부나 중간에 새롭게 읽기자료에 나타난 단어에 대한 의미를 설명하기, 새로운 단어에 대한 단순한 정의 내리기, 새로운 단어의 동의어나 반의어 찾기 등의 수업행동을 말한다. 이 교수전략은 단순히 새로운 단어의 사전적 의미나 정의를 제공하는 방법보다 새로운 단어에 대한 의미나 정의를 전반적인 글의 맥락 속에서 설명하는 것이 훨씬 효과적이다(Stahl & Fairbanks, 1986).

독해력 향상을 위한 교수전략으로는 관련 지식 자극하기, 질문하기, 심상 만들기 등이 있다. 관련 지식 자극하기 전략은 학생들이 읽기자료의 주요 내용들을 논리적이고 의미 있게 서로 연결하고 글의 내용을 중심으로 적절한 추론을 내릴 수 있게 하기 위해 글의 내용과 관련된 경험이나 지식을 서로 이야기하도록 도와주는 역할을 한다(Pearson & Fielding, 1996). 질문하기 전략은 글의 주요 내용에 주의를 기울이도록 유도하고,

글의 전체 내용을 단계적으로 요약할 수 있도록 도와주고, 아동 스스로가 글을 읽는 동안 글의 내용에 대한 자신의 이해를 점검해 볼 수 있도록 해 준다(Mastropieri & Scruggs, 1997; Pearson & Fielding, 1996). 심상 만들기 전략은 글을 읽는 동안 글 속에 기술되어 있는 인물, 사건, 상황 등을 반영하는 영상을 마음속에 형성하는 동시에 사실적 정보에 대해서는 그 내용을 명제로 부호화하는 전략이다. 글을 읽고 난 후 글의 내용을 대표할 수 있는 그림을 그리도록 하는 방법이 있다(McNamara, Miller, & Bransford, 1996).

또한 읽기활동에 적극적으로 참여하도록 유도함으로써 읽기 능력 향상을 목표로 하는 지속적 동기유발 교수전략이 있다(Sweet & Gurthrie, 1996). 아동들이 읽기활동에 참여하는 요인에는 내재적 요인과 외재적 요인이 있다. 내재적 요인으로는 글의 내용에 대한 관심, 새로운 내용에 대한 학습 호기심, 글 속에 숨어 있는 복잡한 암시나 해결책 찾기, 책의 내용에 대해 이야기하기 등이 있다. 외재적 요인으로는 교사로부터 인정받기, 친구들과 경쟁하기 등이 있다. 읽기활동에 동기유발을 줄 수 있는 다른 요인으로는 학생의 읽기 수준에 맞는 적절한 읽기자료 선정하기, 참여를 격려해 주는 학습환경 조성하기, 읽기행동에 대한 긍정적인 피드백 주기, 읽기 수행에 대한 긍정적인 기대 갖기 등이 있을 수 있다(신종호, 1999).

또 다른 읽기 전략으로는 내언어 전략, 청각적 단서 제공 음운인식 전략, 그림-문자 쌍연합 전략 등이 있다. 이러한 읽기 교수전략들은 읽기 수행에 문제를 보이는 학생들에게 적절한 교육적 처치를 제공함으로써 읽기 영역뿐만 아니라 다른 교과 영역에서도 계속적인 학습에 결손이 생기지 않도록 도움을 줄 수 있다.

2) 쓰기 교수-학습 전략

아동의 쓰기발달은 초기쓰기 단계와 초기쓰기 이후 단계로 나눌 수 있다. 초기쓰기는 아동 개인의 읽기 및 쓰기 능력 발달 수준이나 개인이 사용하는 독특한 쓰기방법이 충분히 반영될 수 있는 매우 복잡한 유형의 쓰기다(박순길, 2005b 재인용). 초기쓰기의 특징은 음성언어의 습득과 마찬가지로 매우 자연스러운 방법으로 배우게 되며, 아주 어린 시기부터 문자언어를 접하고 이해하고 통제하게 된다는 것이다. 그리고 주변 환경 속에서 문자언어를 지각할 때 그 지각은 매우 조직적이고 체계적이다(박순길, 2005b).

초등학교에 들어가기까지의 초기쓰기 이후 단계에서는 아동의 쓰기가 음성언어의 발달과 마찬가지로 그 복잡성이나 문장의 길이에서 초기쓰기가 발달된 이후부터 초등학교를 마칠 때까지 계속해서 매우 점진적으로 이루어진다. 그 유형은 여러 가지 접속사를 사용하여 문장을 연결하는 것에서 삽입된 문장을 사용하는 것으로 발달해 나간다(박순길, 2005b).

뇌성마비 아동은 뇌손상으로 인한 운동장애를 갖기 때문에 자신의 의지대로 쓰기에 필요한 활동을 할 수 없어서 쓰기장애를 갖게 된다. 또한 뇌성마비 아동은 일반적으로 언어장애와 지적 장애를 수반하기 때문에 쓰기에 어려움이 있으며, 시각과 청각의 특정 결함은 나중에 철자장애를 가져오게 한다. 그밖에 뇌성마비 아동의 쓰기 능력을 방해하는 요인으로는 시지각과 시각 변별, 시공간관계, 시각운동 능력, 공간관계 처리 능력, 눈-손 협응의 결함 등이 있다.

쓰기는 글씨 쓰기와 철자법, 작문의 세 영역으로 구분할 수 있다. 먼저 글씨 쓰기(handwriting) 교수전략으로는 아동이 보고 듣고 글자를 베껴 쓰도록 하는 방법이 있다(김윤옥, 2003). 교사가 쓰인 글자를 보여 주고,

그 글자의 이름을 말하고 쓰는 방법을 이야기한다. 그런 다음 아동이 손으로 그 글자를 찾아서 쓰는 방법을 소리 내어 말하면서 글자를 연필로 따라 쓰게 한다. 마지막으로 아동이 공책에 글자를 쓰게 한다.

이러한 글씨 쓰기에 필요한 선행기술로는 눈-손 협응, 시각적 식별, 근육조정운동을 위한 가위질, 도형 그리기, 색칠하기, 손가락으로 추적하기, 칠판에 판서하기, 크기, 모양, 세부적인 특징에 대한 인식 등이 있다.

철자법(spelling) 교수전략으로는 단어 형태를 분명히 지각하고 그 단어의 시각적 상을 분명하게 만들어 운동적인 감각이 자동적으로 습관되도록 하는 방법이 있다(김윤옥, 2003). 교사가 어떤 단어를 쓰고 말하면, 아동은 그 단어를 말하면서 베껴 쓴다. 그다음 단계로 아동이 그 단어를

표 11-6 **작문의 교수전략 단계**

단계	내용
작문 준비 및 초고단계	주제를 선택하라 - 무엇에 대해 쓸 것인가?
	목적을 주제에 맞게 작성하라 - 왜 이것을 써야 하는가?
	아이디어 목록이 적당한지 살펴라 - 독자가 알아야 할 것은 무엇인가?
	주제 문장으로 문단을 소개하라 - 나는 ~라고 말할 수 있는가?
	주제에 벗어나는 문장을 검토하라 - 모든 아이디어를 다 포함시켰나?
	마무리 문장으로 끝내라 - 주제를 한 번 더 요약해서 말하고 있는가?
수정단계	말이 되는가?
	주제와 관련이 되는가?
	부족한 것이 있는가?
	실수는 없는가?
편집단계	들여쓰기를 했는가?
	깨끗하게 띄워 썼는가?
	마침표와 쉼표를 찍었는가?
	철자를 바로 썼는가?

출처: 김윤옥(2003). pp. 188-189.

기억해서 쓰게 한다. 마지막으로 교사가 단어를 쓰고 말하면, 아동은 스스로 쓰고 말할 수 있다. 이러한 과정을 여러 번 반복 진행하면서 철자를 자연스럽게 익히게 한다.

작문(composition) 교수전략은 작문 준비 및 초고단계, 수정단계, 편집단계(〈표 11-6〉 참조)로 나누어 볼 수 있다(김윤옥, 2003). 작문은 가장 높은 수준의 의사소통으로서 읽기, 철자, 구어적 표현 등의 경험이 충분하게 갖추어져야 획득된다. 그러므로 작문에 대한 진단평가는 초등학교 고학년이 되어서야 할 수 있다.

3) 수학 교수-학습 전략

대부분의 학생들은 수학을 어렵고 싫어하는 과목으로 인식하고 있다. 그 이유는 수학 원리에 대한 기본적인 개념 형성이 안 되어 있기 때문이라고 생각된다. 덧셈, 뺄셈, 곱셈, 나눗셈 등을 처음 배우는 아동들은 기본 원리보다는 빨리 셈할 수 있는 방법을 익히는 것으로 수학을 접한다. 또한 초등학교에서 배우는 한 자릿수, 두 자릿수 등 자리 값에 대한 개념과 원리를 익히기도 전에 이미 학령 전 시기부터 두 자릿수 혹은 세 자릿수를 읽고 쓰는 훈련을 한다.

국민공통기본교육과정의 수학은 위계적이고 계열성을 가지는 교과목으로 단계가 올라가면서 그 내용이 점점 어려워진다. 따라서 기초와 원리를 제대로 인식하고 있지 않으면 당연히 어렵고 싫어할 수밖에 없다. 따라서 많은 교수자는 쉽게 가르칠 수 있는 방법을 고안해야 할 것이다. 특히 수학에 대한 두려움과 어려움을 가지고 있는 아동들을 위한 통합교수적인 측면에서의 접근도 고려해 보아야 할 것이다. 이러한 접근은 특수 아동에 대한 접근과 같은 맥락에서 생각해 볼 문제다.

뇌성마비 아동들은 시지각장애로 인해 경영문자의 특성을 가지고 있다. 즉, 36을 63으로 읽는다든지 75를 57로 읽는 특성이 있다. 이러한 특성들은 수학의 셈하기를 하는 데 정답의 오류를 나타내기도 하므로 다양한 교수전략들이 필요하다.

과제분석에 의한 단계적 교수전략은 수학이 어렵다고 생각하는 학생들을 위한 좋은 방법이 될 것이다. 이는 과제를 학습이 가능한 작은 단계로 나누어 교수하는 것이다(이소현, 박은혜, 2006). 이러한 방법은 적절한 시각화 전략을 함께 사용해야 효과적이다.

또 다른 교수전략으로는 자기교수법이 있다(전헌선 외, 2005). 예컨대, 두 자릿수 곱셈을 할 때 풀이과정을 화살표와 해결순서를 표시하는 번호 등을 사용하여 시각적으로 제시해 줌으로써 복잡한 곱셈 문제를 순차적으로 처리할 수 있도록 하는 방법이다. 이러한 전략은 학생이 기억해야 할 내용을 줄여 주고 잃어버린 기억을 회상할 수 있는 단서를 제공해 준다. 그밖에도 자리 값 지도를 활용하는 방법, 시간의 시각화 전략, 다양한 카운터 형태 제공 등이 있을 수 있으며(전헌선 외, 2005), 세 자리 끊어 읽기, 나눗셈 전략, 구구단 외우기 전략, 분수계산 전략, 문제풀이 전략, 응용 문제 풀이 전략 등이 있다(김윤옥, 2003).

제12장

건강장애

1. 정 의
2. 분 류
3. 원 인
4. 교수전략

건강장애

1. 정 의

건강장애 아동은 현재 진행 중인 의료적인 주의를 필요로 한다. 즉, 만성적이고 때로는 생명을 위협하는 상태의 질병으로 인해 집중적인 의학적 치료나 주기적인 치료 등 계속적인 의학적 관심이 요구된다. 지체장애와 마찬가지로, 건강장애도 넓고 다양한 상태로 진행된다. 잡는 것부터 인지하는 것까지 보호하여야 하는 이러한 아동들은 '이들은 다르다.'라는 것보다 이들의 또래와 비슷하다고 여겨야 한다. 그리고 오로지 장애 상태에 초점을 맞추기보다는 이들의 요구를 지원하려는 노력이 필요하다(Lehr & McDavid, 1999).

특수교육 대상자에 '만성질환으로 인한 건강장애'가 추가되면서 건강장애 아동에 대한 관심도 증가하고 있다. 「장애인 등에 대한 특수교육법」에서는 건강장애 아동을 '심장장애, 신장장애, 간장애 등 만성질환으로 인하여 3개월 이상의 장기입원 또는 통원치료 등 계속적인 의료적 지원이 필요하여 학교생활, 학업 수행 등에 있어서 교육적 지원을 지속적으로 받아야 하는 자'로 규정하고 있다.

IDEA의 정의는 '심장질환, 결핵, 신장염, 천식, 겸상적혈구 빈혈, 혈우병, 간질, 납중독, 백혈병 또는 아동의 교육에 악영향을 미치는 당뇨병과 같은 만성적 또는 급성 건강 문제에 의한 제한된 근력, 지구력 등의 장애'를 포함하고 있다. 또한 전염성 질병으로 B형 간염, HIV, AIDS를 포함한다(Bigge, Best, & Heller, 2001).

2. 분 류

주요 건강장애는 심장장애, 천식, 낭포성 섬유증, 당뇨병(소아당뇨), 소아암(백혈병), 간질, 혈우병, 겸상적혈구 빈혈, 신장장애 등으로 분류할 수 있다. 이러한 건강장애 아동들이 갖고 있는 장애에 관해 교실에서 수정할 부분과 필요한 기능을 알아둘 필요가 있다(〈표 12-1〉 참조).

1) 심장장애

심장장애(heart disease)는 관상동맥 질환인 협심증, 심근경색, 심부전, 선천성 심장기형, 심장판막증, 부정맥 등으로 심장이 더 이상 정상적인 기능을 하지 못하는 상태를 말한다. 「장애인복지법」에서는 심장장애를 '심장의 기능 부전으로 인한 호흡곤란 등의 장애로 일상생활에 상당한 제약을 받는 사람'으로 정의한다(「장애인복지법」 시행령 제2조 제1항).

심폐기능체계에는 심장, 혈액 그리고 폐가 포함된다. 심장에 문제가 있을 때, 즉 아동이 호흡(예: 천식, 낭포성 섬유증)이나 심장에서 혈액이 순환하지 않는(예: 심장마비) 문제를 가질 때 심폐기능체계에 영향을 미친다. 이러한 상태의 아동들은 달리기, 계단 오르기, 다른 곳에서 학교까지 걷기 등을 할 수 없다. 비록 그것이 가능하다 하더라도 이러한 아동들에게는 격렬한 운동이 제한적이다. 어린 아동들에게 사회적인 문제를 만들어 낼 수 있는 무력함은 또래아동들과 함께 정상적인 활동을 할 수 없기 때문에 중요한 부분을 차지한다. 이러한 문제들에 덧붙여 병에 걸린 아동들은 감염이 될 위험이 매우 높다(Kirk et al., 2006).

교사는 잘 아는 것처럼 모든 경우에 각 아동의 상태에 관한 정보를 받아서 알맞은 치료와 보조공학을 활용한 교수법을 개별화 건강관리 계획에 포함해야 한다. 그리고 교사들은 심폐질환 아동을 위해 아동의 요구

표 12-1 **건강장애 유형별 잠재적 교실 수정과 교사 기능 요구**

만성적인 상태	잠재적 수정	필요한 기능
천식	알레르기를 일으키는 물질 기피, 신체활동에의 참여, 투약 관리 필요	신호의 인지, 호흡곤란의 징후, 약물치료의 부가적인 효과
선천적인 심장병	신체활동에의 참여, 투약 관리 필요, 식이요법 혹은 유동성 음식	신호의 인지, 심장마비의 징후, 약물치료의 부가적인 효과
당뇨병	식이요법, 욕실 사용 빈도, 유효성 있는 가벼운 식사, 설탕의 원인, 운동과 음식의 균형	신호의 인지, 저혈당(빠른 발병)과 고혈당(느린 발병)의 징후
백혈병	신체활동에의 참여, 전염성 질병에의 노출	신호의 인지, 병균 감염과 출혈의 징후
발작장애 (간질)	신체활동에의 참여, 환경, 투약 관리 필요	간질 관리, 신호의 인지, 발작 후나 발작 동안 고통의 징후, 약물치료의 부가적인 효과
겸상적혈구 빈혈	신체활동에의 참여	신호의 인지, 절박한 위기(고비)의 징후
혈우병	신체활동	신호의 인지, 혈액의 징후, 출혈 관리(상처를 입으면 깨끗이 함)
낭포성 섬유증	신체활동, 투약 관리 필요, 식이요법	신호의 인지, 호흡곤란의 징후, 약물치료의 부가적인 효과

출처: Bigge & Best (2000); Kirk, Gallagher, Anastasiow, & Coleman(2006). p. 527.

에 따른 적응교수와 학습환경을 만들어야 한다.

심장병 아동들은 호흡이 짧기 때문에 신체적인 활동에서 다른 학령 전 아동들보다 더 피로를 느낀다. 치아노제(산소 결핍으로 혈액이 검푸르게 되는 상태) 경험이 있는 아동은 혈액의 산소 결핍으로 피부가 푸르게 되는데 입술과 손톱에 가장 두드러지게 나타난다. 그러나 영구적인 심장 문제를 가진 아동이 지나친 피로를 초래하는 활동에 참여하는 것이 고통을 주는 것이 아닐 수도 있다. 왜냐하면 대부분 심장 문제를 가진 아동들은 격렬한 활동을 할 때 자신의 한계를 알기 때문이다. 그렇지만 교사, 부모, 건강보호 관리자는 아동의 기초 정보를 계속해서 주고받는 것이 필요하다. 모두가 현재 상황이 기초가 되어서 아동의 건강 상태에 따라 가정과 학교에서 할 수 있는 활동 수준을 계획할 수 있다(Allen & Cowdery, 2005).

따라서 건강장애 아동들은 태어날 때부터 병으로 인해 취약한 건강상태에 놓이게 되므로 정상적이고 활발한 학교생활을 하는 데 많은 어려움을 나타낸다. 그러나 건강상의 문제들로 인하여 학업 수행에는 어려움이 있지만 학습에 대한 열의와 욕구는 강하다고 할 수 있다.

2) 천 식

천식(asthma)은 기관지 천식이라고도 하는데, 기관지 평활근이 과민성으로 수축(경련)하여 기관지가 좁아지고 이로 인해 호흡곤란이 오는 상태를 말한다.

천식은 개인의 호흡에 영향을 미치는 질병으로 항상 세 가지 특징을 가진다. 즉, 폐는 팽창하고, 호흡은 어렵고, 기도는 항상 다양한 환경적 조건(먼지, 담배 연기, 찬 공기, 운동)에서 부정적으로 반응한다. 그러므로 천식은 기관지의 급성 협색증의 원인이 될 수도 있다(Batshaw & Perret,

1992).

천식 아동들은 경도에서 중도까지 다양한 조건을 가진다. 천식은 일시적인 경미한 기침을 할 수도 있고, 응급처치가 필요할 만큼 극도의 호흡곤란을 보이기도 한다(김진호 외, 2002). 천식 아동들의 교사들이 가지는 주요 문제는 아동이 천식을 일상적으로 내포하지 않는다는 것이다. 그럼에도 불구하고 모든 교사는 아동이 심한 발작을 하는 것을 가리켜 징후가 무엇인지 그리고 심한 천식 아동들의 빈번한 결석을 처리하는 요령을 요구한다. 어떤 교사들은 의사가 제안한 투약계획, 매일의 징후를 표시한 리스트, 비상 시 의료적 주의사항, 위험한 운동과 교실활동에 참여하는 아동의 징후 정도 등을 요구하기도 한다.

천식으로 인해 학교에 결석하거나 약물복용의 부작용으로 우울하거나 두려운 느낌 등으로 집중이 되지 않아 정보 습득에 어려움은 있지만, 천식 자체는 학습에 문제를 나타내지는 않는다.

3) 낭포성 섬유증

낭포성 섬유증(cystic fibrosis)은 체내에서 점액의 과생산으로 인해 폐의 이상(infection)과 췌장의 이상을 유발하여 소화효소가 소장에 도달할 수 없게 만드는 것으로 주로 백인에게서 나타나는 유전성 질환이다.

백인종인 카프카스 아동들에게 낭포성 섬유증은 종종 장소에 따라 보다 적게 발생하지만, 다른 민족들과는 대조를 이루는 만성적인 질병으로 유전되는 공통점이 있다. 이 질병은 불치병이지만 30~40년 안에 이 장애를 가진 많은 사람들이 현대 의학의 보호를 받을 것이다(Allen & Cowdery, 2005).

일반적으로 교사들은 아동이 알맞게 할 수 있는 신체활동으로 발달을 촉진해야 한다. 아동과 가족 모두는 분비물을 완화하기 위한 에어졸 치

료와 호흡훈련으로 아동을 돕는 것을 포함하는 정서적 지원을 결정하는 것이 필요하다.

4) 소아당뇨

당뇨병은 인슐린(insulin)을 만들거나 사용하는 데 신체의 능력이 제한되는 다양한 만성적인 조건이 주어지는 병명이다. 인슐린은 위 근처의 분비기관인 췌장(이자)에서 만들어지는 호르몬으로, 녹말과 당이 소화될 때 만들어지는 당 형태인 포도당이 연소하여 몸에서 사용된다. 당뇨병은 췌장에서 인슐린을 합성하여 분비시키는 능력이 감소되어 발생하는 질병으로, 식사 후 높아진 영양소들의 처리가 불가능해져 혈액 내에 높은 농도의 당, 지방 등의 영양소가 있어도 세포들이 이용할 수 없는 상태를 말한다. 그러므로 인슐린이 부족하면 당을 연소할 수 없어서 신체기능의 이상을 가져온다. 몸에서 인슐린의 수준이 높거나 낮은 결과는 당뇨병이 많은 다른 조직이나 신체 기능에 영향을 미칠 수 있기 때문이다.

당뇨병에는 두 가지 주요 유형이 있다. 1유형 당뇨병인 인슐린 의존성 당뇨병(Insulin Dependent Diabetes Mellitus: IDDM)은 신체에서 인슐린 생산이 정지되는 당뇨병으로서 초기 혹은 어린아이에게 발병하는 것으로 잘 알려져 있다. 의존성 당뇨는 인슐린의 절대량이 부족하여 발생하는 것이므로 반드시 인슐린 투여로 치료해야 하며, 흔히 소아 연령기에 많이 발생되기 때문에 소아당뇨(juvenile diabetes mellitus)라고 불린다. 이것은 아직까지 확실한 완치방법이 없을 뿐 아니라 적극적으로 관리하지 않으면 망막증, 신경병변 등의 합병증을 가져올 수도 있는 만성질환이다. 1유형 당뇨병인 사람들은 스스로 매일 인슐린을 주사해야 하며, 알약이나 유동체 형식의 인슐린을 투여할 수 없다. 왜냐하면 인슐린이 사용되기도 전에 거의 혹은 모든 것이 파괴되어 위 속에서 산성이 되기 때문이다(Bowe, 2000).

2유형 당뇨병인 인슐린 비의존성 당뇨병(Non-Insulin Dependent Diabetes Mellitus: NIDDM)은 어른이 되어서 발병하는 것으로 잘 알려져 있다. 신체에 인슐린이 계속해서 만들어지지만 인슐린이 적당히 사용되지 않는다. 대부분 40세 이후에 나타나고, 과체중이나 육체적으로 활동하지 않는 사람들에게서 일반적으로 나타난다. 두 번 나누어서 진단했을 때 첫 번째 진단 말고 다른 날의 두 번째 진단에서 혈당이 126이나 더 높게 읽혀지면 2유형 당뇨로 진단할 수 있다.

한편 교사나 소아당뇨에 걸린 아이를 돌보는 사람들은 다음과 같은 방법들로 아동을 관찰할 수 있다.

- 규정된 음식 섭취량
- 아동의 운동과 활동 수준 점검하기
- 감염의 징후나 행동들이 변화하는지 아동 관찰하기
- 때때로 소변 샘플 채취하기

당뇨를 가진 아동들은 질병으로 인한 이유 때문이 아니라 당뇨라는 결과로 인해 사회·정서적 문제로 학교생활이 불충분할 수 있다(Gallico & Lewis, 1992). 즉, 소아당뇨를 가진 아동들은 이 질병 때문에 또래들과의 관계가 소원해질 수 있고, 사춘기나 정서적으로 민감한 시기에는 수치심이나 낮은 자존감이 생길 수 있으며, 학교의 모든 활동이 소극적이게 될 수 있다.

또한 소아당뇨를 가지고 있는 아동들이 학교에서 당뇨 조절을 원활하게 하지 못했을 경우 문제를 일으킬 수 있다. 충분한 인슐린 공급을 받지 못했을 경우 고혈당이 발생할 수 있고, 인슐린이 과다 분비되어 혈당치를 위험한 수준까지 떨어뜨리는 경우 저혈당이 발생할 수 있다. 그러므로 자신의 당뇨 증상을 교사나 친구들에게 말할 수 있도록 유도하는 것이 중요하고, 무엇보다도 당뇨를 가진 아동을 최대한 안전하게 보호하기 위해 교사, 부모 그리고 건강보호 관리자가 규칙적으로 의사소통하는 것이 중요하다.

5) 백혈병

소아암의 공통점은 백혈병(leukemia)으로 미성숙한 림프세포의 성장과 증식으로 인해 적혈구 수가 감소하고 백혈구 수가 증가하는 혈액 형성조직의 질병이다. 진단기법이나 화학요법 등 의학의 발달로 완치될 수 있는 가능성이 높은 만성적 질병으로 인식되고 있다.

비록 치명적인 질병처럼 예전에 검사를 했더라도, 화학요법과 방사능과 같은 적극적인 치료로 인해 백혈병 아동은 대부분 괴로워한다. 임상보고에 따르면, 백혈병 아동은 병원에 반복해서 입원하여 고통을 참는 것보다 집에서 화학요법인 정맥주사를 맞는 것이 더 낫다고 한다(Allen & Cowdery, 2005). 그러므로 치료를 하는 곳은 어디서라도 도움을 주어야 한다. 장애와 치료에 대한 스트레스 모두 당연히 치러야 하지만, 아동은 신체적으로 불안을 느낄 것이고 정서적 문제를 가질 것이기 때문이다. 따라서 교사는 다음과 같은 두 가지 역할을 해야 한다.

- 부모들과 자주 접촉하여 질병의 진행 상황 알아두기
- 프로그램 활동에 가능한 참여시켜서 아동에게 지지 · 격려하기

6) 간 질

간질(epilepsy)이란 뇌의 신경세포 중 일부가 짧은 시간 동안 발작적으

로 과도한 전기를 발생시킴으로써 일어나는 신경계 증상이다(이상도, 1995). 즉, 대뇌의 전기적 활동에 갑작스러운 이상이 발생하여 뇌세포가 정상적으로 작동하지 않게 됨으로써 의식 및 동작 등이 변하게 되는 신체적 증상이다(전헌선, 1999).

간질은 뇌세포가 적당하게 활동하지 않을 때 발생한다(NICHCY, 2000). 간질은 종종 발작장애(seizure disorder)라고도 불리며, 뇌의 한쪽 반구(부분발작) 혹은 양쪽 반구(전신발작)에서 발생할 수 있다. 간질은 국제적 분류체계에 따라 부분발작(partial seizure)과 전신발작(generalized seizure)으로 나누어진다(이상도, 1995; 전정숙, 2006). 부분발작은 의식장애가 있는 복합부분발작과 의식장애가 없는 단순부분발작으로 분류한다.

복합부분발작은 의식이 혼미해지며, 자신의 생각과 관계없이 자동증이 동반될 때가 많다. 많은 환자에게서 전구증상이 나타나기 때문에, 이 증상에 익숙한 환자는 발작증상 출현 전에 미리 알 수 있어서 발작에 대한 방어 자세를 취할 기회를 가질 수 있다.

단순부분발작은 간질의 병소나 위치에 따라 운동성, 감각성, 자율신경성 및 정신성으로 구분한다. 운동성 단순부분발작은 손이나 발, 얼굴 등 신체 일부가 어느 한쪽으로 돌아가거나 몸체가 비틀려지고, 발성 혹은 대화가 중단되거나 단어를 되풀이하는 현상 등이 나타난다. 특히 목이나 눈이 돌아가는 경우에는 반대측 대뇌에 간질성 병소가 있을 확률이 높다. 감각성 단순부분발작은 신체의 일부에 감각손실이 있거나 이상감각(따끔거리는 것, 환청, 환시) 등이 나타난다. 자율신경성 및 정신성 단순부분발작은 고등정신 능력 기능을 담당하는 대뇌피질에 병소가 있다. 구토, 안면 창백, 안면 열감, 발한, 동공 확대 등 자율신경성 증상이나 실어증, 기억이상증(꿈꾸는 느낌, 순간적인 과거 회상, 낯선 느낌, 친숙한 느낌) 등 정신질환 증상을 보이고, 심한 공포감, 절망감, 저항감 등 정서장애 증세를 보이기도 한다.

전신발작의 유형에는 결신성 발작(소발작)과 긴장성-간대성 발작(대발작), 근간대성 발작, 실조성 발작이 있다. 결신성 발작(absence seizure)은 경련 전에 하던 행동이 중단되면서 멍하니 바라보고 짧은 기간 동안 눈동자가 약간 위로 올라가면서 회전하는 모양을 취하기도 한다. 이런 동작은 수초 동안 지속되다가 곧 회복되어 발작 전의 행동을 계속할 수 있게 되며, 환자는 자신의 경련을 전혀 못 느낀다. 발작 중에 말을 하게 되면 말이 느려지거나 중단되며, 걷는 중이면 그 자리에 멈추어 서게 되고, 식사 중이면 음식이 입 안에 고여 있게 된다. 주로 소아기 때 많으며 15세 이후에는 드물다.

긴장성-간대성 발작(tonic-clonic seizure)은 가장 흔한 전신성 발작의 형태이며, 대부분은 아무런 전구증상 없이 의식을 잃는다. 갑작스러운 신체의 근긴장으로 신음소리 또는 비명을 지르며 환자가 바닥에 쓰러지고, 사지가 뻣뻣해지며 호흡장애로 얼굴이 새파랗게 된다. 수십 초 정도 근긴장 경련이 진행되다가 간대성 경련으로 변한다. 이때 호흡이 되돌아오지만 얼굴은 계속 푸르게 나타난다. 경련이 끝날 때쯤 근육이 이완되며 잠시 동안 의식을 잃고 수면 상태에 이른다. 잠에서 깨면 환자는 전신통이나 두통을 느끼는 것 이외에 아무것도 기억하지 못한다. 발작 횟수는 소발작보다는 적으며 하루에 한 차례에서 수년에 한 차례 정도까지 그 빈도가 다양하다.

근간대성 발작(myoclonic seizures)은 매우 짧은 기간 동안 마비와 같은 근육 경련을 일으키는 것으로 전신적으로 일어나기도 하고 얼굴이나 몸통에 국한되기도 한다. 대개 수면에서 깨어날 때 잘 나타난다. 실조성 발작은 신체의 근긴장이 갑자기 소실되어 급작스럽게 쓰러지는 형태로 외상을 입을 가능성이 매우 높다.

간질은 뇌성마비 아동에게서 자주 나타난다. 실제로 323명의 환자 가운데 간질의 어떤 형태를 가지고 있는 환자가 41.8%나 된다고 보고되었다(Hadjipanayis, Hadjichristodoulou, & Youroukos, 1997). 또한 83명의 성인 뇌성마비집단에서 의학적인 질병이 나타났고, 간질은 의학적인 질병과 함께 가장 공통적으로 발견되었다(Granet, Balaghi, & Jaeger, 1997). 따라서 뇌성마비 아동이 간질을 수반할 가능성은 50%나 되며(문한구, 1996), 지체부자유학교 재학생의 13.5%가 발작증세를 나타내었다(전헌선, 2000). 간질은 경직형 사지마비와 경직형 편마비를 가진 뇌성마비 아동에게서 가장 자주 나타난다(Workinger, 2005).

발작이 시작되면 정신이 나간 사람같이 멍하게 있거나 이유 없이 뒤척이거나 왔다갔다하거나 중얼거리기도 하고 고개를 한쪽으로 돌리기도 한다. 입맛을 쩝쩝 다시거나 옷이나 물건을 만지작거리기도 한다. 이런 반복되는 동작을 '자동증'이라고 부르는데, 당사자는 이 행동을 기억하지 못한다(전헌선, 2005).

발작행동은 전구증상, 전조증상, 발작, 회복기로 진행된다(전헌선 외, 2006). 전구증상이 발견되면 조용하고 안전한 곳에서 생활할 수 있어야 한다. 전조증상은 당사자만이 알 수 있기 때문에 자신의 대처의식을 높여야 하며, 발작이 일어나면 신체적 손상이 가중되지 않도록 해야 한다. 회복기 행동에서는 의식이 완전히 회복되었는가를 재확인한 후 보호자와 함께 귀가 조치하여야 한다.

7) 혈우병

혈우병(hemophilia)이란 선천성, 유전성으로 혈액응고 인자의 결핍에 의한 질환을 말한다. 혈우병은 선천적으로 출혈이 잘 되어 사소한 외상에 의해서도 쉽게 출혈되며 지혈이 잘 되지 않아 사망하는 경우도 있다.

혈우병은 오로지 남성에 의해 경험되는 또 다른 반성유전 질병이다. 어머니에 의해 나타나는 질병이 아니고, 어머니는 보균자 혹은 전승자일

뿐이다. 혈우병은 혈액응고가 전혀 되지 않거나 매우 천천히 응고되는 어떤 요인의 결핍이 원인이 된 상태를 말한다.

주요한 위험은 우발적인 상처에 따른 출혈이 아니라 일상생활과 건강에서 중대한 징후를 보이는 체내 출혈이다. 출혈은 관절, 특히 무릎, 발목, 팔꿈치 속에서 심하고 지속적인 고통, 영구적인 심한 손상의 원인이라 할 수 있다. 특히 아동들에게서 나타나는 체내 출혈 사례들은 사소한 충돌, 추락, 작은 상처들로 보이는 것에 의해 유발된다. 종종 잘 알려진 이런 상처 없이 출현하기도 한다(Apgar & Beck, 1973).

혈우병을 가진 어린 아동들도 불필요한 위험에 자신을 드러내지 않으면서 가능한 활동을 하도록 유도한다. 활동적인 아동들은 응고 결핍의 정도가 비슷한 활발하지 않은 아동들보다 출혈 사례가 더 적은 것으로 나타났기 때문이다(Allen & Cowdery, 2005). 가끔 출혈이 감소하는 결과로 신체활동이 증가할 때도 있다. 혈우병 아동은 출혈이 생기면 언제나 다른 손으로 움켜잡고 예방 조치를 해야 한다. 어떤 아동들은 모든 아동의 공통적인 부분인 추락에 의한 상처로부터 보호하기 위해 헬멧이나 무릎과 팔꿈치 보호대 착용이 필요하다. 교사와 부모는 개인의 건강과 안녕에 관해 자부심이 강하거나 지나치게 의존적인 아동과 같은 특별하거나 연약한 아동은 치료를 통해서 예방을 해야 한다.

8) 겸상적혈구 빈혈

대부분 아프리카 미국 흑인 아동들 사이에서 발견되는 겸상적혈구 빈혈(sickle-cell anemia)은 상염색체 열성장애다(부모 양쪽 다 보균자의 징후가 없다). 아프리카에서 겸상적혈구 빈혈의 보균자는 말라리아로부터 보호를 받을 수 있는 이점이 있다. 즉, 겸상적혈구 빈혈은 말라리아에 대한 내성과도 관계가 있다. 아프리카 및 여타 나라의 보균자를 가진 무수한 아동들은 복부, 다리 그리고 팔에 심각한 고통과 같은 만성적인 건강 문제를 이끄는 겸상 모양의 적혈구를 평생 간직한다. 겸상적혈구 빈혈은 미국에서는 점차 감소하고 있다. 이 유전자의 돌연변이는 자연적인 도태의 원인으로 대부분 없어져서 사라졌다(Jorde, Carey, & Whiter, 1995).

교사들은 겸상적혈구 빈혈을 예방하기 위하여 피로, 스트레스 그리고 추위 노출을 예방하고, 아동을 돕기 위해 부모, 물리치료사와 협력하여야 한다.

9) 신장장애

「장애인복지법」에는 신장장애를 '신장의 기능 부전으로 인하여 혈액투석이나 복막투석을 지속적으로 받아야 하거나 신장 기능의 영속적인 장애로 인하여 일상생활에 상당한 제약을 받는 사람'으로 규정해 놓고 있다.

신장장애는 신장의 기능이상으로 우리 몸속의 노폐물 제거와 수분 조절에 문제가 생기게 되는 것을 말한다. 신장은 신체의 항상성을 유지하는 기관으로 필수물질들과 수분을 보유하고 체액의 성분과 양을 조절하는 기관이다. 또한 해독을 하고 독성물질, 불필요한 물질들을 소변 형성 과정을 통해 배출시키는 기능을 한다.

신장장애를 가지고 있는 어린 아동에게는 영양 공급 부족, 빈혈, 내분비장애 등으로 성장기 장애가 나타날 수 있으며, 연령이 높은 아동에게는 호르몬 조절의 이상으로 사춘기의 성적인 성숙이 지연되어 신체 미성숙이 나타날 수 있다. 이러한 다양한 문제들은 우울, 자살기도, 불안, 공포, 강박적 사고 등 각종 심리적 · 정서적 문제로 나타날 수 있다.

3. 원 인

아동들은 영아나 어린 유아기에 다양한 건강 문제를 경험한다. 이러한 것의 대부분은 성장과 발달 과정에서 건강이 손상되는 것을 감지할 수 없거나 손상된다 하더라도 상대적으로 경미한 부분이다. 그러나 어떤 아동들은 심각한 건강 문제로 매일을 살거나 건강이 나쁜 채로 시간을 질질 끌기도 한다. 그러므로 부모와 아동, 가족, 교사는 발달상의 시기에 할 수 있는 모든 것을 시도해야 한다. 건강장애의 원인은 다양하지만 그 원인을 파악할 수 없는 질병도 많이 있다.

1) 심장장애

심장장애는 선천성 기형이 많은 부분을 차지하며, 그 발병률도 높은 만성질환이다. 선천적으로 심장을 이루고 있는 혈관 모양이 정상과 다른데, 그 원인으로는 임신 중 질병이나 모체 감염 등이 가장 많은 부분을 차지하며, 염색체 이상과 유전자 결함 등이 다음으로 많은 부분을 차지한다. 그러나 어떤 심장장애는 그 원인을 알 수 없는 것도 있다. 선천성 심장질환의 대부분은 수술로 치료할 수 있지만, 경미한 경우 비수술적인 치료로 고칠 수도 있다(교육부, 2007b).

2) 천 식

천식은 알레르기 질환 중에서 대표적인 질환으로, 아토피 소인을 가진 사람이 특정 알레르기 원인 물질에 노출되어 기관지 내경이 좁아지면서 호흡이 곤란해지는 것이다. 즉, 기관지가 예민한 사람이 알레르기를 일으키는 물질(집 먼지, 진드기, 꽃가루, 바퀴벌레, 곰팡이, 동물의 털 등)에 노출되어 기관지 근육이 갑자기 수축되고 점막이 붓고 기관지 내에 분비물(가래)이 생김으로써 기관지가 좁아져서 숨이 차는 질환이다.

천식은 크게 내인성과 외인성으로 나누어진다. 내인성 천식은 감염성 천식이라고 하며 특수한 원인을 밝힐 수 없는 천식이 이에 속한다. 증상으로는 호흡곤란과 발작적인 기침, 쌕쌕거리는 거친 호흡음을 보인다. 이 천식은 상부나 하부 기도의 염증, 비강 용종, 부비강염 등이 나타나며 어느 나이에서나 일어날 수 있다. 외인성 천식은 알레르기성 천식이라고 하며 외부적인 요인에 의해 일어난다. 정상보다 기관지가 지나치게 예민해 있는 알레르기 상태를 말한다. 이 천식은 급성으로 나타나며 자연스럽게 낫기도 하지만 보통은 만성 기관지염으로 이어진다. 주요 원인으로는 먼지, 꽃가루, 음식, 합성약품, 동물 비듬 및 깃털 등이다.

3) 낭포성 섬유증

낭포성 섬유증은 상염색체성 열성으로 유전되며, 7번 염색체의 유전자 이상에 의해 발병된다고 알려져 있다. 이 유전자는 상피세포의 표면에 존재하는 나트륨과 염소 수송단백질을 만드는데, 그 돌연변이로 인해 낭포성 섬유증이 발병하는 것이다.

낭포성 섬유증 아동이나 아주 어린 유아는 심한 호흡곤란으로 위험성이 아주 높다(Gallico & Lewis, 1992). 이 질병은 과도한 점액, 만성적인 기침, 진행성 폐손상 그리고 신체의 무능력으로 특유한 단백질과 지방을 흡수하는 특성을 나타낸다. 아동은 종종 과도한 식욕 때문에 늘어나는 체중으로 힘들어 한다. 낭포성 섬유증 아동은 배변에서 불결한 냄새를 풍기고 유별나게 땀이 심하고 자주 나는 경향이 있다.

4) 소아당뇨

소아당뇨는 신체적 또는 정신적 스트레스, 인슐린 결여 등의 원인으로 나타나며, 갈증, 피로, 오줌을 조금씩 자주 누게 되는 빈뇨, 복통 등의 증상이 나타난다. 또한 세포조직의 영양소 저장 부족 및 세포의 에너지원 결핍으로 지방조직이 분해되고 근육에 존재하는 단백질도 분해되어 체중이 감소되며, 세포의 활동 부족으로 심한 피로를 느낀다. 당이 소변으로 배설될 때 수분도 함께 배설되기 때문에 많은 양의 물을 섭취하게 된다.

5) 백혈병

백혈병은 골수에서 생산되는 백혈구가 악성종양으로 증식을 하는 질환으로, 백혈구가 증가하기 때문에 혈액이 정상인보다 희게 보여 백혈병이라고 부른다. 골수 내에서 암세포인 백혈병 세포가 증가하기 때문에 정상적인 적혈구, 백혈구 및 혈소판 생산이 감소되어 쉽게 감염되고 빈혈과 코피, 잇몸 출혈이 나타난다.

대표적인 백혈병으로는 소아에 많은 급성림프성 백혈병과 성인에 많은 만성골수성 백혈병이 있다. 급성인 경우에는 백혈병 세포가 미숙한 형태를 주로 보이고, 만성인 경우에는 성숙된 형태의 세포가 많이 보인다.

급성림프성 백혈병은 기운이 없고 창백하며 감기몸살 증상이 나타나고, 코피가 나거나 치과치료 후 지혈이 되지 않으며 피부에 점상출혈 등이 나타날 수 있다. 드물지만 백혈병 세포가 골수에서 증식하기 때문에 골반이나 대퇴부에 심한 통증을 호소하는 경우도 있다.

만성골수성 백혈병은 증상이 없이 우연히 진단되는 경우가 흔하다. 그러나 시간이 지나면 빈혈이 나타나고, 골수에서 만들어진 백혈병 세포가 혈액으로 나오기 때문에 백혈구가 증가하여 전신쇠약, 어지럼증 등이 나타난다. 이 백혈병의 주요 특징 중의 하나는 복부의 비장이 붓기 때문에 답답하고 혹이 만져진다.

6) 간 질

간질 발작을 일으키는 촉발요인은 환경적 요인, 신체적 요인, 심리적 요인으로 구분할 수 있다(전헌선 외, 2005, 2006). 환경적 요인이란 신체에 영향을 주는 환경적 요소를 말한다. 예를 들면, 빛, 소리, 맛, 냄새, 촉각 등 여러 환경적 자극이 발작을 유발할 수 있다. 신체적 요인이란 몸과 뇌에 영향을 주는 신체적 요소를 말한다. 예를 들면, 질병, 약물, 알코올, 과음, 과식, 결식, 수면 부족 등의 허약하거나 피곤한 상태 등이 포함된다. 심리적 요인이란 부정적 느낌이나 생각을 일으키는 내외적 요소를 말한다. 예를 들면, 불안, 공포, 스트레스, 논쟁, 거부, 좌절, 낙심 등이 해당된다. 이러한 발작의 촉발요인을 잘 알고 있으면 간질 발생 빈도를 낮출 수 있다(박성파, 1996; Turnbull et al., 1995).

7) 혈우병

혈우병은 유전성 질환으로 출생 직후부터 나타나며, 배꼽이나 포경수술 부위에서 출혈이 계속되거나 치아가 처음 나올 때 출혈을 잘 일으킨다. 대부분의 혈우병은 걷기 시작하는 1세 전후부터 특징적인 출혈증상이 나타나기 시작한다. 2세까지는 입 안의 출혈이 잘 발생하고, 3~4세부터는 관절이나 근육 등 체내 출혈이 일반적으로 나타난다. 또한 혈뇨를 일으키는 빈도도 높으며, 종종 두개강의 체내 출혈이 발생하여 생명이 위태로운 경우도 있다.

8) 겸상적혈구 빈혈

겸상적혈구 빈혈은 폐에서 산소를 받아 조직으로 운반하는 적혈구 성분인 헤모글로빈의 이상으로 발생한다. 비정상 헤모글로빈을 가진 적혈구는 산소 양이 감소하면 모양이 일그러지면서 길쭉한 낫(겸상) 모양으로 변한다. 이러한 낫 모양의 적혈구는 작은 혈관을 통과하지 못하고 혈관을 막아 혈류장애를 일으켜서 산소가 조직으로 충분히 공급되지 못하게 된다. 또한 겸상적혈구는 쉽게 파괴되는 특징이 있어 혈액 내의 적혈구가 부족해져서 빈혈을 유발한다.

9) 신장장애

신장장애는 말 그대로 신장기능이 제대로 이루어지지 않아 몸 안에 노폐물이 쌓여서 신체의 여러 기능이 제대로 수행되지 않는 상태를 말한다. 신장장애의 대표적인 신부전은 신장의 기능이 고도의 장애를 일으켜서 신체의 내부 환경을 정상적으로 유지하기 어려운 상태다.

발병에 따라 급성과 만성으로 나누어지는데, 우리나라는 만성 신부전만을 장애 범주에 포함하고 있다. 만성 신부전은 신장기능이 차차 저하되어 혈액 중에 요소가 상승하는 상태를 말한다. 신부전이 진행되면 요량이 감소하고, 신장에 있는 체액의 항상성을 일정하게 유지하는 것이 불가능해져서 요성분이 혈액 중에 쌓이게 된다. 이때 뇌 및 위장 증상을 시작으로 전신의 여러 장기의 기능장애에 의한 요독증이 나타난다. 그러므로 다뇨와 구갈(口渴)이 나타나며, 때로는 전신권태, 식욕부진, 구토, 피부 가려움증 등이 있을 수 있다.

만성 신부전증은 신장의 기능이 정상의 20~30% 이하로 저하된 상태를 말한다. 소아의 경우에는 사구체 신염, 만성 신우신염, 방광요관 역류 등이 주된 원인이 되어 나타난다(교육부, 2007b).

4. 교수전략

건강장애 아동이 겪는 어려움에는 장기간의 결석이 큰 부분을 차지하고 있다. 그리고 병원생활로 인한 학업 결손 문제와 학교로 돌아가서 친구들과 겪는 어려움, 교사와의 관계에서의 문제와 같은 학교 복귀와 관련된 적응 문제 등이 있다(박은혜, 2006a).

건강장애 아동에 대한 교육지원은 병원학교를 통해서 이루어지고 있다. 병원학교란 장기 입원 또는 통원치료에 따른 잦은 결석과 휴학 등으로 학교교육을 받을 수 없는 학생들을 위해 병원 내에 설치된 파견학급 형태의 학교다. 병원학교는 교사 1인이 운영하는 파견학급 성격을 띠지만, 병원 내의 특정한 장소에서 일반학교 초·중·고 학생 및 특수학교 학생들이 함께 공부하기 때문에 병원학교라고 부른다.

병원학교의 목적은 심장장애, 신장장애, 백혈병, 소아암 등 만성질환으로 인해 결석, 휴학 및 중퇴를 반복하는 건강장애학생에게 수업 결손이 생기지 않도록 병원에서 지속적으로 학업과 치료를 병행하여 차후 학교에 복귀해도 문제가 없도록 돕는 것이다.

1) 학습지원

건강장애학생의 학습지원은 개별화교육계획을 작성하여 순회교육, 사이버가정학습, 화상강의 시스템 등 다양한 방법을 활용하여 이루어지도록 해야 한다. 또한 연간 수업일수 확보를 위하여 다양한 교육과정을 계획하고 운영하여 질 높은 학습지원이 이루어지도록 해야 한다. 특히 병원학교의 건강장애학생은 다양한 장애를 지닌 다양한 학교의 학생이기 때문에, 요구에 맞는 학습지원이 이루어지기 위해서는 학생의 소속 학교와 지역 교육청, 담당 특수교사, 담임교사와의 지속적인 연대가 필요하다고 하겠다.

병원학교에 소속되어 있지 않고 가정이나 시설에 있는 건강장애학생은 순회교육을 통해서 학습지원을 받을 수 있다. 순회교육 실시에 관한 결정은 특수교육운영위원회에서 하며, 반드시 부모의 동의를 얻어서 실시하여야 한다. 대부분 특수교사가 순회교육을 담당하고 있지만, 건강장애 아동의 소속 학교 일반교사도 담당 가능하다. 또한 지역 교육청이나 특수교육지원센터 등에서 순회교육 담당교사를 지정하여 운영할 수도 있다.

사이버가정학습은 학생 개개인의 학년별 · 과목별 진도에 맞게 계획하여 활용할 수 있다. 담임교사, 학부모 도우미 등이 상담 및 학습 지도를 하면서 학습참여를 독려하고 학습에 대해 지속적으로 관리함으로써 학습 결손을 감소시킬 수 있는 지원방법이다(김은주, 2006).

화상강의 시스템의 운영은 인터넷을 통해 실시간으로 일대일 화상강의를 운영하여 개별 학생의 학년 및 학력 수준에 적합한 개별화된 학습지원을 모색할 수 있는 방법이다(김은주, 2006). 화상강의 시스템은 전국 3군데(2007년 3월 기준)에서 시범 운영하고 있다. 서울시 교육청(교육연구정보원), 인천시 교육청(교수학습지원센터), 경남 교육청(더불어하나회)에서 시범운영을 하고 있으며, 기관별로 지역을 분담하여 원활한 학습지원이 이루어지도록 하고 있다.

건강장애 아동에게 이러한 학습지원은 첫 번째로 질 높은 학습지원을 위한 목적이 있다. 두 번째로 건강상의 이유로 장기간 결석하게 된 아동들이 연간 수업일수를 해결하여 유급이 생기지 않고 다음 학년에 진학하도록 하는 목적이 있다. 마지막으로 교육의 가장 큰 틀이라고 할 수 있는 모든 아동에게 교육의 기회를 제공하고자 하는 목적이 있다.

2) 교실 상황

특수학교나 일반학교의 모든 교사는 건강장애 아동과 관련해서 학교에서 일어나는 모든 일에 관심을 가지고 기록을 통해 관리해야 한다. 교사는 건강장애 아동에 대한 병력, 가족관계, 자주 이용하는 병원, 어떤 약물을 투약하는지에 대한 상세한 정보를 가지고 있어야 한다. 응급 상황이 발생하였을 경우 당황하지 않고 1차 처치를 할 수 있으려면, 아동의 질병에 관한 최소한의 정보를 알고 있어야 한다.

교사는 심각한 건강장애 아동이 교실에 포함되어 있어서 아동이 질문을 하면 걱정이 먼저 앞서고 위험이 임박할 것 같은 감정을 가진다. 그러나 시간이 흐르면서 특별한 요구를 가진 아동이 더 자연스럽게 보인다는 것을 발견할 수 있을 것이다.

부모와 다학문팀은 건강장애 아동을 처음 접해 본 교사가 유용한 정보를 얻을 수 있도록 아동의 중재 프로그램에 참가할 수 있도록 한다. 가장 중요한 것은 교사가 아동의 투약 프로그램에 관해 완전한 지식을 가지고 있어서 각 아동의 건강 기록에 매일 갱신하여 기록해야 한다는 것이다. 따라서 교사는 교실에서 특별한 건강 문제와 관련된 일상적이고 긴급한 상황 모두를 다 잘 알고 있어야 한다. 교사는 아동의 부모와 건강보호 전문가에게서 건강장애 아동의 모든 시간을 기록한 간단한 보고서를 요청받을 수 있다.

교사는 모든 아동의 건강 기록을 자주 갱신하고 완성된 것을 보존하는 것이 필요하다. 이런 필수적인 자료에는 다음과 같은 것이 포함될 수 있다.

- 부모의 전화번호를 적어 놓은 부분 그리고 어떠한 시간에도 연락할 수 있는 긴급 연락처
- 아동의 건강보호 관리자의 이름 혹은 주소와 전화번호
- 응급 상황과 수송 그리고 규정된 투약의 관리를 위임하는 동의서
- 아동과 가족의 건강 병력
- 예방주사 날짜 안내
- 의료 사정의 결과 혹은 신체검사 및 치과검사의 치료결과
- 시력이나 청력 검사와 같은 특별한 검사결과
- 교실 혹은 운동장에서와 같이 학교에서 일어나는 모든 상처나 질병에 주치의의 서명이 기록된 보고서
- 알레르기에 관한 표시법, 특별한 다이어트, 치료 경과, 투약, 인공보철 장치, 기타 건강과 관련이 있는 것
- 부모와 건강보호 관리자들이 하는 의사소통과 관련된 표시법
- 학교에 있는 동안 아동에게 한 투약의 기록 상황 등

응급 시 고려해야 할 사항을 살펴보면, 건강장애 아동을 돕는 모든 프로그램은 일반적으로 응급 상황을 위해서 세부적인 계획을 세우는 것이 필수적이다. 건강장애 아동에 관한 기록을 할 때 각 아동을 위한 조직적인 계획을 세우기 위해 다음과 같은 내용이 포함될 수 있다.

- 건강상 위험한 고비에 관한 계획을 부모나 의사와 협의하기
- 출현 빈도와 위험한 고비의 이유를 이해하기
- 위험한 고비 전후에 아동이 행동하는 방법 배우기
- 부가적인 도움을 위해 교사를 찾을 때 이해하고 위험한 고비 후에 어떻게 하는지 알기

일반적으로 약을 조제하고 투약하는 것은 면허를 가진 사람에 의해 이루어져야 한다. 그러나 투약에 관한 상세한 정보 등이 표기되어 있는 약의 경우나 건강장애 아동들에게 위급한 상황일 경우는 도움을 줄 수 있을 것이다. 만약 약 상자나 병에 다음과 같은 라벨을 붙이면 더 유용하게 사용될 것이다.

- 아동의 이름
- 의사의 이름과 전화번호
- 아동에게 투약하는 방법
- 투약 관리를 위한 스케줄

교사가 건강장애 아동에게 투약하는 것은 필수사항이 아니다. 그렇지만 교실에서 일어나는 상황에 대해 교사가 모르는 체하기 힘들 뿐더러, 미처 보건교사나 의료진을 부를 수 없을 만큼 위급한 상황이라면 별 도리가 없다. 건강장애 아동은 다양한 질병을 가지고 있으며 그 원인을 알 수 없는 질병도 많다. 그러므로 이들의 1차적인 장애에 대한 관심뿐만 아니라 교사나 또래 친구들이 학교에서 일어나는 모든 활동에 관심과 배려를 가지는 것이 매우 중요하다고 하겠다.

이에 건강장애 아동에 대한 교육지원 방향을 제안하면 다음과 같다(박은혜, 2006b). 첫째, 건강장애 아동의 개별적 특성에 따라 교육지원이 이루어져야 하고, 이러한 지원이 거주지역이나 경제 사정 등에 따라 차등적으로 제공되는 일이 없어야 한다. 둘째, 건강장애 아동을 대하는 교사와 또래 친구들의 태도는 긍정적이어야 한다. 셋째, 일반학교로 복귀한 건강장애 아동을 위한 일반교사, 특수교사, 보건교사의 역할과 협력방법, 병원학교와의 연계방법 등이 체계화되어서 교육지원이 병원에서 학교로 잘 연결될 수 있어야 한다.

만성적인 질병으로 심신이 지쳐 있는 건강장애 아동이 특수교육 대상자로 포함되면서 더 나은 교육의 지원을 받게 되었다. 앞으로 더 다양한 프로그램 개발과 다양한 지원이 이루어져서 건강장애 아동이 어디에서나 학업에 충실할 수 있는 환경이 만들어져야겠다.

제13 장

발달지체

1. 정 의
2. 분 류
3. 원 인
4. 진단평가
5. 교수전략

발달지체

1. 정 의

'발달지체(developmental delay)' 또는 '발달장애(developmental disabilities)'라는 용어는 특수교육 영역 이외에도 법, 의학, 심리학, 사회복지학, 재활 영역에서 널리 사용되고 있다. 그러나 각 학문 영역에 따라 발달지체에 대한 정의가 서로 다르고, 광의의 개념에서 감각장애를 제외한 모든 장애가 발달장애에 해당될 수 있으며, 특수교육 학계에서도 학자에 따라 정의하는 내용이 서로 다르기 때문에 발달지체나 발달장애를 정확히 정의하기란 쉽지 않다.

발달지체와 발달장애는 발생연령(발달지체는 0~9세, 발달장애는 10~20세에 발생; 이상복, 2000) 면에서 서로 다르지만, 우리나라에서는 거의 혼용하고 있으므로 이 책에서도 같이 소개할 것이다. 현재 사용되고 있는 발달지체의 정의는 다음과 같다.

1) 법적 정의

(1) 우리나라

우리나라 「특수교육진흥법」에는 발달지체가 특수교육 대상자에 포함되지 않았으나, 「장애인 등에 대한 특수교육법」이 제정(2007. 05. 25)되면서 발달지체도 특수교육 대상자로 포함되었다. 「장애인 등에 대한 특수교육법」에서는 '발달지체를 보이는 특수교육 대상자는 신체, 인지, 의사소통, 사회 · 정서, 적응행동 중 하나 이상의 발달이 또래에 비하여 현저하게 지체되어 특별한 교육적 조치가 필요한 영아 및 9세 미만의 아동'을 말한다.

(2) 미국

미국의 P.L. 100-146에 따르면, 발달장애는 ① 정신적 혹은 신체적 손상이나 정신적 · 신체적 손상의 연합이 ② 22세 이전에 명백하게 나타나고, ③ 무기한으로 계속될 가능성이 있고, ④ 주요 생활활동 영역인 '자기 관리, 수용언어와 표현언어, 학습, 이동, 자기 지시, 독립생활을 위한 능력, 경제적인 자급자족' 중 세 가지 혹은 그 이상의 기능적 제한성이 있고, ⑤ 평생토록 또는 장기간 개별적으로 계획되고 조정된, 특수하고 간학문적(interdisciplinary)이며 사회적이고 일반적인 보호, 치료 또는 기타 서비스의 요구가 심각하고 만성적인 사람을 의미한다.

2) 학술적 정의

(1) 발달장애 용어사전

한국발달장애학회에서는 『발달장애 전문용어사전(Dictionary of Developmental Disabilities Terminology)』(Accardo & Whitman, 1996)을 번역하여

『발달장애 용어사전』(2002)을 출판했다. 이 책에 수록되어 있는 발달장애의 정의는 다음과 같다.

발달장애 용어사전에서는 발달장애의 원인은 뇌손상에 의한 것이며, 그 상태는 뇌의 통제를 받는 하나 이상의 기능에 심각한 결손이 있는 것이라고 설명하고 있다. 또한 발생연령은 1~22세로 비교적 긴 기간을 채택하고 있다.

(2) ICD-10의 정의

세계보건기구에서는 ICD-10(1992)에서 '심리적 발달장애(disorders of psychological development)'라는 용어를 사용하고 있다.

ICD-10(World Health Organization, 2007)

심리적 발달장애는 일반적으로 다음과 같은 것을 포함한다. (a) 반드시 유아기 혹은 아동기 동안에 시작될 것, (b) 발달기능에서의 기능의 손상이나 지연이 중추신경계의 생물학적 성숙과 관련되어 있을 것, (c) 감소나 퇴보 없이 확고하게 진행될 것. 대부분의 경우 언어, 시공간적 기술, 운동 협응이 포함된 기능에 영향을 받는다. 일반적으로 지연이나 손상이 확실하게 발견되었을 때부터 존재하며, 아동이 성장함에 따라 차츰 감소하나 어느 정도의 손상은 성인생활에도 남아 있는 경우가 있다.

ICD-10에서는 '심리적 발달장애'를 언급하면서, 이 장애는 반드시 유아기 혹은 아동기 동안에 시작되고, 중추신경계의 결함과 관련 있으며, 계속해서 증상이 나타나고, 어느 정도의 손상은 성인기에도 나타날 수 있음을 강조하고 있다. 또한 심리적 발달장애를 감각장애, 정신지체, 정

서 · 행동 장애와도 구분하고 있다.

(3) DSM-IV-TR의 정의

미국정신의학협회의 DSM-IV-TR(2000)에서는 '유아기, 아동기, 청소년기에 처음으로 진단되는 장애'의 하위 유목에 '전반적 발달장애(Pervasive Developmental Disorders: PDD)' 항목을 채택하고 있다.

> DSM-IV-TR(American Psychiatric Association, 2000)
>
> 전반적 발달장애(PDD)란 아동기에 사회적이고 심리적인 발달이 광범위한 영역에 걸쳐 심각하게 손상된 것을 의미한다.

DSM-IV-TR에서는 '전반적 발달장애'를 '유아기, 아동기, 청소년기에 처음으로 진단되는 장애'의 하위 유목으로 소개하면서, 사회적 · 심리적 발달이 넓은 영역에 걸쳐 심각하게 손상된 경우로 한정하고 있음을 알 수 있다.

이상의 학술적 정의를 종합하면, 발달지체는 5세 이하 혹은 10세 이하의 아동에게 사용되는 용어로, 대부분의 아동에게 기대되는 발달상의 능력(운동, 의사소통, 사회성, 정서, 자조 등)에 비해 다소 뒤처지거나 발달이 연령규준 이하로 심각하게 이탈되는 경우를 의미한다. 반면에 발달장애는 5세 이상 혹은 10세 이상의 아동에게 사용되는 용어로, 장애 상태가 고정적이고 문제의 증상도 분명한 것을 의미한다.

발달지체장애를 가진 아동은 앞으로 영구적인 발달장애를 가질 수도 있고, 발달의 지연이 일시적인 경우로 끝날 수도 있다. 모든 발달지체아가 발달장애아가 되는 것은 아니지만, 발달지체는 영구적인 발달장애를 예견할 수 있는 전조가 될 수 있다(윤치연, 2003). 그러므로 발달지체가 의

심될 경우에는 반드시 정확한 문제점과 지연 정도를 알기 위한 종합적인 사정이 이루어져야 하며, 발달지체가 하나 이상의 영역에서 고착되지 않도록 예방 차원의 중재도 함께 시작되어야 한다.

2. 분 류

1) ICD-10의 분류

ICD-10(2007)에서는 발달장애를 '심리적 발달장애'로 정의하고 〈표 13-1〉과 같이 분류하고 있다. ICD-10의 분류에 따르면, 심리적 발달장애에는 특정 말/언어 발달장애, 특정 학업기술 발달장애, 특정 운동기능 발달장애, 혼합형 특정 발달장애, 전반적 발달장애, 기타 심리적 발달장

표 13-1 **ICD-10의 발달장애 분류**

심리적 발달장애	특정 말/언어 발달장애	특정 조음장애, 표현언어장애, 수용언어장애, 랜도-크레프너증후군(간질수반형), 기타 말/언어 발달지체
	특정 학업기술 발달장애	특정 읽기장애, 특정 철자장애, 특정 산술장애, 혼합형 학업기술장애, 기타 학업기술 발달장애
	특정 운동기능 발달장애	특정 운동기능 발달장애
	혼합형 특정 발달장애	혼합형 특정 발달장애
	전반적 발달장애	아동기 자폐증, 비전형성 자폐증, 레트증후군, 기타 아동기붕괴성장애, 과다행동장애(정신지체/상동운동수반형), 아스퍼거증후군, 기타 전반적 발달장애
	기타 심리적 발달장애	발달적 실어증
	불특정 심리적 발달장애	−

출처: 윤치연(2003).

애, 불특정 심리적 발달장애가 포함된다. 이것은 의사소통, 학업기술, 운동, 심리 등 특정 발달 영역에서의 하나 이상의 지체를 발달장애로 분류한 것이다.

2) DSM-IV-TR의 분류

DSM-IV-TR에서는 '유아기, 아동기, 청소년기에 처음으로 진단되는 장애'의 하위 유목에 '전반적 발달장애'를 포함시키고 있으며, 아스퍼거장애, 자폐성장애, 소아기붕괴성장애, 레트장애를 전반적 발달장애에 속하는 것으로 보고 있다(〈표 13-2〉 참조).

표 13-2 **DSM-IV-TR의 전반적 발달장애 분류**

전반적 발달장애	아스퍼거장애	A	사회적 상호작용에서의 질적인 장해가 다음 중 적어도 2개 항목으로 표현된다. (1) 사회적 상호작용을 조절하기 위한 눈 마주침, 얼굴표정, 몸 자세, 몸짓과 같은 여러 가지 비언어적 행동을 사용함에 있어서의 현저한 장해 (2) 발달 수준에 맞는 친구관계 발달의 실패 (3) 다른 사람과 함께 기쁨, 관심, 성취를 나누고자 하는 자발적인 욕구의 결여(예: 다른 사람에게 관심이 있는 사물을 보여 주기, 가져오기, 지적하기의 결여) (4) 사회적 또는 감정적 상호관계의 결여
		B	제한적이고 반복적이며 상동증적인 행동이나 관심, 활동이 다음 중 적어도 1개 항목에서 나타난다. (1) 강도나 초점이 비정상적인 하나 이상의 상동적이고 제한적인 관심에 집착 (2) 특정하고 비기능적인 틀에 박힌 일이나 의식에 고집스럽게 매달림 (3) 상동적이고 반복적인 운동성 매너리즘(예: 손 또는 손가락을 퍼덕거리거나 비꼬기, 복잡한 전신 움직임) (4) 대상의 부분에 지속적인 집착
		C	장해가 사회적, 직업적 또는 다른 중요한 기능 영역에서 임상적으로 심각한 장해를 일으킨다.
		D	임상적으로 심각한 전반적인 언어발달의 지연은 없다(예: 단음절 단어를 2세에 사용하고, 의사소통을 위한 구를 3세에 사용한다).

<table>
<tr><td rowspan="5">전반적 발달장애</td><td rowspan="2"></td><td>E</td><td>소아기에 인지발달이나 나이에 맞는 자기보호 기술 및 적응행동의 발달(사회적 상호작용 이외의), 환경에 대한 호기심의 발달에서 임상적으로 심각한 지연은 없다.</td></tr>
<tr><td>F</td><td>다른 특정 광범위성 발달장애나 정신분열증의 진단 기준에는 맞지 않는다.</td></tr>
<tr><td rowspan="3">자폐성장애</td><td>A</td><td>(1), (2), (3)에서 총 6개(또는 그 이상) 항목, 적어도 (1)에서 2개 항목, (2)와 (3)에서 각각 1개 항목이 충족되어야 한다.
(1) 사회적 상호작용에서의 질적인 장해가 다음 항목들 중 적어도 2개 항목으로 표현된다.
① 사회적 상호작용을 조절하기 위한 눈 마주침, 얼굴표정, 몸 자세, 몸짓과 같은 다양한 비언어적 행동을 사용함에 있어서의 현저한 장해
② 발달 수준에 적합한 친구관계 발달의 실패
③ 자발적으로 다른 사람들과 기쁨, 관심, 성공을 나누지 못함(예: 관심의 대상을 보여 주거나 가져오거나 지적하지 못함)
④ 사회적으로나 감정적으로 서로 반응을 주고받는 상호 교류의 결여
(2) 질적인 의사소통 장해는 다음 항목들 중 적어도 1개 항목으로 표현된다.
① 구어발달의 지연 또는 완전한 발달 결여(몸짓이나 흉내 내기와 같은 의사소통의 다른 방법에 의한 보상 시도가 수반되지 않는다)
② 적절하게 말을 하는 경우, 다른 사람과 대화를 시작하거나 지속하는 능력의 현저한 장해
③ 상동적이고 반복적인 언어나 괴상한 언어의 사용
④ 발달 수준에 적합한 자발적이고 다양한 가상적 놀이나 사회적 모방놀이의 결여
(3) 제한적이고 반복적이며 상동적인 행동이나 관심, 활동이 다음 항목들 중 적어도 1개 항목으로 표현된다.
① 강도나 초점에서 비정상적인 한 가지 이상의 상동적이고 제한적인 관심에 집착
② 특이하고 비효율적인 틀에 박힌 일이나 의식에 고집스럽게 매달림
③ 상동적이고 반복적인 동작성 매너리즘(예: 손이나 손가락으로 딱딱 때리기나 틀기 또는 복잡한 몸 전체 움직임)
④ 대상 부분에의 지속적으로 몰두</td></tr>
<tr><td>B</td><td>다음 영역 중 적어도 한 가지 영역에서 기능이 지연되거나 비정상적이며 3세 이전에 시작된다.
(1) 사회적 상호 작용
(2) 사회적인 의사소통에서 사용되는 언어
(3) 상징적 또는 상상적 놀이</td></tr>
<tr><td>C</td><td>장해가 레트장애 또는 소아기붕괴성장애로 잘 설명되지 않는다.</td></tr>
</table>

전반적 발달장애	소아기붕괴성장애	A	출생 후 적어도 2년 동안 분명한 정상 발달이 이루어지는데, 이는 나이에 적절한 언어적 · 비언어적 의사소통, 사회적 관계, 놀이, 적응행동으로 드러난다.
		B	다음 영역 중 적어도 2개 영역에서 과거(10세 이전)에 습득했던 기술이 임상적으로 심각한 수준에서 상실된다. (1) 표현성 언어 또는 수용성 언어 (2) 사회적 기술 또는 적응행동 (3) 대변 또는 방광 조절 (4) 놀이 (5) 운동성 기술
		C	다음 영역 중 적어도 2개 영역에서 기능 장해 (1) 사회적 상호작용에서의 질적인 장해(예: 비언어적 행동 장해, 친구관계의 발달 실패, 사회적 또는 감정적 상호 교류의 결여) (2) 의사소통에서의 질적인 장해(예: 구어의 지연 또는 결여, 대화를 시작하거나 유지하지 못함, 상동적이고 반복적인 언어 사용, 여러 가지 가상적 놀이의 결여) (3) 운동성 상동증과 매너리즘을 포함하는 제한적이고 반복적이고 상동증적인 행동, 관심, 활동
		D	장해가 다른 특정 광범위성 발달장애나 정신분열증으로 잘 설명되지 않는다.
	레트장애	A	다음 사항 모두 (1) 명백하게 정상적인 출생 전과 주산기 발달 (2) 출생 이후 첫 5개월 동안 명백하게 정상적인 정신운동성 발달 (3) 출생 시 정상적인 머리둘레
		B	정상적 발달기간이 지난 후 다음의 모든 사항이 시작된다. (1) 5개월과 48개월 사이에 머리 성장의 감속 (2) 5개월과 30개월 사이에 과거에 습득한 의미 있는 손기술의 상실과 뒤따르는 상동적인 손 움직임의 발달(예: 손 비틀기나 손 씻기) (3) 발병 초기 사회적 참여의 상실(사회적 상호작용은 흔히 늦게 발달하지만) (4) 조정이 안 되는 보행과 몸 움직임 (5) 심한 정신운동성 지체와 함께 수용성 언어발달과 표현성 언어발달의 심한 장해

3. 원 인

발달지체는 다른 장애 영역들과 밀접한 관련이 있다. 정신지체 영역에서는 이미 '발달지체(발달장애)'를 '지적 장애와 발달장애'라는 용어로 통합하여 사용하고 있는데, 이것은 발달지체 역시 상당한 인지적인 제한

표 13-3 **발달장애에 포함될 수 있는 상태**

유 형	장애 상태
지체장애	뇌성마비, 근이양증, 선천성 사지기형
만성질환	에이즈, 류머티스, 간질, 선천성 심장병, 당뇨병
출생 시 결함	안면기형(구순구개열), 신경관 장애(이분척추, 척수수막류, 무뇌증)
감각장애	청각장애, 시각장애
인지장애	학습장애, 정신지체, 의사소통장애
정서 · 행동 장애	주의력결핍 및 과잉행동장애, 자폐스펙트럼장애, 정서 · 행동 장애
환경적 결손	약물중독, 태아알코올증후군(FAS), 외상(외상성 뇌손상, 척수손상), 중독(납, 수은)

출처: Jackson & Vessey (2000).

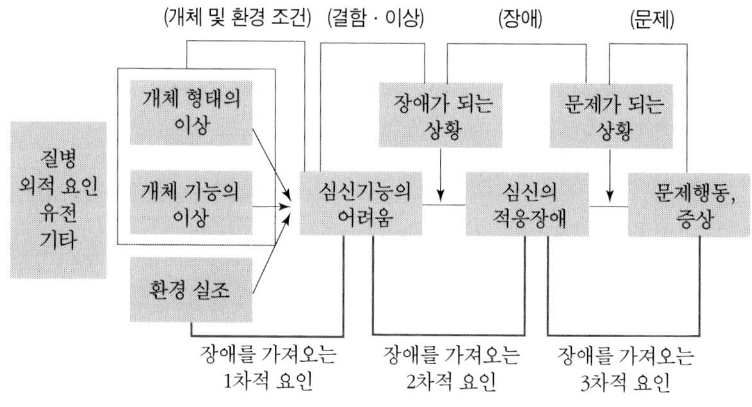

[그림 13-1] **결함 · 장애 · 문제의 관련**

출처: 여광응(2002).

성이 동반되기 때문이다.

발달지체의 원인 측면 역시 다른 장애 영역과 중첩되는 부분이 상당히 많으며, 다른 유형의 장애로 인해서 발달이 지체되는 경우도 많다. 다음은 발달장애에 포함될 수 있는 상태들이다.

개체 및 환경과의 조건에 핸디캡이 있는 경우, 문제가 되는 행동이나 장애가 결함 · 이상이나 환경으로 연결되는 경우와 그렇지 않은 경우가 있다([그림 13-1] 참조). 전자의 경우에도 모두가 생활상의 장애가 있다고 할 수는 없다. 예를 들면, 장애가 되는 상황이 다소 존재한다 해도, 주위에서 받아들이는 방식이나 관련성 여하에 따라서 부적응 상황이 안 되거나 문제가 안 되는 경우도 있다. 즉, 심신에 전반적인 장애가 있어도 그것이 꼭 문제가 되는 행동으로 결부되는 것은 아니라는 것이다. 중요한 것은 장애의 발견과 교육 시기를 놓치지 않는 것이다.

발달지체의 원인 역시 다른 장애 영역과 밀접한 관련이 있다. 제4장 '정신지체'에 구체적인 발생 원인이 제시되어 있으므로, 여기에서는 출생 전, 출산 시, 출생 후의 원인으로 나누어 소개하고 발달지체를 예방하기 위한 방법을 제시한다.

1) 출생 전 원인

(1) 유전

유전은 염색체에 의한 것으로 크게 상염색체 우성유전, 상염색체 열성유전, 성염색체 관련 유전, 반성유전, 염색체 구조 관련 유전 등으로 나누어 볼 수 있다.

상염색체 우성유전은 결절성 경화증과 신경섬유종증이 있다. 상염색체 열성유전은 대사 관련 장애가 해당되는데 갈락토스혈증, 페닐케톤뇨증, 테이삭스병 등이 있다. 성염색체 관련 유전은 프래자일엑스증후군, 레쉬니한증후군, 레트증후군이 있으며, 염색체 수 관련 유전은 다운증후군, 에드워드증후군, 파타우증후군이 있다. 반성유전으로 클라인펠터증후군, 터너증후군, 5염색체 X증후군 등이 발달지체와 관련이 있다. 염색체 구조와 관련이 있는 장애는 울프허쉬호른증후군, 고양이울음증후군, 윌리엄스증후군, 제이콥스증후군, 프래더윌리증후군 등이 있다.

(2) 태내 기형유발 인자

중추신경계가 발달하는 임신 초기와 임신 중에 산모가 위험물질에 노출될 경우 발달지체아 출산 가능성이 높아진다. 대표적인 태내 기형유발 인자는 방사선(X선), 모체의 감염(톡소플라즈마, 풍진, 거대세포 바이러스, 헤르페스, 볼거리, 홍역, 매독 등), 약물, 호르몬 등이 있다.

산모가 태내 기형유발 인자에 노출되면 소두증, 경련, 마비, 간질, 시각장애, 청각장애 등 다양한 장애를 가진 신생아를 출산할 가능성이 높다. 특히 헤르페스(herpes)의 경우에는 심하면 신생아가 사망할 수도 있다. 헤르페스는 헤르페스에 감염된 산모가 자연분만할 때(산모의 자궁경부에서 신생아가 만출될 때) 감염되므로, 제왕절개를 통해 출산하도록 해야 한다.

2) 출산 시 원인

(1) 출산 시의 기계적 뇌손상

출산 시에는 산모와 태아에게 응급 상황이 발생하기 쉽다. 자연분만 과정 중에서 분만 2기가 되면 산모의 자궁구가 완전히 벌어지고 태아가 산도를 따라 많이 내려온 상태가 되는데, 이때 여러 가지 원인(산모의 임신중독, 질병, 산모가 뇌성마비인 경우 등)에 의해 산모의 자궁 수축이 약해져 진통이 갑자기 약해지거나, 태아가 몸의 방향을 잘 틀지 못하고, 심장박동이 약해져서 태아의 상태가 나빠지게 되면 겸자분만(forceps delivery)이나 흡인분만을 시도한다.

겸자분만은 태아의 머리를 감싸 잡는 큰 집게(겸자)로 머리를 잡아당기는 분만방법이다. 흡인분만은 금속제나 플라스틱 흡인 컵을 뱃속 태아의 머리에 밀착시켜 자궁 수축 시에 맞추어 잡아당기는 분만방법이다. 겸자분만이나 흡인분만은 응급 상황이 아니면 잘 실시하지 않는 방법이다. 낮은 비율이기는 하나 분만손상(birth injuries)에 의해 두개 내 출혈이 생길 수 있고 이것이 장애를 유발할 수도 있기 때문이다.

(2) 출산 시의 산소 결핍 및 미숙아 출산

출산 시에 태아에게 산소가 원활하게 공급되지 못하면 저산소성 허혈성뇌증에 의한 뇌성마비나 정신지체를 비롯한 발달장애를 유발하기 쉽다. 출산 시 산소 결핍의 원인으로는 난산, 태반조기박리(태아가 만출되기 전에 태반이 먼저 떨어져 나가는 것), 전치 태반(정상 태반 위치에 비해 훨씬 낮은 자궁하부에 태반이 발육하여 자궁내구를 부분적으로 혹은 전체적으로 덮은 상태) 등이 있다.

또한 태반에 영양 공급이 제대로 이루어지지 못한 상태로 태어난 미숙아의 경우에는 뇌성마비, 정신지체, 시각장애, 황달, 폐 기능 약화, 감염, 내출혈, 저혈당, 폐렴 등을 수반할 수 있다. 저체중으로 태어난 신생아는 정상체중 신생아에 비해 성장지체, 정신지체, 뇌성마비 등일 가능성이 높고, 가사 상태로 태어난 신생아는 뇌성마비를 비롯한 다양한 장애를 수반할 수 있으므로 집중 치료를 받아야 한다.

3) 출생 후 원인

출생 후에도 다양한 원인에 의해 발달지체가 유발될 수 있다. 대표적인 것으로 뇌와 뇌막의 감염, 뇌 외상, 심리 및 사회문화적 환경에 의한 발달지체가 있다.

(1) 뇌 및 뇌막의 감염

뇌염과 뇌막염에 걸리면 정신지체, 시각장애, 청각장애, 뇌성마비, 기타 장애로 이어질 수 있다. 바이러스, 박테리아, 기생체에 의해 감염되는 뇌염과 유아 치사율이 10%에 달하는 것으로 보고된 척수수막염도 심각한 후유장애를 남기는 것으로 알려져 있다.

그밖에도 납, 카드뮴, 각종 중금속에 감염되면 정신지체, 간질, 감각장애 등이 유발될 수 있다. 특히 납중독은 장난감, 납 성분이 포함된 페인트, 낡은 수도관, 공해 등에 의해 발생되는데, 장기간 섭취하면 심각한 후유장애를 남긴다. 미국에서는 납 성분이 포함된 페인트를 섭취함으로써 정신지체가 된 유아의 사례가 보고된 이후로, 건물 내벽에 칠하는 페인트에는 납 성분을 포함시키지 못하도록 1978년에 법제화하였다(최중옥, 박희찬, 김진희, 2006). 유아는 사물을 입에 넣어 탐색하는 습관이 있으므로 장난감 선택에 유의하고 유해환경을 정비할 필요가 있다.

(2) 뇌 외상

십대 이전에 심각한 뇌손상을 입은 아동이 전체 아동의 3.5%에 이를 정도로, 각종 사고는 뇌 외상(brain trauma)에 의한 발달장애의 대표적인 원인이 된다. 특히 우리나라는 교통사고 발생률이 높으며, 유아를 카시트에 태우지 않고 어른이 안은 상태에서 차량을 운행하는 경우가 많다. 카시트를 포함한 유아용 안전장치의 사용을 철저히 지키면 낙상이나 사고에 의한 장애를 상당 부분 예방할 수 있다.

(3) 심리 및 사회문화적 환경에 의한 발달지체

심리 및 사회문화적 환경에 의한 발달지체는 부모의 부적절한 양육 태도(학대, 방임, 과잉보호), 낮은 사회경제적 지위, 가족의 위기(부모의 이혼, 별거, 사고 등), 스트레스 등 다양한 원인이 있다. 발달지체아들은 대부분 낯설거나 새로운 환경에 잘 적응하지 못하고, 다른 사람의 감정이나 입장을 이해하지 못하며, 사소한 일에도 화를 내거나 우는 등 여러 문제를 가지고 있다. 이것은 대부분 기질적인 문제이기보다는 잘못된 양육 태도

나 환경적 자극 부족의 탓이다.

4. 진단평가

일반적으로 0~5세의 영유아를 진단하고 판별하는 것은 아동기의 진단평가에 비해 훨씬 어렵다. 그것은 영유아기는 발달에서의 개인차가 크고, 가변성이 있으며, 언어적 제한성이 있고, 낯선 검사환경과 검사자에게 압도당할 가능성이 있기 때문이다. 이럴 때는 담임교사나 부모와의 면담이나 직접 관찰을 통해 아동의 중요한 정보를 제공받도록 한다.

특히 아동이 가진 문제점의 원인이 무엇인지 정확하지는 않지만, 장애를 가지고 있을 가능성을 의심하는 부모나 전문가는 조기 선별과 진단에 대해 확고한 지식을 가지고 있어야 한다. 발달지체를 조기에 발견하게 되면 장애와 관련된 2차적인 문제들을 예방할 수 있고, 부모에게 바람직한 양육 태도를 길러 줄 수 있으며, 자녀의 장애 정도와 앞으로의 예후를 예측하게 하고, 앞으로 적용 가능한 중재전략에 대한 정보를 제시한다는 점에서 매우 중요하다(여광응 외, 2006).

1) 덴버(Denver) 발달선별검사

- 대상연령: 0~6세
- 목적: 아동의 문제 가능성 규명, 추후 검사의 필요성 탐색, 선별
- 구성:〈표 13-4〉 참조

표 13-4 **덴버 발달선별검사의 하위검사 구성**

영 역	내 용
개인-사회성 능력	다른 사람과 함께하는 능력, 자신의 신변처리 능력
소근육운동 및 적응 능력	그리기나 사물을 잡는 과제를 통해 눈-손의 협응 능력 사정
언어발달	언어의 수용, 조직, 표현 능력 사정
운동발달	대근육을 사용하여 걷기, 점프 등의 과제를 할 수 있는 능력 사정

2) 한국판 유아발달 선별검사(DIAL-3)

- 대상연령: 3세~6세 11개월
- 목적: 잠재적 학습 문제, 발달 문제, 장애 가능성이 높은 유아 선별, 심층진단이 요구되는 발달지체유아 선별
- 구성: 운동, 인지, 언어, 사회, 자조, 심리사회적 행동

3) 베일리(Bayley) 영아발달검사

- 대상연령: 1~24개월 영아
- 목적: 영아의 발달기능 평가, 지능발달 지수 · 심리운동발달 지수 · 행동발달 지수 제시
- 구성:〈표 13-5〉 참조

표 13-5 **베일리 영아발달검사의 하위검사 구성**

정신발달 지수	심리운동발달 지수	행동발달 지수
감각적/지각적 예민함, 구별 및 반응	신체 조절의 강도	각성 상태
대상항상성 개념 습득	대근육 협응	주의집중
기억, 학습, 문제해결력	손과 손가락의 미세한 조작	방향성
발성, 구어적 의사소통 시작	역동적인 움직임	참여
추상적 사고의 기초	자세 모방	정서적 규칙
순응성	입체지각	운동 특성
정신적 지도	–	–
수학적 개념 형성	–	–

4) 교육진단검사(PEP-R)

- 대상연령: 1세~7세 5개월
- 목적: 자폐, 의사소통장애 아동의 개별 평가와 중재
- 구성:〈표 13-6〉 참조

표 13-6 **PEP-R의 하위검사 구성**

발달척도(7개 영역, 131문항)	행동척도(4개 영역, 43문항)
모방	대인관계 및 감정
지각	놀이 및 검사 재료에 대한 흥미
소근육운동	감각 반응
대근육운동	언어순서
눈-손 협응	–
동작성 인지	–
언어성 인지	–

5) 한국 아동 · 청소년 행동평가척도(K-CBCL)

- 대상연령: 4~17세
- 목적: 부모 보고를 통해 자녀의 행동평가
- 구성:〈표 13-7〉 참조

표 13-7 **K-CBCL의 하위 검사구성**

사회 능력 척도	문제행동 증후군 척도
활동성	우울/불안
사회성	위축
학업 수행활동	–

5. 교수전략

발달지체는 지체장애, 만성질환, 출생 시의 결함, 감각장애, 인지장애, 정서 · 행동 장애, 후천적인 환경에 의한 장애 등 다양한 원인에 의해 발생될 수 있다. 또한 발달지체아는 발달의 여러 영역에서 지체를 나타낼 가능성이 있으며, 이것이 고착되면 영구적인 발달장애로 이어질 수도 있다. 따라서 발달지체아를 지도하기 위해서는 아동의 운동, 인지, 언어, 자조 기능 등 주요 발달 영역 전반의 통합적인 발달을 도모해야 하며, 이를 위해 학제적이고 장기적인 접근이 이루어져야 한다. 다음은 발달지체인의 연령단계별 프로그램 욕구 모델이다(여광응, 2002).

발달지체아들도 비장애인과 똑같은 욕구를 가지므로 연령과 욕구에 기초한 맞춤식 서비스를 제공할 수 있어야 한다. 최근 관련 법령의 제정으로 특수교육에서 장애인의 평생교육까지 아우르게 되었다. 그러나 주

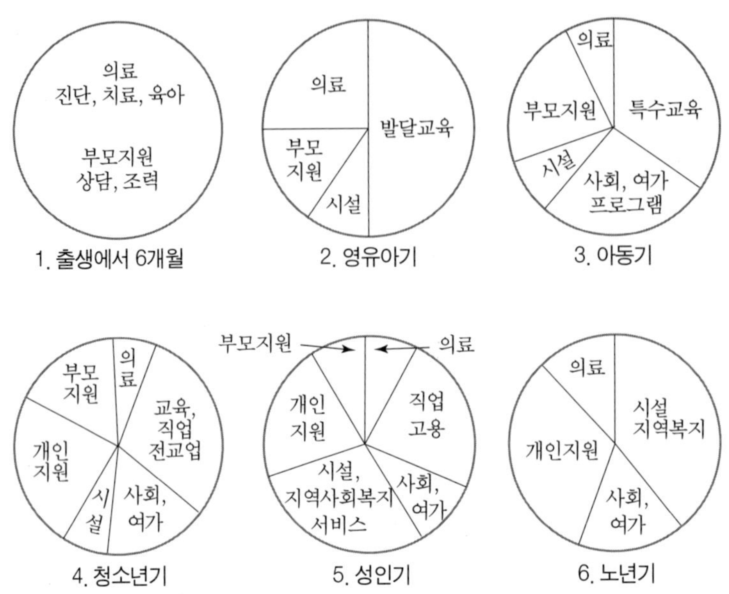

[그림 13-2] **발달지체인의 연령별 프로그램 욕구 모델**

출처: 여광응(2002).

안점은 여전히 학령기(유아부터 중 · 고등부까지) 아동의 교육이므로, 그 주요 발달 영역별 교수내용을 중심으로 소개하기로 한다.

1) 운동발달 영역의 교수

발달지체아들은 대부분 일반아동에 비해 운동발달이 느리고 운동기능이 취약하다. 평형감각, 민첩성, 근육의 긴장도가 떨어지는 것도 쉽게 관찰할 수 있다. 특히 신체적 장애를 수반하고 있는 경우에는 운동발달이 더 느리고 비전형적인 양식을 나타내며, 대부분 대근육운동에 비해 소근육운동을 활용해야 하는 활동에서 문제가 발생하게 된다.

운동발달 영역을 교수할 때는 아동의 장애와 전체적인 발달을 고려하고, 잔존 능력을 충분히 활용할 수 있는 방향으로 교육계획을 설정해야 한다. 아동의 신체적 결함을 보완하기 위한 보조기기(보조기 포함)를 포함한 다양한 보조공학적 접근 역시 고려할 수 있다.

2) 인지 영역의 교수

발달지체 아동에게 인지 영역을 지도할 때는 주로 비교, 분류, 범주, 어휘 형성, 추리와 판단 등에 관해 교수해야 한다. 인지적 기능을 향상시키기 위해서는 다음 활동들을 포함시켜 교육계획을 세우는 것이 좋다.

첫째, 분류활동(classification activities)이다. 분류는 유사성을 가진 물체를 집단화하는 능력으로 세 가지 종류가 있다. 즉, 기능에 기초해서 물체를 집단화하는 관계분류(relational activities, 예: 화장실에서 사용하는 물건을 모으는 것), 공통적인 특성에 기초해서 집단화하는 기술식 분류(descriptive classification, 예: 동그란 모양끼리 모으는 것), 일반적인 등급 또는 범주에 기초해서 집단화하는 일반분류(generic classification, 예: 가구나 채소끼리 모으는 것)다. 분류는 인지적 제한성이 많은 발달지체 아동이 어려워하는 과제이므로, 반복적으로 예를 들어 설명하는 것이 좋다.

둘째, 연속활동(seriation activities)이다. 이 활동은 순서나 계열에 따라 물체나 사건을 배치하는 것을 말한다. 크기의 순서, 위치의 순서, 형태의 순서, 시간의 순서 등에 대해 지도해야 한다. 발달지체 아동을 지도하다 보면 특히 순서의 개념에 대해 인지하지 못하는 아동이 많은데, 구체적인 예를 들어 설명하되 일상생활 속에서 흔히 예를 찾을 수 있는 것 중심으로 교수하는 것이 좋다.

셋째, 공간관계(spatial relation)다. 공간관계란 외부세계와 공간의 관계에 대한 개념 인식을 말한다. 몸의 일부분을 명명하고 확인할 수 있는 신체 개념(body awareness), 공간 속에서 위 · 아래 · 옆 등의 개념을 아는 위치 개념과 방향 개념, 가깝고 먼 거리에 대한 거리 개념 등이 해당될 수 있다.

넷째, 시간관계(temporal relation)다. 이 활동은 일의 시작과 끝, 사건의 순서, 서로 다른 시간 길이에 대한 인식 등이 해당된다. 인지적 제한성을 가진 발달지체아들은 대부분 시간에 대한 개념이 부족하므로, 놀이 상황이나 일상생활 속에서 아침·점심·저녁에 해야 할 활동을 다르게 정하는 등과 같이 시간에 대해 항상 상기시켜 주어야 한다.

3) 언어 영역의 교수

발달지체 아동은 일반아동에 비해 언어적 능력이 떨어지는데, 일반적으로 수용언어에 비해 표현언어의 발달에 더 큰 문제가 있다. 발달지체아의 언어장애는 지적 능력에서의 결함과 언어사용 경험의 부족이 그 원인으로 꼽힌다. 발달지체아에게 언어를 지도할 때는 아동이 사용하는 언어의 음운, 형태, 구문, 의미, 화용적 특성을 파악하고, 가능한 한 구어를 활용할 수 있도록 지도해야 한다.

특히 신체적인 장애에 의해 언어장애가 수반된 경우(예를 들어, 뇌성마비 아동은 호흡과 관계되는 운동기능 이상에 의해 조음장애를 가지기 쉽다)에는 언어장애가 타인과의 상호작용을 방해하고 사회적 기술의 발달을 저해할 수 있으므로 정서적인 측면을 고려하여 교육계획을 수립해야 한다. 그리고 아동이 여러 원인에 의해 음성언어를 전혀 습득하지 못하는 경우에는 아동에게 적용 가능한 보완대체 의사소통 방법들을 활용할 수 있도록 지도해야 한다.

4) 자조기능 영역의 교수

유아가 자조기능을 습득하게 되면 독립성이 발달하며 환경과 자기 자신을 조절할 수 있다는 자신감을 가지게 된다. 발달지체 유아는 용변처리, 섭식, 착탈의, 몸단장 등을 포함한 자조기능의 획득이 대체로 지체되기 때문에, 발달지체가 의심되는 유아는 다음과 같은 면에 주의하여 교수해야 한다. 첫째, 자조기능은 영유아기를 거치면서 점진적으로 획득되므로 서두르거나 강요해서는 안 된다. 둘째, 모든 행동은 연속적인 절차에 따라 이루어지므로 행동 절차를 철저히 분석해야 한다. 셋째, 자조기능은 자연스러운 상황에서 지도하는 것이 가장 효과적이므로 교수 상황을 미리 계획해야 한다. 넷째, 유아가 자신이 익힌 기능을 다른 장면에서도 활용할 수 있도록 일반화를 고려하여 교수해야 한다.

자조기능의 영역별 지도방법은 다음과 같다.

용변처리(toileting)를 지도하기 위해서는 교사와 양육자의 인내와 끈기가 필요하다. 용변처리를 지도하기 전에는 일상적인 배변 습관, 용변을 보는 간격, 변기에 앉을 수 있는 능력 등에 대한 분석을 먼저 해야 한다.

섭식(eating)은 혼자서 먹고 씹고 머금고 마시고 삼키는 모든 활동을 의미하는데, 발달지체 아동 중 일부는 씹거나 삼키는 능력이 부족하여 섭식훈련을 실시해야 한다. 이때는 가족, 조기중재 전문가, 의사, 영양사, 언어치료사, 작업치료사 등의 전문가들이 협력하여 훈련방법을 찾는 것이 필요하다. 아동의 장애 특성에 맞게 개별적으로 섭식도구를 제작하여 활용할 수도 있다.

착탈의(dressing)는 혼자서 속옷, 겉옷, 양말, 모자 등을 입고 벗을 수 있는 능력이다. 착탈의 기능을 익히면 장애아의 독립생활을 향상시킬 수 있다. 착탈의 기능을 지도할 때는 과제의 전체 순서를 지도하기보다는 각각의 단계를 지도하고, 착탈의 기능이 필요한 자연스러운 환경에서 지도한다. 그리고 지도할 때는 약간 헐거운 옷을 이용하고, 모든 옷을 완전히 혼자서 입을 수 없는 아동의 경우에는 팔 끼우기, 바지 올리기 등과 같이 '부분적으로 옷 입기'를 목표로 설정해 주고, 옷을 변형하여 벨크로나 큰 단추를 달아 주면 지도와 학습이 훨씬 쉬워진다(여광응, 박현옥, 2004).

몸단장(grooming) 기능은 머리 빗기, 목욕하기, 양치하기, 손 씻기 등과 같은 자기관리기술을 의미한다. 몸단장 기능은 모든 사람에게 중요하다. 혼자서 몸단장을 하기 어려운 발달지체 유아의 경우에는 도구를 변형하여 쉽게 접근할 수 있도록 하는 것이 중요하다.

제14장
영 재

1. 영재와 영재교육
2. 영재 분류
3. 우리나라 영재교육
4. 영재 교육과정
5. 영재 진단평가
6. 영재아동 교수전략

영 재

1. 영재와 영재교육

1) 영재의 정의

영재교육은 재능이 뛰어난 사람을 조기에 발굴하여 타고난 잠재력을 계발할 수 있도록 능력과 소질에 맞는 교육을 실시함으로써 개인의 자아실현을 도모하고 국가 · 사회의 발전에 기여하는 목적이 있다(「영재교육진흥법」 제1조). 또한 영재란 '재능이 뛰어난 사람으로서 타고난 잠재력을 계발하기 위하여 특별한 교육이 필요한 사람'으로 정의를 하고 있다(「영재교육진흥법」 제2조 제1항).

영재에 대한 정의는 크게 일반적 개념, 지능에 의한 개념, Renzulli와 Reis(1985)의 개념으로 설명할 수 있다(이오녕, 2006). 일반적 개념으로는 일반 지적 능력, 특별한 학업 능력, 창의적 사고력, 지도력, 예술적 재능 등에서 높은 성취를 나타내는 잠재력을 지닌 사람으로 정의할 수 있다.

지능에 의한 개념으로는 스탠포드-비네 검사에서 지능지수가 140 이상이거나 동일 연령집단에서 상위 1%에 속하는 사람을 영재로 보았다(한국교육개발원, 2013). Renzulli와 Reis(1985)의 개념은 평균 이상의 지적 능력, 창의성, 과제 집착력의 세 요소를 갖추고 있어야 한다고 하였다. 그러나 영재이기 위해서 이 세 가지 특성 모두가 뛰어날 필요는 없다고 보았으며, 각 특성이 상위 15% 이내이고, 그중 한 요인에서 적어도 상위 2% 이내에 속하는 사람을 영재로 볼 수 있다.

Renzulli와 Reis(1985)의 영재 개념에 대한 시사를 알아보면 다음과 같다(이오녕, 2006). 첫째, 전통적 기준에 의한 소수의 영재 판별을 지양하고 가능성 있는 많은 학생에게 자신의 능력을 확인할 수 있는 다양한 폭넓은 기회가 주어져야 한다. 둘째, 영재성은 학생들이 특정 분야에서 무엇인가를 수행하며 자신의 능력을 발휘할 때 확인될 수 있다. 따라서 심화학습 등을 통하여 학생의 행동과 산출물을 관찰하는 자세가 중요하다. 셋째, 과제 집착력과 같은 비지적 요인 등이 창의적 활동에 영향을 미칠 수 있다.

2) 영재의 특성

영재아동의 특성으로는 능력, 창의성, 태도 세 가지로 구분할 수 있다(www.gifted.kedi.re.kr). 영재아동의 능력을 보면 이해와 기억력이 우수해 쉽고 빠르게, 효과적으로 배우고, 고차원적 사고와 문제해결을 위한 지적 활용 능력이 우수하며, 독서량이 많고 독서 수준이 높은 경우가 많다. 창의성을 보면 예리한 관찰력과 문제발견 능력이 우수하고 민감하다. 또한 자기만의 소신과 독창적 방법을 선호하며, 다양하고 효과적인 문제해결을 시도하고 즐긴다. 태도는 몰입 능력과 끝까지 해내려는 과제집착력이 우수하며, 어렵고 위험하고 애매한 상황을 기꺼이 극복하려는 성향이 강하다. 또한 선호와 비선호 등 관심 분야에 대한 구분이 뚜렷한 편이다.

교육과정개발원(2012)에서는 발달시기별 영재 특성을 〈표 14-1〉과 같이 분류하였다.

표 14-1 **발달시기별 영재 특성**

발달시기별	특성 1	특성 2	특성 3
• 유아, 초등 저학년기의 영재성(영재성이 미분화된 상태)	• 발달 초기 단계이므로 오감을 활용한 풍부한 경험과 호기심을 키우는 것이 중요함	• 인지적 발달과 더불어 정서적 안정과 조절력, 표현력을 위해 건강하고 지속적인 성장의 기초를 튼튼히 하는 것이 중요함	• 초등학교부터 공식적인 영재교육이 시작되기 때문에 부모님의 세심한 관찰과 가정에서의 적절한 지원이 중요함
• 초등 고학년기의 영재성(영재성이 구체화되는 시기)	• 부모의 영향력이나 의존도가 상대적으로 낮아지고 자기주장이 커지며, 선생님이나 또래의 영향을 받는 시기	• 과목 선호도가 분명해지고 학업 능력에 대한 현실적 인식이 구체화되는 시기 • 자신의 재능과 한계에 대한 인식이 생기며 영재성의 분야, 영역에 대한 선택과 집중이 필요한 시기	• 자녀가 영재성이 있다고 판단되면 영재교육 대상자 선발시험에 응시하여 영재교육에 참여하도록 지도
• 중 · 고등학생기의 영재성(진로 지도가 고려된 영재성 계발 시기)	• 부모의 영향력이나 의존도가 많이 낮아지고 본인 의사 및 친구, 교사와의 관계가 크게 영향을 미치는 시기	• 학업이나 진로에 대한 부담감과 불안을 크게 느낄 뿐만 아니라 청소년기의 불안정한 심리적 상태가 영재에게 위기가 될 수 있는 시기 • 정서적 지지와 공감, 격려가 필요한 시기	• 학업이나 내신관리, 입상 및 실적 등에 관한 실질적 관리에 주력하느라 영재교육에 관한 관심 및 참여 등에 소홀해지는 시기

3) 영재 판별절차

영재는 여러 가지 검사 방법과 도구를 사용하여 판별한다. 어떠한 방법들이 바람직하다고 인정된 영재 판별절차는 없다. 각 교육기관에서 판

표 14-2 **영재 판별절차**

	Fox(1976)	조석희(1996)	김흥원 외(1997)	Renzulli(1996)
1단계	• 잠재적인 영재들이 보다 많이 포함되도록 선별하는 단계 • 학업성취도 결과 흥미, 태도, 행동양식, 집단지능검사와 지명관찰법 등을 병행하여 판별	• 학업성취 누가기록 및 행동관찰 내용을 토대로 한 교사의 추천	• 손쉽게 얻을 수 있는 정보나 자료 활용(교사의 관찰, 지능지수, 수학학업성취도, 15~20% 정도 선발)	• 재능 풀(pool)의 약 1/2은 표준화 검사에서 우수한 성취를 보인 학생을 선정 • 나머지 약 1/2은 교사의 추천에 의해서 선정 • 이외에 자기추천 및 교사추천 학생 중 판별위원회의 심의를 거친 학생을 선정
2단계	• 개인지능검사, 창의성검사, 학문적성검사, 학업성취도검사 실시	• 표준화된 지능검사, 적성검사, 홍미검사, 창의성검사, 학업성취검사 실시	• 여러 가지 표준화된 검사나 특별한 검사 실시(수학 창의적 문제해결력검사, 수학행동특성검사, 기타 표준화된 검사, 5% 정도 선발)	• 1부, 2부 심화학습 활동에 참여한 후 학생 스스로 자신의 영재성을 판정 • 전체 학생의 5% 정도가 3부 심화학습의 마지막 단계까지 참여
3단계	• 변별 및 판별 단계 • 전문가와 교육학자, 심리학자 등이 중심이 되어 면접, 실기, 결과물 등을 통한 제반 평가활동을 실시	• 전문가에 의한 문제해결과정의 관찰 및 평가 • 각 영역의 전문가가 학생들의 실연장면, 실험과정, 미완성된 산출물을 직접 관찰 평가	• 프로그램을 실시하면서 판별(고난이도의 문제, 특수교육 프로그램 제공, 특수한 학생은 별도의 전문가 지도를 받게 함)	–
4단계	• 판별된 영재들을 적절한 교육 프로그램에 적용하는 단계 • 학습 과정과 결과를 관찰	• 교육 프로그램에 배치 및 수행행동 관찰평가	–	–

별의 기본 원칙과 판별의 영역, 검사도구의 특성, 영재교육기관의 특성을 고려하여 실시하면 된다. 그중 일반적으로 알려져 있는 판별절차로는 Fox(1976)의 판별절차, 조석희(1996)의 판별절차, 김홍원, 방승진, 황동주(1996, 1997)의 판별절차, Renzulli(1996)의 판별절차를 제시하면 다음과 같다(윤희진, 2007).

2. 영재 분류

영재아동의 분류는 다양하다. 가드너(1998)의 다중지능 이론은 아홉 가지 독특하고 특별한 교육적 주의가 필요한 능력으로 분류되어 있다(〈표 14-3〉 참조). 가드너의 아홉 가지 다중지능 이론은 다음과 같은 몇 가지 고려되어야 할 점이 있다(손채수, 2006 참고).

첫째, 개개인은 한 가지의 지능뿐만 아니라 잠재된 여러 가지의 지능이 있다.

둘째, 대부분의 사람은 각 지능들을 적절한 수준까지 발달시킬 능력이 있다.

셋째, 지능은 복잡한 매커니즘 방식으로 작용한다.

넷째, 각 지능의 범주 내에서도 지능을 발달시키는 방법이 다양하게 존재한다.

다섯째, 아홉 가지 지능을 각각 독립적으로 측정하기 위해서는 그에 적절한 검사도구가 요구된다.

누구든지 하나 혹은 둘 정도는 특별한 능력을 가지고 있다. 모든 면에서 뛰어난 사람은 없다. 어떤 학생의 사고는 수학에 비상한 능력을 가지고 있지만, 언어나 대인관계의 이해력에서는 전문가가 아니다. 어떤 학생들은 공간적인 사고력에서는 특별한 재능을 보이지만, 다른 영역에서

표 14-3 **가드너의 다중지능**

범주	내용
언어지능 (linguistic intelligence)	• 어휘, 쓰기나 말하기, 듣기 등에서 어휘들을 효과적으로 사용하는 능력 • 어휘의 소리, 리듬, 의미, 언어의 다양한 기능 등을 민감하게 파악하는 능력
논리-수학 지능 (logical-mathematical intelligence)	• 숫자나 규칙, 명제 등의 상징체계를 잘 익히고 효과적으로 사용하는 능력 • 범주화, 분류, 추론, 일반화, 가설검증, 계산 등의 정신적 과정에 사용되는 능력
음악지능 (musical intelligence)	• 리듬, 소리 등의 음악 상징체계를 지각, 변형, 표현하는 능력 • 음악적 형식을 이해하고 음색, 음질 등에 대한 민감성에 관련된 능력
공간지능(spatial intelligence)	• 도형, 그림, 지도, 입체 설계 등의 공간적 상징체계를 지각하는 능력 • 지각하고 이해한 내용을 미리 머릿속에서 변형, 회전시킬 수 있는 능력
신체-운동감각 지능 (bodily-kinesthetic intelligence)	• 신체 전체나 부분을 완벽하게 통제하고, 사용하며, 물체를 솜씨 있게 다루는 능력 • 춤, 운동, 연기 등의 상징체계를 쉽게 익히고 창조하는 능력
대인관계지능 (interpersonal intelligence)	• 타인을 이해하고, 타인과의 인간관계를 맺는 능력 • 사람의 기분이나 동기 등을 잘 이해하고 적절하게 반응하는 능력
개인지각지능 (intrapersonal intelligence)	• 자기이해지능이라고도 하며, 자기 자신을 느끼고 자기 자신에 대한 객관적 이해와 지식, 그에 기초하여 잘 행동할 수 있는 능력 • 자신에 대한 이해를 토대로 적응적인 행동을 할 수 있는 능력으로 자신의 느낌, 장단점, 특기, 관심 등을 파악하는 능력
자연탐구지능 (naturalistic intelligence)	• 식물이나 동물 또는 자신이 살아가고 있는 환경에 대해 탁월한 전문 지식과 기술을 발휘하는 능력 • 자연친화지능이라고도 하며 꽃, 풀, 돌 등에 관심을 가지고 인식하고 분류하는 능력
실존(존재)지능 (existentialist intelligence)	• 인간의 존재 이유, 죽음의 문제, 희노애락, 인간의 본성, 가치 등 철학적이고, 종교적인 사고를 할 수 있는 능력 • 아동기에는 나타나지 않으며 철학자, 종교인에게서 발견되는 능력

출처: Kirk, Gallagher, Anastasiow, & Coleman(2006). p. 332; 손채수(2006). pp. 24-27; 류지은 외(2006). p. 164.

는 평균을 조금 넘는 정도의 능력을 가진다. 그러나 이러한 모든 능력은 여러 가지 서로 정적 상관을 보인다는 사실에서 보면, 하나의 영역에서 우수한 소질을 가진 학생들은 다른 영역에서도 항상 잘한다고 알려져 있다(Kirk et al., 2006).

많은 영역에서 재능을 가진 학생들을 위해 하나의 총체적인 프로그램으로 계획하는 방법뿐만 아니라 수학, 시지각 혹은 대인관계와 같은 영역에 특별한 소질을 가진 학생들에게도 무엇을 해 줄 것인지가 교육적인 문제다.

'지능이 높은' 집단과 '창의성이 높은' 집단은 분명 차이가 나는 특성이 있을 것이라 생각하고 이 두 집단을 각각 분리해 연구하는 시도가 있었다(Getzels & Jackson, 1962). 인지 능력이 높은 학생들은 창의적인 능력이 더 많은 학생처럼 보인다. 그러나 동기는 적지만 재능이 높은 학생들은 주목할 만한 수행 없이도 일상 속에서 높은 성취 기질을 가진다.

영재 여학생들을 '특별한' 집단과 동일시하는 것은 별스러운 것처럼 생각된다. 왜냐하면 여학생들은 학생 인구의 50%보다 더 많기 때문이다(Kirk et al., 2006). 그렇지만 수학 성취력은 여전히 성 차이가 남아 있는 한 영역이다. 한 연구(Cramer & Oshima, 1992)의 결과에서 영재 여학생들은 남학생의 일부보다 더 높은 수준의 수학 성공률을 보였다. 남학생들은 여학생들의 큰 노력의 성과가 재능을 만든다고 믿고 있다. 수학을 성취하기 위한 여학생들의 노력이 수학에서 남학생이 우수하다는 믿음을 압도하게 하는 효과를 가질 수 있다. 다른 연구(Dickens & Cornell, 1993)에서 영재 여학생들의 수학에 대한 자아상과 딸들의 능력에 대한 부모의 믿음과의 사이는 관계가 있는 것으로 나타났다.

그러므로 영재아들을 위한 다양한 교육적 접근이 이루어져야 한다. 우선 학생 개인의 다양한 특성을 살릴 수 있는 학습활동이 선행되어야 한다. 즉, 학생 스스로 참여하고 흥미를 가질 수 있는 교육 프로그램이 많아야 한다. 그러기 위해서는 교육과정과 평가 측면에서도 다양화할 필요성이 있다.

3. 우리나라 영재교육

1) 선발방식

영재교육 대상자 선정(「영재교육진흥법」 시행령 제11조)은 영재교육 대상자로 선정되고자 하는 자 또는 보호자는 선정 신청서에 재학 중인 학교의 장이나 지도교사의 추천서를 받아 지원하고자 하는 영재교육기관의 장에게 제출해야 한다. 신청서를 받은 영재교육 기관장은 선정심의위원회의 심의를 거쳐 영재교육 대상자를 선정, 통지해야 한다(교육과정개발원, 2013).

영재교육 대상자의 선정 기준도 시대 흐름에 따라 변화되어 왔다. 2008년 이전에는 선발의 타당성을 높이기 위해 다단계 방식으로 영재를 선발하였고, 2008년 이후에는 영재성 검사 및 학문적성 검사를 도입하여 선발의 신뢰도를 높였다. 2009년 이후부터 영재의 타고난 재능을 발굴하고자 하는 목적에 충실하기 위한 정책으로 교사관찰추천제가 도입되어 확대 시행되고 있다.

영재교육 대상자 선발의 기본 원칙을 살펴보면 다음과 같다(www.gifted.kedi.re.kr). 첫째, 영재성을 정의할 때 반드시 교육과 관련지어 선발의 측면, 절차, 도구, 방법 등을 고려한다. 둘째, 다양한 자료를 바탕으로 개개인의 특성에 대해 충분히 토론하여 결정한다. 셋째, 각 데이터에 각기 다른 비중을 두어야 하지만, 그 근거가 분명하여야 한다. 넷째, 영재성 선발도구의 내용과 목표는 영재교육 프로그램이 제공할 학습내용과

목표를 반영하여야 한다.

이러한 영재교육 대상자의 선발에서 유의사항을 살펴보면 다음과 같다(www.gifted.kedi.re.kr).

- 현재의 성취 수준보다는 타고난 잠재력(미래 발전가능성)이 탁월한 아동이 선발되도록 한다.
- 교사추천, 행동관찰, 각종 검사, 면접, 캠프 등 다중 근거에 의해 영재성이 확인되도록 해야 한다.
- 필요한 경우 여러 단계에 걸쳐 선발한다.
- 선발 대상에 따라 적합한 방법을 사용한다.
- 선발 영역에 따라 적합한 시기에 선발하나, 가급적 조기에 실시한다.
- 충분히 수준 높은 검사를 사용한다.
- 나이에 따라 선발의 초점을 달리한다.
- 배타성의 철학보다는 포괄성의 철학에 입각해서 선발한다.
- 영재 선발의 검사에서 얻은 자료, 정보는 지속적으로 활용한다.
- 여러 전문가의 의견을 종합적으로 검토하여 선발 여부를 결정하는 것이 바람직하다.
- 일회적으로 선발하지 않고 지속적으로 대상자 선발이 적합한지 검토해야 한다.

또 다른 선발방식으로 관찰추천이 있는데 교사관찰추천, 전문가추천, 학부모추천, 동료추천, 자기추천 등이 있으며, 학생을 다면적으로 보고 선발하는 방식이다. 한국교육개발원 영재교육연구센터(www.gifted.kedi.re.kr)가 제공하는 교사용 영재행동특성 체크리스트 등 다양한 도구 및 각종 산출물, 학부모 및 자기 소개서 등을 활용할 수 있다. 교사관찰추천은 학교에서 교사가 다양한 상황과 조건에서 학생들에게 전문적인

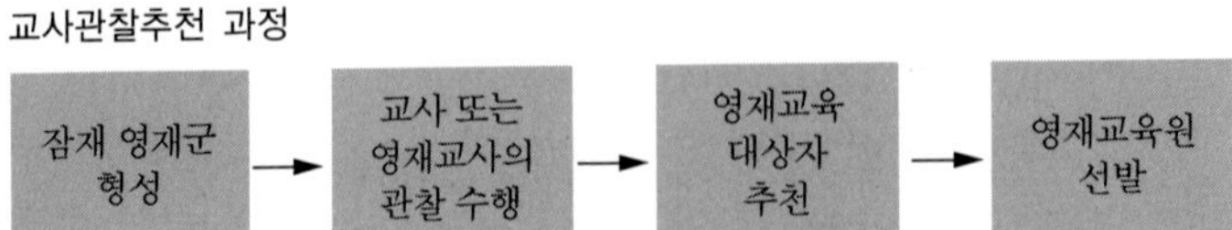

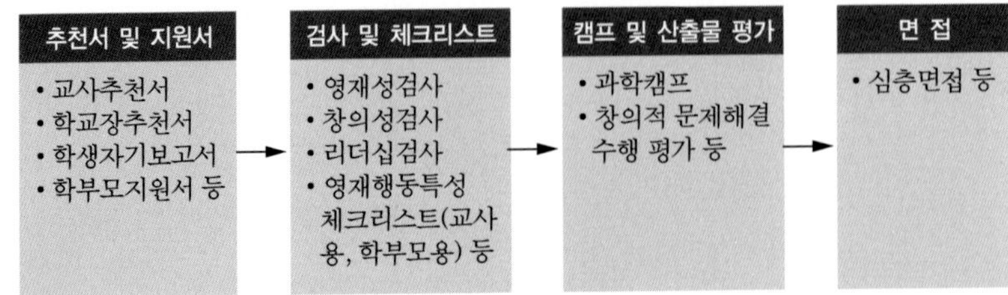

[그림 14-1] **교사 관찰추천 과정**

분야의 교과지식을 가르치고 학생들의 행동을 관찰한다. 따라서 학생에 대한 교사들의 고유한 시각과 관점 및 학생들의 행동에 대한 평가는 영재 프로그램을 위한 대상자를 선발할 때 유용하게 활용될 수 있다. 교사 관찰추천 과정은 [그림 14-1]과 같다(www.gifted.kedi.re.kr).

2) 영재교육기관

우리나라 영재교육기관은 영재학교, 영재교육원, 영재학급으로 구성되어 있다(한국교육개발원, 2013). 영재학교는 전문 분야 영재를 대상으로 전일제로 운영하는 학교를 말하며, 뛰어난 잠재 능력을 가진 영재를 대상으로 고등학교 급에서 운영(「영재교육진흥법」 제6조)하고 있다. 영재교육원은 대학, 정부출연 연구기관, 공익법인 등에서 설치, 운영(「영재교육진흥법」 제8조)이 가능하며 영재학급과 마찬가지로 주로 방과 후, 주말 또는 방학에 교육이 이루어진다. 영재교육원은 특히 학교 수업시간 중에도

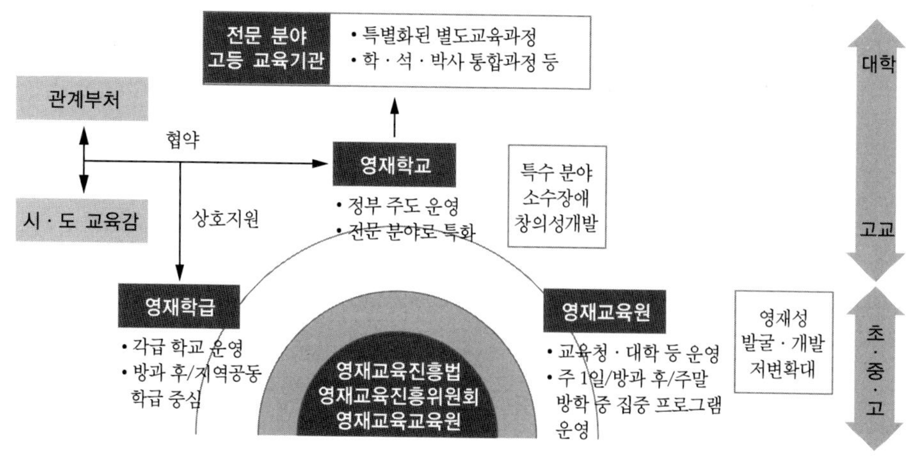

[그림 14-2] **영재교육기관**

학교장의 허가를 얻어 교육을 받을 수 있도록 하고 이 경우 출석을 인정하는 '시간제(pull-out)' 형태로도 운영이 가능하도록 되어 있다. 영재학급은 초 · 중 · 고 각급 학교에서 운영되는 영재 반을 말하며 특별활동, 재량활동, 방과 후, 주말 또는 방학을 이용한 형태로 운영(「영재교육진흥법」 제7조)되고 있다. 단위학교 내에서 독자적으로 운영되거나 인근의 여러 학교가 공동으로 참여하여 지역공동의 형태로 이루어지고 있다.

2012년 기준으로 영재교육 기본 현황을 살펴보면 다음과 같다(한국교육개발원, 2013). 2012년 영재교육 대상자는 118,377명으로, 이것은 2003년 19,974명에서 5.9배가 증가한 것이다. 전국 초 · 중등학생 대비 영재교육 대상자 비율은 2003년 0.25%에서 2012년 1.76%로 7배 증가하였다. 또한 영재교육기관은 2,868개로, 2003년 400개에서 7.2배 증가하였다. 영재교육기관의 유형별로는 영재학교 및 과학고는 24개, 영재교육원은 교육청 운영 261개, 대학부설 운영 63개이며, 영재학급은 2,520개다.

표 14-4 **영재교육 대상자 및 기관 수 현황**

연 도	2003	2004	2005	2006	2007	2008	2009	2010	2011	2012
영재교육 대상자 수	19,974	25,213	31,100	39,011	46,006	58,346	73,865	92,198	111,818	118,377
전국 초·중등학생 수	7,875,698	7,796,298	7,757,900	7,724,840	7,757,023	7,617,800	7,387,047	7,262,715	7,012,196	6,721,176
비율	0.25%	0.32%	0.40%	0.50%	0.59%	0.77%	1.00%	1.27%	1.59%	1.76%
영재교육 기관 수	400	415	488	575	663	867	1,280	1,840	2,586	2,868

4. 영재 교육과정

영재교육은 여러 나라에서 유아영재교육, 초등영재교육의 형태로 이루어지고 있으며, 영재반, 민간주도 영재교육, 대학부설 영재교육센터, 경시대회, 특별활동 등을 통해서 운영되고 있다. 각 나라별 영재교육의 목표와 교육과정에 대해서 살펴보면 〈표 14-5〉와 같다.

표 14-5 **영재교육의 목표 및 교육과정**

나라	영재교육의 목표	영재교육과정	
미국	• 각 분야의 창의적 · 생산적 전문가 양성	• 유치원 수준: 예능 영역이 지배적 과정 • 초등 수준: 자연과학(수학, 과학), 예체능(특히, 체조)	
이스라엘	• 수월성 교육과 평등교육을 동시 추구	분야별	• 특별학급: 특정 영역을 전문화하는 것보다 광범위하고 다양한 과목으로 접근 • 영재교육센터(Weekly pull-out): 지적 욕구 충족을 위한 고안, 각종 예술 분야 외 응용과학 분야
		연령별	• 9세까지: 창의성 과목에 중점 • 3~9학년: 과학, 인문학, 예술 분야가 주류-기초실력, 상상력, 일반학교 교과내용의 심화로 구성

중국	• 학습자의 지적 능력에 상응하는 상위 수준의 사고과정 개발 • 학생의 잠재력 개발 • 흥미 분야의 충분한 탐구, 연구조건 마련 • 창의적 사고력 개발 • 사회의식 및 사회기여에 대한 의식개발	• 소년반(실험반) – 언어 능력, 자연과학교과, 인문과학, 예술, 수학과목의 능력 배양 – 자연체육의 강조 – 필수교과를 통한 자연스러운 도덕교육, 사회실천 활동참여(사회조사, 녹화활동 참가, 자전거 시합 등)
호주	• 진정한 의미의 평등주의 교육이념의 실현	• 심화활동 – 정규학급 내 심화 프로그램이 대부분 – 임시특별심화 프로그램: 단기운영 – 학문적 교과: 종일 · 상주 · 특별반 – 비학문적 교과: 일반학생과 함께 • 특별활동 클럽 – 대부분의 주에서 운영 – 현장학습과 병행 • 특수흥미센터 – 전문적 수준의 교육진행 • 속진: 교과별 속진이 주로 이용됨
러시아	• 공산주의 사상을 바탕으로 인식론에 입각한 유물론적 세계관의 형성과 노동실천의 교과반영을 통한 전인적 인간의 양성	• 서클활동: 과학, 스포츠, 기술, 예술 등 각 분야의 심화교육 • 일반학교: 일반교과과정+기본과정과 직접 연결되는 추가내용+기본과정의 심화
한국	• 교육의 평등주의와 수월성을 동시 추구 • 개인의 능력개발과 국가 · 사회 발전에 필요한 고급 인력 양성	• 일반학교 – 초등: 경시대회 개최 과목 위주 • 지역공동 영재반: 언어, 사회, 수학, 과학 • 대학부설 영재교육센터: 수학, 과학

출처: 이상은(2005). pp. 76-77.

1) 한국의 영재교육

우리나라의 초등 영재교육은 주로 수학, 과학 영역에 집중되어 있으며 언어, 미술, 정보 영역의 영재교육의 비율은 상대적으로 매우 낮다(〈표 14-6〉 참조).

우리나라의 영재교육 대상자 비율은 0.39%로 다른 나라의 1~15%에 비해 매우 낮은 비율이지만 그 수는 매년 증가하고 있다. 초등학교, 중학교, 고등학교별 영재교육 대상자의 비율은 48.4%, 16.6%, 5.0%다. 학년이 올라갈수록 영재교육 대상자가 줄어든다는 것은 영재교육 프로그램의 지속성과 연계성이 필요함을 의미한다. 이것은 영재로 한 번 판별되면 지속적인 영재교육 참여 프로그램이 제공되어야만 잠재력을 계발시킬 수 있고 자신의 능력을 발휘할 수 있다.

표 14-6 **영재성 영역별 영재교육 대상자의 수**

	과학	수학	정보	기타	계	영재 전체에 대한 비율	전체 학생 대비 비율
초등(1~6학년)	6,147	6,768	1,038	1,019	14,972	48.4%	0.36%
영재교육 대상자 전체에 대한 비율	41%	45%	7%	7%	100.0%	–	0.39%

출처: 한국교육개발원 자료(2004).

2) 미국의 영재교육

미국의 영재교육과정의 프로그램은 매우 다양하게 운영되므로 간결하게 설명하기는 어렵다. 그러나 영재교육 프로그램은 학교급별, 연령, 교과 영역 및 능력 수준 등을 고려하여 내용편성이 이루어지고 운영된다. 대략 만 5~17세에 속하는 영재들에게 다양한 프로그램을 제공한다.

유치원 수준에서 제공하는 영재교육 프로그램은 예능 영역이 대부분이다. 그리고 초등학교 수준에서는 수학 · 물리 등의 자연과학 분야, 예능 분야와 체육 분야(특히, 체조) 등으로 프로그램이 다양화되어 있다. 또한 영재를 정규 교육과정 프로그램에서 부분적으로 분리시켜 따로 교육받게 하는 Pull-out program이 운영된다. 즉, 정규 수업시간 중에 영재들만을 모아서 교육시키는 프로그램이다. 요컨대, 미국의 영재교육과정은 유치원에서부터 정규과정 혹은 특별과정으로 영재들이 자신의 영재성을 계발해 갈 수 있도록 다양한 프로그램을 제공하고 있다(이상은, 2005).

영재교육 프로그램의 내용은, 첫째 창의적이고 생산적인 사고 능력을 계발시켜 주기 위한 프로그램이다. 둘째, 자유로운 상상력, 창의력, 표현력 등의 신장 기회를 제공하는 예 · 체능 분야 프로그램이다.

3) 이스라엘의 영재교육

이스라엘 영재교육은 심화학습 프로그램이 주를 이룬다. 심화학습 프로그램은 주로 일반학교의 교육내용을 보다 심화시킨 것이며, 정규교육과정에서는 다루지 않는 주제를 다루는 것이 특징이다(이경미, 2006). 특히, 과학영재를 위한 심화학습 프로그램의 경우는 과학만 다루는 프로그램과 예술 분야와 과학을 접목한 심화학습 프로그램으로 나뉜다(구자억 외, 2002). 대표적인 예로, 텔아비브대학 부설 예술과학 청소년 영재교육센터는 5~15세의 영재에게 방과 후에 심화학습 프로그램을 실시한다. 신문 만들기, 천문학, 법률과 생활, 어린이 기계 수리공, 통계와 확률, 전기, 생물, 영화, 드라마, 저널리즘 등 수많은 교과목을 설정하고 학생들이 각자의 연령과 관심에 따라서 선택 수강하도록 한다(이상은, 2005). 또한 이스라엘은 과학영재라고 해서 과학 분야의 과목만 공부하게 하지 않고 어려서부터 과학과 예술을 접목시킬 수 있는 역량을 갖도록 하는 데 주안점을 두고 있다.

4) 중국의 영재교육

중국의 영재교육은 학습자의 지적 능력에 상응하는 상위 수준의 사고 과정 계발, 학생들의 잠재력 계발, 흥미 있는 분야를 충분히 탐구하고, 연구할 수 있는 조건 마련, 창의적 사고력 계발, 사회의식 및 사회 기여에 대한 의식 계발 등에 목표를 둔다(구자억 외, 2002).

영재교육기관에서 사용하는 교육과정은 기본적으로 교육부가 제시하는 국가교육과정에 의거하여 편성되고 있지만, 실제 편성은 전적으로 학교 혹은 교사에 의해서 자체적으로 이루어지고 있다. 교재개발은 학교 자체적으로 이루어지기 때문에 모든 학교가 교육목표에 맞는 다양한 교재를 사용하고 있다(이상은, 2005).

중국의 영재교육과정은 국가교육과정을 기본으로 하고 있더라도, 학교의 실정을 고려하여 자율적으로 편성 · 운영되도록 함으로써 다양하고 창의적인 영재교육이 실효성에 주안점을 두고 있다.

5) 호주의 영재교육

호주의 영재교육은 주 정부 주도로 지역적 특성에 맞게 자율적으로 수립하여 실시하고 있다. 그러나 교육의 기회균등이라는 점에서 영재들의 잠재 능력을 최대한 계발시킨다는 교육목표는 공통적인 특징을 가진다. 즉, '영재아동은 물론 모든 학생이 자신에게 맞는 교육기회를 얻을 수 있게 하는 것'이 영재교육의 목표다.

영재아동은 정규교육을 받으면서 지역 영재교육 프로그램이나 특별 프로그램에 참여하여 자신의 흥미와 잠재력을 촉진시킨다(오영주, 1996).

6) 러시아의 영재교육

러시아의 영재교육은 전통적으로 속진과 심화를 기본교육방법으로 하며 특별 교과내용을 학습자의 수준에 맞게 조절하고 심화시키는 데 초점을 두었다. 이것을 통해 어느 특정 교과에 뛰어난 재능을 지닌 영재들

표 14-7 **나라별 영재 판별과정**

나라		영재의 판별	비고
한국		• 학생의 재학학교 교장 또는 전문가의 추천→학생 또는 보호자가 영재교육기관장에게 판별 신청→영재판별위원회의 심의→영재교육 기관장이 영재교육 대상자 최종 선정	교과성적을 비롯한 지적 영역에 치중한 판별
미국		• 객관적 · 전문적 척도를 이용한 다각적인 판별 • 각 프로그램별 기준에 의한 판별 • 영재판별심의위원회에서 심사를 거쳐 선발	프로그램별 다른 선발방식, 기준 존재
이스라엘		• 이스라엘 국립행동과학연구소에서 모든 학생을 대상으로 실시 • 특별시험 • 불우한 아동들에게 학습활동과 학습경험을 제공하고, 학습과정을 관찰하여 영재성 여부를 판별	-
중국		• 다양한 분야를 고려한 다단계의 선발과정: 부모추천→지능검사→인지 능력 검사→성격특성검사→실제 프로그램 속에서의 관찰과 평가	-
호주		• 지속적 관찰, 산출물에 의한 판별(판별의 일회성 지양) • Talent Search 프로그램 운영(일반학교 내)	-
러시아	유아	• 사전: 부모나 교사의 의견 수렴 • 1단계: 유아의 개념, 주의력, 인지력 측정 • 2단계: 지적 발달 측정 • 3단계: 창의성 측정	-
	초등학생	• 학습과정 속에서 진단 • 지적 · 창의성 테스트 • 콩쿠르, 올림피아드 등을 통해 선발	

출처: 이상은(2005). pp. 74-75.

을 조기에 판별하여 특수영재학교에 입학시키거나 특별교육 프로그램에 참가하게 한다(이상은, 2005). 이러한 교육 시스템은 수학, 과학, 예술 분야에서 가장 뚜렷한 성과가 있었다.

러시아의 영재교육 목표는 과학적 인식론에 입각한 유물론적 세계관을 형성하고 노동의 실천을 실제 교과과정에 반영함으로써 전인적 인간으로 발달시키는 데 있다(이군현, 1997). 또한 두 가지 학습방법과 교육방향이 공존하면서 발전해 오고 있다. 첫째는 특정 교과에 대한 정규교육과정을 변형, 심화시키는 데 초점을 두는 전통적인 영재교육이며, 둘째는 학습목표와 학습내용을 영재아의 특성에 맞게 새롭게 재구성하는 영재교육 학습법이다(이상은, 2005). 대표적인 예로는 얌브르그(Aymbyrg) 학교의 교육과정이 있다.

5. 영재 진단평가

전 세계적으로 영재를 조기에 진단 · 평가하여 적절한 영재교육을 실시하기 위한 국가적인 노력이 이루어지고 있는 가운데, 우리나라도 「교육기본법」 제19조에 영재교육 시책 수립에 대한 국가 및 지방자치단체의 의무를 규정하고, 그에 따라 「영재교육진흥법」 제3조 및 동법 시행령 제2조에 의해 제2차 영재교육진흥종합계획(2008년부터 2012년까지)이 수립 · 발표되었다(2007년 12월 13일자).

과거에는 영재교육 대상자를 선발하기 위해 지능지수, 암기력(아동이 습득한 지식의 양에 대한 측정), 지적 능력, 지필검사 위주의 평가를 1회성으로 실시했기 때문에, 학생의 성적이나 지능 자체가 영재 진단의 기준이었다. 그러나 최근 영재의 개념이 정립되고, 개인의 우월성을 중시하는 분위기가 정착되면서 지능 자체보다는 문제를 새로운 시각으로 인식하여 쓸모 있고 새로운 방법으로 해결하려는 능력을 중시하게 되었다. 또한 단순한 암기력보다는 습득한 지식을 활용하여 문제를 해결할 수 있는 문제해결력 · 탐구력 · 비판 능력 등을 중요하게 생각하며, 지적 능력을 포함하여 집중력, 과제 집착력, 협동력과 같은 태도도 영재성을 결정하는 중요한 요인으로 고려하고 있다. 무엇보다도 단순한 지필검사에서 벗어나 학생의 행동을 직접 평가하고, 학생의 산출물에 대한 평가도 중요하게 고려하게 되면서 성적, 지능, 창의성, 행동관찰, 산출물 등 다양한 요인을 평가에 반영하고 있다.

따라서 영재아동의 진단평가에는 다양한 영역의 영재성 발견과 다양한 검사도구의 활용이 필수적이며, 무엇보다도 장기간에 걸친 종합적인 평가가 강조된다.

1) 영재아동 진단평가의 기본 원칙

교육과학기술부에서 밝힌 제2차 영재교육진흥종합계획(2007)에 따르면, 영재교육을 받아야 할 영재교육 대상자의 선발 및 평가는 대상학생의 특성에 따라 적절한 방법을 사용하여야 한다. 구체적인 원칙은 다음과 같다.

첫째, 영재교육 대상자의 선발은 잠재력이 뛰어난 모든 아이를 발굴하는 데 초점을 둔다. 다양한 영역에서 잠재력이 뛰어난 학생들을 발굴하되, 모든 학생의 잠재적 능력을 확인할 수 있는 다양한 인적 자원(교사, 학부모, 동료, 지역사회 인사 등)과 다양한 선발 방법 및 도구를 사용해야 한다. 또한 학생의 지적 능력, 창의성, 과제에 대한 흥미나 집착력 등의 다양한 능력 요인을 고루 평가해야 한다. 무엇보다도 영재아동을 평가하는 전문가의 편견이나 왜곡된 인식이 영재성의 발굴에 미치는 영향을 최소화하도록 노력해야 한다.

둘째, 영재교육 대상자의 선발은 대상에 따라 적절한 방법을 사용한다. 아동이 가진 영재성의 영역에 따라 표준화된 검사(적성 · 논리적 사고 · 지능 · 창의적 문제해결력 검사 등), 포트폴리오, 실기, 오디션, 면접, 합숙 및 행동 관찰 등의 적절한 선발방법을 사용할 수 있다. 학생의 연령이 어릴 때는 종합적인 능력 발굴에 중점을 두어야 하고, 연령이 높아짐에 따라 구체적이고 세분화된 영역별 재능의 발굴에 중점을 두는 것이 좋다. 평가 방법이나 도구는 학생들의 연령에 따른 발달 수준에 적합한 것을 사용한다. 예를 들면, 초등학교 저학년 학생들에게는 집단 집필검사보다 개인 검사나 면담 등이 더 적절할 수 있다.

셋째, 영재성의 발굴은 지속적으로 이루어져야 하고, 그 결과를 적절히 활용한다. 영재성은 고정된 것이기보다는 변화가 가능한 것이므로, 주기적으로 재검사를 실시하고, 교육 프로그램에서의 산출물 및 잠재력을 관찰하여 지속적으로 영재성을 발굴해야 한다. 일반적으로 영재 선발과정에서 얻은 정보는 영재교육 프로그램, 영재 선발도구의 개발, 영재의 지도 및 상담 등에 지속적으로 활용될 수 있기 때문에 기록으로 남기는 것이 좋다.

2) 지능 및 인지 능력 검사

(1) 카우프만 아동용 개별지능검사(K-ABC)

- 대상 연령: 2세 6개월~12세 5개월
- 목적: 영재아동 판별 및 좌뇌 IQ, 우뇌 IQ, 인지과정처리 IQ, 습득도 IQ 측정
- 구성: 〈표 14-8〉 참조

표 14-8 K-ABC 검사의 하위검사와 세부 내용

인지과정처리척도		습득도척도	
1	마법의 창	11	표현 어휘
2	얼굴기억	12	인물과 장소
3	손동작	13	산수
4	그림통합	14	수수께끼
5	수회생	15	문자해독
6	삼각형	16	문장 이해
7	단어배열		
8	시각유추		
9	위치기억		
10	사진순서		

(2) 종합인지기능 진단검사(CAS)

- 대상 연령: 5~12세
- 목적: 영재아동 판별, 성취 수준 예측, 학습의 강약점 진단, IQ 측정
- 구성: 〈표 14-9〉 참조

표 14-9 CAS의 하위검사와 척도 구분

하위검사		척 도	하위검사		척 도
1	숫자 짝짓기	계획기능	11	숫자찾기	주의집중
2	부호쓰기	계획기능	12	수용주의력	주의집중
3	순서잇기	계획기능	13	단어계열	순차처리
4	도형유추	동시처리	14	문장반복	순차처리
5	언어공간관계	동시처리	15	말하기 속도	순차처리
6	도형기억	동시처리	16	문장 이해	순차처리
7	표현주의력	주의집중			

K-WPPSI와 K-WISC-III는 제4장 '정신지체' 부분에서 다룬 것을 참조한다.

3) 학습 능력 및 학습적성 검사

(1) 알자(ALSA) 청소년 학습전략 검사

- 대상 연령: 초등학교 고학년~중 · 고등학생
- 목적: 학습전략 분석 및 프로그램 활용을 통한 학습전략 증진
- 구성: 〈표 14-10〉 참조

표 14-10 **ALSA의 하위검사, 측정내용, 문항 수**

하위검사		측정내용	문항 수
1	학습 동기	학습에 대한 선택, 잠재성, 강도, 지속성	9
2	자아효능감	학업적 과제 수행에 필요한 행위의 조직	12
3	인지 · 초인지 전략	인지적 전략, 정교화 전략, 조직화 전략	17
4	자원관리 전략	시간관리, 환경관리, 노력관리, 타인의 조력	9
계	-	-	47

(2) 학업동기검사(AMT)

- 대상 연령: 초등학생~대학생
- 목적: 자기효능감 및 실패 내성 측정
- 구성: 〈표 14-11〉 참조

표 14-11 **AMT의 하위검사, 측정내용, 문항 수**

척도		하위척도	문항 수
1	학업적 자기효능감(ASET)	자신감	8
		자기조절 효능감	10
		과제 수준 선호	8
2	학업적 실패내성(AFTT)	감정	6
		행동	6
		과제난이도 선호	6
계	–	–	44

4) 창의성 검사

(1) 유아 종합 창의성 검사(K-CCTYC)

- 대상 연령: 만 4~6세
- 목적: 언어, 도형, 신체 영역의 창의성 수준 측정
- 구성: 〈표 14-12〉 참조

표 14-12 **K-CCTYC의 영역, 검사 명, 측정내용**

영역		검사 명	측정내용
1	언어	빨간색 연상하기	유창성, 융통성, 독창성
2	도형	도형 완성하기	유창성, 융통성, 독창성
3	신체	동물 상상하기	상상력
		색다른 나무치기	유창성, 융통성, 독창성

(2) 유아 도형 창의성 검사(K-FCTYC)

- 대상 연령: 만 4~6세
- 목적: 도형을 통한 창의성 측정(유창성, 독창성, 민감성, 개방성)
- 구성: 〈표 14-13〉 참조

표 14-13 **K-FCTYC의 영역, 검사 명, 측정내용**

영 역	검사 명	측정내용
도형	으뜸 도형으로 그리기	유창성, 독창성
	모듬 도형으로 그리기	민감성, 개방성

(3) 유아 창의적 특성 검사(K-CTC)

- 대상 연령: 만 4~6세
- 목적: 인지적, 정의적 요인에 걸친 창의적 특성 평가(부모나 교사가 평가)
- 구성: 〈표 14-14〉 참조

표 14-14 **K-CTC의 요인, 측정내용, 문항 수**

요 인	측정내용	문항 수
인지적 요인	유창성, 융통성, 독창성	11
정의적 요인	탈고정관념/독자성	11
	호기심/모험심	5
	다양성	5
	민감성	4
	유머감각	2
	개별성	2

5) 성격검사

(1) 청소년 성격평가 질문지(PAI-A)

- 대상 연령: 중학생, 고등학생, 비행청소년
- 목적: 청소년의 성격에 대한 종합적 평가
- 구성: 〈표 14-15〉 참조

표 14-15 **PAI-A의 척도와 하위척도**

척도		하위척도
1	타당성 척도	비일관성, 저빈도, 부정적 인상, 긍정적 인상
2	임상 척도	신체적 호소, 불안, 불안 관련 장애, 우울, 조증, 망상, 정신분열병, 경계선적 특징, 반사회적 특징, 알코올 문제, 약물사용
3	치료고려 척도	공격성, 자살관념, 스트레스, 비지지, 치료거부
4	대인관계 척도	지배성, 온정성
계	–	344문항

(2) 유아성격검사(PTYC)

- 대상 연령: 만 4~7세
- 목적: 아동의 성격특성 진단 및 정서발달, 자아, 정신건강 상태 파악
- 구성: 〈표 14-16〉 참조

표 14-16 **PTYC의 척도, 측정내용, 문항 수**

척도		측정내용	문항 수
1	가족성	유아가 자각하고 있는 가족생활의 만족, 적응 정도 평가	6
2	정서성	정서와 신체에 관련된 반응을 평가하며 감정이나 정서의 억제 혹은 어떤 현상에 대한 이지적인 태도 성향	6
3	학문성	공부나 기타 학습행위를 좋아하는지에 대한 성향 평가	7
4	사회성	대인관계 형성 등 아동이 다양한 사회적 접촉을 즐기는지 여부 평가	7
계	–	–	26

6. 영재아동 교수전략

1) 교수전략

영재아동의 교수전략은 교육 대상자의 독특한 교육적 요구를 충족시킬 수 있는 프로그램으로 구성되어야 한다. 영재를 위한 바람직한 교수학습 전략은 개방적이고, 상호작용적이며, 다양한 학습행동이 유발될 수 있어야 한다는 특성을 지니고 있어야 한다(박성익, 1995). 영재학습 전략을 제시하면 다음과 같다.

표 14-17 **영재 교수학습 전략**

교수학습 전략	내 용
강의학습	• 가장 보편화되어 있는 교수법 • 교과교육에서 이루어지고 있는 강의법 • 글이나 말의 뜻을 해설하여 가르치는 과정 또는 그에 관한 설명으로 이루어지는 수업(Colburn, 2003).
실험학습	• 기존의 이론, 원리, 법칙, 규칙, 명제 등을 실제상황이나 현실에서 검증 및 확인해 보는 학습법 • 자연과학의 고유한 탐구방법 • 실습을 통하여 현상들 속에 존재하는 원리나 법칙을 탐구해 보게 하며, 스스로 문제를 설정하고 해결하려는 실증적 연구 태도를 길러 줌
탐구학습	• 주요 아이디어를 발견하고, 명제화하고, 실험하고, 그 해답을 찾는 방법 • 인간의 사고과정을 통하여 발산적 사고를 가능하게 함 • 보편적으로 문제의 발견, 가설설정, 정의하기, 자료수집하기, 탐색하기, 증거제시하기, 일반화하기의 단계를 거침

토론학습	• 일반적인 의미의 토론은 어떠한 사물에 대하여 각자의 의견을 내어 검토하고 협의하는 일(이희승, 1994) 또는 이야기를 주고받는 사람들 사이에서 상호작용(Dillon, 1994) • 교사와 학생 또는 학생과 학생 간의 언어적 상호작용으로 서로 독려하며 견해와 관점을 공유
체험학습	• 교실에서는 겪을 수 없는 생생한 학습경험을 통해 지식의 학습과 새로운 기술의 습득에 유용(Chiappetta & Koballa, 2006) • 학생들이 직접 연구 및 탐구를 통한 경험을 할 수 있으므로, 체험 이전에는 알지 못했던 새로운 것에 대해 알게 되며 지식을 효과적으로 획득하게 되는 학습
협동학습	• 경쟁적이고 개별적인 학습에 비해 공부하고 있는 자료에 대한 많은 토론과 높은 성취도, 고차원적인 추론적 전략의 활용, 학습과제의 장기적 파지, 높은 성취동기 및 협동경험과 능력, 배경이 다른 친구들에 대한 긍정적인 태도를 기름 • 학생들로 하여금 동료들과의 토론을 통해서 수업활동이나 학습과제의 해결에 더욱 적극적으로 참여하게 해 주고 사고의 다양성, 광범위한 아이디어의 제시, 다양한 행동방식의 활용 등을 신장(박성익, 1995)
제작학습	• 프로젝트 중심 학습방법으로 학생 스스로 계획하고 실행하는 자율적, 주체적인 학습방법 • 학습자가 생각한 것을 객관화시키며 구체적으로 실천해 나가는 학습활동 전개방식 • 맡은 과제를 완료하거나 해결할 때까지 스스로 작업을 수행해야 하므로 자주성과 책임감을 길러 줌 • 교사의 일방적인 계획에 의해서 이루어지는 것이 아니라, 학생 스스로 학습방법을 찾고 문제해결을 하는 것이므로 학생들의 창의력을 개발시켜 주는 데 효과(조석희, 1998)

출처: 조영은(2013). 초 · 중학교 융합 영재 프로그램의 융합요소와 교수학습 전략 분석. p. 17.

2) 융합인재교육(STEAM)

교육에서도 다양한 인재 육성을 위한 방법들이 고려되고 있다. 따라서 창의성과 융합교육은 교육의 중요한 패러다임으로 변해 가고 있다. 분야별 분산된 개별지식만으로는 복잡하고 다층적인 현안 이슈를 해결하는 데 한계가 있기 때문에 융합기술시대와 빠른 과학기술의 변화에 대응력을 가진 인재를 배출하기 위해 융합교육을 중점 추진하고 있다(조영은, 2013).

STEAM 교육은 미국에서 과학과 기술 분야의 국가적 리더를 육성하기 위한 노력이 본격적으로 시작된 STEM 교육에서 시작되었다. STEM 교육은 과학(Science), 기술(Technology), 공학(Engineering), 수학(Mathematics) 중 두 가지 이상의 교과 간 내용과 과정을 통합하는 교육 접근방식이며, 기술 또는 공학의 한 분야를 포함해야 하고, 언어, 예술, 사회 등과 같은 다른 교과목과의 연결을 통해서도 시행될 수 있는 교과 연계 혹은 교과 통합적 접근이라고 할 수 있다(조영은, 2013 재인용).

STEM 교육은 과학, 기술, 공학, 수학의 학문적 개념들을 가르치고 학습하는 데 있어 맥락적 의미를 부여하는 최적의 교육임을 강조하며(Yakman, 2008), 학문에 대한 과거의 전통적인 개별적 접근으로는 이룰 수 없었던 것을 제공할 수 있다. 또한 STEM 교육에 예술(Arts) 영역을 포함시킨 STEAM이라는 개념으로 융합인재교육의 폭을 확대하였다.

우리나라 융합인재교육(STEAM)은 과학기술에 대한 흥미와 이해를 높이고 과학기술 기반의 융합적 사고(STEAM literacy)와 문제해결력을 배양하는 교육으로 정의하고 있으며, 지식을 왜 배우는지, 어디에 사용되는지와 같은 실생활 문제해결력 배양에 초점을 두고 있다(교육과학기술부, 2011).

표 14-18 **STEAM 교육 영역별 특성**

영역		의미	세부교육 영역
과학 (Science)		실세계에 존재하는 것과 그것이 어떻게 영향을 받고 있는지를 탐구하는 것	물리학, 생물학, 화학, 지구과학, 우주과학, 생화학 등 (과학사, 자연과학, 개념 및 탐구과정 포함)
기술 (Technology)		인간이 필요하다고 느낀 것을 충족시키기 위해 자연환경을 변용한다든가 기술을 혁신하는 것 또는 인간이 만든 것	의료기술, 건축기술, 생명공학기술, 건설기술, 제조기술, 수송기술, 통신기술, 정보기술, 의료공학기술, 에너지기술
공학 (Engineering)		연구, 발전, 디자인 · 발명 또는 일정 제한하에 이루어지는 디자인	항공우주공학, 건축공학, 농업, 화학공학, 도시공학, 컴퓨터공학, 광산공학, 유체공학, 전자공학, 산업 및 시스템 공학, 재료공학, 해양공학, 기계공학, 조선공학 등
수학 (Mathematics)		수, 상징적 관계, 정형화된 양식, 모양, 불확실한 것과 추론에 관한 연구	대수, 기하, 자료 분석 및 통계, 증명, 해결, 논증
예술 (Arts)	언어 예술 (Language Arts)	모든 종류의 의사소통이 사용되고 해석되는 방식에 관한 것	체육, 미술, 언어, 교양(사회, 교육, 철학, 심리학, 역사)
	체육 (Physical)	인체공학적인 움직임을 포함한 규범 및 행위 예술	
	교양과 사회 과목 (Liberal and Social)	교육, 역사, 철학, 정치학, 심리학, 사회학, 기술학, 과학 · 기술 · 사회(STS) 등을 포함한 것	
	미술 (Fine Arts)	미학 그리고 문명 초기 기록의 가르침에서 유래하는 가장 오래되고 지속 가능한 문화적인 편린	

출처: 한국과학창의재단(2011); 조영은(2013) 재인용.

부 록

「장애인 등에 대한 특수교육법」

장특법(2013.12.30 일부 개정)

제1장 총칙

제1조 (목적) 이 법은 「교육기본법」 제18조에 따라 국가 및 지방자치단체가 장애인 및 특별한 교육적 요구가 있는 사람에게 통합된 교육환경을 제공하고 생애주기에 따라 장애 유형·장애 정도의 특성을 고려한 교육을 실시하여 이들이 자아실현과 사회통합을 하는 데 기여함을 목적으로 한다.

제2조 (정의) 이 법에서 사용하는 용어의 정의는 다음과 같다. [개정 2012.3.21 제11384호(초·중등교육법)]

1. "특수교육"이란 특수교육 대상자의 교육적 요구를 충족시키기 위하여 특성에 적합한 교육과정 및 제2호에 따른 특수교육 관련 서비스 제공을 통하여 이루어지는 교육을 말한다.
2. "특수교육 관련 서비스"란 특수교육 대상자의 교육을 효율적으로 실시하기 위하여 필요한 인적·물적 자원을 제공하는 서비스로서 상담지원·가족지원·치료지원·보조인력지원·보조공

장특법 시행령(2013.3.23 일부 개정)

제1조 (목적) 이 영은 「장애인 등에 대한 특수교육법」에서 위임된 사항과 그 시행에 필요한 사항을 규정함을 목적으로 한다.

장특법 시행규칙(2013.10.4 일부 개정)

제1조 (목적) 이 규칙은 「장애인 등에 대한 특수교육법」 및 같은 법 시행령에서 위임된 사항과 그 시행에 필요한 사항을 규정함을 목적으로 한다.

학기기지원 · 학습보조기기지원 · 통학지원 및 정보접근지원 등을 말한다.

3. “특수교육 대상자”란 제15조에 따라 특수교육을 필요로 하는 사람으로 선정된 사람을 말한다.

4. “특수교육교원”이란 「초 · 중등교육법」 제2조 제4호에 따른 특수학교 교원자격증을 가진 자로서 특수교육 대상자의 교육을 담당하는 교원을 말한다.

5. “보호자”란 친권자 · 후견인, 그 밖의 사람으로서 특수교육 대상자를 사실상 보호하는 사람을 말한다.

6. “통합교육”이란 특수교육 대상자가 일반학교에서 장애 유형 · 장애 정도에 따라 차별을 받지 아니하고 또래와 함께 개개인의 교육적 요구에 적합한 교육을 받는 것을 말한다.

7. “개별화교육”이란 각급 학교의 장이 특수교육 대상자 개인의 능력을 계발하기 위하여 장애 유형 및 장애 특성에 적합한 교육목표 · 교육방법 · 교육내용 · 특수교육 관련 서비스 등이 포함된 계획을 수립하여 실시하는 교육을 말한다.

8. “순회교육”이란 특수교육교원 및 특수교육 관련 서비스 담

당 인력이 각급 학교나 의료기관, 가정 또는 복지시설(장애인복지시설, 아동복지시설 등을 말한다. 이하 같다) 등에 있는 특수교육 대상자를 직접 방문하여 실시하는 교육을 말한다.

9. "진로 및 직업교육"이란 특수교육 대상자의 학교에서 사회 등으로의 원활한 이동을 위하여 관련 기관의 협력을 통하여 직업재활훈련·자립생활훈련 등을 실시하는 것을 말한다.

10. "특수교육기관"이란 특수교육 대상자에게 유치원·초등학교·중학교 또는 고등학교(전공과를 포함한다. 이하 같다)의 과정을 교육하는 특수학교 및 특수학급을 말한다.

11. "특수학급"이란 특수교육 대상자의 통합교육을 실시하기 위하여 일반학교에 설치된 학급을 말한다.

12. "각급 학교"란 「유아교육법」 제2조 제2호에 따른 유치원 및 「초·중등교육법」 제2조에 따른 학교를 말한다.

제3조 (의무교육 등) ① 특수교육 대상자에 대하여는 「교육기본법」 제8조에도 불구하고 유치원·초등학교·중학교 및 고등

제2조 (의무교육의 실시) 「장애인 등에 대한 특수교육법」(이하 "법"이라 한다) 제3조 및 법률 제8483호 부칙 제1조 단서에 따라

학교 과정의 교육은 의무교육으로 하고, 제24조에 따른 전공과와 만 3세 미만의 장애 영아교육은 무상으로 한다.
② 만 3세부터 만 17세까지의 특수교육 대상자는 제1항에 따른 의무교육을 받을 권리를 가진다. 다만, 출석일수의 부족 등으로 인하여 진급 또는 졸업을 하지 못하거나, 제19조 제3항에 따라 취학의무를 유예하거나 면제받은 자가 다시 취학할 때의 그 학년이 취학의무를 면제 또는 유예받지 아니하고 계속 취학하였을 때의 학년과 차이가 있는 경우에는 그 해당 연수(年數)를 더한 연령까지 의무교육을 받을 권리를 가진다.
③ 제1항에 따른 의무교육 및 무상교육에 드는 비용은 대통령령으로 정하는 바에 따라 국가 또는 지방자치단체가 부담한다.

제4조 (차별의 금지) ① 각급 학교의 장 또는 대학(「고등교육법」 제2조에 따른 학교를 말한다. 이하 같다)의 장은 특수교육대상자가 그 학교에 입학하고자 하는 경우에는 그가 지닌 장애를 이유로 입학의 지원을 거부하거나 입학전형 합격자의 입학을 거

특수교육 대상자에 대한 의무교육은 다음 각 호에 따라 차례로 각각 실시한다.
1. 2010학년도: 만 5세 이상 유치원 과정 및 고등학교 과정
2. 2011학년도: 만 4세 이상 유치원 과정
3. 2012학년도: 만 3세 이상 유치원 과정

제3조 (의무교육의 비용 등) ① 법 제3조 제3항에 따라 국가 또는 지방자치단체가 부담하여야 하는 비용은 입학금, 수업료, 교과용도서대금 및 학교급식비로 한다.
② 국가 및 지방자치단체는 제1항의 비용 외에 학교운영 지원비, 통학비, 현장 · 체험학습비 등을 예산의 범위에서 부담하거나 보조할 수 있다.

부하는 등 교육기회에 있어서 차별을 하여서는 아니 된다.

② 국가, 지방자치단체, 각급 학교의 장 또는 대학의 장은 다음 각 호의 사항에 관하여 장애인의 특성을 고려한 교육시행을 목적으로 함이 명백한 경우 외에는 특수교육 대상자 및 보호자를 차별하여서는 아니 된다.

1. 제28조에 따른 특수교육 관련 서비스 제공에서의 차별
2. 수업참여 배제 및 교내외 활동 참여 배제
3. 개별화교육지원팀에의 참여 등 보호자 참여에서의 차별
4. 대학의 입학전형절차에서 장애로 인하여 필요한 수험편의의 내용을 조사·확인하기 위한 경우 외에 별도의 면접이나 신체검사를 요구하는 등 입학전형 과정에서의 차별

제2장 국가 및 지방자치단체의 임무

제5조 (국가 및 지방자치단체의 임무) ① 국가 및 지방자치단체는 특수교육 대상자에게 적절한 교육을 제공하기 위하여 다음 각 호의 업무를 수행하여야 한다.

1. 장애인에 대한 특수교육종합

계획의 수립
2. 특수교육 대상자의 조기발견
3. 특수교육 대상자의 취학 지도
4. 특수교육의 내용, 방법 및 지원체제의 연구 · 개선
5. 특수교육교원의 양성 및 연수
6. 특수교육기관 수용계획의 수립
7. 특수교육기관의 설치 · 운영 및 시설 · 설비의 확충 · 정비
8. 특수교육에 필요한 교재 · 교구의 연구 · 개발 및 보급
9. 특수교육 대상자에 대한 진로 및 직업 교육방안의 강구
10. 장애인에 대한 고등교육 및 평생교육방안의 강구
11. 특수교육 대상자에 대한 특수교육 관련 서비스 지원방안의 강구
12. 그 밖에 특수교육의 발전을 위하여 필요하다고 인정하는 사항

② 국가 및 지방자치단체는 제1항의 업무를 수행하는 데 드는 경비를 예산의 범위 안에서 우선적으로 지급하여야 한다.

③ 국가는 제1항의 업무 추진이 부진하거나 제2항의 예산조치가 부족하다고 인정되는 지방자치단체에 대하여는 예산의 확충 등 필요한 조치를 하도록 권고하여야 한다.

④ 교육부 장관은 제1항의 업무

를 효율적으로 수행하기 위하여 보건복지부 장관 · 고용노동부 장관 · 여성가족부 장관 등 관계 중앙행정기관 간에 협조체제를 구축하여야 한다. [개정 2008.2.29 제8852호(정부조직법), 2010.6.4 제10339호(정부조직법), 2013.3.23 제11690호(정부조직법)]

제6조 (특수교육기관의 설립 및 위탁교육) ① 국가 및 지방자치단체는 특수교육 대상자의 취학 편의를 고려하여 특수교육기관을 지역별 및 장애 영역별로 균형 있게 설치 · 운영하여야 한다.
② 국가 및 지방자치단체는 국립 또는 공립의 특수교육기관이 부족하거나 특수교육 대상자의 의무교육 또는 무상교육을 위하여 필요한 경우에는 사립의 특수교육기관에 그 교육을 위탁할 수 있다.
③ 제2항에 따라 특수교육을 위탁한 경우에는 해당 특수교육기관의 교육여건이 국립 또는 공립 특수교육기관의 수준에 미달하지 아니하도록 지원하여야 한다.
④ 제2항에 따른 위탁교육 · 제3항에 따른 지원 또는 비용부담 등에 관하여 필요한 사항은 대통령

제4조 (위탁교육) ① 교육감은 법 제6조 제2항에 따라 특수교육 대상자에 대한 교육을 사립(私立) 특수교육기관에 위탁하기 위하여 매 학년도가 시작되기 10개월 전까지 관할 구역에 있는 사립 특수교육기관의 교육여건, 교육 가능한 인원, 교육기간 등에 관하여 그 특수교육기관의 장(특수학급이 설립된 사립학교의 장을 포함한다)과 협의하여야 한다.
② 교육감은 특수교육 대상자의 교육을 위탁한 사립 특수교육기관에 대하여 국립 또는 공립 특수교육기관과 같은 수준의 교육을 할 수 있도록 운영비, 시설비, 실험실습비, 진로 및 직업 교육비, 교직원의 인건비, 그 밖에 특수교육에 필요한 경비를 지급하여야 한다.
③ 제1항과 제2항 외에 위탁교육

령으로 정한다.

제7조 (위탁교육기관의 변경신청) ① 제6조 제2항에 따라 교육을 위탁받은 사립의 특수교육기관에 취학하고 있는 특수교육 대상자 또는 그의 보호자는 해당 특수교육기관의 교육활동이 매우 불량하거나 특수교육 대상자의 특성에 맞지 아니하여 특수교육 대상자의 교육에 현저한 지장을 주고 있다고 판단되는 때에는 교육장 또는 교육감에게 그 사유를 구체적으로 명시하여 취학하고 있는 교육기관 외의 교육기관에 취학할 수 있도록 교육기관 변경을 신청할 수 있다.
② 제1항에 따른 변경신청을 받은 교육장 또는 교육감은 신청 접수일부터 30일 이내에 제10조 제1항에 따른 시·군·구 특수교육운영위원회 또는 시·도 특수교육운영위원회를 열어 신청인·해당 학교의 장 등 이해관계인의 의견을 들은 후 변경 여부를 결정·통보하여야 한다.

제8조 (교원의 자질향상) ① 국가 및 지방자치단체는 특수교육 교원의 자질향상을 위한 교육 및

의 운영에 관한 세부 사항은 교육감이 정하는 바에 따른다.

연수를 정기적으로 실시하여야 한다.

② 국가 및 지방자치단체는 특수교육 대상자의 통합교육을 지원하기 위하여 일반학교의 교원에 대하여 특수교육 관련 교육 및 연수를 정기적으로 실시하여야 한다.

③ 제1항과 제2항에 따른 교육 및 연수 과정에는 특수교육 대상자 인권의 존중에 관한 내용이 포함되어야 한다. [신설 2013.12.30]

④ 제1항과 제2항에 따른 교육 및 연수에 필요한 사항은 대통령령으로 정한다. [개정 2013.12.30]

제9조 (특수교육 대상자의 권리와 의무의 안내) 국가 및 지방자치단체는 제15조 제1항 각 호의 장애를 가지고 있는 자를 알게 되거나 제15조에 따라 특수교육 대상자를 선정한 경우에는 2주일 이내에 보호자에게 해당 사실과 의무교육 또는 무상교육을 받을 권리 및 보호자의 권리 · 책임 등을 통보하여야 한다.

제10조 (특수교육운영위원회) ① 제5조에 따른 국가 및 지방자치단체의 업무 수행에 관한 주요 사항을 심의하기 위하여 교육부

제6조 (중앙특수교육운영위원회 구성 · 운영) ① 법 제10조 제1항에 따른 중앙특수교육운영위원회(이하 "중앙위원회"라 한다)는

장관 소속으로 중앙특수교육운영위원회를, 교육감 소속으로 시 · 도 특수교육운영위원회를, 교육장 소속으로 시 · 군 · 구 특수교육운영위원회를 각각 둔다. [개정 2008.2.29 제8852호(정부조직법), 2013.3.23 제11690호(정부조직법)]

② 제1항에 따른 중앙특수교육운영위원회의 구성 · 운영 등에 관하여 필요한 사항은 대통령령으로, 시 · 도 특수교육운영위원회 및 시 · 군 · 구 특수교육운영위원회의 구성 · 운영 등에 관하여는 특별시 · 광역시 · 도 및 특별자치도(이하 "시 · 도"라 한다)의 교육규칙으로 각각 정한다.

위원장을 포함하여 15명 이내의 위원으로 구성한다.

② 중앙위원회의 위원장(이하 "위원장"이라 한다)은 교육부차관이 되고, 위원은 당연직위원과 위촉위원으로 구성한다. [개정 2013.3.23 제24423호(교육부와 그 소속기관 직제)]

③ 당연직위원은 교육부, 안전행정부, 문화체육관광부, 보건복지부, 고용노동부, 여성가족부의 고위공무원단 소속 공무원으로서 해당 부처의 장관이 지명하는 사람이 된다. [개정 2010.3.15 제22075호(보건복지부와 그 소속기관 직제), 2010.7.12 제22269호(고용노동부와 그 소속기관 직제), 2013.3.23 제24423호(교육부와 그 소속기관 직제)]

④ 위촉위원은 다음 각 호의 어느 하나에 해당하는 사람 중에서 위원장이 위촉한다.

1. 특수교육교원 자격이 있는 사람으로서 7년 이상 특수교육 대상자를 교육하거나 교육하였던 사람
2. 특수교육 대상자의 학부모 또는 보호자로서 특수교육 분야에서 활동하거나 활동 경험이 있는 사람
3. 「고등교육법」 제2조 제1호 또

는 제3호에 따른 학교에서 특수교육에 관한 학문을 가르치는 부교수 이상으로 재직하거나 재직하였던 사람

⑤ 위촉위원의 임기는 2년으로 하되, 2차에 한하여 연임할 수 있다.

⑥ 중앙위원회의 회의는 연 2회 이상 개최하여야 하며, 위원장이 필요하다고 인정하거나 재적위원 3분의 1 이상이 요구하는 경우에는 위원장이 회의를 소집한다.

⑦ 중앙위원회의 회의는 재적위원의 과반수 출석으로 개의하고, 출석위원 과반수의 찬성으로 의결한다.

⑧ 중앙위원회는 필요하다고 인정되면 관계 행정기관에 직원의 출석 · 설명과 자료 제출을 요구할 수 있다.

⑨ 그 밖에 중앙위원회의 구성 및 운영 등에 필요한 사항은 중앙위원회의 의결을 거쳐 위원장이 정한다.

제14조 (취학의무의 유예 또는 면제 등) ① 특수교육 대상자의 보호자가 법 제19조 제2항에 따라 특수교육 대상자의 취학의무를 유예받거나 면제 받으려는 경우에는 관할 교육감 또는 교육장에게 취학의무의 유예 또는 면제

	를 신청하여야 한다. ② 제1항에 따른 신청을 받은 교육감 또는 교육장은 법 제10조 제1항에 따른 관할 특수교육운영위원회의 심의를 거쳐 특수교육 대상자의 등 · 하교 가능성, 순회교육 실시 가능성 및 보호자의 의견 등을 고려하여 면제 또는 유예를 결정한다. 이 경우 유예기간은 1년 이내로 하고, 유예기간을 연장하려는 경우에도 관할 특수교육운영위원회의 심의를 거쳐야 한다. ③ 취학의무를 면제 또는 유예받은 사람이 다시 취학하고자 하는 경우 그 보호자는 교육감 또는 교육장에게 취학을 신청하고, 그 신청을 받은 교육감 또는 교육장은 관할 특수교육운영위원회의 심의를 거쳐 취학 여부를 결정하여야 한다.
제11조 (특수교육지원센터의 설치 · 운영) ① 교육감은 특수교육대상자의 조기발견, 특수교육 대상자의 진단 · 평가, 정보관리, 특수교육 연수, 교수 · 학습 활동의 지원, 특수교육 관련 서비스 지원, 순회교육 등을 담당하는 특수교육지원센터를 하급교육행정기관별로 설치 · 운영하여야	제7조 (특수교육지원센터의 설치 · 운영) ① 교육감은 법 제11조에 따른 특수교육지원센터를 설치할 때 그 업무를 수행할 수 있는 독립된 공간을 확보하여야 한다. ② 교육감은 특수교육지원센터가 그 업무를 효율적으로 수행할 수 있도록, 담당 업무를 전담하

한다.

② 제1항에 따른 특수교육지원센터는 하급교육행정기관이나 특수학교, 특수학급이 설치된 일반 초·중·고등학교 또는 관할 지역의 관공서(장애인복지관을 포함한다) 등 특수교육 대상자를 비롯한 지역주민의 접근이 편리한 곳에 설치하여야 한다.

③ 특수교육지원센터의 설치·운영 등에 관하여 필요한 사항은 대통령령으로 정한다.

는 특수교육 분야의 전문인력을 배치하여야 한다.

③ 교육감은 지역의 지리적 특성 및 특수교육의 수요 등을 고려하여 필요한 경우에는 하나의 하급교육행정기관에 2 이상의 특수교육지원센터를 설치·운영할 수 있다.

④ 특수교육지원센터는 담당 업무를 효율적으로 수행하기 위하여 관련 기관과의 연계체제를 구축하고 협력하여 업무를 수행할 수 있다.

⑤ 교육감은 특수교육지원센터의 진단·평가 과정에서 장애가 의심되는 영유아 또는 학생이 이전에 의료적 진단을 받지 아니한 경우에는 이에 대한 의료적 진단을 보건소, 병원 또는 의원에 의뢰하여야 한다.

⑥ 교육감은 제5항에 따라 의료적 진단을 보건소, 병원 또는 의원에 의뢰한 경우에는 그 비용을 부담하여야 한다.

제12조 (특수교육에 관한 연차보고서) 정부는 특수교육의 주요 현황과 정책에 관한 보고서를 매년 정기국회 개회 전까지 국회에 제출하여야 한다.

제13조 (특수교육 실태조사) ① 교육부 장관은 특수교육 대상자의 배치계획 · 특수교육교원의 수급계획 등 특수교육정책의 수립을 위한 실태조사를 3년마다 실시하여야 한다. [개정 2008.2.29 제8852호(정부조직법), 2013.3.23 제11690호(정부조직법)]
② 교육부 장관은 대학에 취학하는 장애학생의 교육여건을 개선하기 위하여 필요하다고 인정하는 경우 장애학생의 교육복지 실태 등에 관한 조사를 실시할 수 있다. [개정 2008.2.29 제8852호(정부조직법), 2013.3.23 제11690호(정부조직법)]
③ 제1항과 제2항에 따른 조사의 내용과 방법, 그 밖에 조사에 관하여 필요한 사항은 대통령령으로 정한다.

제8조 (실태조사) ① 법 제13조에 따라 실태조사할 사항은 다음 각 호와 같다.
1. 특수교육 대상자의 성 · 연령 · 장애 유형 · 장애 정도별 현황
2. 특수교육기관 및 그 교육과정의 운영 실태
3. 특수교육 관련 서비스의 제공 현황
4. 특수교육 지원을 위한 행정조직 및 지원 현황
5. 특수교육재정의 확보 · 분배 · 활용 현황
6. 특수교육 대상자의 교육성과 및 학교 졸업 후의 생활 상태
7. 장애인 평생교육과정 및 장애인 평생교육시설의 운영 현황
8. 특수교육 대상자 및 그 보호자, 특수교육에 관한 전문가 등 특수교육 관련자의 특수교육 지원에 대한 만족도 및 요구 사항
② 실태조사는 표본조사의 방법으로 시행하되, 특수교육에 관하여 정확한 현황을 파악하고 조사항목의 특성상 필요한 경우에는 전수조사(全數調査)의 방법으로 시행할 수 있다.

제3장 특수교육 대상자의 선정 및 학교배치 등

제14조 (장애의 조기발견 등) ① 교육장 또는 교육감은 영유아의 장애 및 장애 가능성을 조기에 발견하기 위하여 지역주민과 관련 기관을 대상으로 홍보를 실시하고, 해당 지역 내 보건소와 병원 또는 의원(醫院)에서 선별검사를 무상으로 실시하여야 한다.

② 교육장 또는 교육감은 제1항에 따른 선별검사를 효율적으로 실시하기 위하여 지방자치단체 및 보건소와 병 · 의원 간에 긴밀한 협조체제를 구축하여야 한다.

③ 보호자 또는 각급 학교의 장은 제15조 제1항 각 호에 따른 장애를 가지고 있거나 장애를 가지고 있다고 의심되는 영유아 및 학생을 발견한 때에는 교육장 또는 교육감에게 진단 · 평가를 의뢰하여야 한다. 다만, 각급 학교의 장이 진단 · 평가를 의뢰하는 경우에는 보호자의 사전 동의를 받아야 한다.

④ 교육장 또는 교육감은 제3항에 따라 진단 · 평가를 의뢰받은 경우 즉시 특수교육지원센터에 회부하여 진단 · 평가를 실시하고, 그 진단 · 평가의 결과를 해

제9조 (장애의 조기발견 등) ① 교육장 또는 교육감은 매년 1회 이상 법 제14조 제1항에 따른 홍보를 하여야 한다.

② 교육장 또는 교육감은 장애의 조기발견을 위하여 관할 구역의 어린이집 · 유치원 및 학교의 영유아 또는 학생(이하 "영유아 등"이라 한다. 이하 이 조에서 같다)을 대상으로 수시로 선별검사를 하여야 한다. 이 경우 「국민건강보험법」 제52조 제1항 또는 「의료급여법」 제14조 제1항에 따른 건강검진의 결과를 활용할 수 있다. [개정 2011.12.8 제23356호(영유아보육법 시행령), 2012.8.31 제24077호(국민건강보험법 시행령)]

③ 교육장 또는 교육감은 선별검사를 한 결과 장애가 의심되는 영유아 등을 발견한 경우에는 병원 또는 의원에서 영유아 등에 대한 장애 진단을 받도록 보호자에게 안내하고 상담을 하여야 한다.

④ 교육장 또는 교육감은 선별검사를 받은 영유아 등의 보호자가 법 제15조에 따른 특수교육 대상자로 선정받기를 요청할 경우 영

제2조 (장애의 조기발견 등) ① 교육장 또는 교육감은 「장애인 등에 대한 특수교육법」(이하 "법"이라 한다) 제14조 제1항 또는 제3항에 따른 선별검사나 진단 · 평가를 실시하는 경우에는 별표에 따른 검사를 각각 실시하여야 한다.

② 보호자 또는 각급 학교의 장은 법 제15조 제1항 각 호에 해당하는 장애를 가지고 있거나 장애를 가지고 있다고 의심되는 영유아 및 학생을 발견하여 진단 · 평가를 의뢰하고자 하는 경우에는 별지 제1호 서식에 따른 진단 · 평가의뢰서를 작성하여 교육장 또는 교육감에게 제출하여야 한다.

③ 교육감 또는 교육장은 「장애인 등에 대한 특수교육법 시행령」(이하 "영"이라 한다) 제9조 제5항에 따라 진단 · 평가의 결과를 영유아 및 학생의 보호자에게 알릴 때에는 별지 제2호 서식에 따른다.

당 영유아 및 학생의 보호자에게 통보하여야 한다.
⑤ 제1항의 선별검사의 절차와 내용, 그 밖에 검사에 필요한 사항과 제3항의 사전 동의 절차 및 제4항에 따른 통보 절차에 필요한 사항은 대통령령으로 정한다.

유아 등의 보호자에게 영유아 등의 건강검진 결과통보서 또는 진단서를 제출하도록 하여 영유아 등이 특수교육 대상자에 해당하는지 여부를 판단하기 위한 진단·평가를 하여야 한다.
⑤ 교육장 또는 교육감은 제3항에 따라 진단·평가한 결과 영유아 등에게 특수교육이 필요하다고 판단되면 보호자에게 그 내용과 특수교육 대상자 선정에 필요한 절차를 문서로 알려야 한다.
⑥ 제2항부터 제5항까지의 규정에 따른 선별검사 및 진단·평가에 필요한 사항은 교육부령으로 정한다. 이 경우 제2항에 따른 선별검사에 관한 사항은 보건복지부 장관과 협의하여야 한다. [개정 2010.3.15 제22075호(보건복지부와 그 소속기관 직제), 2013.3.23 제24423호(교육부와 그 소속기관 직제)]

제15조 (특수교육 대상자의 선정) ① 교육장 또는 교육감은 다음 각 호의 어느 하나에 해당하는 사람 중 특수교육을 필요로 하는 사람으로 진단·평가된 사람을 특수교육 대상자로 선정한다.
1. 시각장애
2. 청각장애

제9조 (장애의 조기발견 등) ① 교육장 또는 교육감은 매년 1회 이상 법 제14조 제1항에 따른 홍보를 하여야 한다.
② 교육장 또는 교육감은 장애의 조기발견을 위하여 관할 구역의 어린이집·유치원 및 학교의 영유아 또는 학생(이하 "영유아

제2조 (장애의 조기발견 등) ① 교육장 또는 교육감은 「장애인 등에 대한 특수교육법」(이하 "법"이라 한다) 제14조 제1항 또는 제3항에 따른 선별검사나 진단·평가를 실시하는 경우에는 별표에 따른 검사를 각각 실시하여야 한다.
② 보호자 또는 각급 학교의 장은

3. 정신지체
4. 지체장애
5. 정서 · 행동 장애
6. 자폐성장애(이와 관련된 장애를 포함한다)
7. 의사소통장애
8. 학습장애
9. 건강장애
10. 발달지체
11. 그 밖에 대통령령으로 정하는 장애

② 교육장 또는 교육감이 제1항에 따라 특수교육 대상자를 선정할 때에는 제16조 제1항에 따른 진단 · 평가 결과를 기초로 하여 고등학교 과정은 교육감이 시 · 도 특수교육운영위원회의 심사를 거쳐, 중학교 과정 이하의 각급 학교는 교육장이 시 · 군 · 구 특수교육운영위원회의 심사를 거쳐 이를 결정한다.

등" 이라 한다. 이하 이 조에서 같다)을 대상으로 수시로 선별검사를 하여야 한다. 이 경우 「국민건강보험법」 제52조 제1항 또는 「의료급여법」 제14조 제1항에 따른 건강검진의 결과를 활용할 수 있다. [개정 2011.12.8 제23356호(영유아보육법 시행령), 2012.8.31 제24077호(국민건강보험법 시행령)]

③ 교육장 또는 교육감은 선별검사를 한 결과 장애가 의심되는 영유아 등을 발견한 경우에는 병원 또는 의원에서 영유아 등에 대한 장애 진단을 받도록 보호자에게 안내하고 상담을 하여야 한다.

④ 교육장 또는 교육감은 선별검사를 받은 영유아 등의 보호자가 법 제15조에 따른 특수교육 대상자로 선정받기를 요청할 경우 영유아 등의 보호자에게 영유아 등의 건강검진 결과통보서 또는 진단서를 제출하도록 하여 영유아 등이 특수교육 대상자에 해당하는지 여부를 판단하기 위한 진단 · 평가를 하여야 한다.

⑤ 교육장 또는 교육감은 제3항에 따라 진단 · 평가한 결과 영유아 등에게 특수교육이 필요하다고 판단되면 보호자에게 그 내용과 특수교육 대상자 선정에 필요

법 제15조 제1항 각 호에 해당하는 장애를 가지고 있거나 장애를 가지고 있다고 의심되는 영유아 및 학생을 발견하여 진단 · 평가를 의뢰하고자 하는 경우에는 별지 제1호 서식에 따른 진단 · 평가의뢰서를 작성하여 교육장 또는 교육감에게 제출하여야 한다.

③ 교육감 또는 교육장은 「장애인 등에 대한 특수교육법 시행령」(이하 "영" 이라 한다) 제9조 제5항에 따라 진단 · 평가의 결과를 영유아 및 학생의 보호자에게 알릴 때에는 별지 제2호 서식에 따른다.

한 절차를 문서로 알려야 한다.
⑥ 제2항부터 제5항까지의 규정에 따른 선별검사 및 진단 · 평가에 필요한 사항은 교육부령으로 정한다. 이 경우 제2항에 따른 선별검사에 관한 사항은 보건복지부 장관과 협의하여야 한다. [개정 2010.3.15 제22075호(보건복지부와 그 소속기관 직제), 2013.3.23 제24423호(교육부와 그 소속기관 직제)]

제10조 (특수교육 대상자의 선정 기준) 법 제15조에 따라 특수교육 대상자를 선정하는 기준은 별표와 같다.

제16조 (특수교육 대상자의 선정 절차 및 교육지원 내용의 결정)
① 특수교육지원센터는 진단 · 평가가 회부된 후 30일 이내에 진단 · 평가를 시행하여야 한다.
② 특수교육지원센터는 제1항에 따른 진단 · 평가를 통하여 특수교육 대상자로의 선정 여부 및 필요한 교육지원 내용에 대한 최종의견을 작성하여 교육장 또는 교육감에게 보고하여야 한다.
③ 교육장 또는 교육감은 특수교육지원센터로부터 최종의견을 통지받은 때부터 2주일 이내에

특수교육 대상자로의 선정 여부 및 제공할 교육지원 내용을 결정하여 부모 등 보호자에게 서면으로 통지하여야 한다. 교육지원 내용에는 특수교육, 진로 및 직업 교육, 특수교육 관련 서비스 등 구체적인 내용이 포함되어야 한다.
④ 제1항에 따른 진단 · 평가의 과정에서는 부모 등 보호자의 의견진술의 기회가 충분히 보장되어야 한다.

제17조 (특수교육 대상자의 배치 및 교육) ① 교육장 또는 교육감은 제15조에 따라 특수교육 대상자로 선정된 자를 해당 특수교육운영위원회의 심사를 거쳐 다음 각 호의 어느 하나에 배치하여 교육하여야 한다.
1. 일반학교의 일반학급
2. 일반학교의 특수학급
3. 특수학교
② 교육장 또는 교육감은 제1항에 따라 특수교육 대상자를 배치할 때에는 특수교육 대상자의 장애 정도 · 능력 · 보호자의 의견 등을 종합적으로 판단하여 거주지에서 가장 가까운 곳에 배치하여야 한다.
③ 교육감이 관할 구역 내에 거

제11조 (특수교육 대상자의 학교 배치 등) ① 교육장 또는 교육감은 법 제17조 제1항에 따라 특수교육 대상자를 학교에 배치할 때에는 해당 학교의 장과 특수교육 대상자에게 각각 문서로 알려야 한다.
② 교육장 또는 교육감은 특수교육 대상자를 일반학교의 일반학급에 배치한 경우에는 특수교육지원센터에서 근무하는 특수교육교원에게 그 학교를 방문하여 학습을 지원하도록 하여야 한다.
③ 각급 학교의 장은 특수교육 대상자에 대한 교육지원의 내용을 추가 · 변경 또는 종료하거나 특수교육 대상자를 재배치할 필요가 있으면 법 제22조 제1항에

주하는 특수교육 대상자를 다른 시 · 도에 소재하는 각급 학교 등에 배치하고자 할 때에는 해당 시 · 도 교육감(국립학교의 경우에는 해당 학교의 장을 말한다)과 협의하여야 한다.
④ 제3항에 따라 특수교육 대상자의 배치를 요구받은 교육감 또는 국립학교의 장은 대통령령으로 정하는 특별한 사유가 없는 한 이에 응하여야 한다.
⑤ 제1항부터 제4항까지의 규정에 따른 특수교육 대상자의 배치 등에 관하여 필요한 사항은 대통령령으로 정한다.

따른 개별화교육지원팀의 검토를 거쳐 교육장 및 교육감에게 그 특수교육 대상자의 진단 · 평가 및 재배치를 요구할 수 있다.

제12조 (배치에 대한 이의) 법 제17조 제4항에서 "대통령령으로 정하는 특별한 사유"란 해당 특수학교가 교육하는 특수교육 대상자의 장애 종류와 배치를 요구받은 특수교육 대상자의 장애 종류가 달라 효율적인 교육을 할 수 없는 경우를 말한다.

제4장 영유아 및 초 · 중등교육

제18조 (장애 영아의 교육지원) ① 만 3세 미만의 장애 영아의 보호자는 조기교육이 필요한 경우 교육장에게 교육을 요구할 수 있다.
② 제1항에 따른 요구를 받은 교육장은 특수교육지원센터의 진단 · 평가 결과를 기초로 만 3세 미만의 장애 영아를 특수학교의 유치원과정, 영아학급 또는 특수교육지원센터에 배치할 수 있다.
③ 제2항에 따라 배치된 장애 영아가 의료기관, 복지시설 또는

제13조 (장애 영아의 교육지원) ① 만 3세 미만의 장애 영아(이하 이 조에서 "장애 영아"라 한다) 교육의 수업일수는 매 학년도 150일을 기준으로 하되, 장애 영아의 건강 상태 및 교육과정의 운영상 필요한 경우에는 교육부장관, 교육감 또는 교육장의 승인을 받아 30일의 범위에서 줄일 수 있다. [개정 2013.3.23 제24423호(교육부와 그 소속기관 직제)]
② 법 제18조 제2항에 따라 특수

가정 등에 있을 경우에는 특수교육교원 및 특수교육 관련 서비스 담당 인력 등으로 하여금 순회교육을 제공하도록 할 수 있다.

④ 국가 및 지방자치단체는 장애 영아를 위한 교육여건을 개선하고 설비를 정비하기 위하여 노력하여야 한다.

⑤ 그 밖에 장애 영아의 교육지원에 필요한 사항은 대통령령으로 정한다.

교육을 받는 영아학급 등의 교원 배치에 관한 사항은 교육부 장관, 교육감 또는 교육장이 정한다. [개정 2013.3.23 제24423호(교육부와 그 소속기관 직제)]

③ 교육감이나 교육장은 법 제18조 제2항에 따라 장애 영아를 특수교육지원센터에 배치하여 교육을 하는 경우 「특수학교시설 · 설비 기준령」 별표에 따른 보통교실을 그 특수교육지원센터에 갖추어야 한다.

④ 장애 영아 담당 교원은 「초 · 중등교육법」 제21조 제2항에 따른 특수학교 유치원교사 자격증을 소지한 사람으로서 유치원 과정 담당 경력이 3년 이상인 사람으로 한다.

제19조 (보호자의 의무 등) ① 특수교육 대상자의 보호자는 그 보호하는 자녀에 대하여 제3조 제1항에 따른 의무교육의 기회를 보호하고 존중하여야 한다.

② 부득이한 사유로 취학이 불가능한 의무교육 대상자에 대하여는 대통령령으로 정하는 바에 따라 제1항에 따른 취학의무를 면제하거나 유예할 수 있다. 다만, 만 3세부터 만 5세까지의 특수교육 대상자가 「영유아보육법」에

제14조 (취학의무의 유예 또는 면제 등) ① 특수교육 대상자의 보호자가 법 제19조 제2항에 따라 특수교육 대상자의 취학의무를 유예받거나 면제 받으려는 경우에는 관할 교육감 또는 교육장에게 취학의무의 유예 또는 면제를 신청하여야 한다.

② 제1항에 따른 신청을 받은 교육감 또는 교육장은 법 제10조 제1항에 따른 관할 특수교육운영위원회의 심의를 거쳐 특수교

따라 설치된 어린이집 중 대통령령으로 정하는 일정한 교육 요건을 갖춘 어린이집을 이용하는 경우에는 제1항에서 정하는 유치원 의무교육을 받고 있는 것으로 본다. [개정 2011.6.7 제10789호(영유아보육법)] [시행일 2011.12.8]

③ 제2항에 따라 취학의무를 면제 또는 유예 받은 자가 다시 취학하고자 하는 경우에는 대통령령으로 정하는 바에 따라 취학하게 할 수 있다.

육 대상자의 등 · 하교 가능성, 순회교육 실시 가능성 및 보호자의 의견 등을 고려하여 면제 또는 유예를 결정한다. 이 경우 유예기간은 1년 이내로 하고, 유예기간을 연장하려는 경우에도 관할 특수교육운영위원회의 심의를 거쳐야 한다.

③ 취학의무를 면제 또는 유예받은 사람이 다시 취학하고자 하는 경우 그 보호자는 교육감 또는 교육장에게 취학을 신청하고, 그 신청을 받은 교육감 또는 교육장은 관할 특수교육운영위원회의 심의를 거쳐 취학 여부를 결정하여야 한다.

제15조 (어린이집의 교육 요건)
법 제19조 제2항 단서에서 "대통령령으로 정하는 일정한 교육 요건을 갖춘 어린이집"이란 다음 각 호의 사항을 모두 충족하는 어린이집을 말한다. [개정 2011.12.8 제23356호(영유아보육법 시행령)]

1. 「영유아보육법」 제30조 제1항에 따른 평가인증을 받은 어린이집
2. 장애아 3명마다 보육교사 1명을 배치한 어린이집(보육교사가 3명 이상인 경우에는 보육교사 3명 중 1명은 「초 · 중등교육법」

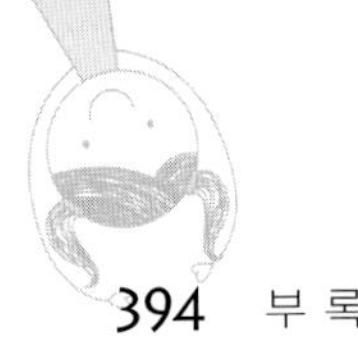

제21조 제2항에 따른 특수학교 유치원교사 자격증을 소지한 교사여야 한다)
[본조제목개정 2011.12.8 제23356호(영유아보육법 시행령)]

제20조 (교육과정의 운영 등) ① 특수교육기관의 유치원·초등학교·중학교·고등학교 과정의 교육과정은 장애의 종별 및 정도를 고려하여 교육부령으로 정하고, 영아교육과정과 전공과의 교육과정은 교육감의 승인을 받아 학교장이 정한다. [개정 2008.2.29 제8852호(정부조직법), 2013.3.23 제11690호(정부조직법)]
② 특수교육기관의 장 및 특수교육 대상자가 배치된 일반학교의 장은 제1항에 따른 교육과정의 범위 안에서 특수교육 대상자 개인의 장애 종별과 정도, 연령, 현재 및 미래의 교육요구 등을 고려하여 교육과정의 내용을 조정하여 운영할 수 있다.
③ 특수학교의 장은 교육감의 승인을 받아 유치원·초등학교·중학교·고등학교 과정을 통합하여 운영할 수 있다.

제3조의 2 (교육과정) ① 법 제20조 제1항에 따른 특수교육기관의 교육과정은 유치원 교육과정, 공통 교육과정, 선택 교육과정 및 기본 교육과정으로 구분한다.
② 제1항에 따른 교육과정의 대상 및 내용은 다음 각 호와 같다. 〈개정 2013.3.23〉
1. 유치원 교육과정: 만 3세부터 초등학교 학령 전까지의 어린이를 대상으로 하고, 「유아교육법」 제13조 제2항에 따라 교육부 장관이 정하는 유치원 교육과정에 준하여 편성된 과정
2. 공통 교육과정: 초등학생 및 중학생을 대상으로 하고, 「초·중등교육법」 제23조 제2항에 따라 교육부 장관이 정하는 초등학교 및 중학교 교육과정에 준하여 편성된 과정
3. 선택 교육과정: 고등학생을 대상으로 하고, 「초·중등교육법」 제23조 제2항에 따라 교육부 장관이 정하는 고등학교 교육과정에 준하여 편성된 과정

4. 기본 교육과정: 특수교육 대상자의 장애 종별 및 정도를 고려하여 제2호 및 제3호의 교육과정을 적용하기 어려운 학생을 대상으로 하고, 대상자의 능력에 따라 학년의 구분 없이 다음 각 목의 어느 하나에 해당하는 교과의 수준을 다르게 적용할 수 있도록 편성된 과정

가. 국어, 사회, 수학, 과학, 실과, 체육, 음악, 미술 및 교육부 장관이 필요하다고 인정하는 교과

나. 특수교육 대상자의 진로 및 직업에 관한 교과

③ 제1항 및 제2항에서 규정된 사항 외에 교육과정의 내용 및 기준에 관하여 필요한 세부사항은 교육부 장관이 정하여 고시한다. 〈개정 2013.3.23〉[본조신설 2010.12.20]

제21조 (통합교육) ① 각급 학교의 장은 교육에 관한 각종 시책을 시행함에 있어서 통합교육의 이념을 실현하기 위하여 노력하여야 한다.

② 제17조에 따라 특수교육 대상자를 배치받은 일반학교의 장은 교육과정의 조정, 보조인력의 지원, 학습보조기기의 지원, 교원연수 등을 포함한 통합교육계획

제16조 (통합교육을 위한 시설·설비 등) ① 일반학교의 장은 법 제21조 제2항에 따라 통합교육을 실시하는 경우에는 특수교육 대상자의 교내 이동이 쉽고, 세면장·화장실 등과 가까운 곳에 위치한 66제곱미터 이상의 교실에 특수학급을 설치하여야 한다. 다만, 배치된 특수교육 대상자의 수 및 그 학교의 여건 등을 고려

을 수립 · 시행하여야 한다.
③ 일반학교의 장은 제2항에 따라 통합교육을 실시하는 경우에는 제27조의 기준에 따라 특수학급을 설치 · 운영하고, 대통령령으로 정하는 시설 · 설비 및 교재 · 교구를 갖추어야 한다.

하여 시 · 도 조례로 정하는 바에 따라 44제곱미터 이상의 교실에 학급을 설치할 수 있다.
② 일반학교의 장은 법 제21조 제2항에 따라 통합교육을 실시하는 경우에는 배치된 특수교육대상자의 성별, 연령, 장애의 유형 · 정도 및 교육활동 등에 맞도록 정보 접근을 위한 기기, 의사소통을 위한 보완 · 대체기구 등의 교재 · 교구를 갖추어야 한다.

제22조 (개별화교육) ① 각급 학교의 장은 특수교육 대상자의 교육적 요구에 적합한 교육을 제공하기 위하여 보호자, 특수교육교원, 일반교육교원, 진로 및 직업교육 담당 교원, 특수교육 관련 서비스 담당 인력 등으로 개별화교육지원팀을 구성한다.
② 개별화교육지원팀은 매 학기마다 특수교육 대상자에 대한 개별화교육계획을 작성하여야 한다.
③ 특수교육 대상자가 다른 학교로 전학할 경우 또는 상급학교로 진학할 경우에는 전출학교는 전입학교에 개별화교육계획을 14일 이내에 송부하여야 한다.
④ 특수교육교원은 제1항부터 제3항까지의 규정에 따른 업무

제11조 (특수교육 대상자의 학교 배치 등) ① 교육장 또는 교육감은 법 제17조 제1항에 따라 특수교육 대상자를 학교에 배치할 때에는 해당 학교의 장과 특수교육 대상자에게 각각 문서로 알려야 한다.
② 교육장 또는 교육감은 특수교육 대상자를 일반학교의 일반학급에 배치한 경우에는 특수교육지원센터에서 근무하는 특수교육교원에게 그 학교를 방문하여 학습을 지원하도록 하여야 한다.
③ 각급 학교의 장은 특수교육 대상자에 대한 교육지원의 내용을 추가 · 변경 또는 종료하거나 특수교육 대상자를 재배치할 필요가 있으면 법 제22조 제1항에 따른 개별화교육지원팀의 검토

제4조 (개별화교육지원팀의 구성 등) ① 각급 학교의 장은 법 제22조 제1항에 따라 매 학년의 시작일부터 2주 이내에 각각의 특수교육 대상자에 대한 개별화교육지원팀을 구성하여야 한다.
② 개별화교육지원팀은 매 학기의 시작일부터 30일 이내에 개별화교육계획을 작성하여야 한다.
③ 개별화교육계획에는 특수교육 대상자의 인적 사항과 특별한 교육지원이 필요한 영역의 현재 학습수행 수준, 교육목표, 교육내용, 교육방법, 평가계획 및 제공할 특수교육 관련 서비스의 내용과 방법 등이 포함되어야 한다.
④ 각급 학교의 장은 매 학기마다 개별화교육계획에 따른 각각의 특수교육 대상자의 학업성취

를 수행하기 위하여 각 업무를 지원하고 조정한다.
⑤ 제1항에 따른 개별화교육지원팀의 구성, 제2항에 따른 개별화교육계획의 수립 · 실시 등에 관하여 필요한 사항은 교육부령으로 정한다. [개정 2008.2.29 제8852호(정부조직법), 2013.3.23 제11690호(정부조직법)]

를 거쳐 교육장 및 교육감에게 그 특수교육 대상자의 진단 · 평가 및 재배치를 요구할 수 있다.

도 평가를 실시하고, 그 결과를 특수교육 대상자 또는 그 보호자에게 통보하여야 한다.

제23조 (진로 및 직업교육의 지원) ① 중학교 과정 이상의 각급 학교의 장은 특수교육 대상자의 특성 및 요구에 따른 진로 및 직업 교육을 지원하기 위하여 직업평가 · 직업교육 · 고용지원 · 사후관리 등의 직업재활훈련 및 일상생활적응훈련 · 사회적응훈련 등의 자립생활훈련을 실시하고, 대통령령으로 정하는 자격이 있는 진로 및 직업교육을 담당하는 전문인력을 두어야 한다.
② 중학교 과정 이상의 각급 학교의 장은 대통령령으로 정하는 기준에 따라 진로 및 직업 교육의 실시에 필요한 시설 · 설비를 마련하여야 한다.
③ 특수교육지원센터는 특수교육 대상자에게 효과적인 진로 및 직업 교육을 지원하기 위하여 대통령령으로 정하는 바에 따라 관

제17조 (전문인력의 자격 기준 등) 법 제23조 제1항에서 "대통령령으로 정하는 자격이 있는 진로 및 직업 교육을 담당하는 전문인력"이란 특수학교의 정교사 · 준교사 · 실기교사의 자격이 있는 사람으로서 다음 각 호의 어느 하나에 해당하는 사람을 말한다.
1. 대학이나 대학원에서 직업재활에 관한 전공을 이수한 사람
2. 진로 및 직업 교육과 관련한 국가자격증 또는 민간자격증 소지자
3. 진로 및 직업 교육과 관련한 직무연수를 이수한 사람

제18조 (진로 및 직업 교육을 위한 시설 등) ① 중학교 과정 이상 각급 학교의 장은 법 제23조 제2항에 따라 진로 및 직업 교육을

련 기관과의 협의체를 구성하여야 한다.

위하여 66제곱미터 이상의 교실을 1개 이상 설치하여야 한다.
② 특수교육지원센터는 특수교육기관, 한국장애인고용공단지부 등 해당 지역의 장애인 고용 관련 기관, 직업재활시설, 장애인복지관, 산업체 등 관련 기관과 협의체를 구성하여야 한다. [개정 2009.12.31 제21962호(장애인고용촉진 및 직업재활법 시행령)] [시행일 2010.1.1]
③ 교육감은 특수교육 대상자의 취업을 위하여 직업훈련실을 특수학교에 설치하고, 이에 필요한 인력과 경비를 지원하도록 노력하여야 한다.

제24조 (전공과의 설치 · 운영)
① 특수교육기관에는 고등학교 과정을 졸업한 특수교육 대상자에게 진로 및 직업 교육을 제공하기 위하여 수업연한 1년 이상의 전공과를 설치 · 운영할 수 있다.
② 교육부 장관 및 교육감은 지역별 또는 장애 유형별로 전공과를 설치할 교육기관을 지정할 수 있다. [개정 2008.2.29 제8852호(정부조직법), 2013.3.23 제11690호(정부조직법)]
③ 전공과를 설치한 각급 학교는 「학점인정 등에 관한 법률」 제7조

제19조 (전공과의 설치 · 운영)
① 법 제24조 제1항에 따른 전공과를 설치 · 운영하는 특수교육기관의 장은 66제곱미터 이상의 전공과 전용 교실을 1개 이상 설치하여야 하며, 세부적인 시설 · 설비의 기준은 교육감이 정한다.
② 전공과를 설치한 교육기관의 장은 그 설치 목적을 달성하기 위하여 현장실습이 포함된 직업교육계획을 수립하여야 한다.
③ 전공과의 수업 연한과 학생의 선발방법은 교육감의 승인을 받아 전공과를 설치한 교육기관의

에 따라 학점인정을 받을 수 있다.
④ 제1항 및 제2항에 따른 전공과의 시설 · 설비 기준, 전공과의 운영 및 담당 인력의 배치 기준 등에 관하여 필요한 사항은 대통령령으로 정한다.

장이 정한다.
④ 전공과를 전담할 인력은 전공과를 설치한 특수교육기관의 고등학교 과정과 같은 수준으로 배치한다.

제25조 (순회교육 등) ① 교육장 또는 교육감은 일반학교에서 통합교육을 받고 있는 특수교육 대상자를 지원하기 위하여 일반학교 및 특수교육지원센터에 특수교육교원 및 특수교육 관련 서비스 담당 인력을 배치하여 순회교육을 실시하여야 한다.
② 교육감은 장애 정도가 심하여 장 · 단기의 결석이 불가피한 특수교육 대상자의 교육을 위하여 필요한 경우 순회교육을 실시하여야 한다.
③ 교육감은 이동이나 운동기능의 심한 장애로 인하여 각급 학교에서 교육을 받기 곤란하거나 불가능하여 복지시설 · 의료기관 또는 가정 등에 거주하는 특수교육 대상자의 교육을 위하여 필요한 경우 순회교육을 실시하여야 한다.
④ 제1항부터 제3항까지의 규정에 따른 순회교육의 수업일수 등 순회교육의 운영에 필요한 사항

제20조 (순회교육의 운영 등) ① 교육장이나 교육감은 법 제25조 제1항에 따른 순회교육을 하기 위하여 순회교육을 받는 특수교육 대상자의 능력, 장애 정도 등을 고려하여 순회교육계획을 작성 · 운영하여야 한다.
② 순회교육의 수업일수는 매 학년도 150일을 기준으로 하여 각급 학교의 장이 정하되, 순회교육을 받는 특수교육 대상자의 상태와 교육과정의 운영상 필요한 경우에는 지도 · 감독기관의 승인을 받아 30일의 범위에서 줄일 수 있다.
③ 교육장이나 교육감은 순회교육 대상자를 위하여 의료기관 및 복지시설 등에 학급을 설치 · 운영할 수 있다.

은 대통령령으로 정한다.

제26조 (방과 후 과정을 운영하는 유치원 과정의 교육기관) ①「유아교육법」 제2조 제6호에 따른 방과 후 과정을 운영하는 유치원 과정의 교육기관에 특수교육 대상자가 배치되는 경우 해당 각급학교의 장은 특수교육 대상자에 대한 방과 후 과정 운영을 담당할 인력을 학급당 1인 이상 추가로 배치할 수 있다. [개정 2012.3.21 제11382호(유아교육법)]
② 제1항에 따른 방과 후 과정 담당 인력의 자격 기준, 운영방법 등에 관하여 필요한 사항은 대통령령으로 정한다. [개정 2012.3.21 제11382호(유아교육법)]
[본조제목개정 2012.3.21 제11382호(유아교육법)]

제21조 (유치원 과정의 방과 후 과정 담당 인력의 자격 기준 및 운영방법) ① 법 제26조 제1항에 따라 특수교육 대상자에 대한 방과 후 과정 운영을 담당하는 인력은「영유아보육법」 제21조 제2항에 따른 보육교사의 자격 또는「유아교육법」 제22조 및「초·중등교육법」 제21조에 따른 교원의 자격을 가지고 있는 사람으로 한다. [개정 2012.4.20 제23745호(유아교육법 시행령)]
② 방과 후 과정을 운영하는 유치원 과정의 교육기관의 장은 교육과 보육을 연계하고 정규교육과정을 포함하여 1일 8시간 이상으로 운영하며, 그 밖에 운영에 필요한 사항은 교육감이 정한다. [개정 2012.4.20 제23745호(유아교육법 시행령)]
③ 교육감은 방과 후 과정을 운영하는 유치원 과정의 교육기관에 대하여 그 교육에 소요되는 경비를 부담하거나 보조하여야 한다. [개정 2012.4.20 제23745호(유아교육법 시행령)]
[본조제목개정 2012.4.20 제23745호(유아교육법 시행령)]

제27조 (특수학교의 학급 및 각급 학교의 특수학급 설치 기준) ① 특수학교와 각급 학교의 장은 다음 각 호의 기준에 따라 학급 및 특수학급을 설치하여야 한다.

1. 유치원 과정의 경우: 특수교육대상자가 1인 이상 4인 이하인 경우 1학급을 설치하고, 4인을 초과하는 경우 2개 이상의 학급을 설치한다.
2. 초등학교 · 중학교 과정의 경우: 특수교육 대상자가 1인 이상 6인 이하인 경우 1학급을 설치하고, 6인을 초과하는 경우 2개 이상의 학급을 설치한다.
3. 고등학교 과정의 경우: 특수교육 대상자가 1인 이상 7인 이하인 경우 1학급을 설치하고, 7인을 초과하는 경우 2개 이상의 학급을 설치한다.

② 교육감은 제1항에도 불구하고 순회교육의 경우 장애의 정도와 유형에 따라 학급 설치 기준을 하향 조정할 수 있다.

③ 특수학교와 특수학급에 두는 특수교육교원의 배치 기준은 대통령령으로 정한다.

제22조 (특수학교 및 특수학급에 두는 특수교육교원의 배치 기준) 법 제27조 제3항에 따라 배치하는 특수교육 담당 교사는 학생 4명마다 1명으로 한다. 다만, 도시와 농촌 · 산촌 · 어촌 교육의 균형발전, 특수교육지원센터의 운영현황 및 특수교육 대상자의 지역별 분포 등을 고려하여 특별시 · 광역시 · 도 · 특별자치도별 교사는 교육부 장관이, 단위 학교 · 학급별 교사는 해당 교육감 또는 교육장이 배치 기준의 40퍼센트의 범위에서 가감하여 배치할 수 있다. [개정 2013.3.23 제24423호(교육부와 그 소속기관 직제)]

제28조 (특수교육 관련 서비스) ① 교육감은 특수교육 대상자와 그 가족에 대하여 가족상담 등

제23조 (가족지원) ① 법 제28조 제1항에 따른 가족지원은 가족상담, 양육상담, 보호자 교육, 가

제5조 (보조인력의 역할 및 자격) ① 법 제28조 제3항에 따라 학교에 배치되는 보조인력은 교

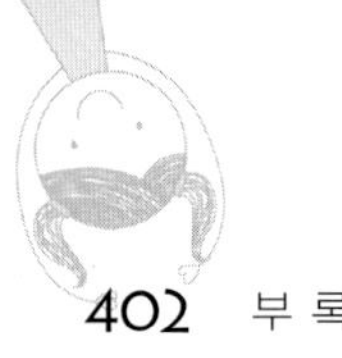

가족지원을 제공하여야 한다.

② 교육감은 특수교육 대상자가 필요로 하는 경우에는 물리치료, 작업치료 등 치료지원을 제공하여야 한다.

③ 각급 학교의 장은 특수교육 대상자를 위하여 보조인력을 제공하여야 한다.

④ 각급 학교의 장은 특수교육 대상자의 교육을 위하여 필요한 장애인용 각종 교구, 각종 학습 보조기, 보조공학기기 등의 설비를 제공하여야 한다.

⑤ 각급 학교의 장은 특수교육 대상자의 취학 편의를 위하여 통학차량 지원, 통학비 지원, 통학 보조인력의 지원 등 통학 지원 대책을 마련하여야 한다.

⑥ 각급 학교의 장은 특수교육 대상자의 생활 지도 및 보호를 위하여 기숙사를 설치·운영할 수 있다. 기숙사를 설치·운영하는 특수학교에는 특수교육 대상자의 생활 지도 및 보호를 위하여 교육부령으로 정하는 자격이 있는 생활지도원을 두는 외에 간호사 또는 간호조무사를 두어야 한다. [개정 2008.2.29 제8852호(정부조직법), 2013.3.23 제11690호(정부조직법), 2013.4.5] [시행일 2013.10.6]

족지원 프로그램 운영 등의 방법으로 한다.

② 제1항에 따른 가족지원은 「건강가정기본법」 제35조에 따른 건강가정지원센터, 「장애인복지법」 제58조에 따른 장애인복지시설 등과 연계하여 할 수 있다.

제24조 (치료지원) ① 법 제28조 제2항에 따른 치료지원에 필요한 인력은 「의료기사 등에 관한 법률」 제4조에 따른 면허 또는 「자격기본법」 제19조 제1항에 따라 주무부 장관이 공인한 민간자격을 소지한 사람으로 한다.

② 교육감 또는 특수학교의 장은 특수교육지원센터 또는 특수학교에 치료실을 설치·운영할 수 있다.

③ 교육감은 「공공보건의료에 관한 법률」 제2조에 따른 공공보건의료기관 및 「장애인복지법」 제58조에 따른 장애인복지시설 등과 연계하여 치료지원을 할 수 있다.

제25조 (보조인력) ① 교육감은 법 제28조 제3항에 따라 각급 학교의 장이 특수교육 대상자를 위한 보조인력을 원활하게 제공할 수 있도록 보조인력 수급에 관한 사의 지시에 따라 교수학습 활동, 신변처리, 급식, 교내외 활동, 등하교 등 특수교육 대상자의 교육 및 학교 활동에 대하여 보조 역할을 담당한다.

② 보조인력의 자격은 고등학교를 졸업한 자 또는 이와 같은 수준 이상의 학력이 있다고 인정된 자로 한다.

제6조(생활지도원의 자격 및 배치 기준) ① 법 제28조 제6항 후단에 따라 특수학교의 기숙사에 두는 생활지도원은 다음 각 호의 어느 하나에 해당하는 사람으로 한다. 〈개정 2013.10.4〉

1. 「초·중등교육법」 별표 2의 자격 기준에 해당하는 사람
2. 고등학교를 졸업한 사람 또는 이와 같은 수준 이상의 학력이 있다고 인정된 사람으로서 다음 각 목의 어느 하나에 해당하는 자격이 있는 사람

가. 「의료기사 등에 관한 법률」 제2조에 따른 물리치료사 또는 작업치료사

나. 「사회복지사업법」 제11조에 따른 사회복지사

다. 「영유아보육법」 제21조 제2항에 따른 보육교사

② 법 제28조 제6항 후단에 따라

⑦ 제6항의 생활지도원과 간호사 또는 간호조무사의 배치 기준은 국립학교의 경우 교육부령으로, 공립 및 사립 학교의 경우에는 시 · 도 교육규칙으로 각각 정한다. [신설 2013.4.5] [시행일 2013.10.6]

⑧ 각급 학교의 장은 각급 학교에서 제공하는 각종 정보(교육기관에서 운영하는 인터넷 홈페이지를 포함한다)를 특수교육 대상자에게 제공하는 경우 특수교육 대상자의 장애 유형에 적합한 방식으로 제공하여야 한다. [개정 2013.4.5] [시행일 2013.10.6]

⑨ 제1항부터 제8항까지의 규정에 따른 특수교육 관련 서비스의 제공을 위하여 필요한 사항은 대통령령으로 정한다. [개정 2013.4.5] [시행일 2013.10.6]

계획의 수립, 보조인력의 채용 · 배치 등 보조인력의 운영에 필요한 업무를 수행한다.

② 교육감 또는 교육장은 보조인력의 자질 향상을 위하여 특수교육에 관한 연수를 실시하여야 한다.

③ 보조인력의 역할 및 자격은 교육부령으로 정하고, 그 밖에 운영방법에 관한 세부 사항은 교육감이 정하여 고시한다. [개정 2013.3.23 제24423호(교육부와 그 소속기관 직제)]

제26조 (각종 교구 및 학습보조기 등 지원) 교육감은 법 제28조 제4항에 따라 각급 학교의 장이 각종 교구 · 학습보조기 · 보조공학기기를 제공할 수 있도록 특수교육지원센터에 필요한 기구를 갖추어 두어야 한다.

제27조 (통학 지원) ① 교육감은 각급 학교의 장이 법 제28조 제5항에 따른 통학지원을 원활하게 할 수 있도록 통학차량을 각급 학교에 제공하거나 통학지원이 필요한 특수교육 대상자 및 보호자에게 통학비를 지급하여야 한다.

② 각급 학교의 장은 특수교육 대상자가 현장체험학습, 수련회

국립학교에 두는 생활지도원은 학생 5명마다 1명 이상을 배치하여야 한다. 다만, 시각장애 또는 청각장애가 있는 특수교육 대상자를 교육하는 중학교 및 고등학교 과정의 경우에는 학생 7명마다 1명 이상을 배치할 수 있다.

제6조의 2 (간호사 등의 배치기준) 법 제28조 제6항 후단에 따라 국립학교에는 간호사를 1명 이상 배치하되, 기숙사에 기숙하는 학생이 50명을 초과하는 경우에는 그 초과인원 50명마다 간호사 또는 간호조무사를 1명 이상 추가로 배치하여야 한다. [본조신설 2013.10.4]

등 학교 밖 활동에 참여할 수 있도록 조치를 취하여야 한다.

제28조 (기숙사의 설치 · 운영) ① 교육감은 법 제28조 제6항에 따른 기숙사의 운영에 필요한 경비를 예산의 범위에서 부담하거나 보조할 수 있다.
② 공립 및 사립 학교의 기숙사 시설 · 설비 기준은 시 · 도 교육규칙으로 정한다.

제5장 고등교육 및 평생교육

제29조 (특별지원위원회) ① 대학의 장은 다음 각 호의 사항을 심의 · 결정하기 위하여 특별지원위원회를 설치 · 운영하여야 한다.
1. 대학의 장애학생 지원을 위한 계획
2. 심사청구 사건에 대한 심사 · 결정
3. 그 밖에 장애학생 지원을 위하여 대통령령으로 정하는 사항
② 특별지원위원회의 설치 · 운영 등에 관하여 필요한 사항은 대통령령으로 정한다.

제30조 (특별지원위원회의 설치 · 운영) ① 대학의 장은 그 대학에 장애학생이 10명 이상 재학하는 경우에는 법 제29조에 따른 특별지원위원회(이하 "특별지원위원회"라 한다)를 설치 · 운영하여야 한다.
② 장애학생이 10명 미만인 대학의 장은 법 제30조 제2항에 따른 장애학생 지원부서 또는 전담직원이 법 제29조 제1항 제1호 및 제3호에 관한 특별지원위원회의 기능을 수행할 수 있도록 할 수 있다.
③ 특별지원위원회의 위원 자격, 구성 및 회의 개최 시기 등은 해당 대학의 장이 정한다.

제30조 (장애학생지원센터) ① 대학의 장은 장애학생의 교육 및 생활에 관한 지원을 총괄·담당하는 장애학생지원센터를 설치·운영하여야 한다. 다만, 장애학생이 재학하고 있지 아니하거나 대통령령으로 정하는 바에 따라 장애학생 수가 일정 인원 이하인 소규모 대학 등은 장애학생 지원부서 또는 전담직원을 둠으로써 이에 갈음할 수 있다.
② 장애학생지원센터(제1항에 따라 장애학생 지원부서 또는 전담직원으로 갈음하는 경우에는 이를 말한다)는 다음 각 호의 업무를 담당한다.
1. 장애학생을 위한 각종 지원에 관한 사항
2. 제31조에서 정하는 편의제공에 관한 사항
3. 교직원·보조인력 등에 대한 교육에 관한 사항
4. 장애학생 교육복지의 실태조사에 관한 사항
5. 그 밖에 대학의 장이 부의하는 사항
③ 장애학생지원센터의 설치·운영에 관하여 필요한 사항은 대통령령으로 정한다.

제30조 (특별지원위원회의 설치·운영) ① 대학의 장은 그 대학에 장애학생이 10명 이상 재학하는 경우에는 법 제29조에 따른 특별지원위원회(이하 "특별지원위원회"라 한다)를 설치·운영하여야 한다.
② 장애학생이 10명 미만인 대학의 장은 법 제30조 제2항에 따른 장애학생 지원부서 또는 전담직원이 법 제29조 제1항 제1호 및 제3호에 관한 특별지원위원회의 기능을 수행할 수 있도록 할 수 있다.
③ 특별지원위원회의 위원 자격, 구성 및 회의 개최 시기 등은 해당 대학의 장이 정한다.

제31조 (장애학생지원센터의 설치·운영 등) ① 법 제30조 제1항 단서에서 "일정 인원"이란 9명을 말한다.
② 법 제30조 제1항에 따른 장애학생지원센터, 장애학생 지원부서 또는 전담직원은 장애학생 지원계획을 수립하고, 그 사실을 장애학생에게 알려야 한다.

제31조 (편의제공 등) ① 대학의 장은 해당 학교에 재학 중인 장애학생의 교육활동의 편의를 위하여 다음 각 호의 수단을 적극적으로 강구하고 제공하여야 한다.

1. 각종 학습보조기기 및 보조공학기기 등의 물적 지원
2. 교육보조인력 배치 등의 인적 지원
3. 취학편의 지원
4. 정보접근 지원
5. 「장애인·노인·임산부 등의 편의증진 보장에 관한 법률」 제2조 제2호에 따른 편의시설 설치 지원

② 국가 및 지방자치단체는 제1항에 따라 필요한 경비를 예산의 범위 안에서 지원하여야 한다.

제32조 (학칙 등의 작성) 대학의 장은 이 법에서 정하는 장애학생의 지원 등에 관하여 필요한 내용을 학칙에 규정하여야 한다.

제33조 (장애인 평생교육과정) ① 각급 학교의 장은 해당 학교의 교육환경을 고려하여 「장애인복지법」 제2조에 따른 장애인의 계속교육을 위한 장애인 평생교육과정을 설치·운영할 수 있다.

② 「평생교육법」 제2조 제2호에

따른 평생교육기관은 장애인의 평생교육 기회의 확대를 위하여 별도의 장애인 평생교육과정을 설치 · 운영할 수 있다. [개정 2011. 7.21]

③ 「평생교육법」 제19조에 따라 설립된 평생교육진흥원은 장애인의 평생교육 기회 확대 방안 및 장애인 평생교육 프로그램을 개발하여야 한다. [개정 2011. 7.21]

④ 「평생교육법」 제20조에 따라 설치 또는 지정된 시 · 도 평생교육진흥원은 「평생교육법」 제2조 제2호에 따른 평생교육기관이 장애인 평생교육과정을 설치 · 운영할 수 있도록 지원하여야 한다. [개정 2011.7.21]

제34조 (장애인평생교육시설의 설치) ① 국가 및 지방자치단체는 초 · 중등교육을 받지 못하고, 학령기를 지난 장애인을 위하여 학교 형태의 장애인평생교육시설을 설치 · 운영할 수 있다.

② 국가 및 지방자치단체 외의 자가 제1항에 따른 장애인평생교육시설을 설치하고자 하는 때에는 대통령령으로 정하는 시설과 설비를 갖추어 교육감에게 등록하여야 한다.

제32조 (학교형태의 장애인평생교육시설) ① 법 제34조 제2항에서 "대통령령으로 정하는 시설과 설비"란 다음 각 호에 해당하는 시설 · 설비를 말한다.

1. 49.5제곱미터 이상의 수업실
2. 학습에 필요한 시설 및 설비
3. 도서 및 자료 500권 이상을 갖춘 자료실
4. 관리실
5. 「장애인 · 노인 · 임산부 등의 편의증진 보장에 관한 법률 시행

③ 국가 및 지방자치단체는 장애인평생교육시설의 운영에 필요한 경비를 예산의 범위 안에서 지원하여야 한다.

령」 별표 2에 따라 교육연구시설에 설치하여야 하는 편의시설
② 교육감은 법 제34조 제2항에 따른 장애인평생교육시설을 설치·운영하는 사람이 교육감이 관리하는 공공시설을 이용하려는 경우, 그 공공시설의 본래 이용목적을 해치지 않는 범위에서 이용할 수 있도록 지원하여야 한다.

제6장 보칙 및 벌칙

제35조 (대학의 심사청구 등) ① 장애학생 및 그 보호자는 대학에 이 법에 따른 각종 지원조치를 제공할 것을 서면으로 신청할 수 있다.
② 대학의 장은 제1항에 따른 신청에 대하여 2주 이내에 지원 여부 및 그 사유를 신청자에게 서면으로 통지하여야 한다.
③ 장애학생 및 그 보호자는 제1항에 따른 신청에 대한 대학의 결정(부작위 및 거부를 포함한다)과 이 법을 위반하는 대학의 장 또는 교직원의 행위에 대하여 특별지원위원회에 심사청구를 할 수 있다.
④ 특별지원위원회는 제3항의 심사청구에 관하여 2주 이내에 결정을 하여야 한다.

제33조 (심사청구 절차) 법 제35조 제3항 및 법 제36조 제1항 또는 제2항에 따른 심사청구 및 그 심사청구에 대한 결과의 통지에 필요한 서류는 각각 교육부령으로 정한다. [개정 2013.3.23 제24423호(교육부와 그 소속기관 직제)]

제7조(특별지원위원회에 대한 심사청구 결과 통보 등) ① 법 제35조 제3항에 따라 장애학생 또는 그 보호자가 심사청구를 할 때에는 별지 제4호 서식에 따른 심사청구서를 해당 학교의 특별지원위원회에 제출하여야 한다.
② 제1항에 따른 심사청구를 받은 해당 학교의 특별지원위원회는 심사를 거쳐 별지 제5호 서식에 따른 심사결과통지서를 그 청구인에게 교부하여야 한다.

⑤ 제3항에 따른 심사에서는 청구인에게 의견진술 기회를 주어야 한다.
⑥ 대학의 장, 교직원, 그 밖의 관계자는 제4항에 따른 결정에 따라야 한다.
⑦ 그 밖에 특별지원위원회에 대한 심사청구에 관하여 필요한 사항은 대통령령으로 정한다.

제36조 (고등학교 과정 이하의 심사청구) ① 특수교육 대상자 또는 그 보호자는 다음 각 호의 어느 하나에 해당하는 교육장, 교육감 또는 각급 학교의 장의 조치에 대하여 이의가 있을 때에는 해당 시·군·구 특수교육운영위원회 또는 시·도 특수교육운영위원회에 심사청구를 할 수 있다.
1. 제15조 제1항에 따른 특수교육 대상자의 선정
2. 제16조 제3항에 따른 교육지원 내용의 결정 사항
3. 제17조 제1항에 따른 학교에의 배치
4. 제4조를 위반하는 부당한 차별
② 제17조 제1항에 따라 특수교육 대상자를 배치받은 각급 학교의 장은 이에 응할 수 없는 특별한 사유가 있거나 배치받은 특수

제33조 (심사청구 절차) 법 제35조 제3항 및 법 제36조 제1항 또는 제2항에 따른 심사청구 및 그 심사청구에 대한 결과의 통지에 필요한 서류는 각각 교육부령으로 정한다. [개정 2013.3.23 제24423호(교육부와 그 소속기관 직제)]

제8조(고등학교 과정 이하의 심사청구 결과 통보 등) ① 법 제36조 제1항 또는 제2항에 따라 특수교육 대상자, 그 보호자 또는 각급 학교의 장이 심사청구를 할 때에는 별지 제6호 서식에 따른 심사청구서를 해당 시·군·구 특수교육운영위원회 또는 시·도 특수교육운영위원회에 제출하여야 한다.
② 제1항에 따른 심사청구를 받은 해당 시·군·구 특수교육운영위원회 또는 시·도 특수교육운영위원회는 심사를 거쳐 별지 제7호 서식에 따른 심사결과통지서를 그 청구인에게 교부하여야 한다.

교육 대상자가 3개월 이상 학교생활에의 적응에 상당한 어려움이 있는 경우에는 해당 시 · 군 · 구 특수교육운영위원회 또는 시 · 도 특수교육운영위원회에 심사청구를 할 수 있다.

③ 시 · 군 · 구 특수교육운영위원회 또는 시 · 도 특수교육운영위원회는 제1항과 제2항의 심사청구를 받은 때에는 이를 심사하여 30일 이내에 그 결정을 청구인에게 통보하여야 한다.

④ 제3항의 심사에서는 청구인에게 의견진술의 기회를 주어야 한다.

⑤ 교육장, 교육감, 각급 학교의 장, 그 밖의 관계자는 제3항에 따른 결정에 따라야 한다.

⑥ 제3항에서 정하는 심사결정에 이의가 있는 특수교육 대상자 또는 그 보호자는 그 통보를 받은 날부터 90일 이내에 행정심판을 제기할 수 있다.

⑦ 제1항부터 제4항까지의 규정에 따른 심사청구의 절차 등에 관하여 필요한 사항은 대통령령으로 정한다.

제37조 (권한의 위임과 위탁)

① 이 법에 따른 교육부 장관의 권한은 그 일부를 대통령령으로

정하는 바에 따라 교육감에게 위임할 수 있다. [개정 2008.2.29 제8852호(정부조직법), 2013.3.23 제11690호(정부조직법)]

② 이 법에 따른 교육감의 권한은 그 일부를 대통령령으로 정하는 바에 따라 교육장에게 위임할 수 있다.

제38조 (벌칙) 다음 각 호의 어느 하나에 해당하는 자는 300만원 이하의 벌금에 처한다.

1. 제4조 제1항을 위반하여 장애를 이유로 특수교육 대상자의 입학을 거부하거나 입학전형 합격자의 입학을 거부하는 등의 불이익한 처분을 한 교육기관의 장
2. 제4조 제2항 제1호부터 제3호까지의 규정을 위반하여 특수교육 관련 서비스의 제공, 수업참여 및 교내외 활동참여와 개별화교육지원팀에의 보호자 참여에 있어서 차별한 자
3. 제4조 제2항 제4호를 위반하여 대학의 입학전형절차에서 수험편의의 내용의 확인과 관계없는 별도의 면접이나 신체검사를 요구한 자

참고문헌

강수균, 이규식, 전헌선, 최영하, 노동우, 백은아(2004). 감각 · 운동 · 지각훈련. 대구: 대구대학교출판부.

강옥려, 홍성두, 이기정, 김이내, 김동일(2008). 미국의 학습장애 진단 및 판별절차에 관한 고찰. 학습장애연구, 5(2), 107-133.

곽금주, 박혜원, 김청택(2001). 한국 웩슬러 아동지능검사(K-WISC-III). 서울: 학지사심리검사연구소.

곽금주, 오상우, 김청택(2011). 한국 웩슬러 아동지능검사(K-WISC-IV). 서울: 학지사심리검사연구소.

교육과학기술부(2011). 교육과학기술부 2012년 업무계획. 서울: 교육과학기술부.

국립특수교육원(1996). KISE 학습장애선별척도. 충남: 국립특수교육원.

국립특수교육원(2011). 2011년 특수교육 교육과정의 이해와 적용. 충남: 국립특수교육원.

국립특수교육원(2011). 2011년 특수교육실태조사. 충남: 국립특수교육원.

김동일(2006). 기초학습기능 수행평가체제-수학검사(BASA-Math). 서울: 학지사심리검사연구소.

김동일(2008). 기초학습기능 수행평가체제-쓰기검사(BASA-Written Expression). 서울: 학지사심리검사연구소.

김동일(2008). 기초학습기능 수행평가체제-읽기검사(BASA-Reading). 서울: 학지사심리검사연구소.

김동일, 이대식, 신종호(2009). 학습장애아동의 이해와 교육. 서울: 학지사.

김명희(2005). 읽기 학습 부진아와 우수아의 음운 처리 능력 및 지각 능력 비교.

경남대학교 교육대학원 석사학위논문.

김승국, 정대영, 강영심, 정정진, 신현기, 김동일, 전병운, 이성봉, 구광조, 김호연, 김삼섭, 한성희, 남정걸, 박원희, 이효자(1998). **학습장애 아동 교육의 이론과 실제**. 서울: 교육과학사.

김영태, 신문자(2011). 우리말조음음운검사. 서울: 학지사심리검사연구소.

남기춘(2001). 읽기 획득과 발달성 난독증. 한국언어청각임상학회 연수.

박경숙, 윤점룡, 박효정(1989). **기초학습기능검사**. 서울: 한국교육개발원.

박성익(1995). 영재교육에 있어서의 교수방법 및 교수전략. **영재교육연구**, 5(1), 81-112.

박순길(2005). 뇌성마비아의 언어학습기능과 인지적 능력과의 관계 연구. 대구대학교 대학원 박사학위논문.

박순길(2012). 학습부진 아동의 문식성 연구. **특수아동교육연구**, 14(2), 27-51.

박순길, 조증열, 유영미(2013). 읽기 부진 아동의 문식성 예언변인 연구. **특수교육**, 12(1), 155-180.

박하나(2009). 학습장애 아동의 특성에 대한 초등학교 교사의 인식과 교수실태에 관한 연구. 한남대학교 교육대학원 석사학위논문.

박혜원, 곽금주, 박광배(1996). K-WPPSI. 특수교육.

석동일, 박상희, 신혜정, 박희정(2011). 한국표준그림조음음운검사. 서울: 학지사 심리검사연구소.

석유승(2009). ADHD 아동과 읽기부진아의 주의력, 인지-언어적 능력 비교. 경남대학교 교육대학원 석사학위논문.

송종용(2000). **학습장애: 공부 못하는 것도 병이다**. 서울: 학지사.

신헌재(1993). **독서교육의 이론과 방법**. 서울: 박이정.

안변환, 윤치연, 이영순, 이효신, 천성문(2003). **행동수정**. 서울: 시그마프레스.

유영대(2006). 읽기부진아의 음운처리 능력과 시지각 능력 연구. 경남대학교 교육대학원 석사학위논문.

윤희진(2007). 영재교육기관에 대한 학생의 인식조사. 이화여자대학교 교육대학원 석사학위논문.

이대식(2001). 학습장애 진단과 판별 불일치 기준의 문제점과 교과별 기초학습기능의 역할. 정서 · 학습 장애연구, 17(2), 19-41.

이대식(2005). 학습장애의 선별 및 진단. 현장특수교육, 52호(3~4월호).

이상복, Tsai, L. Y., 김정일(2002). 자폐성 영 · 유 · 아동의 조기중재. 대구: 대구대학교출판부.

이상복, 김진희, 김정일(2001). 자폐 및 정서 · 행동 장애 아동의 약물치료에 대한 이해. 서울: 시그마프레스.

이상복, 정대영(1995). 정서장애아 행동치료교육. 충남: 국립특수교육원.

이상훈(1999). 학습장애 아동의 정의와 사정에 대한 논의. 정서 · 학습 장애연구, 15(2), 101-120.

이오녕(2006). 초등학교 영재교육정책 개발을 위한 교육 요구 분석. 국제문화대학원 대학교 박사학위논문.

이희승(1994). 국어대사전. 서울: 민중서림.

정대영(1998). 학습장애 개념, 분류, 진단. 현장특수교육, 여름호, 8-15.

정대영(2007). 학습장애의 정의와 진단적 평가기준의 법적 규정을 위한 대안 탐색. 특수아동교육연구, 9(2)

정대영, 정동영(1996). 학습장애선별척도. 충남: 국립특수교육원.

조석희(1998). 초등학교 영재심화학습 운영 방안, 한국교육개발원 수탁연구. 서울: 한국교육개발원.

조영은(2013). 초 · 중학교 융합 영재 프로그램의 융합요소와 교수학습 전략 분석. 이화여자대학교 대학원 석사학위논문.

조현춘, 송영혜, 조현재(2003). 아동이상심리학. 서울: 시그마프레스.

한국과학창의재단(2011). 융합인재교육(STEAM) 2011년 성과발표회 자료집. 2011.12.20. 코엑스 그랜드볼룸.

한국교육개발원(2001). 영재 심화학습 프로그램 개발 연구.

한국교육개발원(2013). 2012년 영재교육 통계 연보.

황애희(2012). 읽기부진 아동의 읽기 능력 향상을 위한 발음중심-직접교수와 유창성 훈련 프로그램의 효과. 덕성여자대학교 대학원 석사학위논문.

Bailey, A., Phillips, W., & Rutter, M. (1996). Autism: Towards an integration of clinical, genetic, neuropsychological, and neurobiological perspectives, *Journal of Child Psychology and Psychiatry, 37*, 89-126.

Benton, A. L. (1975). *Developmental dyslexia: Neurological aspects.* In W. J. Frielander (Ed.). *Advances in neurology* (pp. 1-47). New York: Raven Press.

Bondy, A. S., & Frost, L. A. (2001). *A picture's worth: PECS and other visual communication strategies in autism.* Woodbine House.

Boucher, J., & Lewis, V. (1992). Unfamiliar face recognition in relatively able autistic children. *Journal of Child Psychology and Psychiatry, 33*, 843-859.

Bryson, S. E., Smith, I. M., & Eastwood, D. (1988). Obstetrical suboptimality in autistic children. *Journal of the American Academy of Child and Adolescent Psychiatry, 27*, 418-422.

Chiappetta, E. L. & Koballa, T. R. (2006). *Science instruction in the middle and secondary schools* (5th ed.). Upper Saddle River, New Jersey: Merrill.

Cho, J. R., & Ji, Y. K. (2011). Congnitive profiles of Korean poor readers. *Dysexia, 17*, 312-326.

Colburn, A. (2003). *The lingo of learning.* Arlington, Virginia: NSTA Press.

Cook, E. H., Courchesne, R., Lord, C., Cox, N. J., Yan, S., Lincoln, A., Haas, R., Courchesne, E., & Leventhal, B. L. (1997). Evidence of linkage between the serotonin transporter and autistic disorder. *Molecular Psychiatry, 2*, 247-250.

Courchesne, E., Townsend, J. P., & Chase, C. (1995). *Neurodevelopmental principles guide reseach on developmental psychopathologies.* In D. Cicchetti & D. Cohen (Eds.), *Developmental psychopathology: Vol. 1. Theories and methods* (pp. 195-226). New York: Wiley.

Dawson, G. (1996). Neuropsychology of autism: A report on the state-of-the science. *Journal of Autism and Developmental Disorders, 2*, 179-181.

Dillon, J. T. (1994). *Using discussion in classrooms.* Buckingham: Open University Press.

Frith, U. (1989). *Autism. Explaining the enigma.* Oxford, England: Basil Blackwell.

Frith, U., & Hill, E. L. (2003). *Autism: Mind and Brain.* Oxford, New York: The Royal Society.

Gaddes, W. H., & Egdell, D. (1994). *Learning disabilities and brain function* (3rd ed.). New York: Springer-Verlag New York Inc.

Gillberg, C., & Coleman, M. (1992). *The biology of the autistic syndromes* (2nd ed.). London: Mackeith.

kanner, L. (1943). Autistic disturbances of affective contact. *Nervous Child, 2,* 217-250.

Kelly, D. J., & Rice, M. I. (1986). A strategy for language assement of young children: A combination of two approaches. *Language, Speech, and Hearing Services in the Schools, 17,* 83-94.

Kirk, S. A. (1962). *Educating exceptional children.* Boston: Houghton Mifflin.

Klin, A. (1991). Young autistic children's listening preferences in regard to speech: A possible characterization of the symptom of social withdrawal. *Journal of Autism and Developmental Disorders, 12,* 29-42.

Lahey, M. (1988). *Language disorders and language development.* Upper Saddle River, NJ: Merrill/Prentice.

Landi, M. A. G. (2001). Helping students with learning disabilities make sense of word problems. *Intervention in School and Clinic, 37*(1), 13-18.

Leonard, L. B. (1986). Conversational replies of children with specific language impairments. *Journal of Speech and Hearing Research, 29,* 114-119.

Lewis, B. A. & Thompson, L. A. (1992). Astudy developmental speech language disorder in twins. *Journal of Speech and Hearing Research, 35,* 1086-1094.

Lewis, R. B., & Doorlag, D. H. (2011). *Teaching special in general education classrooms* (8th ed.). Engle Wood, NJ: Merrill.

Lovitt, T. C. (1989). *Introduction to learning disabilities.* Needham Heights, MS: Allyn & Bacon.

Minshew, N. J. (1996). Brain mechanisms in autism: Functional and structural abnormalities. *Journal of Autism and Developmental Disorders, 26*, 205-209.

Montague, M. Warger, C., & Morgan, T. H. (2000). Solve it! Strategy instruction to improve mathematical problem solving. *Learning Disabilities Research & Practice, 15*, 110-116.

Prizant, B. (1996). Communication, Language, social, and emotional development. *Journal of Autism and Developmental Disorders, 26*, 173-178.

Rogers, S. J., Ozonoff, S., & Maslin-Cole, C. (1993). Developmental aspects of attachment behavior in young children with pervasive developmental disorders. *Journal of the American Academy of Child and Adolescent Psychiatry, 32*, 1274-1282.

Rumsey, J. M. (1996). *Neuroimaging in developmental dyslexia: A review and conceptualization.* In C. R. Lyod & J. M. Rumsey (Eds.). *Neuroimaing* (pp. 53-56). Baltimore, Maryland: Brooks.

Rutter, M. (1970). Autistic children: Infancy to adulthood. *Seminars in Psychiatry, 2*, 435-450.

Shames, G. H., Wiig, E. H. (1986). *Human communication disorders.* Boston: Allyn & Bacon.

Thompson, M. (1984). *Developmental dyslexia.* London: Arnold.

Van Riper, C., & Erickson, R. I. (1996). *Speech correction: An introduction to speech pathology and audiology* (9th ed.). Boston: Allyn & Bacon.

Weeks, S. J., & Hobson, R. P. (1987). The salince of facial expression for autistic children. *Journal of Child Psychology and Psychiatry, 28*, 137-152.

Wing, L. (1993). The definition and prevalence of autism: A review. *European Child and Adolescent Psychiatry, 2*, 61-74.

World Health Organization (1997). Blindness and visual disability (Part V of VII): Seeing ahead projections into the next century. Fact sheet N 146 [On-line]. http://www.who.int/inffs/en/fact146.html

Yakman, G. (2008). STΣ@M Education: An overview of creating a model of integrative education, PATT.

Zilbovicius, M., Garreau, B., Samson, Y., Remy, P., Barthelemy, C., Syrota, A., & Lelord, G. (1995). Delayed maturation of the frontal cortex in childhood autism. *American Journal of Psychiatry, 152,* 248-252.

찾아보기

저자 소개

박순길(Park Soon-Gil)

경남대학교 교육대학원 상담심리 전공(교육학 석사)

대구대학교 대학원 특수교육학과 중복·지체부자유아교육 전공(문학 박사)

현재 남부대학교 초등특수교육과 교수

박현옥(Park Hyeon-Ok)

대구대학교 대학원 특수교육학과 정신지체아교육 전공(문학 석사)

대구대학교 대학원 특수교육학과 정신지체아교육 전공(문학 박사)

현재 남부대학교 초등특수교육과 교수

조정연(Cho Jung-Yeon)

대구대학교 교육대학원 교육학과 특수교육 전공(교육학 석사)

대구대학교 대학원 특수교육학과 정서행동장애아교육 전공(문학 박사)

현재 대구사이버대학교 행동치료학과 교수

초록꽃 행동치료연구소장

특수아동의 이해와 교육

-예비교사를 위한 개론서-

Understanding and Education of Exceptional Children

2014년 9월 5일 1판 1쇄 발행
2018년 2월 20일 1판 3쇄 발행

지은이 • 박순길 · 박현옥 · 조정연
펴낸이 • 김진환
펴낸곳 • (주) 학지사
04031 서울특별시 마포구 양화로 15길 20 마인드월드빌딩
대표전화 • 02-330-5114 팩스 • 02-324-2345
등록번호 • 제313-2006-000265호

홈페이지 • http://www.hakjisa.co.kr
페이스북 • https://www.facebook.com/hakjisa

ISBN 978-89-997-0453-6 93370

정가 18,000원

이 도서의 국립중앙도서관 출판시도서목록(CIP)은 서지정보유통지원시스템 홈페이지(http://seoji.nl.go.kr)와 국가자료공동목록시스템(http://www.nl.go.kr/kolisnet)에서 이용하실 수 있습니다.
(CIP 제어번호: CIP2017033448)